U0514900

1947-2017

谨以此书献给
内蒙古自治区成立七十周年

内蒙古自治区
全国重点文物保护单位

第一至七批

（上册）　　内蒙古自治区文物局　编著

文物出版社

图书在版编目（CIP）数据

内蒙古自治区全国重点文物保护单位 ：第一至七批 / 内蒙古自治区文物局编著. -- 北京 ：文物出版社，2017.8

ISBN 978-7-5010-4814-4

Ⅰ．①内… Ⅱ．①内… Ⅲ．①文物保护－概况－内蒙古 Ⅳ．①K872.26

中国版本图书馆CIP数据核字(2016)第276938号

内蒙古自治区全国重点文物保护单位（第一至七批）

编　　著：内蒙古自治区文物局

责任编辑：陈　峰

责任印制：陈　杰

出版发行：文物出版社

社　　址：北京市东直门内北小街2号楼

邮　　编：100007

网　　址：http：//www.wenwu.com

邮　　箱：web@wenwu.com

经　　销：新华书店

制版印刷：鑫艺佳利（天津）印刷有限公司

开　　本：1270mm×965mm　　1/16

印　　张：51.5

版　　次：2017年8月第1版

印　　次：2017年8月第1次印刷

书　　号：ISBN 978-7-5010-4814-4

定　　价：1280.00元（全二册）

《内蒙古自治区全国重点文物保护单位》（第一至七批）

编辑委员会

内蒙古自治区全国重点文物保护单位分布示

呼和浩特市城区国保单位分布图

比例尺1:150 000

比例尺1:3 830 000

图　例

■	省级行政中心		省 级 界
◎	地级行政中心		未定省界
⊙	县级行政中心	- - - - -	地 级 界
	国　　界		县 级 界

比例尺 1:6 300 000

0　　63.0　　126.0　　189.0 千米

专 题 图 例

🏛	古遗址	🛕	石 窟 寺
🏯	古 城	🗿	岩　画
⛰	古墓葬	☥	革命史迹
🏛	古建筑	☢	其他重要史迹
🗼	古 塔	🏛	外国风格建筑

审图号：蒙S（2018）050号

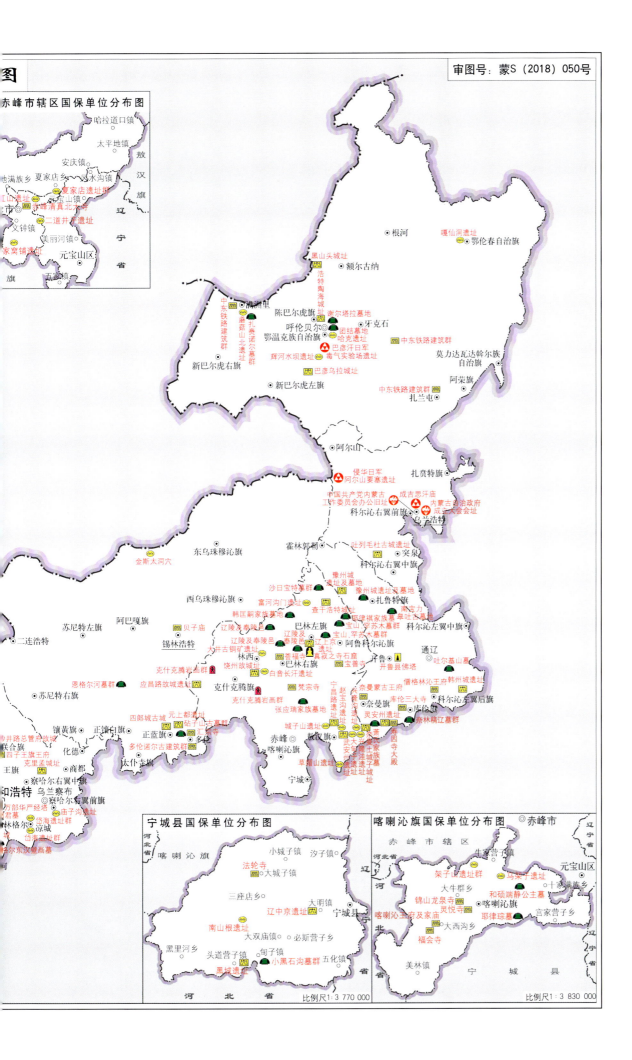

赤峰市辖区国保单位分布图

宁城县国保单位分布图

喀喇沁旗国保单位分布图

比例尺1:3 770 000

比例尺1:3 830 000

内蒙古自治区长城

专题图例

时代 符号	战国	秦	西汉	东汉	北魏	隋	北宋	西夏	金	明
马面										
堡										
烽火台										
直道										
界壕										
长城										

图例

★ 首都　　　　未定省界
■ 省级行政中心　地级界
◎ 地级行政中心　河流
⊙ 县级行政中心　时令河
国界　　　　　湖泊
省级界

比例尺 1:6 300 000

0　63.0　126.0　189.0 千米

直道分布示意图

俄罗斯

俄罗斯

黑龙江省

吉林省

辽宁省

朝鲜

山西省

河北省

北京市

天津市

四卡边堡　额尔古纳
新力边堡
八大关边堡
满洲里
陈巴尔虎旗
呼伦贝尔
鄂温克族自治旗
新巴尔虎右旗
新巴尔虎左旗

根河
鄂伦春自治旗

永合发边堡
莫力达瓦达斡尔族自治旗
阿荣旗
扎兰屯
齐齐哈尔
大庆

牙克石

新丰边堡
阿尔山
扎赉特旗
好仁2号边堡
科尔沁右翼前旗　乌兰浩特
根塞沟二队边堡
白音高勒边堡
东乌珠穆沁旗
霍林郭勒
哈达营子边堡
科尔沁右翼中旗
扎鲁特旗
科尔沁左翼中旗
突泉
哈尔滨
白城
松原
查干湖

乌格木尔边堡
西乌珠穆沁旗
阿巴嘎旗
锡林浩特
苏尼特左旗
二连浩特
范家沟边堡
巴林左旗
阿鲁科尔沁旗
林西
巴林右旗
翁牛特旗
开鲁
通辽
长春
四平
辽源
通化

萨如拉塔拉边堡
达里诺尔
克什克腾旗
和日木图边堡
苏尼特右旗
巴彦杭盖边堡
边堡
镶黄旗
正镶白旗
正蓝旗
多伦
边墙沟边堡
科尔沁左翼后旗
奈曼旗
库伦旗
赤峰
敖汉旗
沙巴营子古城
西土城子古城
冷水塘古城
喀喇沁旗
七家古城
宁城
黑城古城
阜新
朝阳
铁岭
沈阳
抚顺
锦州
辽阳
本溪
鞍山
盘锦
营口
丹东

乌兰察布
化德
商都
右翼后旗
乌兰察布
和浩特
兴和
城

大同
张家口
承德
葫芦岛
秦皇岛
辽东湾

北京 ★
河北省
唐山
天津

朔州
保定
渤海
黄海

阳泉
忻州
沧州
石家庄

卫东边堡　宝日浩特边堡
太仆寺旗
滦河

审图号：蒙S（2018）050号

序

　　中国是四大文明古国之一，中华文明源远流长，中华文化的软实力日益增强。文化遗产蕴含着中华民族特有的精神价值、思维方式、想象力，体现着中华民族的生命力和创造力，是各民族智慧的结晶，也是全人类文明的瑰宝。保护文化遗产，保持民族文化的传承，是连接民族情感纽带、增进民族团结和维护国家统一及社会稳定的重要文化基础，也是维护世界文化多样性和创造性，促进人类共同发展的前提。加强文化遗产保护，是建设社会主义先进文化，贯彻落实科学发展观和构建社会主义和谐社会的必然要求。

　　党的十八大以来，习近平总书记、李克强总理多次就文物保护做出重要批示，为不断开拓文物事业发展新境界提供了明确的前进方向。在内蒙古自治区党委、政府的高度重视与大力支持下，我区文化遗产保护力度不断加大，文化遗产保护事业取得了长足进展。我区境内长城由战国、秦、西汉、东汉、北魏、隋、北宋、西夏、金、明等多个朝代修建而成，调查总长度7570公里，位居中国首位；截至2015年年底，全区共有全国重点文物保护单位142处，自治区重点文物保护单位511处，世界文化遗产1处，红山文化遗址、辽上京遗址和阴山岩刻遗址群申遗工作得到稳步推进。这些人类优秀的文化遗产，是我们打造文物强区、弘扬草原文化的重要载体，也是文化遗产保护工作的重中之重。

　　与此同时，我区的文物保护工作也面临着一些比较严峻的问题，比如一般不可移动文物消失现象、文物作用发挥不够等问题。这些问题都需要我们创新工作思路，采取有力措施，认真加以解决。我区公布的不可移动文物总数有21099处，单靠政府来保护是不现实的，必须创新管理，拓宽渠道，支持城乡群众和社会组织参与管理和保护。

　　内蒙古自治区文物局安泳锝等专家、学者编著的这套图书，除了全面、系统、科学地介绍了我区的全国重点文物保护单位外，还充分发挥了工具书与保护指南的作用。希望能通过本套书的出版，全面展示我区的文化遗产资源，进一步唤醒全社会的文化遗产保护意识，增强文化遗产保护的自觉性，提高文化遗产保护水平，为增强草原文化的辐射力与影响力，继承和弘扬中华优秀传统文化，遵照习近平总书记的重要指示精神："像爱惜生命一样保护好历史文化遗产"，为建设民族文化强区做出积极的贡献。

内蒙古自治区人民政府副主席　刘新乐

2015年6月

目录

石窟寺及石刻 ·································· 715

前　言

在祖国的正北方，有一个神奇而美丽的地方，这里创造了浓郁厚重的草原文化。她就是1947年5月1日成立的新中国第一个少数民族自治区——内蒙古自治区。

内蒙古自治区是以蒙古族为主体、汉族占多数的民族区域自治地区，全区总面积118.3万平方公里，常住人口2520.1万，下属12个盟市，103个旗市县区。

内蒙古历史悠久，是中华文明的发祥地之一。在漫漫的历史长河中，草原文明与农耕文明交汇融合。大窑文化、萨拉乌苏文化、兴隆洼文化、红山文化、朱开沟文化、夏家店下层文化、夏家店上层文化、鲜卑文化、辽文化、蒙元文化等形成了举世闻名的草原文化。

自然地理学上一般以400毫米降水量线作为干旱区和湿润区的界限。在我国境内，这一条降水量线大体处于北纬39°～42°，是农业区与牧业区的自然分界线，实际上形成了一个条形的生态学分界带。在历史上，这条生态学分界带同时又是一条文化分界带，是中国历史上农耕文化与游牧文化的分界带，分界带的标志是农耕民族修筑的抵御游牧民族的长城。历代长城的修筑，往往会随着中原王朝与北方游牧政权之间势力的消长而南北移动，移动的范围超出了北纬39°～42°之间的生态学分界带，大多数在北纬38°～44°，历史学界将这一条形文化分界带惯称为"中国北方长城地带"或者"中国北方长城文化带"。

内蒙古自治区位于北纬37°24′～53°23′，是中国北方长城地带的主要组成部分。内蒙古文物考古事业的发展历程，实际上即是对中国北方长城文化带历史遗存不断发掘与研究的历程。

一　1947年以前内蒙古地区文物考古工作的畸形发展

1947年以前内蒙古地区的文物考古工作，多为外国人的掠夺性调查发掘，国内学者只见一些零星的小规模调查。

自19世纪末叶以来，国外的探险家和探险队纷至沓来，他们的目的各不相同，有心怀不轨的挖宝者，有猎奇的旅行家，有为帝国主义服务的间谍，有个别真正的考古研究者。

下面列举几次较为著名的外国人在内蒙古地区的考古调查与盗掘活动：

1908年和1909年，俄国人科兹洛夫两次大规模盗掘了今额济纳旗黑城遗址，盗走了西夏文和汉文文书2000余卷，绢画（唐卡）300余幅，以及一大批文物。

1922年，法国天主教神甫、地质及生物学家桑志华到萨拉乌苏考察，采集到许多动物化石和3件人类股骨化石。1923年，桑志华和另一位法国古生物学家德日进再次来到萨拉乌苏进行科学发掘，在旧石器时代文化层中清理出200多件人工打制的石制品和骨角器，并从发掘到的化石中确认出1枚人的牙齿。经加拿大解剖学家步达生的研究，将这枚牙齿命名为"the Ordos Tooth"（鄂尔多斯人牙齿），我国著名考古学家裴文中首称之为"河套人"。"河套人"是在我国发现的重要古人类化石，代表人类

1

演化的一个重要阶段，与"山顶洞人"化石齐名。

自20世纪30年代开始，日本人对辽代帝陵进行了不间断的调查和盗掘。1930年，鸟居龙藏对庆陵东陵进行了非法调查和测绘摄影。1931年，日本东亚考古学会组织内蒙古调查团到庆州、庆陵进行调查，团员有江上波夫、田村实造等人。1933年，鸟居龙藏再次到庆州和庆陵调查。1934年，"满日文化协会"评议员关野贞到庆陵调查。1937年，"满日文化协会"又派黑田源次、竹岛卓一等调查庆陵，对东陵壁画作了临摹摄影，并将小片壁画及庆州遗址出土的古文物一并盗运到日本。1939年，"满日文化协会"再派田村实造、小林行雄等人到庆陵，掘开墓室进行测绘、摄影，并临摹东陵壁画，劫掠了一批文物，出版了《庆陵》（1953）和《庆陵の壁画》（1977）两本书，至今仍是研究庆陵东陵的基本资料。

1933～1938年间，日本学者远藤隆次、加纳金三郎等曾多次调查今满洲里市扎赉诺尔中石器时代文化。1943年，加纳金三郎继顾振权于1933年发现第一号人头骨之后，又发现第二号人头骨，远藤隆次将其定名为"扎赉诺尔人"。

国内学者的考古工作以我国著名考古学家梁思永于1930年到赤峰、林西和阿鲁科尔沁旗等地调查为肇始，他当时采集到了一批新石器时代的遗物。抗日战争期间，沈阳博物馆的李文信在东北地区做了很多考古调查与发掘工作，为东北地区辽代文物考古奠定了基础。

1944年，裴文中在日本人远藤隆次的陪伴下，曾到扎赉诺尔调查扎赉诺尔人及其文化遗物，发现了第三号人头骨。日本投降后的1946年，裴文中从日本学者手中接收了建国前所发现的三个扎赉诺尔人头骨化石。他在《中国史前时期之研究》一书中称扎赉诺尔人所创造的文化为"扎赉诺尔文化"，并认为中国北方文明的起源与扎赉诺尔文化有关。

总的来看，1947年前主要是国外探险家和部分考古学者对内蒙古境内古遗址的调查和发掘，他们往往采取非科学的手段，杀鸡取卵，对遗址本身造成了极大的破坏。获取的遗物，大部分被运往国外，少量留在国内者，亦多在战乱中流离失散，最终下落不明。

二　内蒙古文物考古事业的初创

新中国成立伊始，百废待兴。1952年和1953年，文化部、中国科学院和北京大学合办了两届考古人员培训班，当时的内蒙古自治区文教部和绥远省文教厅均派员参加了培训班，为此后内蒙古文物考古工作的开展培养了数名骨干力量。

1954年内蒙古自治区文化局成立后，下设内蒙古文物工作组，负责全区的文物保护管理、田野调查和发掘工作，是一个半行政半专业性质的工作机构。1955年，由内蒙古文物工作组建议筹建内蒙古博物馆，同年开始调集筹建人员，1956年动工兴建，1957年5月1日自治区成立十周年时正式开馆。1958年，内蒙古文物工作组与内蒙古博物馆合署办公。自1962年6月起，内蒙古文物工作组正式改称为内蒙古文物工作队，从半行政半专业性质过渡到事业单位，仍与内蒙古博物馆合署办公。

内蒙古文物工作组及其后的内蒙古文物工作队一直是内蒙古自治区文物考古事业初创时期的主力军。在蒙绥合并之前，绥远省文教厅的李逸友、张郁、郑隆等已开展了简单的考古调查工作。蒙绥合并之后，陆续在全区境内开展考古调查和小规模的清理发掘工作。自1958年开始，还开展了配合生产建设的大规模考古发掘。

从1954年蒙绥合并到1966年"文革"开始这一段时期内，内蒙古文物工作组（队）开展的考古调查和发掘工作，主要可分为调查、清理、配合生产建设发掘和科研课题的发掘等四种。1956年开始的第一次全国文物普查，在内蒙古到1963年才告结束。这次普查是以一些文物分布密集的地理单元为单位展开的，如1957年在昭乌达盟巴林左旗、林西县、克什克腾旗、宁城县等地的调查，1963年对额济纳河下游的调查、在呼伦贝尔草原地区的调查等。配合生产建设规模最大和发掘时间最长的是两座古城，一是1959～1961年间发掘的呼和浩特市郊二十家子汉代古城；二是1959～1960年间发掘的宁城县大明城辽中京遗址，发现了辽、金、元、明各代的遗迹和遗物。这两大工程，不仅锻炼了内蒙古的文物考古人员，而且为相关时代遗存的分期断代确立了可靠的依据。列为课题的考古项目，主要是辽上京在1961年被国务院公布为全国重点文物保护单位后，自治区文化局派员重点勘察了其皇城部分，基本搞清了建筑遗迹的分布及地下文化层堆积情况。

在"文革"之前的这段时期内，内蒙古的文物考古工作逐步呈现出蓬勃发展的大好形势。内蒙古文物工作组建立初期的几名业务干部不畏艰辛，跋山涉水，栉风沐雨，对业务刻苦钻研，经过艰苦卓绝的努力，初步掌握了全区重要文物的分布状况，认识出一些考古学文化的特征和发展规律，开始向某些学术领域作深入探讨。然而天意弄人，一场始料未及的政治风暴席卷了中华大地，刚刚起步的文物考古事业完全陷入了停滞之中。

三 内蒙古文物考古事业的蓬勃发展

"文革"期间，内蒙古的文物考古事业遭到了很大的挫折，一些文物考古机构被拆散或合并，专业人员被迫改行或中断业务活动。有的业务干部曾冒着风险抢救过一批重要文物，但科学的考古工作中断了很久。直到1972年以后，才陆续恢复了一些业务活动，如呼和浩特市东郊大窑旧石器时代遗址、和林格尔小板升东汉壁画墓、呼和浩特市大学路北魏墓等，都是这一时期的重要发现。

粉碎"四人帮"以后，全区各地的文物考古机构陆续恢复，业务人员返回岗位。党的十一届三中全会以后，内蒙古文物考古事业与其他科学一样，开始迎来了自己的春天。但其间的发展，也不乏坎坷与曲折，纵观"文革"之后内蒙古文物考古事业的发展历程，进步因素始终占据了主导地位。

1980年，内蒙古文物工作队与内蒙古博物馆正式分开，1984年更名为内蒙古文物考古研究所。随着田野考古工作的不断开展，内蒙古文物考古研究所涌现出一大批国内外知名的考古学专家，有李逸友、田广金、盖山林和陆思贤等，他们各有所长，在中国当代考古学史上均可占据一席之地。

进入21世纪以来，随着国家和自治区政府对文化遗产保护事业的日益重视，内蒙古自治区文物考古的机构建设不断得到加强，内蒙古博物馆升格为内蒙古博物院（副厅级事业机构），2004年自治区编委会批准成立内蒙古自治区文物局（挂在文化厅文物处，分管副厅长兼局长），2010年5月国家编委批复内蒙古自治区文物局（挂在自治区文化厅）。内蒙古自治区编委会又批复了自治区文物局配局长一名、副局长两名，增设了博物馆处、文物监督处和内蒙古自治区文物保护中心、内蒙古自治区长城保护工作中心（正处级事业单位）。自治区大部分盟市、旗县成立文物局，建立了文物保护专门管理机构。

"文革"之后的30多年里，内蒙古文物考古研究所及其前身内蒙古文物工作队，作为全区文物保护与考古研究的主力军，在史前时期考古学文化谱系的建立、北方游牧民族考古学文化遗存的研究、历史时期中原政权在内蒙古地区的行政建制探考等方面，都取得了重要的成就。特别是近年来聚落考古、环境考古、遥感与航空摄影考古以及区域性考古调查等诸多新方法、新技术的应用，极大地拓展了内蒙古文物考古的研究领域。

内蒙古地区的史前考古，自新石器时代开始，按照考古学区系类型的理论，大致可以划分为四个不同的文化区，即东南部属于燕辽文化区、中南部属于中原文化区、西部属于西北文化区、北部草原属于狩猎采集文化区。

内蒙古东南部发掘的重要新石器时代遗存有赤峰市红山遗址，敖汉旗小河西遗址、兴隆洼遗址、赵宝沟遗址、小河沿乡南台地遗址，林西县西梁遗址、白音长汗遗址、水泉遗址，巴林左旗二道梁遗址，巴林右旗塔布敖包遗址，克什克腾旗南台子遗址，科尔沁左翼中旗哈民忙哈遗址，扎鲁特旗南宝力皋吐遗址等，进一步明确了小河西、兴隆洼、赵宝沟、红山、小河沿、西梁、哈民等考古学文化，还新发现了兴隆洼文化白音长汗类型、赵宝沟文化水泉类型等考古学文化的新类型。重要青铜时代遗存有赤峰市松山区夏家店遗址，敖汉旗大甸子遗址和墓地、范仗子墓地，宁城县三座店遗址、南山根遗址、小黑石沟墓地，克什克腾旗龙头山遗址，喀喇沁旗大山前遗址和赤峰市松山区三座店遗址等，进一步揭示和丰富了夏家店下层文化和夏家店上层文化的内涵，对于两者的年代、分期、族属以及经济形态等方面的研究均具有重要意义。重要早期铁器时代遗存有敖汉旗水泉墓地和林西县井沟子遗址西区墓地等，为探索貊族及东胡遗存提供了新的线索。

内蒙古中南部发掘的重要新石器时代遗存有凉城县石虎山遗址、王墓山遗址、园子沟遗址、老虎山遗址，察右前旗庙子沟遗址、大坝沟遗址，清水河县岔河口遗址、下塔遗址，托克托县海生不浪遗址，准格尔旗二里半遗址、寨子塔遗址、永兴店遗址、白草塔遗址和包头西园遗址等，建立起了内蒙古中南部新石器时代考古学文化发展序列，表明在仰韶时代属于仰韶文化的一个或数个地方类型，到龙山时代则发展为独立的老虎山文化。重要青铜时代遗存有伊金霍洛旗白敖包遗址、朱开沟遗址、清水河县西岔遗址和准格尔旗西麻青墓地等，它们可能与夏商西周时期的鬼方、吾方等北方方国有关，但尚难明确对应关系。重要早期铁器时代遗存有凉城县崞县窑子墓地、毛庆沟墓地、饮牛沟墓地、忻州窑子墓地、小双古城墓地，和林格尔县小板申村北坡墓地，清水河县阳畔墓地，包头西园墓地，准格尔旗玉隆太墓地，杭锦旗桃红巴拉墓地、阿鲁柴登墓地和乌拉特中旗呼鲁斯太墓地等，初步勾勒出东周时期内蒙古中南部地区以鄂尔多斯式青铜器为代表的诸考古学文化多元并存的局面，与《史记·匈奴列传》中"往往而聚者百有余戎，然莫能相一"的记载相吻合。

内蒙古西部发掘的额济纳旗绿城子古城遗址，发现有早期铁器时代的遗存，包括圆角长方形地面式房址和长方形土坑竖穴墓等，属于西北羌戎文化类型。内蒙古北部草原发掘的鄂温克族自治旗辉河水坝遗址，是该地区保存较好的一处细石器遗址，共发现了大约相当于新石器时代、汉代和辽代等三个不同时期的含有细石器的文化层堆积。

进入历史时期以后，内蒙古地区长期处于中原王朝与北方游牧民族政权之间的势力角逐之地，表现在考古学文化上，大多数时期内的文化内涵可分为中原型与草原型两类。中原型文化特征突出的时代，以战国秦汉最为显著。草原型文化，则包括了匈奴、鲜卑、突厥、契丹、党项、女真和蒙古等诸多北方游牧民族的遗存。

战国秦汉是中原王朝对内蒙古地区的经略管辖延续时期较长、行政建置设立较多的一个阶段，发现的考古遗存类有城址、一般性居址和墓葬等多种。发掘的城址有呼和浩特市东郊陶卜齐古城、卓资县城卜子古城、清水河县城嘴子古城、和林格尔县土城子古城和托克托县古城村古城等。发掘的战国时期墓葬有察右前旗呼和乌苏墓地、和林格尔县土城子古城周边墓地和清水河县城嘴子古城东山墓地等。发掘的汉墓数量庞大，清理发掘数百座，以内蒙古中南部地区最为集中。

匈奴考古尚处于探索阶段，准格尔旗西沟畔墓地中的部分墓葬被认为与汉代的匈奴遗存有关。内蒙古中南部地区发现了许多以中原文化因素为主、兼有游牧文化因素的东汉时期墓葬，如鄂托克前旗三段地M8、M23，包头召湾M3，张龙圪旦M1等，被认为大多数应是各时期入居汉地、汉化程度很高的匈奴人及其后裔的墓葬。

鲜卑是继匈奴之后在蒙古高原上崛起的强大的北方游牧民族。发掘的鲜卑城址有和林格尔县土城子古城、托克托县古城村古城等。发掘的重要鲜卑墓葬有满洲里市扎赉诺尔、敖汉旗西粉房、二连浩特市盐池、正蓝旗和日木图、商都县东大井、察右中旗七郎山、察右前旗下黑沟、准格尔旗二里半和乌审旗巴图湾水库区等。

内蒙古东南部地区是辽王朝的统治腹心，辽上京、中京、祖州祖陵、庆州庆陵和怀州怀陵等重要的文物古迹皆分布于这一地区，辽上京经多次正式发掘。辽墓分布众多，发掘的重要墓葬有奈曼旗陈国公主与驸马合葬墓、阿鲁科尔沁旗耶律羽之家族墓地和科左后旗吐尔基山辽墓等。被誉为"草原瓷都"的缸瓦窑遗址经多次发掘，发现有辽、金、元三个时期的瓷窑址。

元朝的建立，将内蒙古地区全境与中原完全纳入一个统一国家政权的行政管理体系之中，这在历史上还是第一次，而往北的漠北地区则成为国家的边疆。迄今为止，内蒙古地区发现的蒙元城邑达80余座之多，除元上都和可考的路、府、州、县城外，还包括大量军事屯田城邑和驿站等。对元上都的勘测、发掘取得了丰硕成果，对其布局有了详细了解，并发掘了羊群庙祭祀遗址，抢救清理了多伦县砧子山墓地，正蓝旗卧牛石墓地、一棵树墓地，正镶白旗三面井墓地、伊松敖包墓地，镶黄旗乌兰沟墓地、博克敖包山墓地等，清理修复了元上都皇城的东墙和南门。元上都遗址已于2012年6月29日被联合国教科文组织世界遗产委员会正式列入《世界文化遗产》。其他如额济纳旗黑城古城、察右前旗集宁路遗址，也都经过专门的发掘，分别出土了大量文书和各色瓷器，凸显一代盛世繁华。

内蒙古是岩画艺术的宝库，东起大兴安岭，西到巴丹吉林沙漠，都有岩画分布。自20世纪70年代开始，以盖山林先生为主的考古工作者对内蒙古地区的岩画进行了系统考察和研究，出版了多部研究内蒙古岩画的专著。这些岩画的内容涉及古代北方民族的社会生活、生产方式、宗教信仰、审美情趣、娱乐方式和天道观念等方方面面，可谓北方民族历史进程的图解。

长城考古，内蒙古是重点。自战国赵、燕、秦始，经历秦、汉、北魏、隋、西夏、宋、金、明等各个时代的长城，在内蒙古境内都有分布。2007年至2012年，历时5年开展的长城资源调查工作，于2012年6月5日，国家文物局在北京居庸关长城宣布认定全国长城总长度为21196.18公里，内蒙古自治区调查的历代长城墙体7570公里，相关遗存超过万处。无论里程之长还是时代之多，在全国15个有长城分布的省、市、自治区均居于首位。

内蒙古有许多重大考古发现，列入中国20世纪100项考古发现的有兴隆洼新石器时代遗址的发掘、夏家店青铜时代遗址的发掘、大甸子夏家店下层文化和墓地的发掘、居延汉代遗址与简牍的发现、陈国公主墓的发掘五项。列入全国十大考古新发现的有兴隆洼遗址（1992年）、耶律羽之墓（1992年）、宝山辽墓（1994年）、集宁路古城遗址（2003年）、辽上京皇城西山坡佛寺遗址（2012年）、伊和淖尔墓群（2014年）、多伦辽代贵妃家族墓葬（2015年），列入中国六大考古新发现的有三座店遗址（2006年）、南宝力皋吐聚落遗址（2007年）、辽代祖陵陵园遗址（2008年）、乌兰木伦遗址（2011年）、岗嘎墓地（2014年），同时列入全国十大考古新发现和中国六大考古新发现的有吐尔基山辽墓（2003年）、二道井子遗址（2009年）、哈民遗址（2011年），截至2017年，内蒙古被评为全国十大考古新发现的共有十项，被评为中国六大考古新发现的共有八项。

随着田野考古工作的大量开展，室内研究成果也不断涌现，出版了一系列考古学专刊、图录、论著和论文集等。

除内蒙古文物考古研究所外，其他考古机构也为内蒙古文物考古事业的发展做出了很多重要的贡献。中国社会科学院考古研究所内蒙古工作队，主要致力于东南部地区先秦时期考古学文化序列和谱系的建立。内蒙古自治区博物馆的汪宇平先生长期主持大窑遗址的发掘工作，提出了"大窑文化"的命名，在国内考古学界具有一定的影响。近年来，吉林大学边疆考古研究中心积极参与内蒙古的考古工作，在东南部地区史前时期考古学文化谱系的完善、辽代瓷器研究和运用体质人类学方法对于古代北方民族人种的辨识等方面，均取得了一系列突破性的成果。

四　结语

回首过去，展望未来，内蒙古自治区文物考古事业的发展可谓任重而道远。从时代上来看，史前考古、鲜卑考古、辽代考古和蒙元考古是内蒙古地区考古学研究中内容丰富、意义重大且极富于地区特色的四个重点领域，是今后需要重点突出、集中力量加强的方向。从地域上来看，除考古学调查、发掘与研究已经开展得较为出色的东南部、中南部仍须持续工作外，北部草原是将来急需加大工作力度的重要区域，该区域是研究草原型文化内涵的关键地域。此外，还有一些其他的考古工作薄弱区域，如通辽市北部和兴安盟一带等，需要有针对性地不断去充实。

通过第三次全国文物普查工作的开展，内蒙古自治区共查明不可移动文物21099处。这次文物普查的成果，将是进一步深入研究草原文化遗产的基石。已故著名考古学家苏秉琦先生在20世纪90年代初提出了用考古学资料"重建中国史前史"的号召。中国古代北方民族的历史，也需要利用考古学来重建，剔除中原史料记载中的歧视与歪曲，归还其本来面目。只有涵盖北方民族政权的历史，才是完整的中国历史。内蒙古自治区的文物考古工作，将会为重建中国北方民族史发挥重要的作用。

遵照习近平总书记的重要指示："把跨越时空、超越国度、富有永恒魅力、具有当代价值的文化精神弘扬起来，让收藏在博物馆里的文物、陈列在广阔大地上的遗产、书写在古籍里的文字都活起来，让中华文明同世界各国人民创造的丰富多彩的文明一道，为人类提供正确的精神指引和强大的精神动力。"为讲好中国故事，在内蒙古自治区文物工作者的共同努力下，将国家公布的第一至七批（142处）国保单位介绍给读者，为弘扬中华优秀传统文化，为做好文化遗产保护管理、展示宣传、研究利用，为建设民族文物强区，做出更大贡献。

内蒙古自治区政协委员、政协文史资料委员会副主任，中国文物学会副会长，内蒙古文物学会会长，内蒙古自治区文化厅巡视员，内蒙古自治区文物局局长，文博研究员　　安泳锝

2015年6月

内蒙古自治区
全国重点文物保护单位
（第 一 至 七 批）
古 遗 址

大窑遗址

Dayao Site

撰稿人：汪英华　刘扬；　摄影：汪英华

　　大窑遗址位于内蒙古自治区呼和浩特市新城区保合少乡大窑村南山，西南距呼和浩特市约33公里。地理坐标为东经110°58′58″，北纬40°56′16″，海拔约1300米。其所在的阴山山脉大青山山前丘陵区和土默特平原东北缘为中低山地形，属于黄土高原与蒙古高原的过渡地带，第四纪沉积的黄土和湖相地层发育，埋藏着丰富的远古人类活动信息。

　　大窑遗址是一个地点群，目前可以确认的包括二道沟、四道沟、八道沟、前乃莫板等几个旷野地点以及第11、25和27号洞等几处洞穴地点。这些地点分布范围较广，仅前乃莫板地点和二道沟地点相距就有10公里。

　　遗址的发现始于1973年，内蒙古自治区博物馆的汪宇平先生等在呼和浩特市东郊进行文物调查时发现了二道沟和前乃莫板两处地点，并于同年在二道沟地点进行了试掘，从地层中出土了石片、砍砸器、龟背形刮削器等。1976年9月至10月，内蒙古自治区博物馆对二道沟中段进行了正式发掘，从更新世晚期地层中发现了大量石片、石渣和人工打制石器以及少量的赤鹿、普氏羚羊化石。著名旧石器考古学家贾兰坡、吕遵谔等先后到发掘现场指导工作。同年，还在前乃莫板村附近进行了试掘，并获得了一些石制品。1978年秋，汪宇平等在

遗址全景

大窑四道沟的红色土层中发现了打制石器，认为属于旧石器时代早期。在1979～1984年间，内蒙古自治区博物馆等单位在四道沟地点分东、西两个区连续进行了几个年度的发掘，出土了近2000件石制品和一些哺乳动物化石。20世纪80年代，汪宇平对11、25号洞进行了试掘，分别获得27件和49件石制品。1985年，汪宇平在四道沟及周边地区进行岩块和岩体露头调查，又发现有明显人工痕迹大小石块500余块。1986年夏，北京大学考古系对二道沟进行了清理发掘，面积约310平方米。此次清理在全新世下部与晚更新世上部之间得到了大量石制品。同年，还对27号洞地点进行了发掘，面积1平方米，出土石制品520件。1989年，北京大学对八道沟进行了发掘，清理两处房址，从陶器特点看属于仰韶文化庙底沟文化类型。1993年，在大窑遗址建设控制地带内一遗址点发掘出一定数量的动物化石。2011年，中科院古脊椎动物与古人类研究所和内蒙古博物院组成联合考古队对二道沟地点进行了发掘。2012年以来，联合考古队对四道沟地点东区的发掘至今仍在进行。

　　遗址经过多年来的持续发掘，出土了大量的石制品等文化遗物以及数量庞大的动物化石。早期研究者根据遗址具有可开采的石料、打制石片和制造石器等三个方面的遗迹、遗物特点，认为大窑遗址

遗物出土面

遗址发掘面

二道沟地点土样采集

四道沟地点发现的石制品

遗址保护棚

（当时主要是指二道沟和前乃莫板村两个地点）是一处有特殊文化内涵的旧石器时代中期或晚期石器制造场。由于大窑二道沟地点的发现较早，汪宇平等将其代表的文化取名为"大窑文化"，代表性石器类型是龟背形刮削器。

20世纪80年代末，张森水在总结中国北方早期旧石器文化特点时认为，四道沟地点代表了一种区域文化类型，并把它命名为"四道沟类型"。90年代初，张森水提出"主工业"理论，指出四道沟地点从早到晚的石器工业都与中国北方的主工业有着较大差异。1999年，张森水系统剖析了中国旧石器研究的发现与进展后认为，中国"目前至少可看到各有特点的11个工业类型，形成了中国南、北主工业二元结构与多种区域性工业类型并存的格局"。但其中的工业类型并没有包括四道沟地点。2008年，冯兴无系统研究四道沟地点出土石制品后认为，该地点的石器工业依然隶属于中国北方的石核—石片—刮削器主工业范畴。2014年，徐廷对二道沟地点2011年出土石制品研究后认为，该地点石器工业含有小石片技术、石叶技术和细石叶技术三种工业传统。这些研究表明，大窑遗址呈现出多元的文化面貌。多个地点的发现显示出这是一处被古人类长时间连续利用的遗址，从旧石器时代早期到新石器时代都能发现相应的文化遗存。汪宇平对先前的发现和研究系统总结后将大窑遗址划分为五个时期，分别是旧石器时代早中晚三期和新石器时代的早期（作者又称之为中石器时代）和晚期。可见，大窑遗址是一个不同时代、不同技术体系的文化遗存，不应该作为一个单一的考古学文化来对待，而早期提出的"大窑文化"这一概念已不能概括大窑遗址包含的所有文化内涵。

裴文中先生考察大窑遗址

汪宇平先生在大窑遗址采集石器原料

大窑遗址发育有典型的黄土地层。吕遵谔在1980年考察大窑四道沟地层中的黄土堆积后认为，其是北方旧石器时代晚期黄土的标准地层，并提出"大窑组"的概念。2000年以后，汪英华将四道沟地点的地层剖面进行了重新划分，认为其地层、哺乳动物和旧石器遗存具有连续性，并同意吕遵谔"大窑组"这一概念。2005年，杨晓燕等人以大窑遗址四道沟地层讨论了利用黄土研究确定旧石器考古遗址地层层位及年代时应注意的问题，认为大窑遗址很多结论建立在不恰当的地层认识之上，值得商榷。

　　大窑四道沟地点通过孢粉分析复原了古环境的演化过程，古气候波动从早到晚在植被变化上经历了干旱草原—湿润森林草原—干寒草原—干凉草原—温凉森林草原—温暖森林草原的演变过程。

　　大窑遗址旧石器时代文化层的年代目前已经过两次测定。1987年，中国社会科学院考古研究所对四道沟地点东区进行了热释光法测年，结果显示最早为距今31万年左右。1990年，天津地质矿产研究所在四道沟地点东区做了古地磁研究，认为在剖面上有Laschamp事件和Blake事件以及布容正向与松山反向极性世的分界，因此四道沟地点距今可能有大约70万年的历史。

　　大窑遗址的发现、发掘与研究扩大了华北旧石器遗址的分布范围，并对中国北方旧石器工业的研究提供了重要资料，其本身所具有的丰富文化内涵在中国旧石器文化演化序列中占有重要位置。

　　1988年，大窑遗址由国务院公布为第三批全国重点文物保护单位。

萨拉乌苏遗址

Salawusu Site

撰稿人：刘扬　汪英华；　图片：刘扬　卫奇

　　萨拉乌苏遗址位于内蒙古自治区鄂尔多斯市乌审旗无定河镇大石砭村至大沟湾村的萨拉乌苏河两岸。萨拉乌苏河又称红柳河，在蒙古语中是"黄色的河"的意思，属于黄河支流无定河的上游。萨拉乌苏遗址所在的河流段发育在海拔1100～1600米的第四纪松散堆积层中，地层极易被冲刷切割，从而出露了一套厚达数十米的湖相堆积层，其由细砂、淤泥和风成沙丘构成。人类化石和文化遗物埋藏在距地表深45米左右的下部地层中。萨拉乌苏河流域至少发现杨四沟湾、清水沟湾、曲家沟湾、米浪沟湾、刘家沟湾、杨树沟湾、嘀哨沟湾、范家沟湾、邵家沟湾、巴图湾等10个较为集中的化石出土地点，分布在萨拉乌苏河沿岸40公里的范围内。

　　1922年，法国博物学家桑志华首次到访鄂尔多斯，并在当地蒙古族人旺楚克（汉名石王顺）的协助下于萨拉乌苏河河谷更新世地层中发现了丰富的动物化石，从此揭开了萨拉乌苏遗址考古发现、发掘与研究的序幕。在这次调查发现的哺乳动物化石和鸟类化石中，还整理鉴定出一枚幼儿的左上外侧门齿，并被加拿大古人类学家布达生命名为"The Ordos Tooth（鄂尔多斯人牙齿）"。1923年桑志华和法国古生物学家德日进发现的邵家沟湾地点，包含石制品、烧骨等人类活动遗物，并进行了发

萨拉乌苏河

掘，发掘面积约2000平方米，出土大约200件石制品，以及大量动物化石和一些人工打制的骨角工具。
20世纪40年代，裴文中首次采用"河套人"和"河套文化"这两个专有名字来指称鄂尔多斯高原发现的
古人类及其代表石器文化。1956年、1960年和1962年，内蒙古自治区博物馆的汪宇平先后三次到萨拉
乌苏河谷调查，发现一处包含人类活动遗物的地点即范家沟湾地点；采集了多件包括头骨和大腿骨等
的人类化石，经吴汝康先生研究认为"具有一定的原始性"。汪宇平的这次调查还引起了裴文中先生的

萨拉乌苏河晚期阶地

汪宇平先生发现的范家沟湾地点

揭开的萨拉乌苏大剖面

发现疑似古人类活动地点

河套人面骨化石（PA115）

1980年2月萨拉乌苏河科学考察队员在宁夏
银川与贾兰坡会面

注意，并于1963～1964年与张森水来到萨拉乌苏进行科学考察。1978年和1979年董光荣等在杨四沟湾考察时发现了一些石制品和6块人类化石，其中4块可以确定是从萨拉乌苏组下部地层中发现的，从而解决了萨拉乌苏人化石多年来地层不清楚的问题。1980年贾兰坡组织多个科研院所对萨拉乌苏进行了一次综合考察和研究，发现人类化石11件，并对范家沟湾地点进行了发掘，由黄慰文主持发掘，面积约140平方米，出土了近200件石制品、大批破碎的兽骨、一些骨器和炭屑。2006年，中国科学院古脊椎动物与古人类研究所和内蒙古博物馆联合对范家沟湾进行了新一轮的发掘，获得包括石制品在内的标本近1000件。2013年以来，鄂尔多斯市文物考古研究院对萨拉乌苏河开展了系统的调查工作，又新发现了一些化石地点以及包含烧骨的疑似人类活动地点。

萨拉乌苏遗址附近石器原料匮乏，可供选用的原料为尺寸很小的卵石，导致石器尺寸极小，最大长度为5.5厘米，多数石器长2～3厘米，宽1厘米。石制品原料主要为石英岩和燧石，原料偏小也使得一些技术如锤击法很难实施，使得压制技术在萨拉乌苏遗址工具的修整工作中扮演很重要的角色。器形大体上可分为刮削器、尖状器和雕刻器三大类。从钻具、凹缺器、锯齿刃器、雕刻器、边刮器、端刮器、微型砍斫器、微型手斧和勒瓦娄哇尖状器的工具组合上看，显示其具有明显的欧洲旧石器中期文化的特色。

骨器也是萨拉乌苏文化的重要组成部分，尤其是动物角工具，广泛使用羚羊角。石器原料细小对

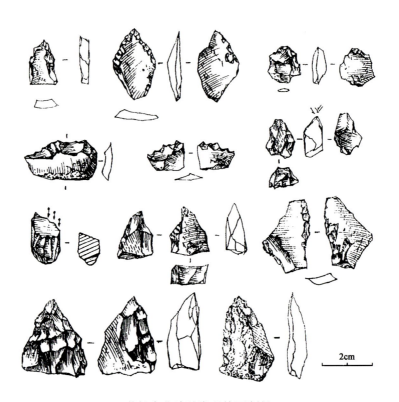

2cm

萨拉乌苏遗址发现的石制品

萨拉乌苏遗址石器工业的影响较大，这也是萨拉乌苏文化骨器发达的一个重要原因。

萨拉乌苏遗址发现的人类化石目前累计已达20多件，主要有顶骨、额骨、下颌骨、枕骨、门齿、椎骨、肩胛骨、肱骨、股骨、胫骨、腓骨等。河套人很接近现代人，但又保留了一些原始特征，如头骨骨壁较厚、下颌骨较粗壮等。这些原始性状，说明其属于晚期智人。而河套人牙齿呈铲形，以及印加骨的存在，则与现代蒙古人种一致。此外，这些化石还混合了现代人、欧亚晚旧石器时代人类、早期现代人和尼安德特人类的不同特征，这意味着萨拉乌苏古人类与西方古人类存在一定的基因交流。

学术界普遍将其放在旧石器时代中期阶段，用光释光和热释光测年为距今约14～7万年的晚更新世早、中期，用碳十四和铀系法测年为5～3.5万年的晚更新世晚期。其文化性质属于旧石器中期文化，并与欧洲的莫斯特文化具有一定的渊源关系。

萨拉乌苏河流域第四纪地层发育，两岸冲刷出来的高达近80米的大剖面较为完整地记录了晚更新世以来各个气候阶段的环境信息，且界面较齐全，界限较清楚。"萨拉乌苏组"已被学术界公认为华北晚更新世的标准地层剖面。剖面内发现的包括披毛犀、羚羊、转角羊、水牛、原始牛、大角鹿、马鹿、野马、野驴、骆驼、野猪、象、鬣狗、虎、狼、鼠、兔、刺猬等34种哺乳动物和鸵鸟等11种鸟类所构成的"萨拉乌苏动物群"，则是华北晚更新世的标准动物群。

萨拉乌苏遗址在中国旧石器考古研究史上具有重要地位，是中国境内最早经过系统发掘和研究的两个旧石器遗址之一（另一个是宁夏的水洞沟遗址）。它的发现和发掘，不仅标志着中国旧石器时代考古学研究大门的开启，其丰富的文化内涵也为欧洲与东亚北部旧石器文化对比奠定了初步基础。

2001年，萨拉乌苏遗址由国务院公布为全国第五批重点文物保护单位。

蘑菇山北遗址

Mogushanbei Site

撰稿人：刘扬　汪英华；图片：汪宇平；摄影：绐拉巴干

　　蘑菇山北遗址位于内蒙古自治区呼伦贝尔市满洲里市扎赉诺尔区前哨车站以北约3公里，东距海拉尔区168公里，西距满洲里市29公里。分布在相邻的两座山上，为一个遗址群，目前已经发现4个地点，其中第1地点的地理坐标为东经117°42′，北纬49°3′，海拔662米。蘑菇山北遗址地处呼伦贝尔市的西部，北距中俄边境约5公里，其东部有木图那雅河和海拉尔河，南部为呼伦池，地势低洼多水。该地区有很多的煤矿，经采掘后有很多剖面出露。

第1地点局部

砍砸器

砍砸器

遗址最早于1980年由内蒙古自治区博物馆的汪宇平等发现。当时发现了第1地点，位于蘑菇山主峰正北约500米，面积约5000平方米，采集石制品20多件，后来又试掘了8平方米，出土石制品50件。1990年，汪宇平等再次来到蘑菇山北遗址，复查了第1地点，再次发现石制品83件；又在蘑菇山附近调查新发现了两个地点，其中第2地点位于蘑菇山主峰南坡，面积约2000平方米，采集石制品6件；第3地点位于蘑菇山主峰东北约1.5公里，面积约5000平方米，采集石制品10多件。后来又发现了第4地点，位于蘑菇山主峰北约2公里，面积约1000平方米，采集石器30余件。

第1地点的地层分为3层，其中第1层为表土层；第二层为灰褐色沙质土，土质较为坚硬，出土有安山岩石块和石制品；第3层为灰白色沙质土，石块含量很少。经与黑龙江省和呼伦贝尔市的地层结构对比后认为，第3层的灰白色地层属于白土山组，年代为中、早更新世；而灰褐色的沙质土则属于晚更新世。

蘑菇山北遗址在两次调查和试掘发现的石制品中，以第1地点为例，工具占了主要部分，比例达到72.6%，其中又以刮削器为主，比例达到68%。此外还有砍砸器和尖状器，比例均为2.3%；其次为石片，比例为17.4%；最少为石锤，但比例也有10%。这种石制品组合非常有特色，工具比例高特别是刮削器类型比例很高；而石锤比例如此之高则更是少见。

对于蘑菇山北遗址的文化性质，汪宇平等在发现之初将其与位于呼和浩特附近的大窑遗址进行对比，认为两者之间具有一定的渊源关系。其主要理由是石锤的大量出现、锤击法的广泛使用、刮削器的交互打击法、砍砸器和尖状器比例低等。现在看来，这些相似性并不能完全代表文化上的传承，其

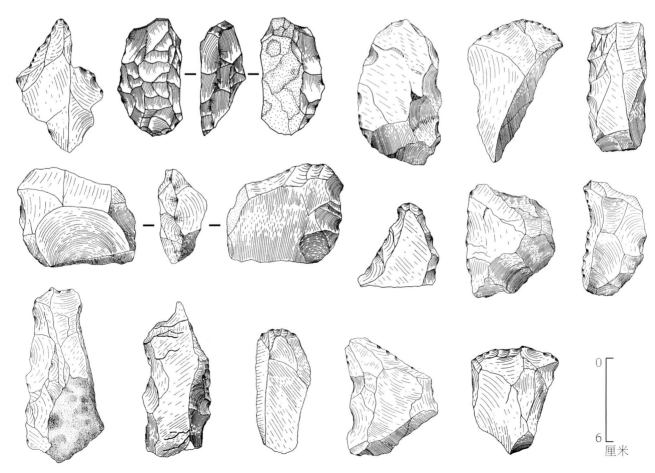

0

6
厘米

第1地点发现的石制工具

刮削器

石锤

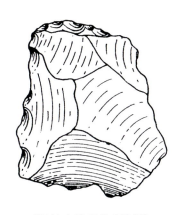

第2地点发现的刮削器

与遗址性质（例如石器制造场）等也可能具有很重要的关系。另外，考虑到大窑遗址年代最早可能到70万年，或者到30万年，与蘑菇山北遗址的晚更新世晚期甚至全新世早期在时间上相隔太远，中间也缺少可以连接的环节，因此也难以断定其是"大窑文化传播和发展的重要依据"。

蘑菇山北遗址石制品与同属扎赉诺尔地区的"扎赉诺尔文化"以及附近地区例如海拉尔发现的石制品也有很大的差别。后两者属于细石器文化，而前者大多数石制品都在100毫米以上，属于大型石器传统。不过，这种石制品技术或者文化传统上的差别，是不是就代表年代上的不同呢？正如早期研究者汪宇平所言，蘑菇山北遗址石制品"在东北三省境内的旧石器时代文化中，不论早晚，都是很难同它相比的"。这一论点囿于当时考古发现的局限性，实际上东北地区旧石器晚期文化就可以分为以大石器为主体、小石器为主体和细石器为主体的三种类型。在华北地区旧石器晚期文化也存在小石器与细石器并存，甚至大石器与细石器并存的现象。这也即是学者所谓旧石器文化发展的"穿时性"和"重叠性"。

就目前的认识来看，由于蘑菇山北遗址本身（如发现的石制品数量太少）以及对比材料的限制，对其文化性质还难以有个定论，有待于进一步的调查、发掘和深入研究。从出土石器地层和石器特点看，蘑菇山北遗址属于旧石器时代晚期。

蘑菇山北遗址所在的呼伦贝尔地区是中国较早进行旧石器考古调查和研究的地方，在中国旧石器考古研究史上占有重要一席，而且在该地区发现有人类化石，还有以"扎赉诺尔文化"为代表的细石器技术和蘑菇山北遗址石器技术所代表的不同石器文化，具有鲜明的区域特点。蘑菇山北遗址是目前呼伦贝尔地区分布面积最广的旧石器遗址，为研究中国旧石器时代与西伯利亚和蒙古高原其他地域文化交流提供了珍贵资料。

2013年，蘑菇山北遗址由国务院公布为第七批全国重点文物保护单位。

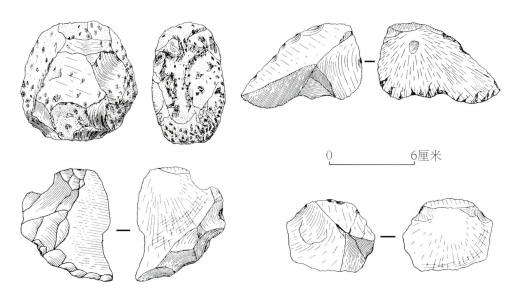

0 _____ 6厘米

第1地点发现的石锤和石片

第1地点发现的石刀

第1地点发现的石锤和石片

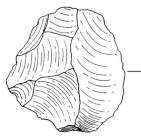

第3地点发现的石制品

金斯太洞穴遗址

Jinsitai Cave Site

撰稿人：汪英华　刘扬；图片：汪英华

　　金斯太遗址是一处洞穴遗址，位于内蒙古自治区锡林郭勒盟东乌珠穆沁旗阿拉坦合力苏木西25公里处，地处东海尔汗山丘陵山地中，地理坐标为东经115°22′39.8″，北纬45°13′53.2″，海拔1401米。遗址地处内蒙古高原东段，中蒙边境线附近，北距中蒙边界约20公里。

　　遗址所在的洞穴其洞口朝向西北，方向为北偏西70°。两侧是相对高度10～20米的低山，前面为长约100米的缓坡，浅山与其间的缓坡形成自然院落，在低山前端形似门阙处有摆放规则的石块，似为一道石墙，紧靠洞口处也有类似构造。洞口最阔处宽16米，进深24米，最窄处4米。洞穴前半部顶部较低，左右较宽敞，中部以后顶部变高；洞顶呈穹隆状。

　　目前，遗址已进行过四次科学发掘。第一次发掘是2000年由内蒙古文物考古研究所、锡林郭勒盟文物站和东乌珠穆沁旗文物管理所组队对其进行的联合发掘；2001年，上述单位与吉林大学边疆考古研究中心合作，再次对遗址进行发掘，两次发掘面积约80平方米，占洞穴内面积的85%，出土了4000余件石制品和大量动物化石。2012和2013年，为了廓清遗址的年

金斯太遗址洞口

金斯太遗址

2012年金斯太遗址发掘前

代框架、获取更多科学数据以进一步夯实遗址的研究基础，内蒙古博物院与中科院古脊椎动物与古人类研究所合作进行了第三次和第四次发掘。后两次发掘还没有正式报道。

金斯太遗址地层堆积较厚，最厚处达6米以上，分8个文化层，部分层位又可分为若干亚层，一共区分出17个层或亚层。地层主要分为两个大的阶段，其中第1～2层时代为商周时期，出土陶片、石制品、骨器及动物骨骼；第3～8B层时代为旧石器时代，或最晚已进入新石器时代早期，出土有石制品、骨器、蚌饰和动物骨骼。

旧石器时代遗存可分为三个阶段。其中，7A～8B层为下文化层，出土的化石石化程度较高，5A～6层为中文化层，3A～4层为上文化层，出土的化石石化程度较轻。这三个文化层在石器工业面貌上有继承，又有很大的不同。其中，下文化层以小石器为主，刮削器是最主要的工具类型。中文化层除了有小石器（以刮削器为主）外还出现了大量的砾石工具，如石球、薄刃斧、手镐等重型工具，此外还出现了勒瓦娄哇技术，但未被大量应用于剥片工作中。上文化层石器工业可以分为两种类型，即小石器工业传统和细石叶工业，并且显示出前者逐渐被后者所取代的趋势。特别引人注意的是遗址石器技术所存在的西方文化元素——典型勒瓦娄哇技术，显示出东西方文化交流的特点。而这一西方文化元素的传播主要是因为在晚更新世晚期西方古人类迫于环境变化的压力而迁徙带过来的。

金斯太遗址出土了大量的动物骨骼化石。动物群的种属构成中，下文化层中的最后鬣狗、披毛犀、普氏野马、野驴等以及中上文化层中的草原旱獭、转角羚羊等都是典型的晚更新世动物群的动物，因此金斯太动物群的地质时代定为晚更新世动物群。而从各层动物骨骼遗存的分布来看，下文化层动物骨骼遗存数量较少且种类少，中层开始动物骨骼遗存数量逐渐增多，到第4层达到顶峰。这种演化趋势可能代表人类狩猎能力的提高。而第4层后动物骨骼逐渐减少，则可能是因为人类因狩猎加剧而

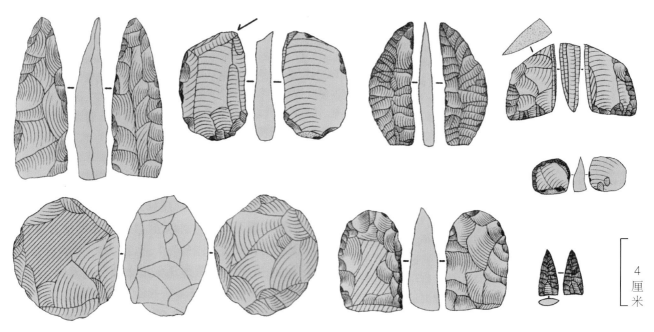

金斯太遗址上文化层发现的石制品

导致动物数量下降，也可能是因为对骨质工具加工水平提高而不再随意丢弃动物骨骼。从绝大多数骨骼上的人工痕迹出现在上文化层骨骼上，表明旧石器晚期偏晚阶段是人类活动最为集中和频繁的一个时期。

金斯太遗址发现的植物种属丰富，共有39科56属，主要有草本植物、木本植物和蕨类植物三大类。分析表明，下文化层孢粉组合反映出气候相对冷湿的草原环境；中文化层反映出气候比较湿润的草原环境，但与下文化层相比，气候相对较干旱；上文化层反映出气候更加干旱的草原环境。总的来看，遗址地层沉积过程经历了湿冷气候—相对较干气候—较为干旱气候的连续变化过程。

在遗址上文化层的第3A、3B及3C层中发现有用火遗迹，在遗迹层面上保存有灰烬堆积，加上石制品、动物化石表面基本没有风化磨蚀痕迹，可以初步认为遗址堆积成因属原地埋藏类型。考虑到出土化石中有一定数量的烧骨，多个灰烬层的发现以及石制品如此丰富，可以认为金斯太遗址是人类居住和石制品制造场所。

从碳十四测年数据可知，遗址的年代范围主要处于旧石器时代中晚期过渡阶段至旧石器时代晚期之末。另外，研究者根据上文化层中第3A层中出的大量锥形细石叶石核，与新石器时代泥河湾盆地的头马坊黑土坡、于家沟、周家山遗址出土的同类器物对比后，认为上文化层上限已经进入到新石器时代。

金斯太遗址地层堆积厚且连续、受后期扰动少而保存较好、文化遗迹和遗物丰富、存在一些关键的石器技术要素等，是一处非常难得的旧石器文化遗存，可以说是继北京周口店、河南郑州织机洞之后中国北方发现的又一处重要的洞穴遗址。该遗址的发掘为中国北方石器工业的研究增加了新材料。其所包含的文化内涵对现代人的起源和迁徙、晚更新世东西方文化交流等课题的研究都具有重要意义。金斯太洞穴遗址的发现还表明，至少在3万年以前，内蒙古北部地区就有人类居住，这对于研究内蒙古草原地区古代文化的产生与发展，研究我国北方古人类生活环境和北方少数民族的迁徙、生产方式的演变以及北方地区畜牧业的起源，都有着十分重大的价值。

2013年，金斯太洞穴遗址由国务院公布为第七批全国重点文物保护单位。

白音长汗遗址

Baiyinchanghan Site

撰稿：索秀芬　李婉琪；摄影：郭治中　李言

　　白音长汗遗址位于内蒙古自治区赤峰市林西县双井店乡白音长汗村西南约500米，坐标为北纬43°17′9.13″，东经118°014′2.38″，海拔高度745.7米。地处西拉木伦河北岸，坐落在一列山冈上，俗称"西荒山"。古人居住址分布在山冈东南缓坡上，死后葬在西侧山冈顶部。

　　遗址面积10万平方米。1988年、1989年和1991年，内蒙古自治区文物考古研究所联合林西县文物管理所和吉林大学考古系进行三次发掘，总揭露面积7264.3平方米。遗存丰富，文化层厚0～2米不等，共分为五期。

　　一期为小河西文化，发现3座房屋和2座窖穴，主要分布在山冈南端山坡上。房屋为半地穴式建筑，平面形状为凸字形，生土壁，分为生土居住面和抹泥居住面两种结构，有长方形石板坑灶和地面灶之别。门道平面呈梯形，斜坡式。有的房屋有壁龛和土台。窖穴平面为椭圆形，直壁，平底，修理平整。陶器均为夹砂褐色陶，泥饼贴塑成型，烧制火候较低，陶质

房址

石雕熊

石棒饰

筒形陶罐

石铲

疏松。器表以素面为主，纹饰仅见附加堆纹一种，有平行长条形、圆圈形和波折型等图案。器形仅见大小不等的筒形罐。尖底石杯具有鲜明特色。

二期为兴隆洼文化，遗存数量多，是白音长汗遗址主要遗存，包括三处居住址，以及各自拥有的一片墓地，分为甲乙两类，甲类早于乙类。甲类遗存分布在遗址南部，仅有2座房屋和3座墓葬。房屋为半地穴凸字形，石板灶。石板墓平面呈长方形，单人葬，仰身直肢或俯身直肢，仅1座墓中随葬筒形石罐和陶罐。乙类遗存的南部居住区和北部居住区各自有围沟环绕，两者最近相距7.75米。环绕北边

M11

居住区的围沟平面大致近似圆形，东南至西北最长132.5米，西南至东北最长123.75米，周长约为427米。环绕南边居住区的围沟平面大致呈椭圆形，因断崖自然塌陷，致使围沟东南段缺失，现存围沟长224.5米，南北最长132.5米，东西最宽92.5米。门道位于东部坡下，有踩踏坚实的路土。围沟内房屋成排分布，有大型、中型和小型之分，门道均朝向东坡下。发掘房屋54座，为半地穴式建筑，平面呈凸字形，方形石板坑灶位于居住面中部。在AF19灶的后面正对门道处栽立一尊石头人，在其后的居住面上有蛙形石雕、骨针和骨镞，石人雕像可能与崇拜灶神有关。墓葬为积石土坑墓，地表可见墓顶上的石块，地表下为长方形土坑，也有少量无墓坑。以单人葬为主，个别为男女合葬，除一座为二次葬外，其余均为一次葬。人骨保存较差，仰身屈肢葬数量较多，仰身叠肢葬数量较少。有随葬品的墓葬约占半数，以装饰品为大宗，有用蚌壳串成的头饰、耳饰，用蚌壳磨

制的亚腰形胸饰，以及蚌壳制成的臂钏等；石质装饰品有珠、螺纹棒饰、臂钏、管、亚腰形饰件；玉质装饰品有管、玦和蚕；还有石熊等雕刻制品。陶器绝大部分为夹砂褐色陶，个别有砂质黑色陶。采用泥饼分圈贴塑方法制作陶器，烧成温度较高，陶质较硬。纹饰流行分片、分段压印或戳印。器表布满纹饰，流行三段式或两段式布局，口沿下为数条平行凹弦纹组成的凹弦纹带，主体纹饰是压印之字纹和交叉纹，以及戳印坑纹等，在凹弦纹带和主体纹饰之间装饰索状条带纹或附加堆纹凸泥带，其上也有几何纹和之字纹等。器形以筒形罐为主，还有盆、杯、碗、盘、盂、盅、盏等。方形磨制石铲和有柄平底石杯，以及大型打制石刀特色鲜明，还有罐、磨盘、磨棒、臼、杵、斧、锛、凿、斧形器、锄形器、饼形器、研磨器、穿孔器、磨石、纺轮、小刀、锥、棒、管、砍砸器、刮削器、球、弹丸、网坠、石片、石叶、石刃、石核等。骨器有锥、针、鱼镖、矛、管、匕、刀、柄等。出土动物骨骼丰富，马鹿数量最多，其次是斑鹿、狍、野牛、猪，熊的数量最少，猪有野猪和家猪两种，家猪保留有

人面石饰

石耜

人面蚌饰

较强的野猪特性。居民以渔猎和采集为主，农业刚刚出现，在经济生活中所占比重较小。两处环壕聚落内房址有2个碳十四测年，年代大致在公元前5500～前5000年，属于兴隆洼文化晚期阶段。

三期为赵宝沟文化，遗存发现较少，分为甲乙两类，甲类早于乙类。甲类房址9座、灰坑2个。房屋成排布局，方向东向。房屋为半地穴凸字形，进深大于间宽，近圆形坑灶位于居住面后部，个别房屋内发现椭圆形袋形窖穴。陶器分为夹砂和泥质两种，器表多呈褐色，还有少量黑色和灰色。采用泥圈套接法制作陶器，个别小型陶器捏塑成器。器表遍施纹饰，多为单层纹饰，少见双层复合纹饰，也有不同纹饰的组合纹。之字纹和几何纹数量最多，还有少量凹弦纹、编织纹、长窝纹、指甲纹、篦点纹、人字纹、平行线、网格纹、折线纹等。筒形罐数量最多，还有偏口罐、椭圆底罐、碗、钵、盘、杯、盅等。扁平石耜、覆舟形石磨棒和带侧棱面石斧最具特色。乙类房址2座、1个灰坑。房屋为方形半地穴式建筑。夹砂褐陶敞口和敛口弧腹筒形罐、泥质红陶直口弧腹钵和红陶侈口溜肩折腹钵最具特色。

四期为红山文化，遗存发现较多，数量仅次于兴隆洼文化遗存，有房址17座，灰坑34个，墓葬6座。房屋为半地穴式凸字形，灶位于房屋居住面前部，分为深坑瓢形灶和浅坑圆形灶两种，前者早于后者。墓葬分为石板墓和土坑墓两种，单人葬，有仰身直肢，也有仰身屈肢，随葬有陶鼎和彩陶片。夹砂陶数量较多，泥质陶数量较少。器表以褐色为主，还有少量红色和黑色。采用泥圈套接法制作陶器，用下圈包上圈制作方法。器表多数装饰纹饰，少部分为素面。纹饰中之字纹和成组划纹数量最多，还有附加堆纹、乳钉纹、指甲纹、凹弦纹、编织纹、彩陶等。器形有筒形罐、折肩罐、斜口器、瓮、盆、壶、碗、钵、盘、杯、鼎、筒形器、支座、盏、盅、纺轮等。双孔石刀、鞋底形石耜特色鲜明。

五期为小河沿文化，发现数量少，仅存14个灰坑，平面有圆形和椭圆形两种，剖面有直壁平底、斜壁平底、锅底形、一侧直壁一侧斜壁平底等几种形制。以夹砂陶为主，泥质陶占少数。褐色器表数量多，黑色和红色数量少。泥条盘筑制作陶器。大部分陶器为素面，纹饰陶种类有细绳纹、附加堆纹、方格纹、三角镂孔、划纹等。器形

AF19出土石雕人

玉管

玉玦

玉蚕

有筒形罐、豆、壶、盆、钵、盂、漏斗、盏、盅、器座、纺轮、饼等。

　　白音长汗遗址中有小河西文化、兴隆洼文化、赵宝沟文化、红山文化和小河沿文化之间的叠压打破关系，为燕山南北地区新石器时代考古学文化序列建立提供了相对早晚地层关系，丰富的遗迹现象和遗物为研究新石器时代考古学文化聚落和各文化分期提供了资料。该遗址兴隆洼文化遗存丰富，特色鲜明，以此遗址命名了兴隆洼文化的一个地方类型——"白音长汗类型"，主要分布在西拉木伦河流域。

　　2013年，白音长汗遗址由国务院公布为第七批全国重点文物保护单位。

马架子遗址

Majiazi Site

撰稿：索秀芬　王楠；摄影：张义成　刘国祥

　　马架子遗址位于内蒙古自治区赤峰市喀喇沁旗牛营子镇马架子村至下水地村，西南距锦山镇25公里。遗址分布在马架子北山制高点周围山岗坡地，坐标为东经118°47′55.3″～118°48′40.9″，北纬42°3′7.6″～42°03′57.9″，海拔790米。遗址处于七老图山脉东麓丘陵地带，锡伯河中下游东岸，西距锡伯河约1公里。共分A、B、C、D、E五个区。

　　A区位于马架子村北扇形山梁坡地，面积约4.45万平方米。地表可见房址、窖穴、壕

沟、灰坑等遗迹，地表散布有夹砂绳纹灰陶片、石刀、骨器等，属于夏家店下层文化。

B区位于马架子北山制高点周边山岗坡地，面积约7.68万平方米。地表可见房屋和灰坑等遗迹，地表散布夹砂褐陶素面陶片和之字纹陶片，打制锄形石器和磨制石耜等，小河西文化主要分布于岗梁以东坡面，红山文化主要分布于梁岗顶部。

C区位于马架子北山制高点以北约430米山头所在的临川山梁坡地，面积12.44万平方米，地表可见房屋、窖穴、灰坑、砌石护坡、壕沟等遗迹，地表有泥质素面灰陶鬲和夹砂褐陶罐，磨制石铲和石刀等，属于夏家店下层文化和夏家店上层文化。

D区位于马架子北山制高点北偏东约600米山头所在的山梁坡地，面积约6.16万平方米，地表可见房址和灰坑等遗迹，地表散布有夹砂绳纹罐、鬲、甗和夹砂素面罐、盆等，磨制石刀和石铲等，夏家店下层文化主要分布于中部坡面，夏家店上层文化主要分布于上部坡面。

E区位于马架子北山制高点北偏东约760米山头所在的山梁坡地，面积约3.17万平方米。地表可见

遗址远景

房址和灰坑，出有泥质素面陶鬲、夹砂绳纹盆、磨制石斧、石锛等，属于夏家店下层文化和夏家上层文化。

B区遗址的小河西文化遗存分布在岗梁以东坡面，东侧坡底为冲沟，西侧坡顶紧邻陡崖，南侧和北侧坡地上修成梯田。遗址东西长约300米，南北宽约200米，总面积达6万多平方米。

1986年喀喇沁旗文物管理所进行调查，1999年10月上旬，中国社会科学院考古研究所内蒙古工作队与喀喇沁旗文物管理所联合进行了复查。初步探明了地表灰土圈的分布特征，并采集到一批典型的陶片和石器等标本，确认马架子遗址是一处大型的小河西文化聚落。小河西文化是辽西地区目前发现的最早的新石器时代文化，其年代在公元前7500～前6400年。

地表可见成行排列的灰土圈，大约60余座，大体分成7～9排，均沿东北—西南向排列。灰土圈多呈不规则圆形，直径多在5～6米左右。地表所见灰土圈是半地穴房屋内的堆积，经过多年翻耕，房屋内的堆积的位置和形状有所扰动。

地表采集遗物以陶器和石器为主，还有少量动物骨骼。陶质均为夹砂，胎体厚重。器表外壁褐色，呈灰褐和红褐色，内壁多呈灰黑色。均为手制，采用泥圈套接法成器。器表绝大部分为素面，个别饰刻划稀疏的短斜线纹。器类仅见筒形罐，方唇或圆方唇，敞口，腹壁斜直或略弧，平底。石器以打制为主，磨制和琢制数量较少。器形有锄形器、磨盘、磨棒、饼形器、环形器、斧、锛、球、管等。

B区遗址是现已发现的小河西文化遗址中面积最大的一处，对于充分认识小河西文化聚落形态的特征，以及深入探讨小河西文化与兴隆洼文化之间的关系均具有重要的学术价值。

马架子遗址规模大，遗存丰富，有辽西地区最早的小河西文化，也有新石器时代文化发达程度较高的红山文化，还有青铜时代的夏家店下层文化和夏家店上层文化，对马架子遗址的深入研究，有助于建立辽西地区新石器时代和青铜时代文化序列。

2013年，马架子遗址由国务院公布为第七批全国重点文物保护单位。

辉河水坝遗址

Huiheshuiba Site

撰稿：李婉琪　索秀芬；摄影：安永明

辉河水坝遗址位于内蒙古自治区呼伦贝尔市鄂温克旗锡尼河西苏木毛锡公道嘎查，东北距西苏木7公里。地处大兴安岭西北侧山地和呼伦贝尔高平原过渡地带，辉河流域下游。地势为东南高，西北低。地处辉河东岸水坝北侧的冲积台地上，地理坐标北纬48°55′32″，东经119°41′13″，海拔高度640米。

辉河水坝修建于20世纪60年代，坝长1200米，修坝取土时暴露大量遗物，靠近水坝部位细石器散布于地表。1975年，黑龙江省文物普查队复查了该遗址。1978年7月，中国科学院古脊椎动物与古人类研究所来此考察，采集一批遗物，并清理1座墓葬。1984年9月，呼伦贝尔盟文物工作站复查了该遗址，并进行了第一次试掘。1987年8月，中国社会科学院考古研究所到辉河水坝遗址进行考古调查，进行了第二次试掘。1995年5月，内蒙古自治区文物考古研究所对该遗址进行复查，进行了第三次试掘。1996年，内蒙古自治区文物考古研究所对辉河水坝遗址进行第一次正式发掘。2003年和2004年，中国社会科学院考古研究所进行第二次正式发掘和补充发掘。

辉河水坝遗址

清理动物骨骼灰坑

　　遗址分布在固定沙丘之上，地表遗物分布面积约30万平方米，南北长约1000米，东西宽300米。

　　遗址埋藏在辉河右岸由沙丘构成的第二级阶地内，堆积物由不同颜色的细砂、含粉砂细砂或粉砂质细砂所组成。堆积厚约3米，可划分为7层，1～4层为近现代堆积层，5～7层为新石器时代文化层。

　　2003年和2004年出土遗物7523件，包括细石器制品3048件，石刻人1件和骨簪1件，陶片674件，动物骨骼3799件。另外，在调查中采集遗物1543件，其中细石器制品1277件，陶片197件，动物骨骼65件，人肢骨1段，穿孔装饰品2件，建筑材料1件。

　　2003年和2004年发掘清理遗迹5处，有居住遗迹1处，墓葬1座，动物骨骼灰坑1个，篝火遗迹2处。在一处篝火遗迹及其周围发现了当时人类细石器制作现场。

　　居住遗迹（JZ1）只揭露了北部，南部在发掘探方以南，未发掘。南北发掘长4.5米，东西宽3.5米，面积约16平方米。半地穴式建筑，斜壁，底较平坦，西壁较东部穴壁陡直，且高出东壁0.2～0.25米，穴壁最深约0.5米。东壁中部有一个大的壁柱洞，圆形，口径0.52米，直壁，圆底，深0.44米。大柱洞稍向西倾斜。靠近西壁分布7个小柱洞，西壁上有3个小板窝，靠近西壁有1个小板窝，皆向东倾斜。堆积中发现较多的石制品、陶片和动物骨骼。动物骨骼碳十四测年为距今7750±40年，未进行树木年轮校正。

　　一处篝火遗迹（GH1）是一座灰堆，形状不甚规则，南北长0.74米，东西宽0.57米。堆积物颜色比周围的黑，但未见炭粒。从灰烬中清理出遗物38件，其中石片9件，石叶7件，石镞和石刃各1件，以及动物骨骼20件，还有大型动物的肋骨平铺在底部。周围发现许多石片、石叶和石屑等，是围绕篝火的一处石器制造场。另一处篝火遗迹（GH2）是一个灶坑，平面近于圆形，斜直壁，圆底。南北长1.02米，东西宽0.95米，深0.15米。堆积为黑色灰烬，在灶的东南部清理出羊骨106块，包括羊的颌骨

出土细石器

石钻

石核

柳叶形石镞

凹底三角形石镞

锛形石器

遗址地表散布遗物

和肢骨等。

动物骨骼坑（T3H1）平面近圆形，锅底状，东西长1.7米，南北宽1.56米，深约0.22米。在北部发现2个圆形柱洞，直径0.11米，深0.07米。坑内堆积的动物骨骼非常密集，清理出成形的动物骨骼1374件，包括头骨、牙床、肋骨、肢骨、肩胛骨、蹄骨和角骨等，其间夹杂着石叶和石片9件，夹砂灰陶片29片。筛选出动物骨骼1887件，动物碎骨8044克。动物骨骼碳十四测年为距今4045±30年，经树轮校正后年代在公元前2620年。

墓葬（M1）没有明显墓穴，直接掩埋于生土之上。头向朝西，部分肢骨置于头骨的东部，不见椎骨、髋骨、指骨和趾骨等，女性，年龄在45～50岁，含有某些北亚蒙古人种的特征因素。人骨分布范围南北长1.21米，东西宽0.38米。二次葬。在头骨右侧残存1件平底陶器下部，内外饰网格纹。在头部放置1件柳叶形石镞。人骨测年为距今8555±40年，经树轮校正后年代在公元前7600年。

出土的新石器时代遗物有石制品、陶器、动物骨骼等。

出土石制品2773件，包括细石器制品和大型石器两类，前者数量多，类型丰富。石制品质料有白云岩、燧石、石英砂岩、玉髓、蛋白石、黑曜石、石英岩、流纹岩和水晶等，以白云岩数量最多，主要来源于本地河流岸边的砾石，以及遗址附近的岩石，黑曜石在这一地区并未见到，可能产于长白山或阿尔泰山，体现了这时期人们存在着广泛的交流。细石器压制而成，器形有镞、钻、刃、刮削器、尖状器、雕刻器、石叶、石片、石核等。大型石器有磨制、琢制和打制等制作方法，器形有锛形器、砍砸器、穿孔石器、锤、砧、砺石等。

出土陶器611件，其中大部分为器腹碎片，口沿和底部数量很少，无法复原，可辨器形以罐类为主，有少量的盆、碗、纺轮等。陶土中以掺细砂为主，掺粗砂数量较少。皆手制，火候较低。有的唇面压印篦点纹花边，器体多饰绳纹，还有网格纹、方格纹和素面等。

经鉴定，动物种类有食草类的马、驴、牛、黄羊、羚羊、羊和兔等，食肉类的狐、狼、獾、狗和猫科动物，杂食类的猪，还有鸟禽类的动物，以及鱼类和啮齿类动物，总计15种。主要是野生动物，渔猎是辉河水坝遗址古人类主要生业。

辉河水坝遗址清理出的石器制造场、居住遗迹、篝火遗迹、墓葬等，反映出该遗址既是一处石器制造场，又是古代人类居住和埋葬的地方。大部分遗迹是以往草原新石器时代遗址所未曾发现的，为研究北方草原新石器时代生产、生活和埋葬习俗等提供了重要资料。

2013年，辉河水坝遗址由国务院公布为第七批全国重点文物保护单位。

兴隆洼遗址

Xinglongwa Site

撰稿：索秀芬　李婉琪；摄影：杨虎　刘国祥

兴隆洼遗址位于内蒙古自治区赤峰市敖汉旗宝国吐乡兴隆洼村东南1.3公里，地处大凌河支流牤牛河上游右岸的低丘岗地上，高出附近地面约20米，西南坡下有泉水，东距河道1.5公里。

1982年秋冬，中国社会科学院考古研究所内蒙古工作队和敖汉旗文化馆发现兴隆洼遗址，面积6万多平方米。1983~1986年，中国社会科学院考古研究所内蒙古工作队对兴隆洼遗址进行了四次发掘，1992~1993年又进行了两次发掘。六次发掘共揭露面积3万余平方米，发掘出聚落环壕1条、半地穴房址180余座、墓葬30余座、窖穴和灰坑400余个，出土大量陶器、石器、玉器和骨器，还有鹿、猪、熊、牛、狍、雉、鼠等大量动物骨骼等，植物有胡桃楸果核、枣核等。动物骨骼多为零散分布，也有聚组摆放兽头的现象，以鹿和猪头骨为主，额头正中钻有圆孔。

遗址地层关系简单，围沟、房址、窖穴、灰坑等遗迹均开口于耕土层下，直接打破生土

1992年发掘的围沟和房址（北—南）

人猪合葬墓M118

环形玉玦

筒形陶罐

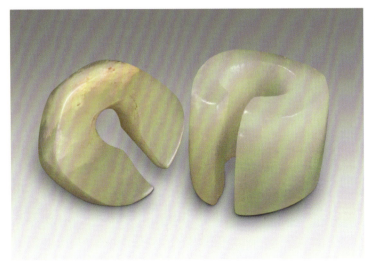

珠形玉玦

锄形石器

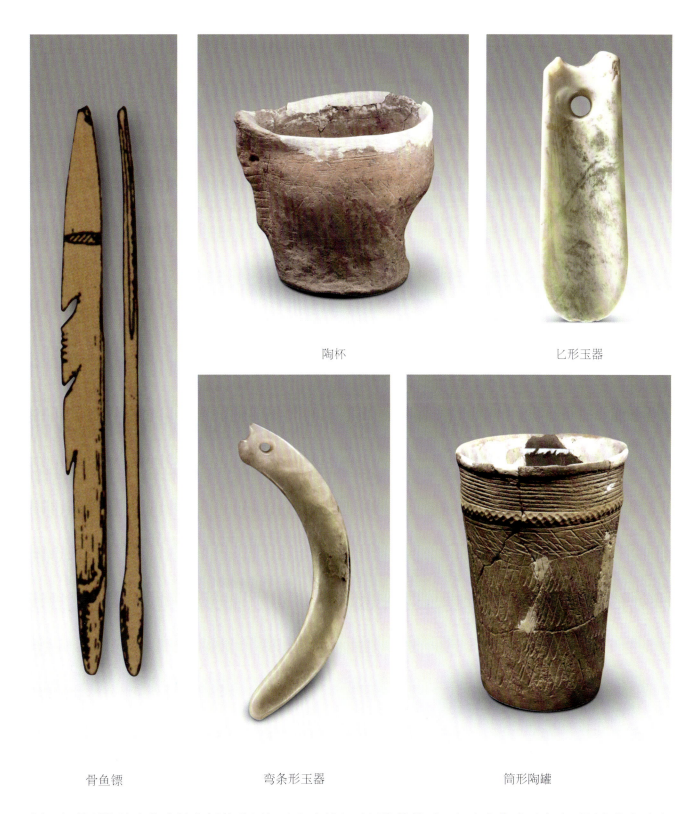

骨鱼镖　　　　　　弯条形玉器　　　　　　筒形陶罐

陶杯　　　　　　匕形玉器

层，仅见兴隆洼文化房址之间的叠压打破和房址打破围沟的关系、红山文化或夏家店下层文化灰坑和围沟分别打破兴隆洼文化房址的关系。

兴隆洼遗址兴隆洼文化房屋为半地穴式建筑，平面呈圆角长方形或方形，没有门道。由于遗址处在东北偏高、西南略低的缓坡之上，所有房址东北侧壁的现存深度明显高于西南侧穴壁，最深的穴壁超过1米，最浅的不足0.1米。房址的穴壁多为黄褐色生土，少数为熟灰土。房址的居住面多系将生土砸实而成，少数的经过抹泥处理，平整而坚硬。圆形土坑灶位于居住面中部，灶壁和底部经过抹泥，被烧烤成红褐色，底部较平，个别的铺有石块。柱洞均在半地穴内，分为单层分布和双层分布两类。

45

古
遗
址

双层柱洞数量10余个至20多个不等，内层柱洞分布在灶址周围，外层沿四壁里侧排列。单层柱洞数量4个或6个，柱洞均匀分布在灶址与穴壁之间。房址居住面上遗物较多，但各个房址内出土遗物种类和数量多寡不一，多达几十件，少则一无所有。

窖穴主要分布在室外，有的在成排的房址之间或外围集中分布，排列有序，也有位于室内的窖穴，灰坑分布在室外。窖穴和灰坑大多平面呈圆形，直壁平底，也有一定数量袋状坑。口径最大超过3米，最小口径不足半米。窖穴主要是储藏之用，灰坑主要是垃圾坑或取土坑。

多数墓葬为室内葬，少数墓葬为室外葬。墓葬均为长方形竖穴土坑墓，单人葬，仰身直肢，大多数墓葬有随葬品，其数量不一。室内葬的墓壁一侧依靠房址的穴壁，有的打破居住面，有的压在居住面之下。M118为F180内的室内葬，人骨右侧放置两头完整猪，人猪各占墓穴底部一半的位置，两头猪前后放置，猪腿有捆绑痕迹，仰卧，一雌一雄。随葬陶器、石器、骨器和玉器等700多件。人猪合葬现象在中国新石器时代遗址发现尚属首例。居室葬与当时人们祭祀活动有关，墓主因生前地位或死因特殊而被埋入室内，死后成为生者崇拜、祭祀的对象，以期获得各种超自然的力量，保佑人口兴旺与经济活动成功。人猪合葬现象既体现了对祖先灵魂的祭祀，也是对猎物灵魂的祭祀，两者合二为一。

遗物有陶器、石器、玉器和骨器等。陶器均为夹砂陶，皆为手制。陶色为褐色，呈灰褐、黄褐和红褐色。器形单一，以筒形罐和钵为主，还有少量的杯、碗、盅和纺轮等。器表遍饰纹饰，以压印纹为主，通常在口部饰几周凹弦纹、颈部饰一条附加堆纹，其下为主体纹饰——斜线交叉纹、人字纹、网格纹、席纹、之字纹、窝点纹等。石器以打制的有肩锄形器为主，还有磨制的斧、锛、铲，琢制的磨盘、磨棒、圆饼形器，压制的石刃等。玉器主要出土于居室墓内，数量不多，均为小型器，以玦为主，还有管、钻孔匕形器、弯条形器、斧和锛等，是迄今年代最早的真玉。骨器磨制精良，有鱼镖、鱼钩、匕、骨锥、针、蚌饰等。1986年出土一只骨笛，有完整7个音节，是目前西辽河流域发现最早的音孔最多、音律最准的骨质笛乐器，在8000年前兴隆洼文化的古人类已经掌握乐器制作技术，有很高的音乐水平。复合工具有骨梗石刃镖和刀等。

根据兴隆洼遗址兴隆洼文化遗存特征，可分为早晚两期。

早期围沟平面呈不规则圆形，东北—西南长183米，东南—西北宽166米，宽1.5~2米，深0.55~1米。环壕西北最高处有一座寨门，为出入口。围沟内房屋共有11排，其中有8排贯通，3排为夹排，每排3~7间不等，均呈西北—东南向分布，排列齐整。每间房址的面积50~80平方米不等，用于起居和生活，最大两座的房址面积达140余平方米，位于聚落中心，用于集会、议事或举行某种仪式的公共场所。居住面多为生土砸实而成。陶质疏松，胎体厚重，烧制火候较低。纹饰排列不甚规整。

晚期遗存集中分布在遗址的西北部，有的打破围沟，有的营建在围沟的外侧，房屋的布局冲破了成排的格局。房址面积较小，一般在20~50平方米，居住面经过抹泥。陶质较硬，胎体较薄，烧制火候较高。纹饰排列规整。

经过六次对兴隆洼遗址大规模发掘，确立了兴隆洼文化，从遗迹打破关系上明确了兴隆洼文化早于红山文化，解决了讨论多年的红山文化源头问题，对建立辽西地区新石器时代考古学谱系提供了重要环节，明确了辽西地区与黄河流域新石器时代考古学文化谱系有别、平行发展、相互影响的历史地位。全面揭露了兴隆洼文化早期聚落，这是国内首次揭露出围沟、房址、窖穴和灰坑等全部居住遗迹的史前聚落，同时揭露了一批兴隆洼文化晚期聚落房址、窖穴和灰坑，对探讨兴隆洼文化聚落形态的演变和社会结构的演进提供了丰富资料。

兴隆洼遗址兴隆洼文化有12个碳十四测年，大致年代在公元前6200~前4200年。

兴隆洼遗址红山文化遗存发现较少，房屋为半地穴式建筑，居住面上摆放有泥质红陶紫红色彩陶钵和夹砂红褐陶筒形罐等陶器。

1983年发掘兴隆洼遗址后，1985年提出"兴隆洼文化"命名。兴隆洼文化年代在公元前6500～前5000年，分布在燕山南北地区。

1996年，兴隆洼遗址由国务院公布为第四批全国重点文物保护单位。

兴隆沟遗址

Xinglonggou Site

撰稿：索秀芬　李婉琪；摄影：刘国祥　庞雷

　　兴隆沟遗址位于内蒙古自治区赤峰市敖汉旗宝国吐乡兴隆沟村西南约1公里的山坡上，地处浅山丘陵地带，位于大凌河支流牤牛河左岸，地理坐标北纬42°22′19.4″，东经120°39′15.6″，海拔高度573米。

　　1982年冬，中国社会科学院考古研究所内蒙古考古工作队与敖汉旗文化馆在文物普查中发现，遗址东西长400米，南北宽120米，面积48000平方米。此后经过多次复查，1998年春，中国社会科学院考古研究所内蒙古考古工作队与敖汉旗博物馆联合进行再次复查，自东向西分东、中、西三片灰土圈，其中东区和中区保存完整，西区西侧边缘被开辟成林地，部分遗迹被破坏。三片共计145座灰土圈，灰土圈沿东北—西南方向成排分布。2001年，中国社会科学院考古研究所内蒙古考古工作队进行了试掘，2002~2003年又进行两次发掘。揭露面积5600多平方米，房址37座，居室墓28座，窖穴和灰坑57个，出土一批陶器、石器、玉器、骨器、蚌器、复合工具等，以及人骨、兽骨、植物等遗存。

　　房址均沿东北—西南方向成排分布，整个聚落经过统一规划，系一次性布局而成，反映出社会已经有了较严密的社会组织。房址平面为长方形或方形，圆角，皆为半地穴式建筑。半地穴四壁均系在黄色或浅黄色生土上下挖而成，穴壁较直，个别略有弯曲，应是后期坍塌所致。由于地势西北较高，

房址F10

东南较低，致使现在房址西北侧壁高于东南侧壁，自西北至东南减低。F13西南角有一座长条形坑，坑壁一侧紧靠房屋西北侧穴壁，西南端从房址的西角外延，形成一条弧形暗道，出口在房址西北侧一座圆形坑的南壁。成人能从暗道中爬出，这种暗道式出入口在东北地区史前时期房址中系首次发现。房屋面积分为大、中、小三个类型，大型面积为70～80平方米，中型面积在40～60平方米，小型面积在30～35平方米。房屋均无门道，从房屋东南部中段居住面明显下凹来看，出入口应在房屋东南部中段部位。半地穴四角均堆有方形或长方形熟土台，房屋半地穴室内平面呈"亞"字形。居住面大多是在地穴原有的生土面上砸实而成，少数经过垫土或局部抹泥，个别经过火烧，居住面呈红褐色和灰黑色。西北侧居住面普遍保存较好，平整而坚硬，应是卧睡之所；东南侧硬面多已脱落，中部明显下凹，应是长期出入踩踏所致。灶位于居住面中部，为圆形或椭圆形土坑，灶壁较直或内收，底平整，周壁经过抹泥处理。居住面上有4个或6个或8个柱洞，均匀分布在灶的西南和东北两侧。

墓葬M23

居室葬一般一座房址中有一座墓，也有一座房址内有两座墓的，个别一座房址内有3座墓葬。墓穴在房址中多靠近西南侧穴壁的中段内侧、西南侧穴壁的西北、东南段内侧或东北侧穴壁的中段内侧。室内墓均为竖穴土坑墓，平面呈长方形，直壁，平底。有的墓口被踩踏成硬面，与周围的居住面连为一体，证明埋入墓葬后该房屋继续居住；也有的墓穴直接打破居住面和生土，墓口上未见硬面，证明埋入墓葬后该房址即被废弃。有单人葬，也有双人合葬墓，有的骨骼不完整或有明显的肢解现象。合葬墓有成年男女合葬、成年女性与儿童合葬、儿童合葬三种合葬方式，多为仰身直肢葬。F18和F22居住面上发现人骨，F22居住面上有四具人骨，分别是成年男女各一具和两名儿童，这种居住面上放置尸骨的居室葬是把死者埋葬后，房屋即被废弃。M15为单人葬，男性，墓口西北端并排立置一大一小2件筒形罐，罐体下半段埋在墓穴填土内，大罐底部与墓主人头部上下相对，西南部腹壁有1个圆形钻孔，可能是作为墓主灵魂出入的通道。

窖穴和灰坑平面分为圆形、椭圆形和长方形三种，以直壁平底坑为主，也有少量坑壁呈外袋形或自上而下斜弧内收。H35平面为圆形，直径4.22米，是最大的一座圆形灰坑，其周围有6个略小的圆形坑环绕。H35平底，在坑底中部放置2个猪头骨，并用陶片、残石块和自然石块摆放成S形躯体，西侧猪头额顶正中钻一个圆孔，可能为猪龙的形象，对研究龙的起源及崇拜龙的礼俗的形成有重大意义。

遗物主要出土自房址的居住面上，堆积层内出土遗物较少。陶器均为手制，采用泥圈套接法成

陶器

石管

人头盖骨牌饰

嵌蚌人面石饰

器。以筒形陶罐数量最多，还有少量钵、杯和盅。筒形罐多夹粗砂，胎体较厚，唇部较厚，敞口，斜直腹，平底，器体高矮不一，最矮不足10厘米，最高可达50厘米。钵、杯和盅多夹细砂，胎体较薄，质地较硬。陶器外表自上而下多分段饰纹，主要有凹弦纹、泥条附加堆纹、之字纹、短斜线交叉纹、窝点纹和横人字形纹等。石器以打制为主，还有少数磨制、琢制和压制石器。石器种类多见锄形石器、斧、锛、刀、磨盘、磨棒、石叶、环形石器、饼形石器、石球、人面饰数量较少。玉器数量少，磨制光滑，种类有玦、长条形玉坠、锛、弯条形器、匕形器等，有1件玉玦镶嵌在一个死者眼眶内，为牛河梁红山文化中心性祭祀遗址庙址中发现的女神头像双目镶嵌圆形绿色玉片的习俗找到直接源头，是中国史前时期赋予玉器人文观念的最早证据。骨器均为磨制而成，其中锥的数量最多，常见匕、刀、镖、凿等，还有人面蚌饰和人面头盖骨饰等。

动物骨骼数量多，大多零散出土，在F5西南侧出土一组兽骨，包括12个猪头和3个鹿头，多数兽骨的前额正中钻有长方形或圆形孔，其中两者头上留有明显的灼痕，具有鲜明的宗教祭祀性质。

经浮选，植物遗存有粟和黍，黍的数量比粟的数量多，炭化黍多达1400余粒，炭化粟只有60余粒。根据形态特征和尺寸大小，这些黍和粟都是栽培作物，但数量少，炭化黍粒粒形较长，尺寸较小，粟和黍保留了较浓厚的野生祖本特征，处于栽培的初级阶段，在经济中所占比例较小。在F20堆积

人面蚌饰　　　　　　　　　　　　　　　　　玉玦

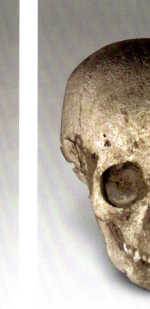

弯条形玉器　　　　　　　　玉匕形器　　　　　　人骨眼眶中的玉玦

中出土炭化的山核桃10余枚，说明采集也是经济的组成部分。

通过工具和动物，以及植物遗存分析，兴隆沟遗址居民生业以狩猎采集为主，出现了原始农业，但在经济中还很有限，手工业中石器、木器、骨器制作发达。

兴隆沟遗址是迄今所知规模最大的一处兴隆洼文化中期聚落，内涵丰富。三片成排房屋一次统一布局，反映了当时严密的社会组织的存在，聚落内部有集体协作。

兴隆沟遗址有3个碳十四测年，年代在公元前6000～前5500年，大致处于兴隆洼文化中期。

2013年，兴隆沟遗址由国务院公布为第七批全国重点文物保护单位。

哈克遗址

Hake Site

撰稿：李婉琪　索秀芬；摄影：杨润新　朱延平

　　哈克遗址位于内蒙古自治区呼伦贝尔市海拉尔区哈克镇团结村南1.5公里，包括第一地点（位于哈克村一组西侧）、第二地点（位于团结村东南约1.5公里）和第三地点（位于团结村西南约1.5公里），三个地点由东南向西北依次排开，第一地点和第二地点东西相距约1公里，第三地点东南距第二地点相距约2公里。地处海拉尔河西岸的草原地带，海拉尔河从遗址东南侧而来，绕过遗址北边向西流去。南距哈克镇3公里，西距海拉尔区26公里，地理坐标北纬49°13′00″，东经120°04′41″，海拔高度617～629米。

　　遗址东西长5公里，南北宽0.5～2公里，面积约10平方公里。

　　1985年呼伦贝尔盟文物管理站在文物普查中发现第一地点，1986年呼伦贝尔盟文物管理站和内蒙古自治区文物考古研究所发现第二地点，1999年呼伦贝尔民族博物馆发现第三地点。1999年中国社会科学院考古研究所内蒙古考古工作队和呼伦贝尔民族博物馆再次复查第三地点，2000年呼伦贝尔民族博物馆又复查了第三地点。2001年呼伦贝尔民族博物馆对第一地点进行试掘，2003年9月中国社会科学院考古研究所对第一地点进行第二次试掘。2004年6～8月中国社会科学院考古研究所和内蒙古自治区文物考古研究所合作对第一地点进行了第一次正式发掘，2007年中国社会科学院考古研究所与吉林大学边疆考古研究中心合作，对第一地点进行了补充性发掘，2008年中国社会科学院考古研究所再次对第一地点进行了补充性发掘。

　　哈克遗址第一地点地处海拉尔河左岸台地上，文化层堆积厚1.5米左右，划分为7层。上

玉璧

玉斧

房址F04

玉锛

石镞

石叶

墓葬M03

部地层遗存属于隋唐时期，年代在公元8～10世纪前后。中部地层遗存大体相当于汉代前后，年代在公元前2～公元2世纪。下部地层遗存属于新石器时代，年代距今8000～7000年。

2003～2008年发掘的新石器时代遗存有房址、灶、篝火遗迹、灰坑、蚌堆、祭祀遗迹、墓葬等。

房址1座（F1），平面呈不甚规则的椭圆形，南北宽7.6米，东西长9.4米，面积56.08平方米。沿房屋周边分布13个圆形柱洞，大小不一，直径0.24～1.16米，深0.14～0.25米。房屋居住面东北角居住面上有一堆灰烬，平面呈圆形，直径0.89米，厚0.21米，堆积内没有炭粒，可能是燃烧的杂草之类的物质。居住面中部有一个圆形坑，锅底状，直径1.4米，深0.33米，坑内堆黄沙并高出坑顶以上，高0.74米。西部居住面高出东部居住面0.12～0.22米，南北最长7.4米，东西最宽3.46米。

除房址内发现1处用火遗迹外，还发现了1座灶（Z1）和2处篝火遗迹（GH1、GH2）。灶为红烧土，平面为圆形，直径大约0.3米，红烧土厚0.15米，之下灰层厚0.15米。篝火遗迹（GH1）为灰黑色粉砂质黏土，东西长约1.1米，南北宽约0.56米，厚0.12米。篝火遗迹（GH2）中心部位为红烧土，周围为黑色硬面。中心部位呈半圆形，直径0.32米，厚约0.09米。

灰坑共发现14个，平面分为圆形、椭圆形和不规则形，剖面有直壁平底、斜壁平底、弧壁平底、锅底形、不规则形等。

发现蚌堆2处（BD1、BD2），蚌堆（BD1）平面呈椭圆形，南北宽0.48米，东西长0.52米，高0.15米。蚌堆（BD2）长0.35米，宽0.33米，高0.7米。出土以河蚌片为主、鱼骨和动物骨骼次之、陶片数量最少。

发掘3处祭祀遗迹（S1、S2、S3），祭祀遗迹（S1）平面近椭圆形，剖面不规则。祭祀遗迹（S2）平面近椭圆形，弧壁，斜平底。祭祀遗迹（S3）平面为椭圆形，斜直壁，平底。坑内为动物骨骼和陶片组成的堆积。

墓葬5座（M1～M5）为平底掩埋，未发现明显墓穴。二次葬，没有随葬品。

2003～2008年发掘出土的石制品1466件、陶片985件、骨角制品67件、玉器1件、穿孔装饰品3件、小砾石15件，还有大量动物骨骼。

石器以细石器为主，大型石器数量很少。细石器采用压制方法制作，有镞、石刃、钻、尖状器、刮削器、雕刻器、凹缺器、石叶、石片、石核等。大型石器采用打制、磨制和琢制方法制作，器形有锤、砧、砺石、垫、砍砸器、刮削器、穿孔器、刀、铲形器、磨盘、磨棒等。玉器只发现了玉饰品。

陶质均为夹砂陶，分夹粗砂和细砂两种。夹粗砂陶器器壁厚重，烧制火候不高。造型简单，多为圜底的罐类。器表饰绳纹。夹细砂陶器器壁较薄轻，烧制火候较高。多为平底罐类，素面。手制，采用泥圈套接法成器。

骨器磨制而成，器形有骨雕、骨锥、骨鱼叉、骨镞、骨刀柄、骨铲、骨筒、骨针、骨笄、穿孔骨板、骨管、骨刀、角饰、角锄、象牙人面雕像、蚌刀等。

经鉴定，动物种类有狗、貉、狐狸、狗獾、黄鼬、马、马鹿、狍、东北野牛、黄牛、羊、猪、仓鼠、兔、鱼、蚌等，只有狗是家畜，其余都是野生动物，是古代人类渔猎的对象。

第二地点在哈克镇团结小学东南1800米的风蚀沙坑中发现一座墓葬，肢骨大多散失，头骨保存尚好，中年男性。出土百余件细石器和骨刀柄等，细石器中石镞占多数，还有石叶、石刃、石核等。

第三地点在团结村东约150米处发现一座墓葬，地面采集有人骨、石器、玉器和陶器，以及动物骨骼等。

在以往调查中还采集了大量细石器、彩陶和玉器等遗物。彩陶均为红地黑彩，以三角纹、窄道波折纹和宽带形纹样为主。玉器有斧、锛、璧、环、管、珠等器形。

哈克遗址分布在海拉尔河东、北、南三面环绕的半封闭高台上，周围有低山丘陵和开阔的疏林草原，很适合人类生息。大量细石器和鱼叉等是传统的渔猎工具，出土众多的大型动物骨骼和鱼蚌骨骼都体现了以渔猎为主的生业模式。磨盘和磨棒的存在，反映了采集业的存在，当时采集植物是经济的重要补充。

2013年5月，哈克遗址由国务院公布为第七批全国重点文物保护单位。

赵宝沟遗址

Zhaobaogou Site

撰稿：索秀芬　张煜鹏；摄影：刘晋祥　姜言忠

　　赵宝沟遗址位于内蒙古自治区赤峰市敖汉旗高家窝铺乡赵宝沟村西北2公里，地理坐标东经120°7′，北纬41°22′，海拔高度633～650米。地处教来河支流泉水沟北岸，终年泉水不断，适合古代先民居住，坐落在平缓开阔的坡地上，四面环山，遗址上现已辟为耕地。

　　1982年冬，中国社会科学院考古研究所内蒙古工作队和敖汉旗文化馆文物组在敖汉旗进行文物普查时发现了赵宝沟遗址，遗址东西长约340米，南北宽约270米，面积约9万平方米。地表灰土圈有89个，大体依坡地等高线方向有规律地成排分布，可分为两区。一区集中分布于北大地东南面的平缓坡地上，共有82个灰土圈。大致分为7排，每排有7～17座房址不等。基本上是东北—西南走向。二区分布在一区东面的坡地上，多被自然冲沟所破坏，仅存6座房址和1个灰坑。分为两排，呈西北—东南走向。一区和二区以自然低谷相隔。

遗址全景（东-西）

房址F103

房址F105

石磨棒和石磨盘

1986年6月15日至7月28日，历时44天，中国社会科学院考古研究所内蒙古工作队对赵宝沟遗址进行发掘，共揭露面积约2000平方米，清理房址18座、窖穴和灰坑5个、石头堆遗迹1处，获得了一批较有特色的陶、石、骨、蚌等人工制品和动物遗骸。

遗址地层简单，房屋和灰坑开口在耕土层下，打破生土。

房址为半地穴式建筑，穴壁均打破生土，部分抹泥和经过火烤。房屋均没有门道，可能是在地表处设出入口，跨坑搭梯子，斜升于外。从规模上看，分为大、中、小三种，房屋存在等级差别。大型房址1座，面积近百平方米。中型房址4座，面积在30～80平方米。小型房址12座，面积小于30平方米。大部分房址平面为长方形或方形或梯形，少部分在南侧。有一个窖穴外凸致使房址平面呈凸字形。大多数居住面平整，少部分居住面呈阶梯状，分为高低两部分，前部低后部高。居住面为生土砸实而成，部分经过烧烤。坑灶位于居住面中部位置，平面呈长方形，直壁，平底，坑内堆积有白色的灰烬。大部分房址内没有发现柱洞，少部分房址内发现2个或4个柱洞，均匀分布在灶的两侧或四周。居住面上的遗物较多，通常有成组的生活用具和生产工具。

房址F104局部出土遗物

　　石头堆遗迹位于第二区的东部，处于坡地顶部凸起的平台上。石砌平台建在生土之上，石头多是竖立垒筑。边缘的石块较大较多，中间石块除底部用大石块外，其余用小石块填充。平台平面呈圆角方形，为石块垒砌的平台。南北长18.5米，东西宽17.5米，残高1.3米。平台的边缘有墙的遗迹，推测其上原来应该有建筑。平台四面呈坡状，除东面陡直外，其余三面较为平缓。可能是赵宝沟聚落的一处重要祭祀建筑。

　　窖穴平面为圆形或椭圆形，直壁，平底。灰坑为不规则椭圆形，直壁，弧底或锅底状剖面。

　　陶器中绝大多数是生活日用器皿，少部分是生产工具。多数陶器是夹粗砂陶，少数陶器夹细砂，个别陶器为泥质陶。陶器火候不高，陶色不均匀，内胎或灰或褐，外表以黄褐色为主，还有一些黑色或红褐色，个别为红色。多数陶器内表光滑，少数陶器可以看出手制时泥圈套接痕迹，采用帮壁包底成器。陶器基本组合为筒形罐、椭圆底罐、圈足鼓腹罐、尊形器、平底钵、凹底钵、圈足钵、碗、假圈足钵等，还有陶塑人面像等。除个别素面陶器外，绝大部分器表饰纹饰。纹饰压印或压划而成，分为几何纹、之字纹、动物纹、指甲纹、压划形纹、刷划纹、篦点纹和弦纹等，其中几何纹、之字纹、动物纹最具代表性。几何纹基本元素是折线和曲线，主要是将一两个单独纹样运用反复、连缀和对称等技法来构成装饰图案。有些图案不仅有主体纹样，而且还有辅助纹样。分层施纹构成复合图案。通常是将基本对称的主体纹样与辅助纹样交织组合，并依据器形腹径弧度的变化而相应地改变图形角度和比例，形成和谐而富有层次的图案。几何纹饰表现出严谨规整的对称风格，以对称组合的二元连续和四方连续图案为主，更多表现为斜行环绕器表构成图案布局。纹饰压划得娴熟、流畅，富有变化，

筒形陶罐

圈足陶罐

尊形陶器

陶碗

石䃺

椭圆底陶罐

筒形陶罐

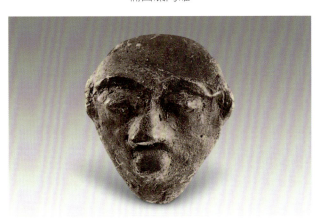

陶塑人面像

别具一格。之字纹多数的规整，少数的凌乱，有直线形，也有弧线形，还有篦点形。动物形纹饰通常饰在尊形器腹部，主要是鹿等瑞兽灵物，压划精巧，形象栩栩如生。

石器分大型器和细石器两类。大型石器绝大多数为磨制成器，棱角分明，制作精美，个别为打制或琢制，扁平石耜、带侧棱石斧和覆舟形磨棒特色鲜明。细石器为压制而成，有单面压制和双面压制而成，主要有镞、刮削器、尖状器和石叶、石核。

骨器主要是利用动物的长肢骨和兽角为原料，磨制而成。主要有角锥、骨锥、骨针、骨笄、骨铲等。蚌器数量少，主要是饰品和制陶工具等。

遗址中动物骨骼较多，饲养的动物有猪和狗，野生动物有马鹿、斑鹿、狍、牛、貉、獾、熊、东北鼢鼠、蒙古黄鼠、天鹅、雉、鱼、蚌等。

从出土遗物和动物骨骼看，赵宝沟文化先民已经有了农业，但渔猎作为经济的重要组成部分，还存在一定的采集业，以及发达制陶业、制石业和木工业，也存在制骨业和纺织业。

赵宝沟遗址有三个碳十四测年，年代大约在公元前5500～4800年。

赵宝沟遗址发现早、面积大，文化内涵丰富且较为单纯，特征鲜明，是一处具有代表性的典型遗址，因此以赵宝沟遗址命名了"赵宝沟文化"。赵宝沟文化年代在公元前5500～前4500年，分布在燕山南北地区。

2006年，赵宝沟遗址由国务院公布为第六批全国重点文物保护单位。

富河沟门遗址

Fuhegoumen Site

撰稿：索秀芬　李婉琪；摄影：徐光冀　庞雷

　　富河沟门遗址位于内蒙古自治区赤峰市巴林左旗浩尔吐乡富河村北1公里，北纬44°28′27″，东经119°14′56″，海拔762～795米。地处大兴安岭南麓，乌尔木伦河东岸，富河自东北向西南穿过富河村，于村西南汇入乌尔木伦河，遗址属浅山丘陵地貌，坐落在两个相邻的山岗南坡，高出河面25～60米。

　　遗址东西长约300余米，南北宽约200余米，面积6万余平方米。在两个山岗之间，东西长约130米宽的地带，没有发现遗迹。

　　遗址地表分布着150余座灰土圈，灰土圈东西成排分布。由于长期的风刮和水冲，特别是遗址被辟为耕地，灰土圈受到很大破坏。

　　1957年，内蒙古文物工作组调查了富河沟门遗址，采集了大量细石器。1962年5～7月，中国科学院考古研究所内蒙古工作队对富河沟门遗址进行了发掘，共开探方12个，发掘面积约600平方米。2013年，中国社会科学院考古研究所内蒙古工作队再次发掘了富河沟门遗址。

　　揭去表土，每个灰土圈都是房址，一个灰土圈有的是一座房址，有的是重叠在一起的几座房址，最多发现重叠四次。共发掘灰土圈12个，发现房址37座。

房址H3

卜骨

筒形陶罐

骨刀柄

细石器

锄形石器

筒形陶罐

筒形陶罐

房址H3内灶址

房址均为半地穴式建筑，背山的一面北穴壁保存较好，在0.5～1米，东西两墙顺山坡穴壁逐渐降低，南面建筑痕迹不清，门道不清。平面有方形和圆形两种，其中大多数是方形或梯形，少数是圆形。方形或梯形房址3座，一般东西长4～5米，南北宽3～5米，最大的东西、南北皆长6米左右。居住面平整，有的地方较硬，有些地方经过夯打，有的地方有篝火痕迹。坑灶位于居住面中部，平面呈方形，一种是土坑，一种是土坑四壁内砌筑石板，一般是0.5平方米，深约0.2米。灶底和灶壁被烧成红色，灶内积存有较厚的白色灰烬。在靠近北壁的居住面上有成排柱洞，一般在4～7个。有的房址南部有窖穴，平面为

圆形，直壁，平底，直径0.5～0.9米，深约0.3米，用于储藏物品。圆形房址4座，直径在3.5～5米，坑灶位于居住面中部，一种是圆形土坑，另一种是方形坑，四壁砌筑石板。沿圆形穴壁的居住面上发现有圆形柱洞。

陶器均是夹砂陶，质地疏松，火候不高。陶色不纯正，呈褐色，以黄褐色最多，灰褐色次之。手制陶器，多以长条的泥片围筑，小型器物为捏制。陶器内外壁经过压磨，内壁较外壁压磨更加细致。

纹饰以压印纹为主，主体纹饰多见线形之字纹和篦点之字纹，少见划纹，口沿部位有附加堆纹，器底印有席纹。器形有筒形罐、钵、圈足器、小杯等，其中以筒形罐占大多数。陶器上普遍有缀合陶器的钻孔。

石器数量多，分为大型石器和细石器两类。大型石器绝大部分是打制，少量为磨制琢制。打制石器并经二次加工，多在刃部经过磨光，磨制石器仍见打制痕迹。种类有砍砸器、斧、锛、凿、锄形器、尖状器、刮削器、磨盘、磨棒、磨石、石片石器等，以砍砸器和锛数量最多。细石器种类压制技术成熟，种类有镞、锥、圆刮器、钻、尖状器、石刃、石叶、石核、石片等，以石叶数量最多，其次是镞。

骨器数量比较多，磨制而成，种类有锥、针、镞、刀柄、匕、鱼钩、鱼镖、有齿骨条、骨饰、卜骨等，还有角器及蚌、贝、牙质的装饰品。卜骨系利用鹿或羊的肩胛骨制作而成，未经修整，有灼而无钻，是我国发现最早的占卜资料之一。

富河沟门遗址遗存独具特色，被命名为"富河文化"。富河沟门遗址H30房址内桦树皮碳十四测年为公元前5500～前5300年。据研究，富河文化年代在公元前5500～前3000年，相当于赵宝沟文化和红山文化时期，主要分布在乌尔吉木伦河流域。

2013年5月，富河沟门遗址由国务院公布为第七批全国重点文物保护单位。

魏家窝铺遗址

Weijiawopu Site

撰稿：索秀芬　李婉琪；摄影：曹建恩　孙金松　党郁

　　魏家窝铺遗址位于内蒙古自治区赤峰市红山区文钟镇魏家窝铺村东北约2.5公里，分布在丘陵台地上，地势平缓。中心坐标为东经118°57′46″，北纬42°08′28″，海拔725～726米，遗址地势呈东北高西南低。总面积约15万平方米。

　　2008年5月，赤峰市红山区文物管理所在第三次全国文物普查中发现了该遗址，10～11月，内蒙古自治区文物考古研究所进行了复查和全面勘探，初步确认为是一处红山文化时期的聚落环壕遗址。2009年、2010年、2011年和2012年，内蒙古自治区文物考古研究所和吉林大学边疆考古研究中心联合进行四次大规模发掘，揭露面积16027.75平方米，有灰沟、房屋、灰坑、墓葬等遗迹，获得一批陶器、石器、骨器和蚌壳饰品等遗物，以及一些动物骨骼等。

　　魏家窝铺遗址地层堆积简单，揭去表土层后，可以看到遗迹打破生土，遗迹间也有少量

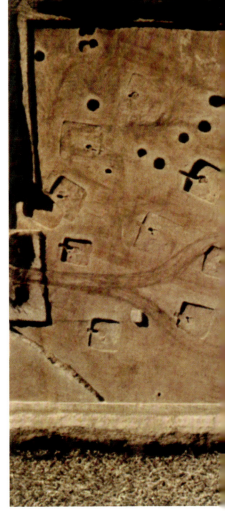

房址F73

叠压打破关系。

　　遗址外围围沟平面大致呈梯形，围沟各边略有曲折，东北侧和西南侧两边大致平行，形成梯形的平行两边，东北侧较长，西南侧较短。南北长约315米，东西宽约295米，周长约1100米，总面积约9.3万平方米。围沟口大底小，呈倒梯形，口宽在1.68～2.4米，底宽0.2～0.82米，深1.15～1.65米。在遗址西北部和东北角各有一条灰沟。

　　发掘房址114座，灶址19个。房屋均为半地穴式建筑，直壁，保存较好的穴壁在60厘米左右，保存差的地方穴壁荡然无存。平面呈圆角长方形、梯形和四边形等。面积8～60平方米，其中面积在15～25平方米的数量较多。长条形门道，大多向南或东南，也有少数朝西北和东北，多为斜坡型，少见台阶型。居住面较为平整，多数为生土踩踏居住面，少数为料礓石与草拌泥混合居住面，部分经火烧烤。坑灶位于居住面中部，平面绝大部分呈瓢形，个别呈方形，灶坑与火道相连，方向与门道方向一致。房内居住面上，尤其在坑灶周围多见筒形罐、钵、磨盘和磨棒等日常用品。

　　灰坑219个，散布在房屋周围。平面形状多数为圆形、椭圆形、圆角方形，少数为不规则形，坑壁有直壁筒形、倒梯形、袋状和锅底形等，底部有平底、二层台和圆底等，多为圆形和椭圆形筒状坑，其次为锅底状坑。大部分灰坑内保存有器物，有的灰坑底部摆放完整陶器或石器，可能是储存物品的窖穴，还有一些动物骨骼。

2010年发掘现场

圜底陶釜

陶盆

石耜

彩陶罐

彩陶钵

石磨盘和磨棒

墓葬2座，分布在房屋周围，为竖穴土坑墓。单人葬，仰身直肢，头向东。不见任何随葬品。

陶器分为夹砂陶和泥质陶两大类，夹砂陶数量略多于泥质陶。褐色陶占多数，还有一些红色、黑色陶。纹饰以之字纹最多，划纹和戳印纹次之，还有少量编织纹、弦纹和彩陶。彩陶以红彩为主，黑彩数量较少，图案有弧线条带纹、折线纹、几何状方格纹、三角纹等。陶器以平底器为主，还包括少量圜底器和三足器，以筒形罐、红陶盆、几何纹彩陶钵、斜口器等为基本组合，还有少量圜底釜、瓮、鼎、杯、器盖等，以及纺轮和陶球等。

大型石器数量多，磨制和琢制精细，种类有斧、锛、凿、耜、穿孔刀、磨石、饼、球、杯、磨棒和磨盘等，打制石器数量少，种类有砍砸器、刮削器和石片等。细石器数量少，种类有镞、刮削器、石叶、石核等。

魏家窝铺遗址保存完整，规模较大，是一处红山文化典型聚落。通过对魏家窝铺遗址钻探和发掘，基本上揭露了一处较完整的红山文化早、中期聚落，是首次对红山文化中型聚落的全面发掘，为红山文化研究增添了宝贵的资料，有助于推进西辽河流域文明进程的研究。

2013年，魏家窝铺遗址由国务院公布为第七批全国重点文物保护单位。

红山遗址群

Hongshan Site Group

撰稿：索秀芬　张煜鹏；摄影：赵爱民　庞雷

　　红山遗址群位于内蒙古自治区赤峰市红山区红庙子镇西水地村，西南距红山区5公里，东经118°53″，北纬42°13′。红山由凤凰峰等9个山峰组成，最高峰海拔746米。遗址分布在红山周围，因山石呈红色而得名，赤峰就是红色的山，以红山命名，蒙语称乌兰哈达。英金河由南向北在红山西侧流过，绕红山北侧向东流注入老哈河。

　　1908年，日本人鸟居龙藏调查了红山前后的遗址。1924年，法国人桑志华和德日进调查了红山前新石器时代遗址。1930年，国立中央研究院历史语言研究所由梁思永带队，在发掘

远景

完黑龙江省昂昂溪遗址后，前往热河调查，调查了红山等地。1933年，日本人牟田哲二把红山一带出土文物当礼品赠给日本帝国大学的上治寅次郎，引起日本考古学界对红山地区的关注。以后，他和鸟取森南、金子键儿等人把获得的大批红山一带的文物赠给了到赤峰发掘的东亚考古学会。1933年秋天，以早稻田大学德永重康为首的第一次满蒙调查团到达赤峰，东京帝国大学八幡一郎在红山前后及西部采集了遗物，并发掘了几座石棺墓。1935年5月，日本东亚考古学会由京都大学滨田耕作等人组成考古发掘队对红山遗址群进行调查，发掘了墓地和第一居住址以及第二居住址，第二居住址和采集的彩陶器被命名为"赤峰第一次文化——彩陶文化"，第一居住址和墓地被命名为"赤峰第二次文化——红陶文化"，前者在新石器时代，后者在秦汉时期。1943年，佟柱臣到赤峰地区考察。1955年，内蒙古文物工作组汪宇平再次对红山进行调查。1955年，中国科学院考古研究所尹达出版了《新石器时代》一书，他认为红山后遗存是"长城南北两种新石器时代文化相互影响之后的新型文化遗存"，并定名为"红山文化"。1956年，北京大学历史系裴文中和吕遵谔带领学生在赤峰地区实习，考察了红山前三个地点和红山后一个地点，认为赤峰第一次文化是彩陶、细泥红陶和细石器共存，"过去所谓'赤峰第二次文化'实际上还包含几个性质面貌不同的阶段，而在其早晚诸阶段间既可以与中原一带对照，又可以看出它们传承关系"。1961年，发掘赤峰药王庙和夏家店遗址后，刘观民指出，所谓赤峰第二次文化包括夏家店下层文化和夏家店上层文化。1995年，赤峰市红山区文化局调查了红山地区。2003年，中国社会科学院考古研究所内蒙古第一工作队与赤峰市文化局联合对红山遗址群进行详细调查和重点测量，探明了不同时期文化遗存的分布和保存状况。新中国成立后，内蒙古自治区文物部门多次复查红山遗址群，探明了红山遗址群包括红山文化、夏家店下层文化、夏家店上层文化、燕秦汉、辽代前后的遗存。

根据《赤峰红山后——热河省赤峰红山后先史遗迹》一书，红山文化遗址群包括红山周围12个遗址点，面积达数十平方公里，遗址多分布在红山东侧和南侧的坡地上，也有的分布在山梁顶部。1935年发掘三个地点，即第一居住地、第二居住地和墓地。

第二居住地位于西水村地西侧，面积约2万平方米，文化层厚0~1.5米。有灶、房屋等遗迹。出土陶器有夹砂之字纹或划纹褐陶筒形罐、黑彩红陶钵、泥质红陶折沿盆、泥质褐陶敛口彩陶瓮、泥质褐陶双耳壶等，石器有斧、锛、镞、耜、磨盘、磨棒等，属于红山文化。

第一居住地文化层厚约0~2米，有灶、房屋、石板墓等遗迹，出土夹砂红褐色绳纹鬲、鼎，弦断绳纹陶片等，属于夏家店下层文化。

墓地发掘26座，石板墓，挖长方形竖穴土坑后，在墓穴四壁贴立石板，墓底不铺石板，放入死者后，顶部盖石板后填封土。石材就地取材，均取自红山脊梁上的红褐色花岗岩石块。墓葬规模较小，仅能容身。都是一次葬，均为单人葬，尸骨保存不甚好，保存较好的尸骨以侧身屈肢为主，还有少量仰身直肢，个别俯身直肢。头向多向东，个别向西。多数墓无随葬品，有随葬品的墓随葬品数量少，一般1~3件。陶器放置在肩部以上的头骨两侧，石器、骨器、青铜器、玉器放置在胸腹部。陶器有鬲、壶、钵、纺轮，石器有斧，骨器有锥、镞，青铜器有镞、钏、环，玉器有管、珠等。从墓葬结构和随葬品特点分析，墓地属于夏家店上层文化。

1956年，北京大学发掘了龙王庙庙址东侧居住址，面积约1万平方米。在表土层下的灰土层中出土有夹砂灰褐陶之字纹筒形罐、泥质红陶钵、石叶、蚌饰和鹿角等遗物，属于红山文化遗存。

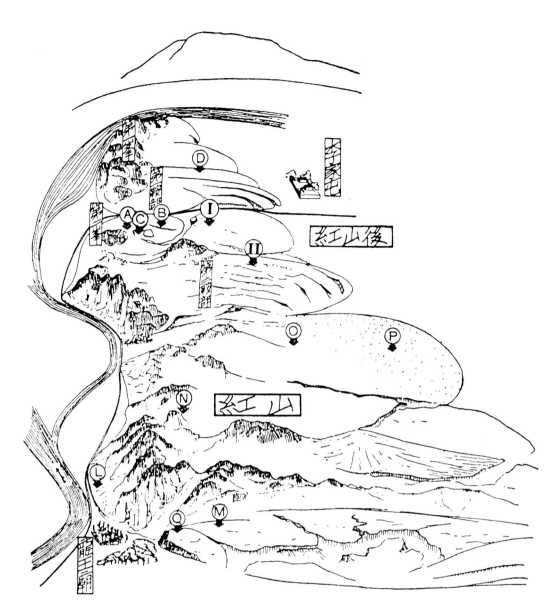

红山遗址群分布图

2003年，中国社会科学院考古研究所内蒙古第一工作队新发现了一处夏家店下层文化祭祀遗址，面积约2万平方米，遗址的外围依山势走向筑有石墙，全长125米。主墙的外侧筑有弧形的护坡，护坡之间砌筑有附墙。石墙内分布有18个圆形祭坛，分成两级阶面。北侧石墙东段外侧分布有1个祭坛，南侧石墙外三道自然石竖脊下方的陡峭处各分布有1个祭坛，略呈弧形排列。一类祭坛用自然石块层层垒砌，明显高出地表；另一类是在地表砌筑出一周石圈，圈内较平整。祭坛直径在4.5～15米之间。地表散布陶片多为夹砂灰陶，纹饰以细绳纹居多，还有弦纹、附加堆纹等，器形有罐、盆、鬲等，石器有石铲和磨石等。

红山遗址群内涵丰富，从新石器时代经青铜时代到燕秦汉至辽代时期，包括文化有红山文化、夏家店下层文化、夏家店上层文化、燕秦汉文化、辽代前后的遗存等。深化对红山遗址群内涵的研究，对西辽河流域新石器时代至青铜时代考古学框架体系的建立，以及中国文明起源进程研究产生了深远影响。

红山遗址群是红山文化命名地，红山文化的年代为距今6700～5000年。主要分布在辽西地区，向南越过燕山，到达燕山南麓地区；向北跨过松辽分水岭，到达松嫩平原；向东越过医巫闾山，到达辽河下游的西岸；向西穿越大兴安岭，影响到冀北地区。

　　牛河梁遗址红山文化的坛、庙、冢祭祀遗址等级分明，红山文化晚期（距今5500～5000年）社会已经进入到初级文明——古国或酋邦阶段，是中国较早进入文明的地区，是中华文明重要源头之一，对中国文明形成的进程和文明特征都产生了巨大影响。

　　2006年，红山遗址群由国务院公布为第六批全国重点文物保护单位。

草帽山遗址

Caomaoshan Site

撰稿：索秀芬　王楠；摄影：张焱　张亚强　庞雷

　　草帽山遗址位于内蒙古自治区敖汉旗四家子镇东800米的水泉村，东经120°5′31.2″，北纬41°50′7.8″，海拔567米。坐落在草帽山后的山梁上。遗址北依大王山，南临大凌河支流——老虎山河，高出河床约40米。由草帽山遗址向南望正对着努鲁尔虎山的最高峰——断亲山。

　　遗址分为东、中、西三处。最东的第一地点分布在突起的山岗上，中部的第二地点位于第一地点之西的山梁北部，遗址高出地表3米。第一地点和第二地点之间隔沟相望，两者东西相距500米。西部的第三地点位于第二地点的西南，两者在同一个山梁，相距约200米，遗址高出周围地表约2米。

　　1983年春天，敖汉旗在第二次全国文物普查中发现。2001年7月，敖汉旗博物馆对第二地点北部进行了抢救性发掘，揭露面积600余平方米。2006年6～7月，内蒙古自治区文物考古研究所对第三地点进行了发掘，揭露面积400平方米，同时对第二地点的积石冢进行再次清理，揭露面积约500平方米。

　　第一地点经发掘证明是一处祭坛，平面近长方形，四周有砌筑石围墙，保存较差。

　　第二地点保存较为完整，结构清晰。地层堆积简单，在原生土层之上为一层黑土，内含夹砂褐色之字纹筒形陶罐残片和双孔半月形石刀。黑土层之上是一层祭坛和积石冢的遗存，

墓葬

墓葬

为坛、冢相结合的结构。在南部的两坛之间为墓葬区，共清理墓葬7座，均为石板墓。一次葬5座，位于南部坛东侧的墓为小孩墓，其余4座均为头东脚西的单人葬。另外2座墓为二次葬。有随葬品的墓葬只有2座，其余5座墓无随葬品。M1出土1件方形玉璧和1件石环，M7出土1件玉镯和1件骨笛。

墓葬之上为封石和砌筑石基，墓葬与墓葬之间、墓与石基之间有相互叠压的现象。M7的石板棺盖上为1座二次葬的小墓，小墓之上为一道石基，石基外侧又用石片叠封。石基至少分为三层，上下叠压。最下层石基位于发掘区中部，与南面的墓地相邻，面积较小，平面呈方形。中间砌筑一个较大的石坛，其东南用小石块摆出一个小坛，形状像动物的头部。中层石基是在下层石基之外砌筑，下层石基位于中层石基的南部。中层石基平面呈长方形。在中层石基东北部用石块摆出一个龟状坛，平面为方形，四角各出一足，正前方伸出一个头，中部隆起，石坛外大内小，呈同心圆状层层外延，至四边用大石摆直。上层石

方形玉璧

第二地点积石冢

第二地点积石冢M2封石

基地势较高，位于发掘区的南部，处于中层石基和墓葬区之南。用方形石块砌筑成一个长方形的坛，有楔形方石砌筑每层墙的外边，红色凝灰岩和黄色砂岩相间，外面齐整，里面凹凸不齐，里侧用自然石块补齐。在石基的外侧及部分封石的外表竖立成排的无底陶器，部分无彩，部分有彩。无底器分为筒形和折肩形两种，内壁刻有米字形等符号。

在墓地封土中出土完整的三足陶盅，彩陶器周围有很多的灰烬，可能与祭祀活动有关。在基石的外侧和祭坛旁边发现4个人头部残件，凝灰岩材质，采用写实和夸张两种技法雕琢而成。大小不一，最小者额头只有10厘米左右，大者比真人还要大。最小的一件高颧骨，尖下颏，颈部有连珠式项饰。头部保存完整的只有1尊，比真人略小，头戴冠，双目微闭，逼真而神化。较大的两件只存面之局部，其一为睁目，眼球外突，突出眼睛的神力。这些石雕像，形象生动传神，是史前艺术珍品。

第三地点积石冢距地表较浅，破坏严重，北面和西面依稀还有石墙痕迹，东面和南面石墙已经荡然无存，发现3座石板墓，无随葬品。在封石中分布有成带状无底筒形器之字纹陶片，在石棺前还发现

石雕人   玉镯

第二地点积石冢墓葬分布

了红烧土，可能与祭祀有关。

　　草帽山祭祀遗址是老虎山河上游红山文化祭祀性遗址群中的一处。经过调查，老虎山河上游的红山文化祭祀遗址还有6处，是单坛、单冢或坛、冢结合遗址，是牛河梁以外地区迄今所发现的最大规模的红山文化祭祀性遗址群，对研究红山文化葬制、宗教祭祀、社会结构以及中华文明起源都具有很高的学术价值。

　　2013年5月，草帽山遗址由国务院公布为第七批全国重点文物保护单位。

阿善遗址

Ashan Site

撰稿：索秀芬　李少兵；摄影：刘幻真　董永军

阿善遗址位于内蒙古自治区包头市九原区古城湾乡阿善沟门村东1公里，北纬40°34′07.1″，东经110°11′59.9″，海拔1110米。坐落在圪膝盖沟的东西两侧的台地上，东台地俗称东脑包梁，高出黄河水面96米；西台地俗称西脑包梁，高出黄河水面81米。遗址北依大青山，南濒黄河，圪膝盖沟终年泉水不绝，由北向南注入黄河，阿善即蒙古语"甘泉"的意思。

遗址面积约5万平方米，大部分已经辟为耕地，边缘地带未经耕扰的地表裸露出许多地面石砌房屋的墙基，沿遗址居住区边缘留有石砌围墙遗迹，高出地表0.1～0.3米。

1979年包头市文物管理所进行第一次发掘，1980年内蒙古社会科学院蒙古史研究所和包头市文物管理所进行了第二次发掘，1981年又共同进行了第三次发掘。共发掘面积1170平方米，发掘房址24座，窖穴和灰坑220个，墓葬3座，清理解剖石围墙4处。1983年包头市文物管理处发现一处大型祭坛。

两区文化层堆积厚约1米左右，东台地的文化遗存属于新石器时代，西台地除主要属新石器时代遗存外，还包含有极少青铜时代及汉魏的文化遗存。东台地和西台地新石器时代文化堆积共分五层，根据遗物特征分析，除第1层为表土层外，其他4层分为三期，第2、3层遗存为第三期，第3层是早段，第2层是晚段。第4层遗存和第5层遗存分别为第二期和第一期。

第一期遗存发现甚少，未见遗迹现象，仅在个别探方见到小片文化层被压在第二期之下，遗物除在文化层中存在外，多包含在二、三期遗迹中。生产工具有石磨盘、石磨棒、磨石、石球、砍砸器和纺轮等。生活用具都是陶器，以泥质红陶居多，夹砂红褐陶居次，泥质灰陶极少。泥质陶器表有磨光、素面、彩陶、席纹等，夹砂陶器表有弦纹、绳纹和连点刺纹等。彩陶有黑彩和红彩两种，单独使用。黑彩

骨柄石刃刀

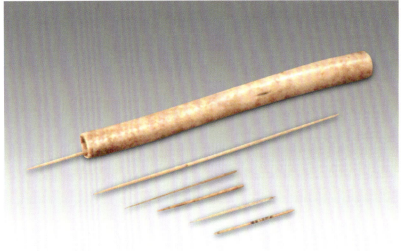

骨针筒和针

遗址全景

三期晚段石房址

居多，红彩很少。图案有宽带纹和弧线纹，分别饰在钵和盆的口沿部分。手制陶器。器形有直口圜底钵、折沿盆、罐、双唇小口瓶。这类遗存属于半坡文化鲁家坡类型，年代在距今6200～5500年。

第二期遗存房址为半地穴式建筑，平面呈方形或长方形。门道为长条形，斜坡状或台阶式，门向西南。居住面或于中心设一个圆形坑灶，或在圆形坑灶后再加一个方形地面灶。居住面上有柱洞。窖穴和灰坑多为圆角长方形竖穴坑，体积大小悬殊，四壁与底部均较平整。生产工具有大型石器、细石器、陶制品和骨角器等。大型石器约占生产工具的51%，有斧、锛、铲、刀、盘状器、凹形器、磨盘、磨棒等。细石器约占17%，有镞、刮削器、钻刻器、刀刃、石核、石叶、石片等。陶制品约占22%，均用陶片改制而成，以刀和铲居多，纺轮和陶饼形器数量较少。骨角器约占10%，有锥、角标和亚形器等，大都是利用动物肢骨和角磨制而成，角锥多利用自然形状。生活用具分为陶器和骨器。陶器有泥质褐陶、泥质橙黄陶、泥质灰陶、夹砂褐陶、砂质白陶、砂质灰陶等，以褐色陶数量最多，灰陶数量最少。器表以素面和磨光数量最多，彩陶居次，绳纹和附加堆纹较少，篮纹极少，还有连点刺纹组成的三角纹等纹样。彩陶以红彩最多，黑彩很少，红黑兼用的复彩极其个别。有的陶器器表涂有豆青色陶衣。全部手制，泥条盘筑。带耳器发达，折腹器甚多。器形有折腹钵、曲腹钵、小口双耳壶、杯、器盖等。骨器有针和匕等。装饰品有陶环、骨簪和项饰等。这类遗存被命名为"海生不浪文化阿善类型"，也有学者称为"阿善二期文化"，年代在距今5500～5000年。

第三期早段房址分为半地穴式和有沟槽结构的地面建筑两类，墙壁抹一层草拌泥。平面形状均为长方形，进深大于间宽。门道呈梯形斜坡状，门向南略偏西。居住面用草拌泥抹成，经过烧烤。方形

深腹折腹陶钵

浅腹折腹陶钵

深腹折腹陶钵下腹人物图案

大口双耳陶罐

小口双耳陶壶

骨项饰

石围墙

细石器

地面灶设于居住面中线近门处。窖穴和灰坑数量多，多呈圆角方形，少数为圆形。圆角方形坑口小底大斜壁覆斗状，穴壁和底部修理规整，有的抹一层泥，个别设有脚窝。圆形坑有直壁平底和锅底状之分。墓葬为长方形土坑竖穴墓，无葬具。单人葬，侧身屈肢，双手交叉于腹部，头向西南，面向南，颈部有一个穿孔云母饰件。生产工具也分为大型石器、细石器、陶制品和骨角器四类。大型石器约占生产工具的29%，有刀、斧、铲、锛、凿、磨棒、磨盘、磨石、盘状器、砍砸器、凹形器、纺轮等。细石器约占23%，有刮削器、钻刻器和镞等。陶制品约占20%，有刀、铲、凹形器、纺轮等。骨角器约占

半地穴房址

28%，有锥、刀、铲、凿、矛和亚形器、鱼钩等。生活用具分为陶器和骨器。陶质分为泥质、夹砂和砂质三种，以泥质陶最多，占75%以上。陶色以灰陶居多，黑陶和褐陶次之，也有少量黄陶与白陶。器表除素面外，纹饰主要有篮纹和连点刺纹，方格纹、附加堆纹等数量较少。均为手制。器形有钵、碗、罐、盆、瓮、器盖等。骨器有针、针筒、匕和骨板等。装饰品有石环、骨簪和坠形云母片等。

　　第三期晚段房址多为地面石筑墙壁，平面有方形、长方形、椭圆形等。大小不一，有的还附有耳室，门多向南，也有偏西或东南者，多设有门坎和台阶。窖穴和灰坑多见圆角长方形斜壁覆斗状，也有很少圆形袋状和锅底状坑。沿居住址周围分布石砌围墙，长约2200米，清理57米，大部分砌筑在生土上。平面不规则形，断面呈梯形，石块交错叠压，相交处用泥土固定。有的地段残高达1.7米，有的地段厚1～1.2米。祭坛位于西台地南端的高岗上，由18座圆锥形石堆组成，其中17座南北一线排列，另1座位于北端西侧，全长51米，以最南侧石堆最大，其余石堆较小，大小相差不大，石堆底径1.4～8.8米，高0.35～2.1米。除祭坛北侧外，其余三面砌筑石围墙，平面形状呈亚腰形，南侧墙外另加筑平行两道石墙。生产工具也分为大型石器、细石器、陶制品和骨角器四类。大型石器占生产工具的38%，有斧、刀、锛、凿、铲、球、凹形器、敲砸器、盘状器、研磨器、磨盘、磨棒、大型锥石、纺轮等。细石器约19%，有刮削器、尖状器、刀刃、镞等。陶制品占21%，有刀、铲、纺轮、凹形器、网坠等。骨角器约占22%，有锥、铲、凿、刀、矛、镶石刃刀柄和亚形器等。生活用具分为陶器和骨器。陶器以泥质陶居多，夹砂陶和砂质陶数量较少。陶色以灰陶居多，黑陶次之，褐陶较少，黄陶罕见。纹饰仍

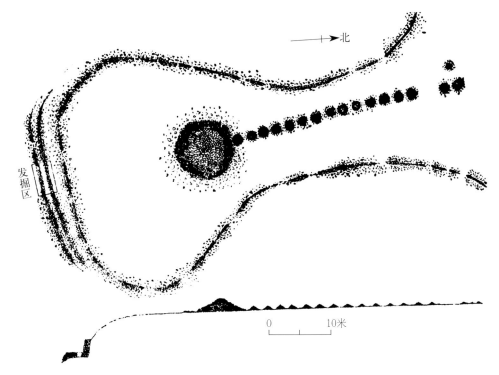

祭祀遗迹平剖面图

以篮纹为主，连点纹常见，附加堆纹有所增加，方格纹等继续使用。手制成器。器形有钵、碗、罐、盆、瓮、豆、器座、器盖等。骨器有针、针筒、匕和匙等。装饰品有石环、牙饰、蚌饰和骨饰等。

第三期遗存被命名为"阿善文化"，也有学者称为"阿善三期文化"。年代距今5000～4500年。

从阿善遗址一、二、三期生产工具看，它们都是以农业为主，家畜饲养和渔猎均占有相当比重。

阿善遗址一、二、三期文化层叠压关系，提供了内蒙古中南部地区半坡文化鲁家坡类型、海生不浪文化阿善类型和阿善文化相对早晚关系，为内蒙古中南部地区建立新石器时代谱系提供了可靠的地层依据。石围墙和祭坛的发现，对于中华文明起源探索的城和大型祭祀遗址提供了资料。

2006年，阿善遗址由国务院公布为第六批全国重点文物保护单位。

岱海遗址群

Daihai Site Group

撰稿：索秀芬　李少兵；摄影：杨泽蒙　田文涛　韩建业　广川守

岱海遗址群分布在内蒙古自治区乌兰察布市凉城县的岱海周围，包括王墓山遗址、老虎山遗址和园子沟遗址。

王墓山遗址地处岱海南岸，位于六苏木乡泉卜子村南约2公里，北距岱海2.5公里，地处王墓山西坡，地势东高西低，坡势较缓。坡下遗址分布在西坡偏下位置，坡中遗址分布在西坡偏中位置，坡上遗址分布在西坡偏上位置。坡下遗址东距坡中遗址约150米，最低高程相差约12米，距坡上遗址约300米，最低高程相差约25米。

坡下遗址海拔1275～1285米，西侧为步量河，西缘有部分遗迹已被冲毁，现存遗址南北长约350米，东西宽约200米，面积约7万平方米，自然冲沟将其分割为南北两区。1989年、1991年、1992年，内蒙古自治区文物考古研究所进行三次发掘。发掘面积2428平方米，房址24座、窖穴和灰坑34个，道路1条，出土了一批陶器、石器和骨角器，被命名为"庙底沟文化王墓山坡下类型"，年代在公元前4200～前3000年。

王墓山坡下遗址房址IF7

王墓山坡下遗址陶瓮　　　　　　　　　　　　　　王墓山坡下遗址陶器盖

坡下遗址文化层厚0.5～2米。房址成排分布，均为半地穴式建筑，在半地穴周围有台面环绕。绝大部分平面为圆角凸字形，个别房屋平面为不规则形。面积在6.5～90.3平方米。居住面抹草拌泥，经火烧烤，平整，坚硬。圆形或圆角方形坑灶分布在居住面正对门道处，与门道相通，其上覆盖石板。居住面上有较粗柱洞，台面上分布一周较细柱洞。铲探出道路1条，长110米，揭露85米，西北—东南走向，宽4.1～5.5米，用灰褐色花土铺垫，坚硬，呈层状。窖穴分布在房屋内或房屋外，还有一些灰坑，平面多数为圆形或椭圆形，少数为圆角方形，多直壁平底，也有袋状平底或阶梯状底。陶质可分为泥质和夹砂两类，陶色以红色为大宗，灰色次之，还有个别橙色。纹饰数量多于素面，纹饰种类中绳纹或线纹数量最多，其次是弦纹、附加堆纹、浅涡纹、彩陶，还有少量指甲纹、乳钉纹、戳印纹、刻划纹等。除少量小型陶器捏制外，绝大部分都是使用配合慢轮的泥条盘筑法。器形有钵、罐、瓮、盆、器盖、小口尖底瓶、杯、火种炉、刀、纺轮等。石器中大型石器以磨制为主，其次为琢制，打制最少，器形有磨盘、磨棒、刀、砺石、斧、凿、锉、臼等，细石器为压制，器形有镞、刮削器、石叶等。骨角器有锥和刀等。

坡中遗址海拔1287～1293米，由于坡势较陡，水土流失严重，遗址南侧冲沟破坏了部分遗址，现存遗址平面略呈椭圆形，主体部分在一个环壕内，环壕南北宽约50米，东西长约80米，面积约4000平方米。1991～1992年，内蒙古自治区文物考古研究所试掘面积220平方米，发现环壕1条和房址2座。文化层厚0.5～1米。环壕剖面上宽下窄，呈梯形，上口宽0.6～1.1米，底宽0.1米，深0.6～1.5米，在东侧和北侧各有1座门址。房屋为凸字形半地穴式建筑，长条形台阶式门道，圆形坑灶位于居住面前部。出土陶器有绳纹罐、筒形罐、小口双耳壶、红彩钵等，石器有斧、凿、锛、刀、砺石等，属于海生不浪文化庙子沟类型早期。

坡上遗址海拔高度为1300～1310米，接近山顶。面积约11000平方米。1987年、1989年、1992年、1995年，内蒙古自治区文物考古研究所进行了四次发掘，发现房址21座、窖穴和灰坑29个、墓葬3座，除1座房屋和3座墓葬为清代晚期遗存外，其余均属海生不浪文化庙子沟类型遗存。遗址文化层厚0.3～2米。房屋均为半地穴式单间建筑，房址平面形状为方形，长条形门道，有的带有门斗。坑灶位于居住面中部，除主灶外，还多设有附灶。居住面上分布着柱洞。面积为12～25平方米。有的窖穴分布在室内，有的窖穴分布在室外。窖穴和灰坑平面呈圆角方形、圆形、不规则形，绝大多数为直壁

王墓山坡上遗址房址F8

平底，少数为袋状平底。陶器有侈口鼓腹罐、筒形罐、小口双耳壶、敛口钵等，石器有双孔石刀、石斧、石锛、石凿等，属于海生不浪文化庙子沟类型中期和晚期。

老虎山遗址位于永兴乡毛庆沟村西北约1公里，地处蛮汗山余脉老虎山南坡，南临与岱海相邻的低洼地，东去岱海约25公里。遗址主要分布在西北—东南走向的两个山脊之间，并沿山脊修筑石围墙，两侧略延伸到山脊之外，主体呈三角形簸箕状，中央一道大冲沟将遗址分为北高南低两大部分。遗址海拔1490～1560米，面积约13万平方米。1982～1986年，由内蒙古自治区文物考古研究所五次发掘，发掘面积约4000平方米，房址70座、窖穴和灰坑38个、窑址6座、墓葬8座，出土一批陶器、石器和骨器，特征鲜明，命名为"老虎山文化"。年代在公元前2500～前2200年。

环绕老虎山遗址主体的石围墙主要分北—东北墙和西—西南墙两大部分和遗址下部南墙，总长1300米，在山顶内还有石墙房址和石堆等相关遗迹。文化层厚0.2～2米。房址分布在台地上，少部分房址前发现院落。有半地穴式和窑洞式两种结构，平面为凸字形。少量房屋居住面上和穴壁外侧发现了柱洞。墙壁和居住面上大部分抹白灰，少部抹草拌泥。地面圆形火膛位于居住面中部。房屋面积一般在10～15平方米。窖穴和灰坑平面有圆形、椭圆形等，剖面有袋状平底、直壁平底等。窑址区分布在遗址西南部石墙外较陡峭的山坡台地上，在房屋周围也散布有零星陶窑，陶窑由火门、窑膛、窑箅、火眼、窑门和工作间组成，均为竖穴窑，窑室呈馒头形。墓葬发现在居住区，土坑竖穴，单人葬，仰身直肢，无随葬品。

陶质以夹砂为主，泥质陶数量少。灰色陶数量最多，其次是褐色，灰或黑皮褐胎陶最少。纹饰陶明显多于素面陶，纹饰以篮纹最多，绳纹和附加堆纹居次，方格纹、镂孔、弦纹、指甲纹和刻划纹等数量较少。绝大部分陶器采用泥条盘筑成器，空三足器的三足模制而成，小型陶器捏制而成。器形有直壁缸、大口瓮、敛口瓮、斝、甗、盉、单耳罐、双耳罐、素面罐、高领罐、斜腹盆、豆、杯、碗等。

园子沟遗址位于三苏木乡园子沟村北100米，地处蛮汗山余脉胡龙背山的东坡，坐落在岱海盆地中

老虎山遗址石围墙

部的北缘，东南距岱海5.5公里，分布在由两条沟谷隔开的三个山坡上。南坡、中坡和北坡遗址海拔分别为1340～1375米、1335～1380米、1330～1360米，以中坡遗址海拔最高。三坡遗址面积各10万平方米，总计30万平方米。

1986～1989年，内蒙古自治区文物考古研究所连续发掘四次，发掘面积约4000平方米，文化层厚0.2～4.5米，发掘房址85座、窖穴和灰坑14个、窑址5座，出土一批陶器、石器和骨器，属于老虎山文化。

房屋依山势成排分布，房前有院落，一座房屋或多座房屋共用一个院落。有前堂后室双间和单间两种结构，窑洞式建筑，墙壁直壁或斜面内倾。单室和双室后室平面呈凸字形，双室前室呈长方形。房屋面积在6～21平方米。大部分墙裙和地面抹有草拌泥，再涂白灰，个别为垫土居住面。单室和双间后室的圆形或圆角方形地面火膛位于居住面中部，有的火膛周围抹一圈黑彩。窖穴和灰坑有圆角方形直壁平底、圆形袋状平底等结构。陶窑分布在前堂屋内，竖穴窑，由火门、窑腔、窑箅、火眼组成，窑室呈馒头形，直径1.6～2.2米。夹砂陶居多，泥质陶很少。以灰色和褐色陶为主，灰或黑皮褐胎陶居次。器表纹饰略多于素面，以篮纹最多，绳纹其次，附加堆纹、方格纹、弦纹、镂孔、刻划纹等数量少。主要使用泥条盘筑法成器，个别小件捏制，空三足器空足模制。器形有斝、盉、高领罐、素面罐、大口瓮、斜腹盆、豆、平底碗等。

岱海周围除了王墓山遗址、老虎山遗址、园子沟遗址外，还有一批从仰韶时代至龙山时代新石器时代遗址，其中石虎山遗址被命名为"后岗一期文化石虎山类型"，年代在仰韶时代早期，王墓山坡下遗址处于仰韶时代中期，王墓山坡中和坡上遗址属于仰韶时代晚期，老虎山遗址和园子沟遗址属于龙山时代。通过岱海新石器时代遗址群调查和发掘，基本建立起内蒙古中南部地区新石器时代文化序列，园子沟遗址大规模的窑洞式建筑，也是内蒙古地区的重要发现。

2001年，岱海遗址群由国务院公布为第五批全国重点文物保护单位。

王墓山坡下遗址石镞

王墓山坡下遗址陶钵

王墓山坡下遗址陶盆

王墓山坡下遗址石刀

王墓山坡下遗址陶钵

园子沟遗址陶斝

园子沟遗址素面陶罐

老虎山遗址陶斝

园子沟遗址绳纹陶罐

园子沟遗址大口陶尊

王墓山坡下遗址陶火种炉

庙子沟遗址

Miaozigou Site

撰稿：索秀芬　杨锐；摄影：魏坚　李言

庙子沟遗址位于内蒙古自治区乌兰察布市察哈尔右翼前旗新风乡庙子沟村，地处黄旗海南岸的丰镇丘陵地带，平均海拔在1300米以上。遗址分布在一条南北向山沟——庙子沟的西坡上，庙子沟常年有泉水，夏季水量大时可北上注入黄旗海。

庙子沟遗址分为村南三级台地上的I区和村北二、三级台地过渡地带的Ⅱ区，I区残存面积约3万平方米，Ⅱ区面积约20万平方米。1985～1987年，内蒙古自治区文物考古研究所对I区进行大规模发掘，发掘面积10500平方米。遗址地层简单，耕土层下为黑花土层和生土层。所有遗迹开口在耕土层下，打破黑花土，无黑花土层处直接打破生土层或黄砂岩，遗迹间没有叠压打破关系。发现房址52座，窖穴和灰坑139个，墓葬42座，出土完整和可复原陶器664件，石器518件，骨、角、蚌器81件，还有大量陶片和动物骨骼等。第Ⅱ区没有进行发掘。

房址均依坡势成排分布，往往每2～3座分布要相对近一些。皆为半地穴式建筑。平面呈圆角方形或圆角长方形，一般间宽大于进深，面积在6～23平方米。门道东向或略偏北，面向沟畔，多在50°～100°，门道设在前壁的中部，长条形斜坡式或台阶式。房屋因坡势而建，多数房址后壁（西壁）的地穴保存较好，残存高度为0.3～0.7米，前壁（东壁）保存较差，多仅存几厘米，壁面抹草拌泥。多数房址半地穴以上部分的墙体为木骨泥墙。居住面下部普遍垫一层约5～20厘米厚的黑花土，上部用黄白色草拌泥抹平，厚2～3厘米，与四壁的

房址QMF15

墓葬QMM29

敛口陶钵

曲腹陶盆

小口双耳陶壶

小口双耳陶壶

窖穴QMF25内H36

石铲

石斧

草拌泥相连接，坚硬平整，未经烧烤。绝大多数房屋只设一个灶，位于居住面正中稍靠门道处，多数只有一个灶，少数还有一个附灶。多数为圆形或圆角方形坑灶，少数为地面灶。灶坑均为斜直壁略内收，平底，直径0.6～0.7米，深近0.2米。灶坑周壁及灶底均抹有草拌泥，经长期烧烤，形成烧结层，十分坚硬。有的灶坑边缘抹一层硬泥，形成灶坎。多数灶底的烧结层下垫有石板或碎石块。多数房屋居住面上有柱洞，一般5～9个不等，多分布在房屋的四角附近及门道内侧的两端。许多房址在灶与北侧壁之间的居住面上设有平面呈圆形的地臼，其底部及周边垫有碎陶片或小石块，十分坚硬。在一些房址内外窖穴中常见成人和儿童的骨骸同葬一处，在许多房址的灶坑内以及灶坑周围的居住面上也常发现有未成年孩童的尸骨。

在房屋四角或房屋周围，建有窖穴，多数房址内只有一个，少数房址多达数个，形制较为规整。房屋内的灰坑多数为平面呈圆形或近似圆形的直壁竖穴或口小底大的袋状，少数为平面呈方形或长方形的直壁竖穴平底，形体较小。坑内填土较为纯净，坑底一般都保留有较多的陶器、石器和骨器等遗物。房屋周围窖穴多为平面呈方形或长方形的直壁竖穴坑，口部略大于底部，形体较大。坑内填土多呈黑灰色，土质松软，包含较多的红烧土块、灰烬和动物骨骼，出土遗物较少，且破碎，这些窖穴废弃后被作为垃圾坑使用。灰坑也建在房屋附近，用以堆放垃圾。

庙子沟遗址没有发现专门用于埋葬的公共墓地。除M22为较为正常埋葬外，其余人骨均是利用室内外窖穴和房屋灶坑、居住面进行埋葬或随意弃置，属于非正常埋葬，所有墓葬都是与房址、窖穴、灰坑交错分布。位于房址内墓葬平面呈圆形，直壁或袋状平底，单人葬。位于房屋周围的墓葬墓穴多为竖穴土坑，直壁略斜，平底，墓穴平面多呈长方形或方形，有多人合葬墓、双人合葬墓和单人葬之分。少数墓穴平面呈圆形直壁或袋状平底，为单人葬，也是利用房屋内窖穴埋葬，因房屋半地穴无存仅剩下屋内窖穴。遗址内人骨保存一般，尸骨错位现象较为严重，部分为掩埋后啮齿类动物拖拽所致，部分是因死者未得到及时掩埋，尸骨自行解体所致。共发现78例人骨个体，其中男性27例、女性30例、性别不详的10岁以下幼童20例，性别年龄不详者1例。年龄集中在15～35岁，儿童死亡率明显较高，年龄超过40岁的仅有9人。而且经常把不同年龄、性别的人葬在一处，女性多于男性葬在房内，儿童则常见葬在灶坑中。随葬品多寡不一，多的可达10余件，少者仅几块陶片，多数是日常生活用品，女性多佩戴环饰及螺、蚌类装饰品，幼儿则见带有小的臂环和蚌饰。

陶器以夹砂陶为多，泥质陶次之，砂质陶较少。多数陶器烧造火候较高，陶胎坚硬，少数火候较低，陶胎较疏松。以红褐色数量最多，其次为灰陶和红陶，还有少量黑陶和黑褐陶。器表以饰绳纹和素面磨光占绝大多数，泥条附加堆纹和附加乳钉居其次，还有少量的彩陶、压印纹、凹弦纹、划纹和方格纹等。彩陶分为红、黑、紫色单彩和两种色彩兼有的复彩，图案为网格纹、三角、鱼鳞及成组的平行直线、曲线等几何形。构图严谨，色调明快，图案繁缛，线条流畅，技艺娴熟。均为手制，少部分经慢轮修整。绝大部分器物采用泥条盘筑法，个别小型陶器捏塑而成。陶器除极个别外，均为实用器，分为生活用具、生产用具、装饰品三大类，绝大多数为日常生活中炊器、盛储等所需器皿，仅有少数为用于生产活动的陶刀和装饰用的陶环等。生活用具用于炊器的主要有侈沿罐、大口罐、筒形罐、器盖等；食器主要有敛口曲腹钵、敛口折腹钵、敞口折腹钵、圈足碗、敞口碗等；水器和盛储器主要有小口双耳壶、双耳罐、鼓腹罐、盆、漏斗等。

遗址中发现了大量用于农业生产的石斧、石刀、石铲，以及加工粮食用的大型的石磨盘、石磨棒等。陶器中最具代表性的小口双耳罐以及配套使用的漏斗大量出土，并有大量窖穴存在，饲养的猪和狗，反映出农业生产的重要性和发达程度。居住面上有捣坚果类粮食的地臼，表明果类采集也是农

陶漏斗

折腹陶钵

彩陶器盖

偏口陶壶

陶碗

彩陶鼓腹罐

石磨盘和磨棒

业经济的补充手段。出土的大量野生动物骨骼，种类有野猪、黄羊、羚羊、马鹿、野牛、狍子、马、熊、狐狸、貉、鼢鼠、鸟、蚌、螺等，说明渔猎经济的存在。制石、制陶、制木、纺织等手工业普遍存在。

在大部分房屋居住面上和房屋内外的窖穴中，往往出有成套的生产工具和生活器皿及各类装饰品，有的窖穴内集中放置排列整齐的陶器。房屋居住面上、灶坑内、窖穴内随意弃置尸体。推测聚落的废弃很可能是由于瘟疫造成的，当凶猛的瘟疫袭来时，人们没有能力将死者运往墓地，只好利用房屋周围的大型窖穴草草埋葬死者；瘟疫继续肆虐，有次序的埋葬已经无法进行，许多死者被随意弃置在窖穴当中；当瘟疫更为猖獗时，埋葬已经不可能，人们自顾不暇，许多人在房屋内倒在居住面上，而生者带上部分器具，匆匆逃离家园。

庙子沟遗址是目前内蒙古中南部地区发掘面积最大、遗迹保存最完整、出土遗物最丰富的遗址之一。以庙子沟遗址为代表的遗存，有学者命名为"庙子沟文化庙子沟类型"，有学者命名为"海生不浪文化庙子沟类型"，其年代在公元前3500～前3000年。

2001年，庙子沟遗址由国务院公布为第五批全国重点文物保护单位。

寨子圪旦遗址

Zhaizigedan Site

撰稿：索秀芬　杨锐；摄影：杨泽蒙　王永胜

寨子圪旦遗址位于内蒙古自治区鄂尔多斯市准格尔旗窑沟乡白草塔行政村荒地自然村东北约1.5公里。地理坐标东经111°25′56.5″，北纬39°54′11.3″，地处黄河西岸，遗址东侧为黄河西岸的悬崖绝壁，南北各有一条注入黄河的深沟，与黄河西岸的丘陵相连。遗址分布在山丘顶部，海拔高度1087米，高出现今黄河水平面约120米。主要遗迹是环绕山丘顶部修筑的石砌围墙及围墙内的建筑，在石砌围墙的西侧的台地上，地表散布着陶片和石器，在台地南、北、西三面的周缘地带，局部依稀保存有石垅的痕迹。总面积9万余平方米。

1998年4～8月，鄂尔多斯博物馆对遗址进行了试掘，在遗址不同地段开探沟6条，探沟宽1米，长度5～16米，其中3条位于石砌围墙上，两条位于建筑基址上，获得一批陶、石、骨器。

石围墙内外均有文化层堆积，厚度在0～2米，划分为1～8层不等，上部为隋代地层，中层为汉代堆积，下部为新石器时代堆积。由于山顶周缘的坡度较陡，除山顶地层堆积保存尚

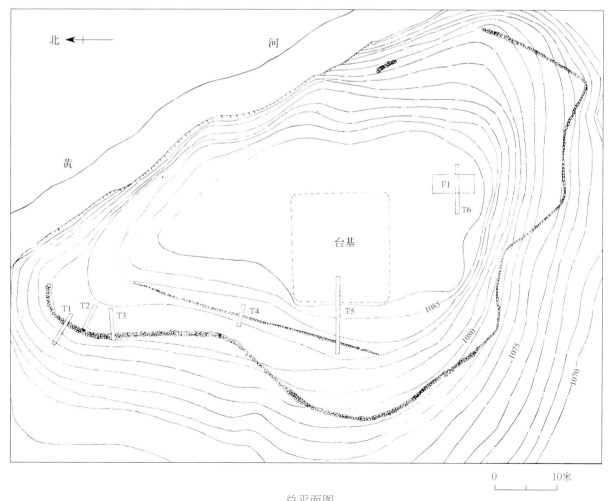

总平面图

遗址全景

遗址西部

好外，其他地方的水土流失都非常严重，地层堆积保存极差，许多地方基岩裸露。

石筑围墙依山顶部的自然地形而建，山顶平坦，面积较小，约4000平方米。围墙建于山顶周边的缓坡地带，濒临黄河悬崖绝壁处未建石墙。与山顶平坦处的高差4～12米不等，蜿蜒起伏，平面形制很不规整，略呈椭圆形。南北最长径约160米，东西最长径约110米，面积约1.5万平方米。石筑围墙多数直接位于基岩或生土上，部分地带位于碎石块和生土混合而成的垫土层上。墙体底部宽约4.5米，顶部残存宽度0.5～3.5米，残存高度1～1.5米，墙体内外壁都用石块或石板垒砌而成，略呈斜坡状，内壁较直，外壁较斜，宽度在0.4米左右。墙体的中部由碎石块和填土填充而成，坚硬。垒砌墙体的石板和石块就地取材，取自墙体外侧下部的基岩，同时也增强了围墙外侧的高度，有效地提高了防御能力。在围墙的西北角，石墙内侧圆弧，外侧依地形凸出，顶部平面呈梯形，宽和进深均5米，极似后代城墙上角楼一类设施的形状。石筑围墙的外侧多已坍塌，内侧则有一定程度的保留，其中以北墙和西墙保存最好。

在山顶被石围墙环绕的平坦中心地带，是一处建筑台基。平面为方形，底部大顶部小呈覆斗状，底边长约30米，顶边长约20米，残存高度约3米。台基建于基岩上，顶部和四坡均铺有一层石块，石块虽然大小不一，但铺砌还较为规整，厚度约0.3米，内部填有黑花土和黑垆土。

在台基西约10余米处，有一道南北向人工石砌而成的石墙，残高约0.5～0.8米，石墙以东均以土培垫而成，使原本略陡的坡地形成一个较为平坦的巨大台地，由遗址西方向东观之，覆斗形石筑台基就建在这个大型台基之上。

在建筑台基南约12米处，有两座房屋建筑基址，东西两座房屋相距约30米，与台基呈"品"字形分布。靠东侧的一座（F1）保存较好，平面为长方形，南北长12米，东西宽5米。墙体由石板砌筑而成，宽0.75米，残存高度0.5米，内外两壁均较平直。室内地面由石板拼铺而成，较为平整。靠西侧

石围墙局部

喇叭口陶瓶

陶器组合

的房屋由于水土流失，破坏较甚，石墙无存，地面拼铺石板规模和结构与东侧房屋雷同，推测房屋结构与规模两者相当。

新石器时代遗存主要是陶质生活器具，另有少量的石器和个别的骨器。陶质以泥质陶为主，夹砂陶数量较少。陶色多见灰色，有少量的黑褐和红褐陶。器表多饰横篮纹或斜篮纹，方格纹和楔形压印

陶瓮

纹数量少，大型器表装饰多道附加堆纹。均手制，多采用泥条盘筑成型，器型较规整，部分经慢轮修整口沿。烧制火候较高，陶胎较硬。器形有侈口鼓腹罐、敛口折腹罐、敛口瓮、直口瓮、敞口浅腹盆、直口深腹盆等。绝大多数陶器为平底器，有少量圈足器。发现的石器数量少，仅见石斧、石锛和石刀等，通体磨光。还发现个别磨制精细的骨锥和骨针等。

根据地层叠压关系及对地层包含物的分析可知，石筑围墙、覆斗形台基、石筑房屋建筑以及南北向石墙等都属于同时代的遗存，构成一个有机结合的整体。年代在距今5000~4500年，属于新石器时代阿善文化。

据当地老乡介绍，遗址西部南北向石垅及阶地是现代耕种修筑的。

寨子圪旦遗址地势高峻，视野开阔，而且三面环河或沟，非绝壁即陡坡，加上石围墙等防御设施，易守难攻，彰显了遗址自身地位的重要性，反映了当时社会背景下构筑防御体系的迫切性和必要性。山顶平坦区域狭小，覆斗形台基和石筑房屋建筑已经占据了大部分面积，而且远离水源，不适宜人类居住，这里并非一处普通的聚落遗址，而应是一座戒备森严的履行宗教事务的"圣地"，覆斗形台基即是祭祀用的祭坛，石砌房屋也是宗教活动场所之一。

寨子圪旦遗址是内蒙古中南部地区迄今为止发现的为数极少的集防御和宗教为一体的新石器时代晚期聚落遗址，不仅保存好，规模也较大，修筑如此规模的工程，绝非一个普通部落的人力所能完成的，这处宗教遗址很可能是某个部落联盟的公共祭祀地。寨子圪旦遗址的发现对开展内蒙古中南部地区新石器时代晚期聚落形态和社会发展进程，以及宗教信仰研究都提供了丰富的资料。

2013年，寨子圪旦遗址由国务院公布为第七批全国重点文物保护单位。

嘎仙洞遗址

Gaxiandong Site

撰稿：白丽民　程鹏飞；摄影：庞雷

　　嘎仙洞遗址位于内蒙古自治区呼伦贝尔市鄂伦春自治旗阿里河镇西北10公里，地处大兴安岭北段东麓的嘎仙沟内，嘎仙沟是嫩江上游甘河上源。地理坐标为北纬50°38′，东经123°36′，地表海拔495米，山峰海拔高度615米。

　　1980年7月30日，呼伦贝尔盟文物管理站米文平等人，在嘎仙洞内发现了太平真君四年（443年）北魏皇帝派中书侍郎李敞来此祭祀祖先，刻于洞内石壁上的祝文。《魏书》称嘎仙洞为"拓跋鲜卑旧墟石室"或"石室"、"石庙"。

　　1980年8月和10月，内蒙古社会科学院历史研究所考古研究室和呼伦贝尔盟文物管理站对洞内进行试掘，出土一批新石器时代的石器和鲜卑文化时期的骨器、陶器、青铜器和铁器等遗物。

　　嘎仙洞位于半山腰，离地面25米，洞口朝向南偏西30°。为天然花岗岩山洞，洞口略呈三角形，宽约20米，高12米。洞内长达120米，宽20～28米，穹顶高达20余米，面积2000余平方米。洞内地面大部分较为平坦，往里地势也随之而逐渐抬高，最里面坡度可达20°。洞内由前厅、大厅、高厅、后室4个部分组成。

　　前厅长约28米，宽约18米。地面平坦而稍低于洞口，距洞口不远的两侧石壁上，有人工剥落石片的痕迹，其下部的石壁较为平整。在西侧距洞口15米的石壁上刻有北魏拓跋焘祭祖祝文，高

度与视平线相齐，刻词为竖行，通宽120厘米，通高70厘米，共有19行，其中有12个整行（每行12～16字不等），其余为半行，是抬头另行与题名。祝文内容如下：

维太平真君四年癸未岁七月廿五日，天子臣焘，使谒者仆射库六官、中书侍郎李敞、傅㝢，用骏足、一元大武、柔毛之牲，敢昭告于皇天之神：启辟之初，祐我皇祖。于彼土田，历载亿年。聿来南迁，应受多福，光宅中原，惟祖惟父。拓定四边，庆流后胤。延及冲人，阐扬玄风，增构崇堂。克翦凶丑，威暨四荒。幽人忘暇，稽首来王。始闻旧墟，爰在彼方，悠悠之怀，夕仰余光。王业之兴，起自皇祖。绵绵瓜瓞，时惟多祜。归以谢施，推以配天，子子孙孙，福禄永延。荐于皇皇帝天，皇皇后土。以皇祖先可寒配，皇妣先可敦配。尚飨！东作帅使念凿。

嘎仙洞洞口近景

嘎仙河（西—东）

全文共计201字，与《魏书·礼志》所载内容相近，但多出78个字，这应该是祝词的原文，编史时个别词句进行了修改。石刻文字古朴雄健，书法风格近似汉隶八分书，介于汉隶之后，早期魏碑之前。

大厅较前厅稍宽，宽约20余米，长约38米，高10～12米。地面渐次升高，坡度约10°。大厅中央有一块不规则形状的巨石，较为平整，长3.5米，宽3米，厚1米。底下有3块石头承托，中空，俗称"石桌"。在大厅左边有多块不规则石块。

高厅由大厅稍拐向北，穹顶陡然升高，最高处可达20余米。顺约20°的斜坡拐向左前方，越往里越窄，最窄处仅9.5米。地面呈倾斜状，越往里越陡，有大量石块散布在地面上。在高厅东壁上方，距地面12米高处有一个小洞，洞口宽约6米，高约5米，洞内深广约10余米。

后室从高厅拐向左上方的斜洞，宽9米，高约6～7米。在洞尽头最高处较为平整。后室东西两侧各有一个壁龛状的耳室，距地面高约4米。西侧耳室宽2.5米，高1.1米，深2.7米。东侧耳室宽约4米，高1.5米，深约3米。

1980年发掘面积21平方米，文化层厚0.3～1.5米，出土有新石器时代的刮削器、尖状器、石叶、石镞、石矛等细石器，鲜卑文化的手制夹砂黑褐陶敞口或直口罐、铜牌饰、铁刀、钻孔骨板等，以及大量动物骨骼等。

嘎仙河

嘎仙洞远景图（南—北）

洞口局部

石刻祝文全景

洞口一（由内往外拍）

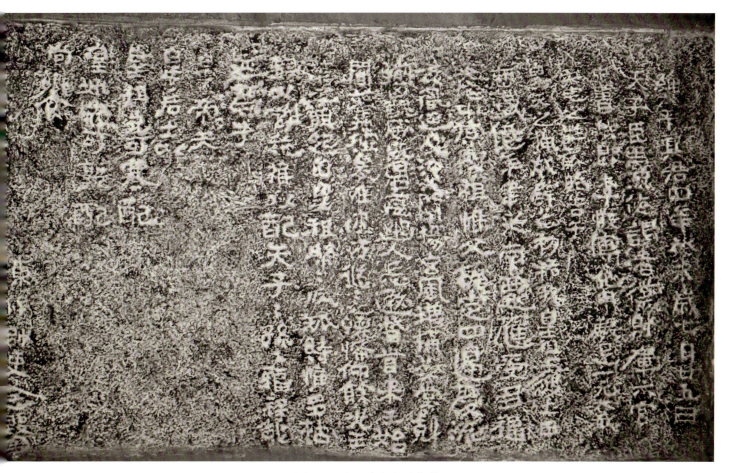

西壁太平君（443年）祝文拓片一

洞内高厅石桌

洞口二（由内往外拍）

出土骨器

西壁太平君（443年）祝文拓片二

洞口三（由内往外拍）

出土陶罐

在嘎仙洞内发现的北魏太平真君四年（443年）"祝文"刻辞与《魏书》记载乌洛侯国遣使"称其国西北有国家先帝旧墟，石室南北九十步，东西四十步，高七十尺"，北魏太武帝拓跋焘派中书侍郎李敞去祭祀，并"刊祝文于室之壁而还"基本相符，互证了两者的真实性，又补充了《魏书》记载的缺漏，证实嘎仙洞所在的大兴安岭北段是拓跋鲜卑的发祥地。北魏"旧墟"的发现，结束了历史学界长期以来对拓跋鲜卑发源地和大鲜卑山方位的争论，对进一步研究我国北方民族的历史、文化、地理等，具有重大的历史价值。

1988年，嘎仙洞遗址由国务院公布为全国第三批重点文物保护单位。

架子山遗址群

撰稿：杨锐　李鹏珍；摄影：张义成　宋宝泉

架子山遗址群位于内蒙古自治区赤峰市喀喇沁旗西北，是由架子山、大山前、城子顶等组成的大型聚落遗址群，三者中心距离在3～3.5公里，在30平方公里范围内分布有33个典型遗址。

1986年，喀喇沁旗文物管理所进行文物普查时发现架子山遗址群。1996～1998年，赤峰考古队在调查半支箭河古代遗址的基础上，发掘了大山前第一地点和第四地点。

架子山遗址位于喀喇沁旗牛家营子镇野猪沟门村民委员会当铺地自然村东约2.4公里处，架子山山峰高1027.6米。面积约8万平方米。遗址依山修筑九层平阶，外侧有巨大的围壕。地表遗存有大量石圈和石墙遗迹。石圈50余个，多为单石圈，一般直径3～8米，大的

架子山遗址群局部航片

古遗址

远景（南—北）

架子山西梁遗址

直径为10～11米。东侧山顶附近有4个石圈形制略为特殊，圈外均接有一段用石块堆积而成的长条形石墙。在坡地西部还有一道西北—东南向石墙，长35米，宽3～5米，残高约0.5米。地表散见陶器残片和零星石器。

大山前遗址位于喀喇沁旗永丰乡大山前自然村后面的山坡上，共有6个地点，从发掘的结果来看，两个地点

近景（西北—东南）

均包含有小河沿文化、夏家店下层文化、夏家店上层文化、战国时期文化时期遗存，以夏家店下层文化堆积最厚，遗存最为丰富。夏家店下层文化主要遗迹有灰坑、沟、房址等。房址分半地穴和地面建筑两种类型，多数被毁坏而残破不全，在第四地点房址层层相叠，多系在同一处连续修建。遗物中陶器占大宗。陶器有夹砂、泥质两大类，灰陶占多数。制法以泥条盘筑、泥圈套接为主，一些器物上有轮修痕迹。器形主要有鬲、甗、鼎、盆等。纹饰以绳纹最为常见，其次为附加堆纹，还有少量弦纹、篮纹、方格纹。部分器物饰两种或两种以上的纹饰。还发现有彩绘陶豆、陶尊等。石器中重要的发现有石磬和石钺，此外还出土了卜骨，均有钻，有的还留有灼痕。夏家店上层文化遗存的遗迹主要是灰坑，部分袋状灰坑中均发现有人骨，最多的一个灰坑中有22个个体，灰坑中还常出有大量的陶器。出土遗物以陶器最为丰富，夹砂陶占绝大多数，陶质较疏松，陶色以红褐色为主，陶色不均匀。制法以泥圈套接最为常见，套接处常做出齿状槽以加固。大型器物分段制作，然后接合成形。器形大致与夏家店下层文化相同。器物表面多抹光，内壁抹光的也不少。素面为主，一些器物表面施红陶衣。此外还发现部分彩陶。

城子顶遗址位于喀喇沁旗牛家营子镇西南沟村南约700米处，包括5个地点，其中城子顶遗址本身略呈圆台形，高约4米，面积近4万平方米，四周是围墙，土筑，略呈椭圆形，东西长约180米，南北宽约150米。墙外侧有围壕，宽10～15米。采集有鬲、罐、甗残片及石铲等。在不同地点清理出房址、灰坑、墓葬、祭祀坑数百座，出土陶、石、骨、铜等遗物七千多件。

该遗址群处于夏家店下层和夏家店上层文化文化分布区的核心地带，其规模大、遗址多、层次清晰，充分体现了夏家店下层文化和夏家店上层文化繁荣发展时期的社会组织结构、物质生产水平和地域文化风貌，对研究该时期的聚落形态、社会结构等有着重要的学术价值。尤其是大山前遗址的发掘，发现了夏家店上层文化彩陶，丰富了夏家店上层文化的内涵。

2001年，架子山遗址群由国务院公布为全国第五批重点文物保护单位。

大山前小城梁遗址

朱开沟遗址

Zhukaigou Site

撰稿：索秀芬　李鹏珍；摄影：杨泽蒙

　　朱开沟遗址位于内蒙古自治区鄂尔多斯市伊金霍洛旗纳林陶亥乡朱开沟村东北，分布在沟壑纵横的朱开沟沟掌处。地理坐标为北纬39°6′，东经110°3′，所在地海拔高度1340～1400米。朱开沟水自东北向西南流，至纳林塔注入书会川，再向南流，进入悖牛川、窟野河，后汇入黄河。"朱开"，也写作"朱日很"或"珠儿开"，蒙古语，是心脏之意。

　　1974年，内蒙古文物工作队田广金先生带领伊克昭盟文物干部培训班学员调查时发现朱开沟遗址。1977年8月通过对该遗址进行的试掘工作，基本对其文化面貌、性质有了初步的了解和认识。其后分别于1980年、1983年和1984年对该遗址又进行了三次大规模的发掘工作。累计发掘面积2700平方米，加上清理的灰坑、墓葬、陶窑等遗迹面积约1300平方米，共揭露面积约4000平方米。共发现居住房址83座、夯土墙3段、灰坑（窖穴）207个、陶窑3座、墓葬329座、瓮棺葬19座，出土可复原陶器约510件、石器270件、骨器420余件、铜器50余件。另外，还采集了大量陶器标本和可供鉴定种属的动物骨骼标本等。

　　朱开沟遗址在东西长约2公里、南北宽约1公里范围内，断断续续都有遗迹分布，面积约2平方公里，文化层厚1.5～3.5米。

　　房址均为单间，不见多间房屋。多数为浅穴式建筑和地面建筑，少数为半地穴式建

远景

参观遗址（左四为田广金）

筑。绝大部分房屋的平面形制都十分规整，多数为长方形或方形，少数为圆形。大多数长方形和方形房屋有凸出室外的长条形门道，圆形房屋和少数长方形和方形房屋未发现门道。绝大多数房址只设一个门，个别房址除设正门外，还设有侧门。门向依房址所在地势的不同而各有所异，以东南向和西南向为主，有少数为东北向和西北向。墙体一种用黄土砸实，部分墙体内混杂大量的石块和陶片，另一种木骨泥墙，半地穴房屋的地穴部分除少数抹有草拌泥或白灰面外，多数都经烧烤。多数房址都发现有柱洞，主要分布在墙体内居住面周围和灶的附近，居住面平坦坚硬，大部分用黄泥或红泥铺垫后经过烧烤，少部分在垫土层上抹一层白灰面。绝大多数房址的室内都有灶，部分房屋除主灶外还设有壁灶。以地面灶为主，部分为坑灶。房屋面积在3.2～41平方米，多数在10～20平方米。

三人异性合葬墓M5005

　　夯土墙的墙体用黄土夯砸而成，内外壁都较为平整，墙体坚硬。宽0.5~0.75米，残长6~7米，残高0.3米左右。或许是院墙之类的设施。

　　灰坑（窖穴）主要形制是圆形筒状、圆形袋状和椭圆形筒状平底坑，还有少量方形、长方形直壁平底，方形、长方形斜壁覆斗状，椭圆形袋状平底，圆形、椭圆形锅底状，不规则形等形制坑。大小不一，深度各异。多数较为规整，应是窖穴。少数不规整，是随意取土坑或对自然坑的利用。

　　灰沟长约30米，锅底状，不太规整，上口宽0.75~1.15米，深0.3~0.7米。

　　陶窑位于山坡上，直接依坡势挖筑于生土中。窑室位于坡上方，火膛居于坡下端。窑室平面呈椭圆形，长径1.3~1.8米，短径1.2~1.6米，高0.5米。馒头形窑室，顶部有多个烟孔。"非"字形火道，火膛位于窑室前方，低于窑室，为长方形竖穴直壁平底状。

　　竖穴土坑墓遍布整个遗址，但大多数相对集中分布在几个小区，部分墓葬呈零星分布。瓮棺葬均散布

发掘现场

青铜戈

随葬青铜短剑墓葬M1040

在居住址内，分布零散，多数位于房屋附近，少数位于房址的墙基下，与房屋奠基有关。土坑墓除少数几座墓系用废弃的灰坑直接埋葬外，余者均为平面呈长方形的竖穴土坑墓。多数墓壁陡直，少数呈口大底小状。多数墓底部较平整，少数墓底部建有生土或熟土二层台。有一定数量的墓葬在墓穴的一侧建有壁龛，个别墓穴设头龛或脚龛，用以放置随葬品。大体分大、中、小三种规模，大型墓数量最少，中型墓数量最多，小型墓数量少。大型墓多数为合葬墓，少数为单人葬，墓穴长2.5～4米，宽1.5～3米，深1.5～4米。中型墓主要为成年单人葬，墓穴长约2米，宽约1米，深1～1.5米。小型墓主要是儿童，墓穴长约1米，宽约0.5米，深约0.5米。少数墓葬有长方形木棺，少部分墓葬在尸体下部及周围铺放或竖立有石板。墓葬方向以西北向和东北向数量最多，其次是北向和东南向，少数是西南向和东向，个别是南向和西向。以单人葬为主，其次是双人葬，少数是三人葬，个别是四人葬。绝大部分为一次葬，骨骼保存完整，少数墓葬有残肢现象，还有少数为二次葬。三分之一墓葬有随葬品，种类有生产工具、生活用具、装饰品和护身用具等。少部分墓葬有殉牲，主要是猪、羊的下颌骨，以及少量整只狗和兽下颌骨。殉牲主要摆放在墓穴左侧的壁龛或填土中，部分置于足端壁龛或填土中，多数殉牲都摆放较为整齐。瓮棺葬墓穴的平面以长方形数量最多，其次是圆角长方形，圆形和椭圆形数量较少。葬具均为大型实用陶器，器形有三足瓮、瓿、鬲、斝、罐等，有的一件，有的两件相套，也有三件相套的。多数葬具横倒放置，个别的斜立或直立于墓穴中。多数葬婴儿，部分年龄稍大，无随葬品。

龙山时代晚期至夏代早期（年代大约距今在4200～3800年）陶器以鋬手鬲、单把鬲、敛口斜腹瓿、三足盉、三足瓮、折肩罐、双耳罐、单耳罐、大口尊、细柄豆、粗柄豆、花边罐等陶器为代表。夏代晚期至商代早期（年代大约距今在3800～3300年）以蛇纹鬲、敞口瓿、三足瓮、侈沿盆、带纽罐等陶器组合为代表。铜器有短剑、铜刀、铜戈、铜牌等随身携带的兵器，铜凿、铜针等小型工具，以及铜臂钏、铜耳环等装饰品等。

对朱开沟遗址遗存认识学术界分歧较大，有的学者认为朱开沟遗址遗存都属于"朱开沟文化"；

出土青铜器

出土青铜短剑、刀

有的学者认为朱开沟遗址遗存内涵复杂，属于不同性质的多种考古学文化。近年来，将朱开沟遗址遗存分为两种文化的观点逐渐被学术界接受。前者年代在龙山时代晚期至夏代早期，属于"白敖包文化"；后者年代在夏代晚期至商代早期，被命名为"朱开沟文化"。

朱开沟遗址作为朱开沟文化的命名地，地位十分重要。朱开沟遗址发现了较早的北方系青铜器，在探索中国北方青铜器起源与发展进程方面，提供了最宝贵的资料。朱开沟遗址遗存丰富，包括两种不同性质的文化遗存，对建立河套地区新石器时代至青铜时代考古学文化序列和厘清谱系意义重大。

2006年，朱开沟遗址由国务院公布为第六批全国重点文物保护单位。

夏家店遗址群

Xiajiadian Site Group

撰稿：李鹏珍　李婉琪；摄影：李术学

夏家店遗址群位于内蒙古自治区赤峰市松山区王家店乡夏家店村北的缓坡山岗上，遗址中心点地理坐标为东经119°06′，北纬42°19′，海拔高度550～700米。西距赤峰市10公里，南距英金河0.5公里，与红山区隔英金河为界。

遗址群由9座相邻的文化内涵基本相同的遗址组成，地表暴露有石圈遗迹，散布有大量陶片及石器等。总面积38万平方米。

1958年，当地农民在挖水渠时，曾经在夏家店遗址的南端挖出一些陶器和石器。1959年，中国科学院考古研究所内蒙古发掘队对该地进行过短期调查。1960年，中国科学院考古研究所内蒙古工作队对夏家店遗址群的第一、第二、第三、第四地点进行试掘，揭露面积共270平方米，文化层深浅不一，最深达4米，确认了两种新的青铜时代文化即 "夏家店下层文化"和"夏家店上层文化"。2004年，赤峰市松山区文物管理所对夏家店遗址做全面调查，获得了较为完整的资料。2009年，内蒙古文物考古研究所赤峰市长城普查队在夏家店遗址群第二和第八地点发现燕长城遗迹。

夏家店下层文化遗物有陶器、石器、骨器等。陶器以夹砂灰陶最多，泥质灰陶和夹砂褐陶较少。

遗址近景（南—北）

陶质坚硬，器形丰富，主要有鬲、盆、罐等。石器有打制和磨制之分，主要有石锄、石铲、石球等。此外还有骨针、骨锥、卜骨、骨管、蚌饰等。

夏家店上层文化发现的遗迹有房屋、灰坑和墓葬，房屋分圆形窖穴式住址和地面住址两种，圆形半地穴式房址室内地面经填土夯打，有的抹有草拌泥。居住面西部有火烧烤痕迹，有的房址有灶址，灶址旁遗留有鬲、豆等生活用具。地面中央有柱洞，坑壁抹有泥皮。地上建筑为土筑墙壁，保存较差，居住面经夯打，并留有柱洞。灰坑21个，多圆形，有袋形坑和筒形坑两种，有些袋状坑的坑口部用石块垒砌，有的坑壁留有工具痕，个别灰坑和住址有埋人现象。墓葬17座，形制分为石椁墓、长方形土坑竖穴墓和圆形土穴墓（圆形窖穴和圆形房屋埋人现象）三种，葬式多见仰身直肢，头向西北、南、东皆有。石椁墓有的有木质葬具，随葬品很少。长方形土坑竖穴墓都有木质葬具，葬具和圹壁间填土夯打或填塞石块，既有合葬也有单人葬，随葬陶器、骨器、铜器等。圆形土穴墓骨架保存不好，男女成人和儿童均有，葬式为仰身直肢，无随葬品。墓葬出土随葬物均属于实用功能的生活用具和装饰品，不同性别的随葬品有明显的区别，女性随葬骨针、陶纺轮和装饰品等；男性仅见一具，随葬铜镞和骨镞。随葬品种类有铜器、骨器和陶器。铜器有镞、刀、锥、扣、双尾铜饰和连珠形铜饰，其中，铜扣92件，分大型、中型、小型三类，根据出土位置和织物痕迹，大多是缝在衣帽上的。夏家店

遗址近景（南—北）

上层文化出土的陶器为夹砂陶，多呈红、褐色。质地疏松粗糙，火候偏低，器物表面多经压磨。陶器均为手工制作，器表多为素面，纹饰罕见，少数施有纹饰。器形有鬲、甗、罐、豆、钵、纺轮、陶坠等。三足器的空足大都是浅而圆的半球形，裆内平缓无分隔。石器数量较多，大多先打制成形，再经磨制加工而成。出土的石器多为生产工具，主要有斧、锤、刀、盘状器、环形器、杵、臼、磨石和石范等。骨器种类较多，有三棱锥形骨镞、骨锥、骨匕、骨针、骨珠等。铜器较少。此外，还发现了许多狗、猪、羊、牛、马、鸡等的骨骼，以猪、狗的骨骼最多。

夏家店遗址群，体现了西辽河上游老哈河流域高度发达的古代文明，具有重要的学术价值。夏家店遗址是中国北方长城地带两种青铜时代考古学文化即"夏家店下层文化"和"夏家店上层文化"的命名地，对于构建东北地区考古学文化序列甚至对于中国考古体系的建构都拥有不可代替的地位。

2006年，夏家店遗址群由国务院公布为第六批全国重点文物保护单位。

大甸子遗址

Dadianzi Site

撰稿：李鹏珍　李婉琪；摄影：刘海洋　孔群

　　大甸子遗址位于内蒙古自治区赤峰市敖汉旗大甸子乡大甸子村东南侧高台地上，当地居民称之为"城子山"。地理坐标为北纬42°18″，东经120°36′。地处大凌河支流牦牛河上源的二级台地上。遗址所处土岗高出周围地表约4米，岗上地势平缓，遗址西、北两侧为雨水冲刷形成涧沟，沟崖暴露的灰土堆积厚约2～4米。东侧边缘为陡坡，南侧边缘为公路。大甸子遗址包括居住址和墓地两部分，总面积达12万平方米。

　　大甸子遗址于1974年首次被发现，中国社会科学院考古研究所内蒙古工作队发掘57座墓葬。1976年，发掘墓葬233座。1977年，发掘墓葬385座和居住址220平方米。1983年，发掘墓葬129座。总计发掘墓葬804座，发掘居住址220平方米。出土了陶、石、骨蚌、玉器、铜器等一批珍贵的遗物。

　　居住址周围为环壕和城墙，平面略呈椭圆形，南北约350米，东西约200米。文化层厚约

遗址全景（东—西）

彩绘陶罐

云纹彩绘陶壶

2～4米。夯筑城墙，底宽6.15米，残高2～3米。设3个门，墙外环壕宽约10米。房址均为半地穴式，平面有圆形、长方形、圆角方形三种。

遗址内出土遗物丰富，以陶器、石器、骨器为主，另外有玉器、漆木器、铜器及金器等。陶器以夹砂灰陶、褐陶为主，泥质灰陶次之。炊器和容器大都是夹砂陶，器形有甗、鬲、鼎、罐、瓮等，泥质陶仅见小口罐、尊、豆、盆等。器表纹饰主要有绳纹、划纹、附加堆纹、篮纹、篦点纹、弦纹等，以绳纹和绳纹加划纹为主。石器有打制和磨制两种，骨器有刀、针等小型器类。

墓地位于遗址东北侧，面积约6万平方米，墓葬分布密集，排列有序。墓葬形制均为长方形竖穴土坑墓，多为单人葬，个别也有多人葬。墓内填土有夯打痕迹，葬具为木制，多已腐朽。葬式多为侧身直肢，头向多为西北—东南。在靠近脚端的坑壁上多有土龛，放置随葬器物。墓壁都接近于垂直，依墓圹长度把墓葬分为大、中、小三种类型。大型墓墓圹超过2.2米，共143座，约占总数的18%，大多数有木质葬具，填土大都经过不同程度的夯实。随葬器物比较丰富。中型墓数量最多，434座，约占总数的54%，墓内填土也有经过夯打的痕迹，葬具式样颇多，有木构葬具、土坯垒砌葬具、生土二层台代葬具及侧壁浅洞代葬具四种形式，其中以木构葬具的数量最多。小型墓墓圹长不及1.7米，有175座，约占总数的22%，约一半无随葬陶器。墓葬尚存人体骨骼的有700多座，因保存情况不同并非每个个体都能辨认性别、年龄等，依骨骼和牙齿的位置得知侧身直肢是一种普遍的葬式，以侧身的不同方向分为两种面向，男性向右，向西；女性向左，向东。墓地中单独埋葬儿童的墓数量甚多。随葬品虽略有差异，却均与成人一样埋入墓地之中。

墓葬中随葬品以各种陶质容器为主，墓葬中少则1件，多则12件，以随葬2～3件陶器的墓最多，器类有鬲、簋、爵、鼎、罐等，以鬲、罐两类发现数量最多。器物形态与居址中发现的相同。陶器容器群在质地、制法、形态等方面截然不同，可分为甲乙两群，甲群陶质以泥质陶数量最多，器表多呈黑色，绝大部分手制，普遍是以泥条盘筑成器壁。大量的鬲、罐类器壁都是用此法成型，模制法也曾有应用，随葬陶器在烧制前大都经过不同程度的修饰，半数以上的器物表面经过压膜和磨光，以施纹方法可分为印压及划纹、附加堆纹、镶嵌纹三类。乙群陶器陶质为橙红色夹砂陶，手制成器，器内常存留各部分结合的茬口，少纹饰。此陶器群所占比例极少，仅占11座。彩绘陶器为红色、白色及黄色绘制，纹饰样式甚多，其中有多种与"饕餮"纹相似的花纹，使我们有理由相信中国青铜器上的某些花纹的母体在商代之前就已形成。

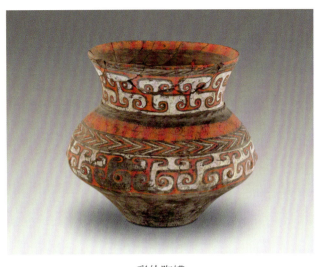

彩绘陶罐

彩绘陶罐

彩绘云纹鼎形陶罐

玉饰件

　　墓葬中还出土了数量较多的玉石、骨角蚌贝、金属器及漆、编织器等。多放置在壁龛内，少部分放置在葬具内，有的为墓主随身佩戴的装饰品。玉石器出土较多，多为白、绿或黄绿色软玉制成。工具有斧、钺、纺轮、磨石、研磨杵，装饰物的种类与数量甚多，以各种珠子为甚，玉石质地饰物数量少于珠子，但形状很多，如玦、璧、璇玑形器等。金属器物占有一定数量，质地有金、青铜、铅三种，并能够按锻、铸工艺的要求调配青铜的含锡量。无容器发现，以小型装饰品为大宗。

　　分为北、中、南三区，各大区中又以随葬品区分为若干小区，这种现象正是后来周礼记载的"族坟墓"的原型。各家族茔域间随葬简约与丰厚的差别，反映了各家族在村寨中的社会地位不同。

　　大甸子遗址不仅有防御严谨的城址且城址外分布有非常集中的墓葬区，在全面复原夏家店下层文化时期社会形态方面意义非同一般。墓葬区中保存较好的人体骨骼，在夏家店下层文化遗存中发现较少，为探讨夏家店下层文化居民的体质及族属均提供了珍贵的实物资料。

　　1996年，大甸子遗址由国务院公布为第四批全国重点文物保护单位。

石钺

鼎形陶罐

嵌贝彩绘陶鬲

灰陶爵

玉坠饰

璧形玉坠

彩绘陶鬲

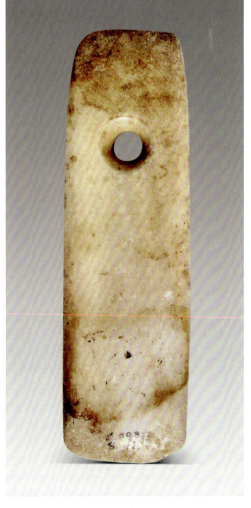

玉凿

三座店石城遗址

Sanzuodian Stone City Site

撰稿：李鹏珍　李倩；摄影：郭治中

三座店石城遗址位于内蒙古自治区赤峰市松山区初头郎镇三座店村阴河左岸的"洞子山"南侧，东距赤峰市区40公里，地理坐标为北纬42°21′49.2″，东经118°36′46.2″。遗址西侧为临河断崖，北侧与阴河东岸的山岗相连，南侧和东侧为河谷冲积而成的平川。

1964年，中国社会科学院考古研究所沿阴河及英金河流域调查夏家店下层文化石城址时发现。2005～2007年，内蒙古自治区文物考古研究所会同有关单位对三座店水库730米线范围内的12处遗址进行抢救性考古发掘，其中包括三座店石城遗址。

三座店石城遗址两次发掘总面积约1万平方米，清理遗迹单位165处，包括65处房址、49处窖穴（灰坑）、10处墓葬、16处积石台、25个马面。清理大城城墙135米、清理小城城墙125米。出土陶器、石器、骨器、玉器共计800余件。

遗址鸟瞰图（高空向下）

三座店石城遗址

城内的窖穴

该遗址由大小两座并列的石城组成，大城在西，小城在东。大城西面是陡崖，东、北两面有石砌的城墙。南北长140米，东西宽110米，面积约10000多平方米。小城紧傍大城东侧，呈不规则四边形，南北长50米，东西宽40米，面积近1600平方米，四面都有石砌的城墙。

清理的遗迹有石砌的圆形地面建筑基址、半圆形建筑基址、窖坑以及石墙、积石台和零星墓葬。

圆形地面建筑是最常见的一类遗存，成排布列，房址的墙用石块砌筑，直接从地面起建，不设基槽。由于遗址所在的山头本身就是一座玄武岩出露的石山，砌墙的石块皆就地取材。砌石之间有的用草拌泥黏合，有的则似乎是直接垒砌，也有的墙为土石混筑，还发现少许壁面上抹泥的现象。这类遗存有双圈石墙和单圈石墙两种形式。双圈者的外圈直径7～10米，内圈为室，外圈与内圈之间形成一周"回廊"。单圈建筑的面积略小，直径3～5

房址F35（西北—东南）

F11院落

米。一般是作为双圈建筑的附属而出现。室内都有泥土铺垫的使用面，表面踩踏较硬，局部有用火痕迹，并遗留有陶鬲、陶罐等器物。回廊内也发现局部踩踏硬面和烧烤用火痕迹。此外，在建筑基址的南侧或东南侧，往往发现台阶状砌石，上面有明显的踩踏痕迹，应该是进入建筑内部的过道。个别基址的墙侧放置一块凿圆窝臼状石头，应是立门轴的门臼石。半圆形建筑基址皆附着在石墙的外侧，或见于双圈建筑的外墙，或见于某些院落的围墙，形式上类似城墙上的半圆形"马面"。一般面积较小，没有明显的使用面，筑造比较简单。石砌窖穴为挖地的圆形直壁竖穴，坑壁用石块砌筑，也有的一侧依托自然山石的陡壁，其余部分再用石块补砌围封。窖穴的直径在1～2米之间，较大的底部有人工铺垫的黄土硬面，部分发现有1～2个柱洞。窖穴内常有石器或陶器伴随出土。圆形地面建筑、半圆形建筑基址、石砌窖穴此三类遗迹往往是一个固定的组合，共同组成更高一级的建筑单元——院落，有石墙把它们圈围在一起。在城内最主要的一条南北通道上发现一处"门关"，门道两侧各有一块门臼石，据此可知当初装有能够双扇开启的大门。

　　大城城墙清理了140米，每隔2～4米修筑一个马面，在城墙外侧发现了15个马面。马面的形状作马蹄形，体量高大，用二至三圈"U"形石墙套建，中心填黄土。城墙有内外两道，有的地段多达三道石墙和筑而成，厚达1米多。城墙的筑造方法大体由三道墙与二至三圈"U"形石墙内外交错砌筑，互相咬合，坚实紧凑，由外而内向上逐渐收分，倾斜角70°～80°。在东侧城墙上发现一处进出的通道，应为东城门，呈斜坡状通向东侧的小城，宽仅1米余。小城南城墙的西端直接与大城的东墙相接。在小城

大城东北角（东—西）

围绕院墙的院落布局（北—南）

由F5、F6、H10构成的院落

城墙上的马面（东—西）

通道上的岩画（南—北）

的东、西、北三面总共发现半圆形马面10个。只有南城墙上不设马面，但在墙根处发现两具人骨，二者相距10米，皆头东脚西，仰身直肢，紧靠墙根放置。总的来看，小城无论城墙和马面较之大城都比较矮小简陋，城墙只有一道石墙包砌在城内土台壁外侧，马面的体量也小了许多，有的直径尚不到2米，砌1～2层"U"形石墙，中心填黄土。城内空置地较多，残存的建筑基址只有5处。

较晚的遗迹只见夏家店上层文化积石台一种，已发现15座，集中分布在两处地点，一在坡下东侧，一在坡顶。石台作长方形，东西向，大抵东西长约3米左右，南北宽近2米，这是一种摆放在地面上的积石遗迹，四周用较大的石块码成长方形外框，中间填充乱石。在石台东侧往往发现一件破碎的陶器残片，附近不远处竖立一块条形石桩。祭祀的性质非常明显。

墓葬由于缺乏随葬品，根据所在层位分析，一部分属夏家店下层文化，其余时代待定。

出土遗物中石器有磨石、石臼、斧、铲、刀、饼形器等，有些臼窝直接凿在大块基岩之上。磨石比较常见，表面光滑平整，个别磨出一条细窄的槽，多置于石墙上或夹在乱石之中；其他类别的石器随处散见，出土位置无一定之规。但以圆形建筑的回廊内和窖穴中比较集中。陶器种类有筒形鬲、甗、罐、瓮、盆、钵等，都是夏家店下层文化常见的类型。但从形态看比较晚。出土位置多集中在圆形基址的室内及回廊内，少数见于灰坑或地层中。骨器较为少见，有骨锥、骨簪、卜骨等。需要指出的是，遗址内动物骨骼比较少见。另有四幅岩画，一幅为双涡

遗址远景

纹，局部压在夏家店下层文化建筑的石墙之下；另一幅为双涡纹和折线条组成的人面纹，刻在通道中央的一块基岩上；第三幅是一块由密集圆窝排列组成的岩画；第四幅也是双涡纹，位于第三幅岩画岩石的北侧。此外，在一些建筑基址的活动面上、窖坑中乃至陶器的腹腔内经水洗浮选，发现了炭化的谷物，专家鉴定有粟、黍、豆科类等种属。遗址中还发现两枚刻有类似文字符号的陶片，陶片皆夏家店下层文化遗物，每片一个字符，作上下结构，具有典型的表意特征。

三座店遗址属夏家店下层文化的山城类型，该遗址基本未被后世扰动破坏，遗迹间也不存在复杂的叠压打破关系，因而最大限度地保留着它的初始状态。到目前为止，经过发掘的夏家店下层文化遗址有十几处，其中也不乏像大甸子和大山前那样经大规模发掘的遗址，但总的来说，已经发掘的遗址类型不够全面，特别像三座店这样的山城遗址，就很少发掘，更无大规模全面揭露的先例，仅从这一点看，全面地揭露该遗址是夏家店下层文化研究的一次重大突破，从营建方式、城内布局和使用功能等方面提供了全面的考古实证材料。

2013年，三座店石城遗址被国务院公布为第七批全国重点文物保护单位。

二道井子遗址

Erdaojingzi Site

撰稿：索秀芬　李鹏珍；摄影：曹建恩　孙金松　党郁

二道井子遗址位于内蒙古自治区赤峰市红山区文钟镇二道井子村打粮沟门自然村北部的山坡之上，西北距离赤峰市中心城区约15公里，地理坐标为北纬42°11′57″，东经119°02′54″，海拔高度906米。整个遗址总体呈东高西低之势，西部向下的坡体上可见陶片及暴露于断面上的遗迹。南北两侧地势凹陷，环壕遗迹依稀可见，东侧为缓坡，西侧濒临一季节性河流，周围为连绵的浅山丘陵，地表现为林地。

二道井子遗址最早发现于1986年第二次全国文物普查，当时命名为"大灰包遗址"。2008年第三次全国文物普查时，红山区文物管理所对该遗址进行复查，更名为"二道井子遗址"。2009～2010年，为配合赤峰—朝阳高速公路的修建，内蒙古自治区文物考古研究所组队对该遗址进行了为期两年的抢救性考古发掘工作。

遗址南北长190米，东西宽140米，面积约27000平方米。2009年度发掘区域主要集中于居址部分，揭露面积5200平方米，共发掘清理出环壕、城墙、院落、院墙、房址、窖穴、灰坑、墓葬等遗迹单位305

发掘区航片

遗址局部

处，出土陶、石、骨、铜、玉器及毛、草编织物等1200余件。2010年度发掘区位于2009年度遗址发掘区南侧墓葬区，累计发掘面积7800平方米，清理房址2座、灰坑86个、墓葬268座、陶窑2座、灰沟1条，出土陶器、骨器、玉器、石器、青铜器等300件。

2009年和2010年累计发掘面积13000平方米。城内文化层堆积深厚，平均深度达8米，个别探方内文化层相互叠压达20余层。房屋多在同一位置多次重建，上下叠压，最多可叠压7层房屋，下面房址作为上面房址地基来使用，除上面房址外，下面其余房址在废弃后均有填充或垒砌了土坯，门道也用土坯封堵且房址外围修筑了多重墙体，为再次重建房屋奠定基础。上面房屋保存好，最高的墙达到1.75米。由于文化层多由房屋的营建、使用和废弃堆积构成，分布范围不大，发掘范围内未见统一地层。

灰沟位于遗址中部，东西走向，长24米，宽2.1米，深0.88米，制作不甚规整。灰沟南侧为墓葬主要分布区，北侧为院落、房址、窖穴、灰坑等遗迹的居住区。从遗址整体布局来看，灰沟起到分界线的作用，先是平民墓和贵族墓分界线，后来是墓葬区和生活区分界线。

城墙平面大体呈椭圆形，大部分用土堆筑，个别地段采用了夯筑技术或包砌了土坯。先挖隆起于地面的梯形生土墙，进而在其两侧堆土包砌，使墙体的厚度、高度不断增加。修建环壕时产生的土直接用于堆砌城墙，由于城墙不断扩建，贴附于城墙的堆土多者可达7层。城墙基宽9.6米，残高6.2米。城墙内侧堆砌坡度较缓，外侧坡度陡峭，与环壕内壁相连形成一个斜面，落差可达12米。

房屋布局情况

考古发掘现场

环壕环绕城墙外侧，平面大体呈椭圆形，东西宽约140米，南北长约190米。壕沟剖面大体呈"V"字形，内壁略呈阶梯状，外壁呈斜坡状，口宽约11.8米，底宽0.2～0.5米，深约6.05米。

城内有院落、房屋、窖穴和灰坑，以及巷道等遗迹。院落为地面建筑，平面呈椭圆形或长方形，由院门、院墙、踩踏面、房屋和窖穴等组成。院墙多夯筑而成，有的墙体上部用土坯或石块修砌，拐角处以石块包砌加固。院门南向。踩踏面较为平整，院内房屋2～3间，功能上有主辅之分，窖穴散落其间。院落之间有巷道相连。

房屋之间地面相连，普遍2～3间地面相连，也有7～8间房屋地面相连。房址绝大多数为地面式建筑，个别为半地穴式。地面式房址平面多为圆形，少数为圆角方形。墙体多为土坯错砌，部分为夯筑而成，内外皆抹有草拌泥，部分墙体之上设有瞭望孔，土坯券顶。居住面经烧烤，抹草拌泥，有的厚达十余层。灶多为方形地面灶，位于居住面中部。门道多西南向，斜坡状，上窄下宽，门道两侧土坯砌成圆角弧形，有的房址设有门槛，草拌泥抹面，两侧置有门墩。门道踩踏面与墙体外侧活动面连为一体。房址外部多有侧室或回廊，一些房址的回廊或侧室建筑结构较为复杂，回廊内土坯砌筑横向短墙，将回廊分隔成数量不等的小隔间，有的隔间之间有门道或门洞相连。房址之间活动面多相连，有火烧痕迹，有的分布成排柱洞。

窖穴多分布在房址周边，制作规整，以圆形袋状居多，多为地穴式，少量是半地穴式或地面式。为了防潮加固，大多在坑壁抹有草拌泥，平整光滑，有的坑壁用土坯垒砌，有的坑口周围建有土坯墙等设施，平底。部分窖穴内发现大量的炭化谷物颗粒和呈穗状的炭化粮食作物和少量毛、草编织物等，是储藏粮食的窖穴。灰坑形状不甚规整。

8号房址及院墙构成

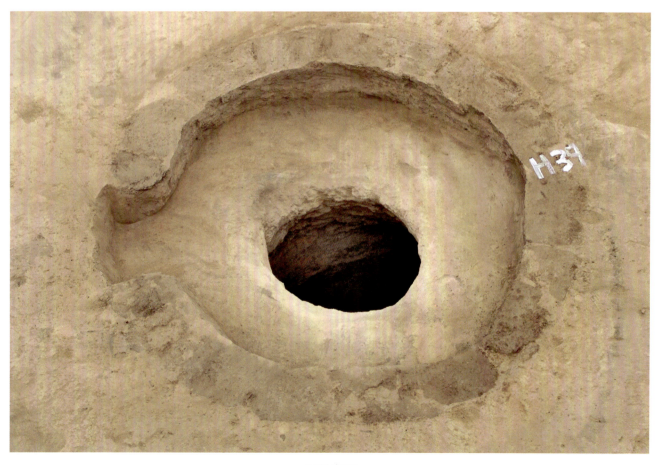

39号窖穴

墓葬中出土的彩绘陶器

墓葬排列情况

185号墓及随葬品出土情况

院落布局情况

22号墓葬出土随葬品

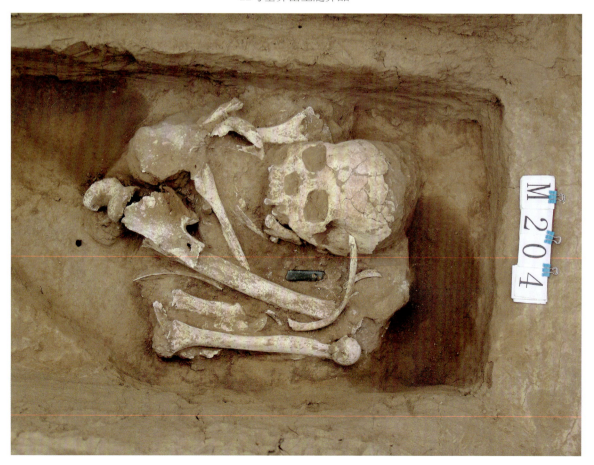

204号墓屈肢葬式

陶窑位于西侧坡下，火塘呈圆形，直径1.4米，两条烟道位于火塘东侧，窑壁四周有浅蓝色烧结面。

墓葬区位于遗址南部，除一座贵族墓葬位于灰沟北侧，其余均位于灰沟南侧，成排分布，墓葬间打破关系较少，经过整体规划。多为竖穴土坑墓，少量为偏洞室墓。竖穴土坑墓平面为长方形，1座为大墓，其余为中小型墓葬。大墓墓圹长3.3米，宽1.4～1.78米，深2.3米，墓圹东侧头龛内随葬3件彩绘陶器。中小型墓墓圹呈窄条形，长0.7～2.5米，宽0.3～0.7米，深0.07～1.5米。均为单人葬，仰身直肢，下肢并拢，有捆绑脚踝的习俗。多为东南向，少数为北向或东北向。偏洞室墓东南向。除极少数墓随葬陶器、玉器外，绝大多数墓葬无随葬品。

出土遗物多见陶器、石器和骨器，少数为玉器和青铜器。陶质地分为泥质、砂质、夹砂，灰褐色和灰色陶居多，红褐色和黑色少见。纹饰以绳纹为主，篮纹和附加堆纹较多，素面也占有一定比例，个别尊、罐、鬲等泥质陶器表施一层黑色或黄色陶衣，少见彩绘陶。多见平底器和三足器，器类有筒形鬲、罐形鬲、鼎、甗、豆、罐、三足盘、大口尊、瓮等。石器数量较多，以磨制为主，打制者少见。器类有斧、刀、铲、镰、锛、饼、球、槽、磨盘及磨棒等，其中用黄色砂岩磨制而成的鞋楦极具特色。多数石器为生产工具，少量为生活用具。骨器数量较多，磨制精致，器形有勺、匕、铲、针、镞、簪、针管、卜骨和刻划几何花纹骨器等，多为生活用品，卜骨数量少。玉器数量较少，磨制光滑，器形有斧、凿、璧、蚕、蝶、玦、环、项饰等。青铜器数量极少，均为小件器，器形有刀、锥以及喇叭口式耳环等。

二道井子遗址是一处内涵单纯、文化堆积深厚、建筑遗迹保存较为完整、目前发现保存最好的夏家店下层文化遗址，为探讨夏家店下层文化聚落布局、兴衰演变、建筑单元之间相互关系奠定了基础。

2013年，二道井子遗址由国务院公布为第七批全国重点文物保护单位。

太平庄遗址群

Taipingzhuang Site Group

撰稿：杨锐　李鹏珍；摄影：娄海峰

　　太平庄遗址群位于内蒙古自治区赤峰市松山区城子乡太平庄村。遗址分布在六个山岗上，北依大山，南临自西向东流的半支箭河，东侧和西侧各有一条通向半支箭河的大冲沟，北山、两条大冲沟与半支箭河一起将遗址群所在山岗环抱其中，山岗大体呈三角形，西部较宽，东部较窄，地势西部高而陡峻，向东愈益低缓。南部为陡峭的基岩，北部坡岗较缓。地理坐标为东经118°37′30″，北纬42°6′42″，海拔高度808～905米。遗址南临赤峰通往猴头沟的公路。

　　1989年，赤峰市松山区文物管理所在第二次全国文物普查时对此地进行了调查，发现了该遗址。1999年，由中国社会科学院考古研究所、内蒙古自治区文物考古研究所和吉林大学边疆考古研究中心组成的考古队对该遗址进行了详细的调查，包括定点、测绘、航拍、拍照。

　　遗址群由6处遗址组成，分别是ST1(庙东山遗址)、ST2(老爷庙后山遗址)、ST3(太平庄后山东遗址)、ST4(太平庄后山遗址)、ST5(石砬子遗址)、ST6(岱王山遗址)，分布在相邻近的六个山岗上，总面积约11万平方米。

　　ST1(庙东山遗址)是太平庄遗址群6个地点中最东面的一个，面积7000～8000平方米，位于一处坡岗的顶部。在这个坡岗上分布着两个明显的椭圆形凸包。居于东北侧的凸包是这个坡岗的制高点，海拔高度808米，凸包南北长30～35米，东西宽约25～30米。西南方向的凸包低于前者6米，面积略小，西南—东北向长约25米，西北—东南向宽10米。在东北凸包的东南侧，有一条宽约6米的带状平地，但它两端的界限并不十分明显。地表长满杂草，乱石纷陈，散布有少量夏家店下层文化陶片，有泥质褐陶、夹砂褐陶、夹砂红褐陶等，纹饰见有绳纹、弦断绳纹等。

　　ST2(老爷庙后山遗址)在ST1的西南，相距不到100米，面积约13000平方米，它的分布范围主要在老爷庙后山的山顶及东面山坡。山顶近圆形，顶部略微低缓，南部基岩裸露，最高点810米。山之南坡为悬崖断壁，西面据山顶不远也是断崖，北、东两面为延伸的坡岗，东南下坡处的断崖上暴露有深约1米的灰坑。地表采集陶片以夏家店下层文化为主，也见有

遗址近景（西—东）

岱王山遗址全景（东—西）

后山遗址全景（西—东）

老爷庙后山、后山东遗址全景（东—西）

庙东山遗址全景（西—东）

夏家店上层文化和战国时代陶片。

ST3(太平庄后山东遗址)向东和东南分别俯瞰临近的ST1和 ST2，西邻是高度与之接近的ST4，面积约为20000平方米，它的主体是高出四周的平缓的台子，其平面略呈东西向长的等腰三角形，最高处837米，在西侧的山腿中部，存留着两个石圈，西南面的为双石圈，内、外圈的直径各在6米和10米左右，靠东北的为单圈，直径约7米。地表采集有夏家店下层文化陶片，陶质有夹砂灰陶、夹砂红褐陶等，器形为瓮，纹饰有绳纹、弦断绳纹等。

ST4(太平庄后山遗址)的面积为24000平方米，它的主体是一个自北而南的倾斜的台子，北端台顶最高处842米，此台略呈椭圆形，南北长约110米，东西宽约60米。台面南北的相对高差6~7米。在台子北部的高阜上存有三个圆形石堆，直径分别为5、7、10米，靠南面的石堆最大。台子南面亦有3个小石堆，除偏北部的一个直径是5米外，其余两个的直径皆为3~4米。台子中部及台子西边的陡坡上，又有一个直径10米的大石堆和5个石圈，北部上坡处存留两段排列有序的石圈，均按西北—东南向一字排开，北面一段共7个，直径皆为3米，南面的一段有3个，直径都为5米。此外，还有4个散见于南部下坡处的石圈，一个是外圈直径为10米的双石圈，余皆为单石圈，其中一个直径为5米，另外两个直径在6~7米之间。地表遗物较为丰富，台子上面较为集中，绝大部分属于夏家店下层文化，夏家店上层文化的较为少见，陶片为夹砂灰陶、夹砂红陶，泥质灰陶、褐陶。纹饰为绳纹、弦断绳纹、附加堆纹等，还有石斧、石刀等。

ST5(石砬子遗址)与 ST4仅隔一浅冲沟，西面仰望岱王山上的ST6，面积约10000平方米。ST5主

庙东山遗址石砌窖穴（南—北）

体为一东北—西南走向的狭长山头，西北、东北、东南三面连接着向下的倾斜山坡，东北部最高852米。遗址地表暴露着约9个圆形石头圈，直径5～10米，9个为单圈，1个为三圈。地表散布大量乱石，采集到少量泥质褐陶划断绳纹陶片、夹砂灰陶绳纹陶片、夹砂褐陶绳纹陶片和石斧等，属于夏家店下层文化。

ST6(岱王山遗址)东西长约360米，南北宽约160米，面积35000平方米，是这里最高的山，制高点海拔905米，山体大致呈东西向分布有两个并列的山头，东部的山头高于西部的，遗迹主要分布在两个山头上，东部山头上暴露有10个圆形石头圈，西部山头上暴露有11个圆形石头圈和一条石带。石头圈直径3～9米，多数为单圈，少数为双圈。石带分布在西部山头山坡上，走向自西南向东北，由石块堆积而成，长33米，宽1～1.5米，

庙东山遗址地表石圈（东南—西北）

庙东山遗址地表暴露的石圈（西—东）

高约0.5米。地表采集有陶片和残石器等，大部分是夏家店下层文化的遗物。

太平庄遗址群是夏家店下层文化在半支箭河流域分布的较为集中聚落遗址，规模不一，大小不同，彼此呼应又各有特点，组成了一个较为完整的聚落群，因此其对于系统研究中国北方青铜时代早期文明具有很高的研究价值。

2013年，太平庄遗址群由国务院公布为第七批全国重点文物保护单位。

尹家店山城遗址

Yinjiadian Mountain City Site

撰文：李鹏珍　王楠；摄影：娄海峰　宋宝泉　塔拉

尹家店山城遗址位于内蒙古自治区赤峰市松山区初头朗镇（初头朗系蒙古语，意为两条河流汇合处）孤山子行政村尹家店自然村西50米的小山岗上，东距三座店石城18公里。城址地处阴河左岸的小山岗上，因山顶上有石砌围墙的城址，当地俗称小山岗为"城子山"。山脚下阴河由西北向南再折向东流经此地，小山岗东、西、南三面临河，形成陡坡和断崖，北连山梁，再往北便是东西走向的山丘，小山顶地面平坦，海拔842.3米，高出阴河河床90米。整个地势北高南低，属山地丘陵地貌。

20世纪60年代中国社会科学院考古研究所研究员徐光冀等人在对阴河、英金河两岸的古山城遗址进行广泛调查时发现该城。1993年，在赤峰参加中国北方古代文化国际学术研讨会的百余名中外学者专程到尹家店山城遗址进行考察。1998年，由松山区文物管理所和敖汉旗博物馆共同组成测绘组，对尹家店山城遗址进行了详细的测量和拍照。

城墙由石头砌筑，砌墙方法为错缝叠压。平面呈亚腰形，除北墙较直外，其余三墙均随山势而筑，东西最宽处235米，南北最长处245米，总面积4.6万平方米。北、东两墙保存较

东墙北段

遗址航拍图

东南角局部

好，贴主体外侧加附墙，东墙的附墙根又加了数个圆形台面。主墙用自然石块砌筑成外边整齐的墙面后，内填黄土和小石块等。横截面呈上窄下宽的梯形，外侧墙面较陡。墙体现存高度2米，最高的外侧墙体可高达3米，基宽约5米。

东墙和南墙外为陡坡，陡坡上砌筑多阶石头护坡。北墙和东墙的墙体外侧砌筑有高大的"马面"式建筑，边长7～10米，北墙外侧的"马面"虽然大小不一，但是其建筑形式却相同，即东西两壁为直边，北壁向外弧，四壁砌出边框后内填石块和土。南墙的"马面"多为半圆形，皆在转角处。

城内中偏南的两道石墙将城分隔成南北两个部分，两墙相距约20米，南墙较高且直，最高处可达3米，中间略凹似有阙口，至墙之西端另筑圆状高台似坛，是全城的最高点。北墙低矮、不规整，至墙东段东拐至南墙东段并与之相连，两端有一道南北向石墙连接两墙。

城之北半部文化层较薄，有的地方已裸露出山石，南半部的遗迹较多，有的地方有后期扰乱和损毁，西侧和南侧保存着早期的建筑布局，即用自然石块砌筑若干方形或长方形院落计约20多处，内有一、两处石砌或方或圆的房址。南端内侧有5座圆台状石砌建筑，内为夏家店下层文化时期的堆积。

山城内地表散布的陶片、石器等遗物以夏家店下层文化为主，同时还有少量战国、辽代的遗物，在城北外的坡地上，还采集有红山文化的彩陶片、石磨棒、斧、耜等。其中，夏家店下层文化陶器可辨器形有鬲、甗、瓮、盂等，多为夹砂灰陶，饰以绳纹、附加堆纹。

根据山城遗址的地表遗物和遗迹分析，尹家店山城遗址属于夏家店下层文化时期，后期的战国、辽代很可能利用它作为防御工事。

已有的研究结果表明，夏家店下层文化已进入"方国"文明阶段，而这种"方国"文明的最直

东墙南段

南墙西段马面

接体现就是夏家店下层文化"石城"的发现，"石城"遗址是夏家店下层文化的最大特点。尹家店山城遗址是夏家店下层文化的重要遗址之一，由于其规模较大、保存完整、外围轮廓清晰，更应该引起我们的充分重视。加强对尹家店山城进行有效保护和利用，对于研究和考证我国北方古代城邦聚落形态、社会发展变革以及人们的生产生活状况都具有较高的研究和保护价值。

2013年，尹家店山城遗址被国务院公布为第七批全国重点文物保护单位。

城子山遗址

Chengzishan Site

撰稿：李鹏珍　李倩；摄影：杨国权

城子山遗址位于内蒙古自治区赤峰市敖汉旗萨力巴乡与玛尼哈乡交界处的哈拉沟村东南四公里的东山上，因东山顶部有石砌围墙，故名"城子山"。地理坐标为北纬42°29′，东经119°50′，海拔高度855.6米。城子山所在的主峰是松辽平原南缘海拔最高的山峰，遗址附近地貌为浅山丘陵区，南北两端分别从狐狸山至孙家水泉隆起，形成南北走向的一组群山。

1987年文物普查时，首次发现城子山遗址。1990年，中国社会科学院考古研究所专家进行了实地考察。2000年，中国社会科学院考古研究所内蒙古工作队与敖汉旗博物馆合作对山城1号城址的原测绘图进行实地校核、拍照，对2号城址、10号城址部分祭坛、积石冢进行实测和拍照。2009年，对敖汉旗西北部新石器时代至青铜时代早期的聚落遗址进行调查，其中对城子山遗址和鸭鸡山遗址调查取得重大成果，确认其是夏家店下层文化时期的大型山城。

城子山遗址包括11处遗址分布区，以位置最高的城子山山城遗址为中心，在南北宽约2.2公里、东西长约3公里的周围10余个山头上均有遗址分布，面积约6.6平方公里。

1号山城遗址规模最大，保存最好。分布在主峰顶部，依山势砌筑石城。平面呈不规则

门址

的“亚”字形，西北至东南最长478米，东北至西南最宽340米，总面积约15万平方米。山城用石砌城墙围拢，并设10余个城门，城墙下设有多级护坡。墙宽1～3米，残高约2米，周长1418米。平面布局可分为中心区及东、北、西、南、东南6个区，中心区地势高于其他地区，区与区之间又有石墙相隔，以门道相通，区内以石墙分割若干单元，单元内分布1～2个石砌圆形建筑，现存232个石砌圆形建筑址（石圈），石圈的形制可分为4种。一是石圈内堆砌石块；二是外围砌筑石圈，内为隆起的土丘；三是外围砌筑石圈，内为填满碎石；四是外围砌大石块，中间是隆起的土丘。石圈直径最大的13米，小的有2米左右。按规模划分，第一类是直径2～3米的石圈，数量居多；第二类是直径为4～6米的石圈，其数量明显少于第一类的数量；第三类是直径8～10米的石圈，数量较少。据考古调查和研究，石圈推测可能属于祭坛性质。

在1号遗址西南侧有一巨型石雕猪首形象，猪首系用原有的一块巨型晶屑熔岩石体雕琢而成，技法简洁流畅，棱线分明，吻部及双目特征突出，形态逼真。猪首顶部留有小块磨光痕迹，两侧有数道弧形人工雕琢痕，吻部噘起，大嘴张开，双目圆睁，朝向正南方的鸭鸡山。猪首长9.3米，吻部宽2.1米，额头宽7.5米，额头顶部距地面高5米。

在位于1号遗址东区东南墙外山坡上还发现砾石群，由三块大型平台状自然山岩组成，呈东北—西南向排列，表面由于人长期踩踏而形成光面。中间一块石平台最大，长3.5米，宽2米。该石平台光面上有若干浅窝，直径2～3厘米，深仅0.7～0.8厘米。专家推断石台上人工琢出的浅窝可能为观测的星象图。

除了城子山山城外，另发现祭祀点10处，由单个或多个祭坛组成，其中一些较大祭祀点除了祭坛，周边还发现石墙。5号地点规模最大，位于城子山主梁中部，西北距1号地点1公里。山顶海拔高度为826米。外侧砌筑一周近椭圆形的石墙将整个山头围住，西北至东南长130米，东北至西南宽92米。石墙保

墙体马面

全景

存较好，系用石块多层叠砌而成，外侧齐整。

地表发现很多陶器和石器，陶器多夹砂，泥质陶少见，纹饰多为绳纹、篮纹等。主要器类有鼎、甗、盆、罐等。石器有打制、磨制、琢制和压削四类。

城子山遗址规模宏大，布局对称规整，层次分明，是目前我国发现的面积最大、祭坛数量最多、暴露遗迹最为清晰、结构最为复杂的一处夏家店下层文化祭祀遗址，也是辽西地区出现早期国家的实证。城子山遗址的发现，为深入探讨夏家店下层文化所处社会发展阶段，辽西地区早期国家的出现、城市的形成、宗教信仰以及辽西地区与夏王朝的关系等提供了考古实证资料。

2001年，城子山遗址由国务院公布为第五批全国重点文物保护单位。

南山根遗址

Nanshangen Site

撰稿：李鹏珍　李婉琪；摄影：马景禄　庞雷

南山根遗址位于内蒙古自治区赤峰市宁城县三座店镇南山根村南约100米，地理坐标为东经118°46′38″，北纬41°32′316″，海拔高度719米。地势南高北低，遗址地处南山北坡缓坡地带的台地上，整个台地被两条雨裂沟分为三块，每块大小不等，总面积86000平方米。地表现为耕地和林地，遗址北约50米为东西向村级公路，西北距平双公路约4公里。

该遗址最初于1958年被内蒙古自治区文物工作组调查这里的青铜器时发现，但当时对其文化属性的认识比较模糊。为了探讨这批青铜器与夏家店下层文化和夏家店上层文化遗存的关系以及两文化遗存的内涵和年代，1961年和1963年，中国科学院考古研究所内蒙古工作队及中国科学院考古研究所东北工作队分别对该遗址进行了考古发掘。

该遗址中，夏家店下层文化遗存所占比例较小，仅发现1个灰坑和数量不多的陶器、石器、骨器等。这个灰坑作圆形，口小底大，底部残存草拌泥地面。陶器以夹砂灰陶为大宗，泥质灰陶、夹砂褐陶占有一定比例，夹砂红、褐陶，泥质红、褐陶最少。夹砂陶中的砂粒大小较均匀，火候较高，质地坚硬。陶器纹饰种类繁多，流行一件器物共饰几种纹饰的作风，以绳纹加划纹为最多。出土的陶器大多数是残片，可辨种类有鬲、甗、鼎、罐等。石器以生

南山根遗址近景（南—北）

远景（南—北）

产工具为主，有打制和磨制的两种，打制石器数量少于磨制石器。骨器有镞、匕、锥、簪。

　　夏家店上层文化遗存是这次发掘的主体，共发掘清理灰坑14个、墓葬11座。灰坑均圆形，大多数灰坑的坑口小于坑底，多数坑壁上留有修整坑壁的工具痕迹。1961年发掘的9座墓葬形制均为长方形土坑竖穴墓，人体骨架保存不甚理想，在可辨认的葬式中，均为单人仰身直肢葬和单人侧身直肢葬，通过对保存较好的骨架进行鉴定发现，女性随葬品较多，男性随葬品较少且男性仅随葬耳饰和串珠。1963年发掘的101号墓和102号墓结构相同，均是在长方形土坑竖穴内用石块砌成的石椁墓，同时葬式不清、人体骨架腐朽程度严重，两座墓葬不同的是101号墓墓室底部发现有用小石板平铺的现象，保存较好。夏家店上层文化的遗物中以铜器最具特色，均出土于墓葬之中，多为装饰品，各墓葬中多少不一，有铜扣、铜环、各种铜饰以及各式饰珠。101号墓和102号墓共出土随葬品铜、金、石、骨器等600余件，以青铜器为主，既有生产工具、武器，又有容器、装饰品，生产工具和武器有刀、斧、凿、镐等，容器以簋、簠、鼎为主，装饰品种类多样，有兽形饰和各种牌饰，其中102号墓随葬品出土不多，以青铜器最多，包括小型工具、装饰品和马具等，有刀、锥、衔、铜泡等，不见容器一类大型器物。虽然102号墓随葬器物远远不如101号墓的丰富，墓主人的社会地位亦不如101号墓墓主高级，但是其所

金环饰

青铜头盔

祖柄青铜勺

青铜斧

青铜鬲

青铜鼎

青铜簋

立人柄青铜短剑

出的刻纹骨板却是一种珍贵的古代艺术品，不仅数量稀少，而且画面朴实生动，技法高超，表现了当时人们的生活场景。另外一件珍贵的文物是101号墓男女裸像青铜短剑，它的出土在青铜剑中尚属首例，并且迄今为止仅此一件，可见其珍贵程度，同时也彰显出短剑使用者的特殊身份和地位。值得指出的是，与以往的发现不同，这群器物不仅种类繁多，而且既具有中原文化特点，又有与中原文化截然不同的风格，表现了它们与畜牧经济密切相关的特点，丰富了人们以往对夏家店上层文化的认识。此外，南山根遗址出土的夏家店上层文化遗物还有少量陶器、骨器、石器等，个别陶器出土于墓葬中，陶器质地疏松，火候不高。从陶色上来看，数量最多的是褐色陶，次为红色陶，最少的是黑色陶。陶器多残片，可辨器形以豆、鬲、罐、盆为最多，此外还有部分甗、鼎等。骨、石器40余件，石器的质料为砂岩、变质岩、玄武岩和燧石，器形有斧、锛、刀等。

　　南山根遗址是内蒙古东南部地区青铜时代的典型遗存之一，历经两次发掘，既有规格较高的大型石椁墓，也有中小型石椁、石板墓，出土的青铜礼器、兵器、车马具等，数量多，种类齐全，组合关系明显，为研究夏家店上层文化的内涵和外延具有举足轻重的地位，同时该遗址出土青铜器物不仅具有当地土著特点，而且又有中原文化风格，为研究夏家店上层文化的族属以及与中原王朝的交流提供了宝贵的实物资料。

　　2013年，南山根遗址由国务院公布为第七批全国重点文物保护单位。

大井古铜矿遗址

Dajing Ancient Copper Mine Site

撰稿：李鹏珍　李倩；摄影：王刚

　　大井古铜矿遗址位于内蒙古自治区赤峰市林西县官地镇大井自然村北1000米处的山坡上，东距西辽河支流查干沐沦河1.5公里，南距嘎斯汰河8公里。地理坐标为北纬43°40′20″～43°42′25″，东经118°18′～118°20′，海拔高度748～865米。地貌为山坳台地，植被为山间河谷植被，灌木丛生地带。遗址南为东西走向平川开阔地，北为连绵不断的丘陵山区。

　　1962年，内蒙古102地质队在林西县搞矿藏普查时发现大井铜矿藏。1973年，赤峰市（原昭乌达盟）第二地质队勘探铜矿藏时发现古采矿坑一处。1976年，辽宁省博物馆文物工作队同林西县文化馆共同对古遗址进行了发掘。1978年和1988年，林西县文物管理所又对该古铜矿遗址进行两次专题调查。

　　遗址主要遗存集中分布在山岗和坡地上，文化堆积较薄，主要遗存是采矿坑、工棚和冶炼用的坩埚等。

　　古矿冶遗址东西长1.25千米，南北宽1.25千米，占地面积2.5平方千米，地表可见露天采槽47条，分不同方向布局在山谷之中，有的在山的东坡或西坡，也有的在山的南坡或北坡，个别分布在台地上。据不完全统计，开采长度累计达1570米，最大开采长度200米，最大开采深度20米，最大开采宽度25米。矿坑之间不连接，既有顺坡纵向开采的，也有横向开采的。辽宁省博物馆试掘出土和采集了各类采矿石器1500件，其中的1000多件是从4号古矿坑仅7米长的发掘区内出土的。遗址地表仍可采集到大量石器，整个遗址的石器遗存量之大难以估计。

　　在4号采槽南20米处的东西向山沟南发现有冶炼遗址。遗址随山势形成8个阶梯式平台，每个平台面积约5平方米，每个平台为一个冶炼区，每个冶炼区有1～3个炼炉，8个平台共发现12座炼炉遗迹，可分为多孔窑形和椭圆形炼炉两种。多孔窑串式炼炉4座，直径为

远景（南—北）

大井古铜矿遗址（南—北）

1.5～2米，是焙烧矿石用的焙烧炉。椭圆形炼炉5座，也称马蹄形炼炉，直径0.8～1.2米，炉门开在滴注的西北方，高0.2米，宽0.1米。炉内及周围遗留有黏附炉渣的炉壁残片、炉渣和木炭块等。在5号炉址旁的灰土层中发现陶质兽首鼓风管1个。在4号炉址附近还出土7块小陶范残块。4号采槽西北方约300米处南北向山场台地上布满表面焦结有红褐色草拌泥痕迹的炉渣。在6号矿体附近表土层中发现过一圆形残破炼炉，局部生有绿色铜锈，底部残缺。

在4号坑道中发现3座房址，为圆形半地穴式，直径4米，周围有向内倾斜的柱洞，房顶为圆锥形，房址附近尚有蜂窝状小圆坑遗迹。房内出土一批石器、陶器、骨器和铜器。从房址位置和出土的遗物分析，它们应与矿坑同期，是与采矿有关的建筑，可能为工棚。

出土遗物超过1500件，以石器为主，大量石器均选用天然砾石磨制而成，制作粗糙，只是根据需

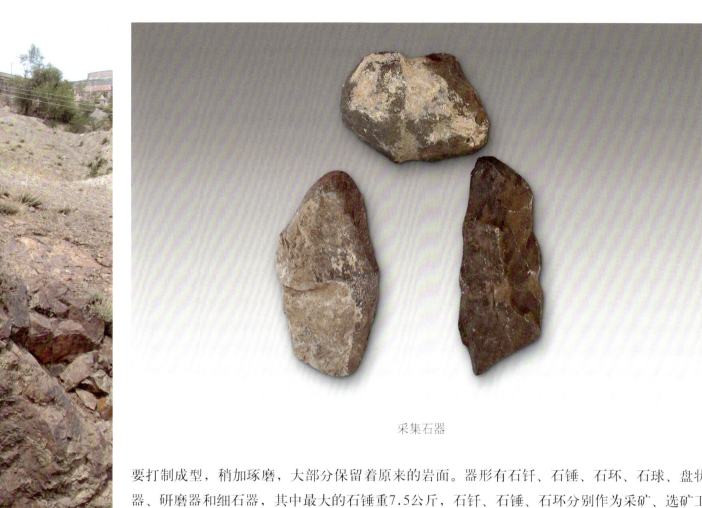

采集石器

要打制成型，稍加琢磨，大部分保留着原来的岩面。器形有石钎、石锤、石环、石球、盘状器、研磨器和细石器，其中最大的石锤重7.5公斤，石钎、石锤、石环分别作为采矿、选矿工具。陶器均为夹砂，火候低，呈红褐色或黑褐色。绝大部分为素面陶，也有个别为压印几何纹和戳印纹。器形有鬲、甗、盆、罐、马首鼓风管、陶范等。铜器、骨器皆小件，数量少，包括铜镞、铜凿，骨镞、骨匕、骨锥、骨锤、卜骨。另外，还发现极少数的角器及动物骨骼。遗物均属夏家店上层文化。

　　大井古铜矿为含锡砷的硫化铜矿石，并含有较多的银，矿物组合以黄铜矿、锡石、毒砂为主，含砷最高时可达15%。冶炼过程是先在焙烧炉内烧成氧化矿石，脱去硫和部分砷，然后入椭圆形冶炼炉还原熔炼，炼出锡砷青铜。对大井古铜矿产品分析表明，产品是含显量银的铜锡砷三元合金，并含有锑铋等微量元素。这种合金性能良好，可以直接铸造青铜器。

　　据放射性碳十四年代测定，大井古铜矿遗址的年代分别为距今2970±115年、距今2890±115年、距今2780±100年、距今2720±90年，相当于西周时期。

　　在西拉木伦河上游的查干沐沦河流域发现此类遗址，有助于对夏家店上层文化形成发展、布局、分期和青铜器材料来源等方面的研究提供依据。同时该遗址是我国东北地区目前发现最早的一处具有大规模采矿、冶炼、铸造等全套工序的古铜矿遗址，也是目前世界上唯一的直接以共生矿冶炼青铜的古铜矿冶炼遗址，为我国古铜矿的开采、青铜的冶炼、铸造史提供了较为系统的实物资料。

　　2001年，大井古铜矿遗址由国务院公布为第五批全国重点文物保护单位。

居延遗址

Juyan Site

撰稿：胡春柏　张文平　傅兴业；摄影：傅兴业　胡春柏　岳够明

　　居延遗址是1988年公布的第三批全国重点文物保护单位，原是指分布于内蒙古自治区额济纳旗和甘肃省金塔县境内的汉代烽燧城障遗址。额济纳旗古称"居延"，西汉时期曾在这里设置居延县和居延都尉府，分管民事和军事。所以今人借用"居延"一词，代指整个额济纳河沿岸。

　　随着国家和地方各级政府对大遗址保护工作的重视程度越来越高，居延遗址的内涵也不断扩大，额济纳旗的黑城遗址、西夏和元代的屯田遗址、佛塔寺庙等也都被纳入到居延遗址之中，使其成为跨越多个时代，内含更为丰富的"居延遗址群"。

　　现在的居延遗址群南起甘肃金塔县的毛目，延额济纳河向北至额济纳旗苏泊淖尔，南北长达250多公里，东西宽60余公里。其中分布在额济纳旗境内的长达230公里，包含烽燧百余座、城障10余座，以及塞墙、天田、屯田区、墓葬群、寺庙址等，涵盖青铜时代、汉代、三国、西晋、北朝、西夏、元代等几个历史时期的遗存。

　　这些遗存，给一望无际的荒漠增添了神秘的色彩，吸引了世人的目光，也招致了国外盗掘分子的觊觎。满清政府的没落和军阀混战的混乱局面，给了探险家们以可乘之机。从19世

卅井候官遗址

黑城远景

纪末叶开始，俄国人波塔宁、科兹洛夫、英籍匈牙利人斯坦因、美国人兰登·华尔纳先后大肆盗挖黑城及附近佛塔，从这里掠走的珍稀文物不计其数，包括文书、手稿、书籍、佛像、金属器等，黑城之下的国宝几被掏空。

直到1927年，中国学术团体协会经过不懈努力与瑞典学者斯文·赫定就组织西北科学考察团一事签订了19条协议，首次确定了"采集和挖掘的文物、动植物标本和矿物样品等均属于中国所有"的考察原则，终于结束了外国探险队在中国自由活动、肆意掘取地下文物的历史，也开启了科学考察居延遗址的新篇章。这次西北科学考察团对居延遗址的考察取得了举世瞩目的成就。调查范围北起A1障（殄北候官），南至今甘肃金塔县的毛目绿洲，总长约250公里，对发现的每处遗迹都做了编号和简单的测绘。同时，还对包括A1障在内的26处遗址进行了试掘和清理。通过采集和试掘，获得汉简万余枚及铜钱、铜镞、陶器、铁器、木器、织物残片等遗物。在此次工作的基础上，先后有《内蒙古额济纳河流域考古报告》《居延汉简甲编》《居延汉简甲乙编》等著作问世。

新中国成立后，我国文物考古部门独立对居延遗址进行过多次考古调查和发掘，其中20世纪70年代以来的三次考古发掘对深入理解和认识居延遗址群具有重要的意义。

1973～1974年，在额济纳旗划归甘肃省管辖期间，甘肃居延考古队对A8障（甲渠候官）、P1烽燧（甲渠候官第四燧）、A32障（肩水金关）等3处遗址进行了发掘，收获了近两万枚汉简以及一批丰富的汉代遗物。这次发掘，不但首次揭示了候官、部、关址的形制与结构，还先后有《居延新简释粹》《居延

小方城近景

黑城角楼

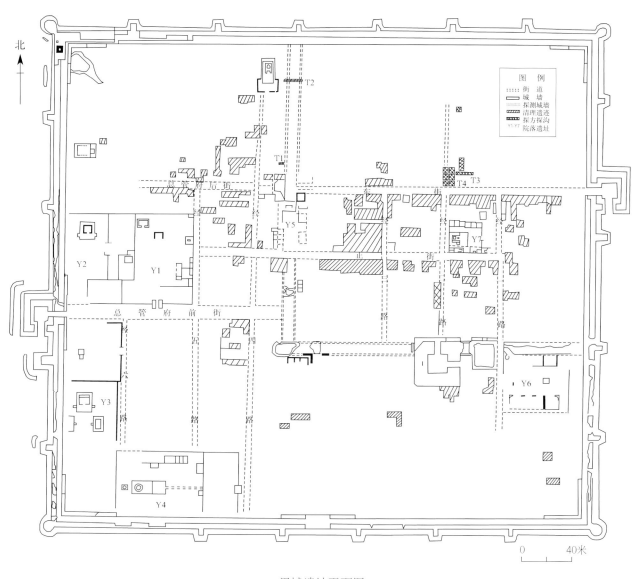

北

黑城遗址平面图

新简——甲渠候官与第四燧》《居延新简——甲渠候官》等简牍学专著问世。

　　1983～1984年，内蒙古自治区文物考古研究所主持发掘了黑城遗址，揭露出城内主要部分的建筑基址，搞清了城址的建筑布局和历史沿革，出土了大量文书和一些遗物，在此基础上出版了《黑城出土文书·汉文文书卷》。

　　1999～2002年内蒙古自治区文物考古研究所对甲渠塞第七、九、十四、十六燧以及卅井塞T116烽燧进行了发掘，同时对第十七、十八燧等甲渠塞所属部分烽燧东侧灰堆进行了清理，收获500余枚汉简和较为丰富的汉代遗物。在此次考古工作的基础上，编辑出版了《额济纳汉简》一书。

　　居延遗址群散布于大漠深处。古戍苍苍，湮没于流沙碎石之间，自从废弃以来其真实面貌便鲜为人知。现将其中最负盛名的两处介绍给读者。

　　黑城又名"哈喇浩特"，位于额济纳旗达来呼布镇吉日嘎郎图嘎查南约18千米处。考古工作者通过发掘揭露出相互叠压的大、小两座城址。小城位于大城的东北角，是西夏黑水镇燕军司驻地，大城即元亦集乃路故城。

　　小城平面呈方形，边长约238米。城墙为夯筑，基宽9.3米。南墙设门，门外加筑方形瓮城，门

肩水都尉府遗址远景

黑城城墙外侧

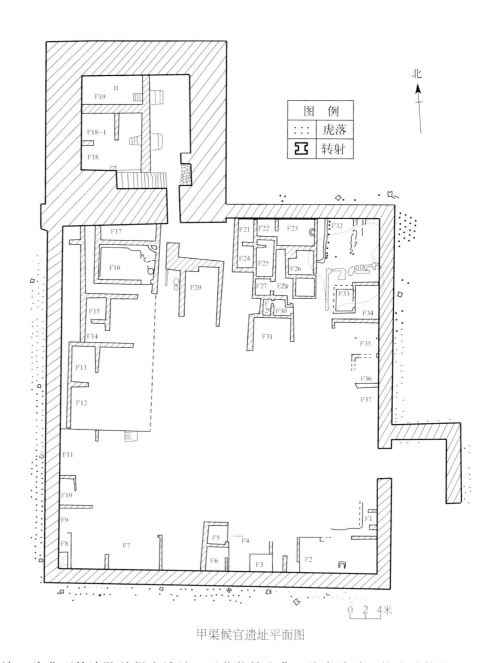

图　例

::: 虎落

Ⅱ 转射

甲渠候官遗址平面图

0　2　4米

向东。有马面、角台等设施，为典型的边防关堡类城址。元代修筑亦集乃路大城时，将小城的东垣、北垣当作大城东墙和北墙的基础，西垣、南垣包在大城之中，在大城的城市建设中遭到破坏，断续残存，一些地段被利用为民居的墙体。

　　大城平面呈长方形，东西长421、南北宽374米，以正南北方向布局。四周城垣皆夯筑而成，保存较好，基宽12.5、顶宽4米左右，平均高度达10米以上。东、西两侧设错对而开的城门，城门外拱卫正方形瓮城，瓮城门南向而开。城四角设置向外突出的圆形角楼，城垣外侧设马面19个，计北6、南5、东西各4个。城墙上建女墙，系用土坯砌成的矮墙，无垛口。城垣内侧四角、城门两侧以及南墙正中有斜坡形蹬道7处，皆为双行道。城墙外还建有羊马城，随角楼、马面曲折而行，受破坏较重，只在城外的西南部一带有明显遗迹，夯筑土墙，宽约2米，残高约2.4米。

　　城址内有东西向主要大街4条，南北向经路6条，街道齐整。城址内的主要建筑包括总管府大院、诸王府第、司属"广积仓"遗迹和佛教寺庙等。商业区集中在东街和正街之间一带，街道两旁店肆林立，有饭馆、酒店、杂货店、彩帛行、马具铺等，并有马市、柴市等农牧产品交换市场。居民区分布在城内和东门外。城内划分为若干坊，坊间小巷便道多有曲折。东门外形成庞大的关厢，除有一条直通东门的大街外，还有几条纵横的街巷。此外，在城内和城墙上散见许多佛寺遗迹，西北角的城墙上耸立着五座覆钵式佛塔。城外西南隅现存有清真寺1座，附近为伊斯兰教徒的墓葬区。

甲渠候官遗址俗称"破城子"，西北科学考察团编号为A8障。甲渠候官是汉张掖郡居延都尉府所辖候官之一，处于居延边塞西侧，与所属烽燧等统称甲渠塞，其中A8障为甲渠候官治所，下辖天田、烽燧等遗迹20余处。

遗址位于额济纳旗达来呼布镇吉日格朗图嘎查西南约25.4公里的戈壁地带，东约1.6公里处原有额济纳河自南而北蜿蜒流过。近年来，由于上游水库的截流，河道多已干涸。

甲渠候官遗址是目前为止居延都尉府辖区内唯一一处经过正式发掘的候官类遗址。20世纪30年代，西北科学考察团曾对这个遗址的四个地点进行过试掘，取得了相当大的收获，出土5000余枚汉简以及大量木器、竹器、铁器、陶器、铜器、角器、葫芦器、料器、织物、五铢钱等。70年代，甘肃居延考古队对该遗址进行了正式发掘，搞清了其建筑布局和基本结构。

遗址由障和坞两部分组成。障址平面呈方形，边长23.3米。墙体为土坯砌筑，底宽顶窄，基宽4～4.5米，残高4.6米，收分明显。障内有相互叠压的两组房址，早期房址2座，晚期房址1座，障内西侧有通往顶部的早期马道阶梯。

坞连接在障的南侧，平面呈长方形，长47.5、宽45.5米。墙体为夯土筑造，宽1.8～2米，残高0.9米，略有收分，墙面抹多层草拌泥和白灰。东墙偏南设门，门外有瓮城。坞内共清理房址37间，均为夯土墙，草拌泥地面，其中F16出土有"塞上烽火品约""相利善剑刀""甲渠候请罪"等简册，发掘者据此推断该房址为晚期甲渠候居住之所。坞墙外设虎落，外围3米内共埋设四排尖木桩，呈三角形排列，完整者高0.33米，间距约0.7米；虎落上部堆积中出土多件木转射。

坞南50米处有一烽燧，为长方形夯土台，长5米，宽4.8米，残高0.7米，附近发现积薪、橘槔遗迹和烧灰等。东距坞门30米外有一灰堆，范围70米×40米，为柴草、粪便、废弃物、烧灰、沙砾的混合堆积。

通过这次发掘，出土简牍7000余枚、各类器物800余件，主要有弓、箭、铜镞、转射、铁甲、货币、辘轳、铁农具、工具及其木芯、网坠、猎具、仓印、木柱斗和窗、木板画、竹笛等。对甲渠候官遗址的发掘，首次揭示了汉代西北边塞防御体系中候官这一级别治所的规模和建筑布局，也为我们考证和推定其他候官的治所提供了参考和依据。建武初年"塞上烽火品约"册的发现为深入探讨汉代西北边塞的烽火制度提供了宝贵的文献资料。大量汉简的出土不但为研究西汉边塞防御体系和防御制度提供了可靠的文献学依据，也又一次将简牍学的研究推向了一个新的高潮。

和林格尔土城子遗址

Helingeertuchengzi Site

撰稿：李强　霍志国；摄影：刘晓放

　　和林格尔土城子遗址位于内蒙古自治区呼和浩特市和林格尔县土城子乡土城子行政村北1公里处，盛乐经济开发区西侧。南距和林格尔县城10公里，北距呼和浩特市40公里。地处北部土默川平原与南部黄土高原山地丘陵区的交界地带，西南有宝贝河水环绕。古城东傍蛮汗山，北望大青山，西临黄河水道，南扼杀虎口古道，地处中原通往漠北的山口要冲地带，地理位置十分重要。

　　1960年4～5月，内蒙古文物工作组对古城进行了钻探和试掘。钻探面积为6万多平方米，在古城东部试掘面积约为500平方米，解剖城墙四段，发现有道路、居住址、灰坑、窑址和墓葬等遗迹，获得了一批遗物。1997年、1999年、2000年、2001年，内蒙古自治区文物考古研究所对古城进行了四次大规模的勘探和发掘，勘探面积约17万平方米，发掘面积3642.5平方米。城内文化层堆积超过4米。遗迹多样，有城墙、城壕、壕沟、道路、灰坑、窖穴、水井、墓葬等。遗物丰富，以陶器数量最多，瓷器数量次之，还有一些建筑构件，以及铁器、铜器和骨器等。陶器多为泥质灰陶，器形有罐、盆、壶、钵、瓮、注等，还有少量三彩器。瓷器多见白釉，还有黑釉和褐釉等瓷器，器形以白瓷小碗最多，钵、盂、注等器形数量较少。建筑构件常见灰砖，还有筒瓦、板瓦、莲花纹瓦当等。1997～2014年，内蒙古自治区文物考古研究所连年对古城外围的墓葬群进行大面积钻探和发掘，获得一批春秋、战国、秦、汉、魏晋南北朝、唐、辽、金、元时期遗存。

　　整个土城子古城遗址平面呈不规则多边形，东西1550米，南北2250米，面积约349万平方米。墙体保存较好，城垣残高0.5～10米不等，以北墙、东墙的北半部分保存最好，残高

土城子古城南部

古城北门瓮城（南—北）

古城西面被河水冲刷出的文化层面

古城东城墙

5～10米。南墙中部被宝贝河水冲毁，东、北、西三面居中设有城门，外置瓮城。古城可分为西、南、中、北四城。西城仅存东城墙和南墙东段，边长300米，文化层堆积单一，为春秋时期文化层。南城包括南墙、东墙南段与连接南北两区之间的一条横墙，南北长550米，东西长520米。始建于秦汉，魏晋沿用，文化层堆积内包含春秋、战国、两汉、北魏时期的遗存。北城包括有东墙、北墙、西墙、西南墙，城西南角被宝贝河冲毁。东西宽1450米，南北长1740米，文化层堆积较为简单，主要是隋唐时期文化遗存。中城位于南城的西北部，现存有东墙和西墙、南墙的东段，城西南角也被宝贝河冲毁，南北长730米，东西长450米。文化层堆积深厚而复杂，达10余米，包含战国、汉、魏晋、唐、辽、金、元等多个时期的文化遗存。在城内西北部，分布着大型建筑基址，高2～3米。

古城外分布有非常密集的古代墓葬，主要集中于古城的东部、北部和西部，已经发掘3000余座。有大型的砖室墓、土洞墓、土坑竖穴墓、土坑竖

汉代6号墓　　　　　　　　　　　　　　　　　　　　各历史时期墓葬300多座

穴木椁墓、瓮棺葬、乱藏坑等多种形制，出土有陶器、瓷器、铜器、木器、玉器、铁器、漆器、铜钱等遗物万余件。分属于春秋战国、秦汉、魏晋南北朝、唐代、辽金元时期，古城东侧以春秋战国墓为多，南侧和西侧以汉墓为多，北侧以辽金元时期的墓葬为多。

　　据文献记载，土城子古城所在地区两周至春秋时期为猃狁、北狄（犬戎）居住的"襄"地，春秋时期建立了西城，是呼和浩特地区最早营建的城市。公元前594年，晋景公灭狄国，古城所在地成为晋国的管辖范围。公元前376年，韩、赵、魏三家分晋，赵国管辖古城地区，公元前300年建立云中郡后，属云中郡辖地。秦代仍然属于云中郡管辖。汉高祖六年（前201年）建定襄郡，主要沿用中城，郡治设在成乐县，即古城南城。汉代，定襄郡作为汉王朝稳定边疆、抗击匈奴的主要前沿阵地。拓跋鲜卑建立的北魏政权，建城号盛乐城（即古城的中城），定都盛乐。南迁后，平城（大同）为南都，盛乐为北都，作为北魏皇帝北巡祭祖的重要城市。隋代先在古城设置云中总管府，后筑大利城，为启民可汗所居，随后又设置了定襄郡，郡治大利城，即中城。唐代初年，突厥首领阿史那思摩在古城设立牙帐。唐高宗时期，把瀚海都护府从漠北迁到定襄之成乐城，改名为云中都护府，麟德元年（664年）更名为单于都护府，或称单于大都护府。沿用隋大利城，并进行了扩建。古城作为漠南重要军事和政治中心，是统治北方突厥、回纥等族的重要据点。辽金元时期为振武县、振武镇或振武城，主要沿用中城。

　　和林格尔土城子古城是我国古代北方阴山南麓、黄河东岸重要的政治、军事、经济、交通、文化中心，城镇建置的历史长达2000余年，序列完整，这在内蒙古地区是独一无二的，在全国来说也是十分罕见的。它是内蒙古地区出土文物较为丰富、沿用历史时间最长、规模较大的古代城址，也是进一步研究我国古代中原王朝与北方游牧民族之间政治、经济、文化关系十分珍贵的历史文化史迹。

　　2001年，和林格尔土城子遗址由国务院公布为第五批全国重点保护单位。

长城

The Great wall

撰稿：丹达尔　七十四　杨建林

摄影：甄自明　马登云　苗润华　赵栩田

冯吉祥　殷焕良　邰新河　刘洪元　马凤磊

内蒙古自治区公布为全国重点文物保护单位的长城，包括鄂尔多斯战国秦长城、阴山秦汉长城、金界壕、清水河县明长城等。

一　鄂尔多斯市战国秦长城

战国秦长城亦称作战国秦昭襄王长城。据《史记·匈奴列传》记载：战国"秦昭襄王时，义渠戎王与宣太后乱，有二子。宣太后诈而杀义渠王于甘泉，遂起兵伐残义渠。于是秦有陇西、北地、上郡，筑长城以拒胡"。秦灭义渠，事发周赧王四十三年（前272年）。《后汉书·西羌传》对此亦有记载："至王赧四十三年，宣太后诱杀义渠王于甘泉宫，因起兵灭之，始置陇西、北地、上郡焉。"由此可见，战国秦长城最早是自公元前272年开始修筑的。

分布于鄂尔多斯市境内的战国秦长城，由陕西省府谷县进入伊金霍洛旗纳林陶亥镇三界塔村，沿牛川西岸一直向北，在大柳塔村进入束会川西岸。然后，再向北进入准格尔旗准格尔召镇哈喇沁川东岸，向东北从铧尖村通往暖水村，再向西北经过达拉特旗白泥井镇敖包梁村，最后向西北到达东胜区塔拉壕镇店圪卜村。

鄂尔多斯市战国秦长城墙体总长约95公里，墙体构筑方式有石块垒砌、毛石干垒、石块堆积、土夯筑四种。墙体沿线分布有烽燧、障城等单体建筑。

汉初国弱，阴山秦始皇长城被匈奴占据，西汉便沿用和补筑了鄂尔多斯市境内的战国秦长城，以便防御匈奴，史称"故塞"长城。

二　阴山秦汉长城

阴山秦汉长城总体呈东西走向，自东向西分

扎鲁特旗浩布勒图1号边堡远景（北—南）

克什克腾旗包木太界壕墙体（主线北线）

正蓝旗黑城子示范区三分场界壕墙体（主线南线）

陈巴尔虎旗白音哈达界壕墙体（岭北线）

布于呼和浩特市、包头市和巴彦淖尔市等3个盟市，绵延于大青山、色尔腾山、查石太山、狼山一系。长城墙体（包括当路塞）总长约450公里，主要修筑在山体北坡，根据形制结构可分为石墙、土墙和山险墙等。墙体沿线分布有700多座烽燧、20多座障城。烽燧有石块垒砌、土夯筑、土石混筑等；部分烽燧台体周围分布有居住址及积薪台。障城有土筑、石筑两类，主要修筑在南北重要通道的沟口处。

呼和浩特市境内阴山秦汉长城主要修筑在大青山北坡，东端起点位于新城区毫沁营镇坡根底村西北的山顶上。墙体自此向西北方向延伸，随山势起伏蜿蜒，先作略向西外凸的弧线分布，继而又作略向东外凸的弧线分布，之后进入武川县境内。武川县境内途经大青山乡嶂县窑村东、魏家窑村西、小东沟村东、白彦山村北、忽桶村北，至四合义村北折向西南，经什尔登村北、小永安昌村南、韩庆坝村南、小三合玉村北、沙湾子村南、小碱滩村东南、大营盘村东南、黑沙兔村南、蘑菇窑村南、圪塔村北、酒馆村南、纳令沟村东南、前北沟村北、大壕赖村西北，至达不亥村折向西北，经阳忽赛村东北、哈拉合少乡乡政府所在地南、各此老村南、良泉坝村东北、七号村西北、花圪塔村南、胡岱窑子村，进入二份子乡黄家村南，再折向西南进入包头市固阳县境内。

固阳县境内阴山秦汉长城大体呈东西向横贯于县中部。途经银号镇陈家村东南，沿阴山北麓色尔腾山北坡上缘蜿蜒西行，经靳家沟南、大庙北、小窝兔南、三元成北和耳驹沟南、金山镇天盛城、车铺渠北、四成功北、康兔沟和天面此老北，西斗铺镇后西永兴北、邬家边墙壕北，止于王如地村西，在西行进入巴彦淖尔市境内。

巴彦淖尔市境内阴山秦汉长城主要分布于乌拉特前旗、中旗、后旗、磴口四个旗县。墙体从固阳县西斗铺镇王如地村进入乌拉特前旗小佘太广申隆新村东北部，沿阴山山脉东段查石太山北脊蜿蜒西行，经板申图沟、灰腾沟、苏吉沟进入乌拉特中旗部北乡南境与乌拉特前旗小佘太乡北部交界地带，

扎赉特旗乌兰毛都牧界壕1段墙体（西—东）

武川县魏家窑3号烽燧

古
遗
址

固阳县西山湾长城3段墙体

固阳县西永兴长城墙体

伊金霍洛旗纳林塔长城3段墙体（南—北）

沿色尔腾山北坡向西行。经德岭山水库南山北脊向西穿越乌不浪沟北口，沿阴山山脉狼山北麓过塔本陶勒盖河槽、呼勒斯太沟，经过石兰计沟北口（狼山口）逶迤向西至乌拉特后旗达拉盖沟北口东部。长城在达拉盖沟南口处折而向西，沿狼山南麓西行，经乌拉特后旗大坝沟、大坝图沟、磴口县北部哈隆格乃沟、格尔敖包沟、阿贵沟、布都毛道沟，然后入阿拉善盟境内。

三 金界壕

内蒙古自治区境内的金界壕总长有4670余公里，沿线调查有单体建筑共7520余座。根据分布线路的不同，由北向南依次可分为岭北线、漠南线、岭南线和主线。

岭北线界壕主要分布在内蒙古自治区呼伦贝尔市额尔古纳市南部，陈巴尔虎旗西北部，进入俄罗斯外贝加尔边疆区南部，再由满洲里市复入我国境内，经新巴尔虎右旗北部伸入蒙古国东方省境内。在内蒙古自治区境内金界壕岭北线全长190余公里，沿线调查边堡及关址共20余座。

漠南线界壕起自呼伦贝尔市莫力达瓦达斡尔族自治区旗尼尔基镇北，由东北向西南当作黑龙江省与内蒙古自治区的分界线，经兴安盟扎赉特旗西北部，向西延伸穿过科尔沁右翼前旗，至锡林郭勒盟东乌珠穆沁旗东部，折向西北，伸入蒙古国东方省境内。界壕墙体再由阿巴嘎旗东北部复入我国境内，向西南贯穿苏尼特左旗、苏尼特右旗，在乌兰察布市四子王旗中东部与主线交合，再经包头市达尔罕茂明安联合旗东南部，折向南终止于呼和浩特市武川县境内的大青山北麓。在内蒙古自治区境内漠南线界壕全长约950公里。沿线调查边堡及关址共86座。

金界壕岭南线在内蒙古自治区境内总长约1560余公里。

岭南线界壕起于呼伦贝尔市莫力达瓦达斡尔族自治旗尼尔基镇北。自起点到兴安盟扎赉特旗境内绰尔河东岸为止，漠南线、岭南线和主线三条线界壕并列分布。自绰尔河西岸岭南线和主线与漠南

固阳县哈业胡同长城2段墙体

乌拉特中旗查干敖包长城9段墙体（东—西）

清水河县二边石垛1号敌台

线分行，以东北向西南方向，岭南线和主线并行经扎赉特旗西北部，科尔沁右翼前旗中部，突泉县西北部，科尔沁右翼中旗中北部，通辽市扎鲁特旗中北部，赤峰市阿鲁科尔沁旗西北部，巴林左旗、巴林右旗北部，进入林西县统布镇境内两条线才开始分行。分行后的岭南线界壕向南进入克什克腾旗东部，穿过翁牛特旗西部，由松山区西北部进入河北省境内。该条岭南线界壕全长1150余公里，沿线调查边堡及关址共95座。除此之外，岭南线界壕还有两条分支线，即岭南线西支线和岭南线东支线。

岭南线西支线：该线界壕在科尔沁右翼前旗阿拉坦浩特嘎查西北0.8公里处由岭南线界壕分支而行，向西南进入科尔沁右翼中旗中西北部，贯穿霍林郭勒市中部，止于锡林郭勒盟东乌珠穆沁旗乌拉盖戈壁东岸。全长约290公里，沿线调查边堡及关址共37座。

岭南线东支线：该线界壕在扎赉特旗吉尔根嘎查北1.4公里处由岭南线界壕分支而行，向南经科尔沁右翼前旗中部，在突泉县周家炉村境内与岭南线和主线界壕重合，全长120余公里，沿线调查边堡及关址共5座。

金界壕主线在内蒙古自治区境内总长约1970余公里。

主线界壕在林西县统布镇境内自岭南线界壕分行后（从起点至此点，主线和岭南线一直并行，分布走向一致），向西北进入克什克腾旗北部，再以东北向西南方向，绕达来诺尔湖北岸，经锡林浩特市南部，正蓝旗北部，正镶白旗、镶黄旗中部，进入乌兰察布市商都县十二顷乡与主线南线交会。主线继续向西北延伸，在四子王旗境内与漠南线交会后，两条线向西南并行，经包头市达尔罕茂明安联合旗东南部，折向南，止于呼和浩特市武川县境内的大青山北麓。全长1770余公里，沿线调查边堡、马面等单体建筑共6760余座。

达拉特旗敖包梁长城3段墙体（东—西）

乌拉特前旗广申隆长城10段墙体（东—西）

伊金霍洛旗李家村长城3段墙体（东南—西北）

主线南线：内蒙古自治区境内的主线南线上接河北省丰宁县草原乡境内的界壕，以东南向西北方向，经锡林郭勒盟多伦县西南部，正蓝旗南部，太仆寺旗中部，复入河北省康保县北部，再由乌兰察布市化德县南部进入我区，向西北伸入商都县，与主线交会在十二顷乡境内。主线南线全长200余公里，沿线调查边堡、马面等单体建筑共520余座。

四　清水河县明长城

清水河县明长城分布在其辖境东南部，全长155公里，沿线有敌台244座、马面253座、烽火台77座、堡4座。清水河县明长城有南北并列两道，二者相距15～50公里。北边的一道在明初被称为大边、极边，修筑较早，起于洪武年间。至永乐年间，大边大体修筑完备。"土木堡之变"之后，经战灾的践踏，大边所在地区逐渐变成了蒙古部的驻牧地。至弘治年间，大边基本废弃。

南边的一道现为内蒙古自治区和山西省的省界线，在明初称为二边或小边。亦于明初洪武、永乐间开始修筑，但规模较小。大边废弃之后，二边成为明朝对蒙古的主要防线，受到重视，开始大规模、长时间地增修。成化三年（1467年），西起黄河老牛湾，东至老营堡丫角山（约今清水河县北堡乡口子上村东），修起边墙一道，全长二百四十里；嘉靖二十五年（1546年），又从老营堡丫角山往东，至李信屯（今河北省怀安县柴沟堡镇李信屯村），修了一道边墙，全长500余里。至此，二边东西相连，完全形成。此后不断修葺，形成了今天所见之规模。后来由于大边废弃，二边成为明朝对蒙古第一防线，规模又比较大，人们逐渐将二边称为大边，原大边则称为二边。

在明代，清水河县明长城西段归山西镇（太原镇）管辖，东段归大同镇管辖，两镇的分界线在丫角山。

清水河县二边闫王鼻子长城墙体

清水河县二边小元峁长城墙体

乌拉特中旗前达门17号烽燧（东—西）

伊金霍洛旗曹家塔长城6段墙体（东—西）

乌拉特后旗福海1号烽燧

（一）大边

明长城大边自东由和林格尔县盘山顺势而下，进入清水河县，在低山丘陵地区穿行，经韭菜庄乡后窑子村、孔读林村、两犋牛村、魏四窑村、高家山村、石胡梁村、边墙壕村，至五道峁村墙体消失。再往西南，只发现烽火台，未见墙体。烽火台的大致线路走向为，经四王峁村、三王峁村、二王峁村、大王峁村、下红台子村、山神庙村，与二边遥遥相望。另外，在清水河县杨家窑乡魏四窑村西南，从大边向南延伸出一列烽火台，向东南过杨家窑乡杨家窑村、韭菜庄乡大双墩村、韭菜庄村，至韭菜庄乡双井村与二边相接。

大边墙体全长40168米，沿线有敌台1座、烽火台29座、堡1座。大边墙体主要有土墙和石墙两种。土墙为夯土墙，黄土或黑褐土夯筑，夯层厚0.1～0.15米，夯土内夹杂有碎石、草秸等杂物，现外观多呈不规则的土垄状或锯齿形分布，残高0.3～3米，底宽1.5～6米，顶宽0.2～1.2米。石墙分为毛石干垒和土石混筑两种，保存较土墙差，多坍塌为绵延起伏的石垄，高度在0.5～1.8米之间，宽1～3.3米。

清水河明长城大边沿线只发现1座敌台，在杨家窑乡后窑子村西1270米，叫后窑子敌台。骑墙而建，实心，由台基、围墙和台墩三部分组成，三者均黄褐土夯筑，夯层厚0.1～0.15米。台基为方台形，高2.3米，边长36米，顶部缘边筑有围墙，高0.6～2.2米，宽0.5～0.8米。台墩位于台基顶部中央，整体呈覆斗形，高7.8米，底边长16米，顶边长7米。

烽火台一般建在墙体南侧，只个别在墙体北侧，夯筑为主，部分用土或土夹碎石块堆筑。其平面呈方形，即原始形状为覆斗形，现由于坍塌破坏，外观形状多不规则。烽火台现高4～8米，个别在10米以上，底部边长8～20米，顶部边长4～10米。

清水河县二边板申沟1号敌台

在杨家窑乡后窑子村东北2000米、长城墙体东南1000米，有1座堡，叫后窑子堡，平面呈正方形，边长75米。四周墙垣黄土构筑，高5.5~6.5米，底宽5~6米，顶宽0.6~1.5米。开南门，门址不清。

（二）二边

明长城二边也自东从和林格尔县楼沟村过五洞山进入清水河县七墩沟村。之后又继续向西南延伸，经板申沟村、福心沟村、十七坡村、小岔子村、头墩村，穿过窑子上村后，继续向西南延伸，至十七沟村东南400米处折而向南，经平鲁区的帐贡窑子、寺回口等村庄至小七墩村，又折向西南，一直延伸至清水河县的口子上村。

在口子上村，长城墙体分为三道，向西、西南、南三个方向延伸。向西延伸的墙体，在清水河县水草沟村向西北方向拐了一个弧度，转而向南延伸，在山西省偏关县野羊洼村西北600米处与从西北—东南走向的柏羊岭长城和野羊洼长城相接。从保存程度来看，这段墙体应修筑于明代初期，保存较差，墙体上多马面，而且后期再未经沿用。另外，这段长城修建于半山腰之上，不适于长期防御，因此后期重修长城时便将其废弃，在其南边的山脊上另筑一道新的墙体。这段新筑的墙体便是从口子上村向西南延伸出的那道长城。此段墙体路线较直，基本呈东北—西南走向，止于柏羊岭2号堡北20米处，与西北—东南走向的柏羊岭长城相接。从口子上村分出的第三道墙体向南延伸，经老洼沟村、五眼井村和阴王沟村，至柏羊岭村东南500米，折而向西北延伸。在阴王沟西北1000米，从这段长城墙体上又岔出一支，向南延伸，伸入山西境内。

从口子上村分开的向西、向西南延伸的墙体，在野羊洼村西北600米处汇合后继续向西南延伸，至偏关县境内的小元峁村折而向西，经偏关县窑洼、后南海子、前南海子、许家湾等村庄，至偏关县水

乌拉特后旗达巴图障城(西南—东北)

伊金霍洛旗三界塔1号烽燧（南—北）

鄂尔多斯市东胜区塔拉壕烽燧（东—西）

磴口县鸡鹿塞障城（西—东）

清水河县二边木塔长城墙体

固阳县天盛成长城1段墙体

泉堡，折向西北。此后，墙体弯弯曲曲向前延伸，时而转为西南，时而拐为西北，经清水河县正湖梁村、水门塔村、望雨梁村，最后止于黄河岸边的老牛湾。

清水河县境内二边墙体全长115128千米，沿线有敌台243座、马面253座、烽火台48座、堡3座。另外，在二边南侧沿线（山西省朔州市平鲁区、偏关县境内）有烽火台104座、堡6座。二边的大部分墙体原外侧包有砖石，现流失殆尽，外观呈现为土墙，黄土夯筑，内夹杂有碎石、沙子等，夯层厚0.15～0.2米，个别地段有保存较完整的石包土和砖包土墙。与大边相比较，二边高大、宽厚，墙体一般高1～5米，多数集中在3～5米之间，最高可达7.5米，底宽一般3～8米，顶宽1～3米。墙体上附属的马面和敌台比较密集，间距多在200～400米之间。

敌台均骑墙而建，其原始形态为覆斗形，由于坍塌损毁，现存外形有覆斗形、覆钵形、圆锥状、土丘状和不规则形等。敌台多为土夯筑，夯层明显，厚0.1～0.3米，部分外部包有砖石。现存敌台的高度在5～15米之间，尤以10米左右常见。个别敌台带有台基和围墙。在内部结构方面，敌台多为实心，少量为空心。空心敌台的内部有登台通道，由底部内侧入口进入（入口通常位于南壁，个别位于东壁或西壁），自下而上通至敌台顶部，通道一般宽1～2米，比较陡直，壁上挖有脚窝。极个别的敌台，如新村3号敌台（徐氏楼）的内部结构比较复杂，与河北省明长城沿线的"三眼楼"敌台类似，带有券门、石砌台阶、箭窗等。

马面倚墙体外侧构筑，均为实心，一般形制为剖面呈梯形、平面呈矩形，多数与长城墙体同高，部分高出墙体1～3米。其构筑较为简单，构筑方式往往与所在墙体的构筑方式相同。

二边沿线的烽火台，大部分分布在长城墙体南侧的山西省境内，为了表述的完整性，在此一并介绍。烽火台的原始形制基本是覆斗形，但在山西省偏关县境内发现有平面呈圆形的烽火台，其原始形制为圆柱状或圆台状。烽火台均土夯而成，夯层厚0.15～0.25米。部分烽火台原有外包砖、石，现多已滑落流失。二边沿线烽火台整体比较高大，高度多在6～10米之间，底部边长（平面呈圆形的烽火台则为直径）10～20米，顶部边长3～10米。在二边沿线还发现有空心烽火台，数量比较少。在其内部有上下通道。通道的入口一般在烽火台底部，为一洞口，洞口处地面铺有条石，有的入口距地面有一定的高度。通道内有登台步道，有的没有步道，只在内壁掏挖脚窝以供上下。通道出口在烽火台顶部。二边沿线的烽火台多数带有台基，高2～4米。在台基顶部边沿筑有围墙，厚1米左右。

二边沿线的堡均分布在长城墙体南侧，平面形制基本规则，呈矩形，个别由于改扩建及地形原因，呈"日"字形、"目"字形及不规则形。这些堡分为大小两类，大的边长在200～300米之间，小的边长不足100米。墙垣均土夯而成，外包砖、石，构筑有马面。一般开1～2座城门，在作为主城门的南门和东门外筑有瓮城。

奈曼土城子城址

Naimantuchengzi town Site

撰稿：郑承燕；摄影：卫子儒

奈曼土城子城址位于内蒙古自治区通辽市奈曼旗土城子乡土城子村西南0.5公里处，是一座战国至秦汉时期的古城遗址。该城址东北约500米处为土城子村，西北约3000米处是敖汉旗宝国吐苏木村落，城北有一条乡级公路从土城子村通向西北宝国吐苏木，交通较为便利。

该城为战国时期燕国所建，并被秦汉继续沿用。据考证，此城是汉代新安平县治所。城内西南约占城内土地面积三分之一，为敖汉旗所有，城四周东西多为耕地，南北多台地。古城近四方形，较为完整，南北门址清晰可见。每边城墙400米左右，周长1419米。现城高处可达4~6米，横断底面可达10~14米，均为夯土版筑。城内布局井然，文化堆积可分为战国、秦汉前期、西汉后期几个阶段。城内可采集到大量战国、秦汉时期的陶片、货币、兵器、建筑构件等遗物。土城子古城北5公里有燕北外长城，并发现战国、秦汉时期的古城、城堡、关隘、烽燧等遗迹。东南8华里为五间房城堡，城堡呈正方形，东、西北面为夯土版筑城墙，南接烽燧，烽燧的南、东、西临深谷。地表遗迹属战国、秦汉时期。由此推测，两千多年前，这里山峦起伏、烽燧相望，当是塞外边陲各族人民社会交往和经贸往来的集聚

土城子城址内西北瓮城

土城子城址东城墙

土城子城址东南角

土城子城址西城墙

土城子城址东西向概貌

地。它不仅沟通了塞北少数民族与中原汉族的经济贸易，同时也是中原文化与北方少数民族相互交融的象征。

1978年，吉林省考古工作人员首次对该城池进行了考察研究，2004年被确认为战国秦汉时期古城。

土城子城址，是奈曼悠久历史文化的重要组成部分，与陈国公主及附马合葬墓、奈曼王府、燕长城等文化遗产共同书写了奈曼悠远璀璨的民族历史风情，打造了奈曼独特的民族历史文化品牌。土城子城址分布着大量的文物标本，具有一定的鉴赏价值与历史研究价值，为研究奈曼相关历史时期的政治、军事、生产、生活、习俗等多方面史实提供了强有力的实证。

1996年5月27日，土城子城址被确定为奈曼旗第二批文物保护单位。2004年4月5日，土城子城址被确定为通辽市第一批文物保护单位；2006年被列为自治区级文物保护单位。2013年5月3日被国务院核定公布为第七批全国重点文物保护单位。

云中郡故城

Yunzhong Prefecture Ancient-city Site

撰稿：刘丽娜；摄影：梁亚东

云中郡故城位于内蒙古自治区呼和浩特市托克托县古城镇古城村境内，呼和浩特市西南，大青山南麓，呼托旧公路42公里西侧，大黑河流经境内10公里，什拉乌素河、银号河、宝贝河穿境而过，汇入大黑河。地势由东南向西北、西南倾斜，东北高而西南低，南北长而东西窄。

云中郡故城始筑于战国时期，在《资治通鉴》和《水经注》中均有记载。根据《水经注》所述，《虞氏记》曰："赵武侯自五原河曲筑长城，东至阴山，又于河西造大城，一箱崩，不就，乃改卜阴山河曲而祷焉。昼见群鹄游于云中，徘徊经日，见大光在其下。武侯曰：'此为我乎！'乃即于其处筑城，今云中城是也。"云中城为赵武侯所筑，筑于公元前399～387年。据《史记•匈奴列传》记载：赵武灵王十九年（前307年）……赵武灵王变俗胡服，习骑射，北破林胡、楼烦。筑长城，自代并阴山下，至高阙为塞，而置云中、雁门、代郡。云中郡治在云中城。秦王政二十六年（前221年），实行郡县制，分中国为三十六郡。

故城远景

故城外景

仍置云中郡，领云中、武泉二县。两汉时，云中城发展到了鼎盛时期。西汉时，郡属之县由秦时的两个发展为十一个，即云中、咸阳、陶林、桢陵、犊和、沙陵、原阳、沙南、北舆、武泉、阳寿。到东汉初年，汉王朝省并郡县，定襄郡治南徙，原属定襄郡的定襄、成乐、武进三县并入云中郡。云中郡成为北方地区的政治、经济和军事中心。东汉建安时期，曹操徙云中等数郡于今山西，立新兴郡。"云中、河西之间，其地遂空"，日渐兴起之拓跋鲜卑势力进入云中地区。拓跋什翼犍建国三年（340年），移都于云中之盛乐宫，至建国三十九年（376年），代王什翼犍被前秦苻坚所灭，代国在云中城建都36年。十年后，拓跋珪复代建魏，在牛川（今内蒙古四子王旗境内）即代王位，称登国元年（386年）。登国五年（390年）冬十月迁都云中。至天兴元年（398年）迁都平城（今山西大同）。代魏在云中城建都共44年。隋朝时，因避杨忠之讳，将云中改称为云内。唐代，唐高宗龙朔三年（663年），原瀚海都护府徙治云中城，更名为云中都护府。麟德元年（664年），改云中都护府为单于大都护府。开元二年（714年），单于大都护府徙治定襄（今和林格尔县土城子古城）。其后，关于云中郡故城的变迁更迭，史料再无记载。

云中郡故城遗址四墙明显，周长约8公里，平面呈不规则形，墙体夯筑。西墙、南墙较为完整，南墙长1920米，宽8米，残高4.5米，夯层厚度8～12厘米。东墙、北墙破坏较为严重。城墙夯土内及地下有战国、秦汉陶片，外层夯土也夹有北朝遗物。城内现已全部辟为农田，地势平坦，土壤肥沃。地表散布大量陶片瓦砾，尤以中、西部最为密集，大部分为汉魏北朝遗物，下部有战国、秦汉遗物。城中心有一高大土丘，为"钟鼓楼"遗址，曾出土北魏"大代太和八年"鎏金铜佛像一尊。城内西南隅建有一座子城，长宽各约130米，子城与规模庞大的外城墙不相配。城外，北有古墓群，西南在20世纪50年代曾发现并发掘东汉闵氏壁画墓一座。1996年，在城址东南发掘一座用碎瓦垒砌墓壁的汉墓，出土了战国至秦汉时期的各式瓦当。近年来考古界对云中郡故城遗址做了大量调查工作，从遗址中采集到不少珍贵文物，其中有"云中"戳印残陶。1996年5月6日，在城址西墙外约50米处发现了战国窖藏刀币、布币。刀币有燕国的"郾"字刀，即"明"字刀，有赵国的"邯郸"和"帛货"，即"白人"刀。布币有赵国早期的耸肩尖足大布。

1964年，云中郡故城遗址被列为内蒙古自治区第一批文物保护单位，2013年5月3日被国务院核定公布为第七批全国重点文物保护单位。

建筑台基

黑城城址

Heicheng City Site

撰稿：张文平；摄影：马景禄

黑城城址位于赤峰市宁城县甸子镇黑城村西南500米处，西侧为国道306（河北省平泉—赤峰市林西县）公路，南为黑里河、五十家子河相交汇后的老哈河。

古城由花城、外罗城和黑城三部分组成。1979年，在李文信先生的组织下，对该古城作了全面调查，并详细考证了其建制沿革，认为花城是燕国修筑的一座军事防御城堡，外罗城为西汉右北平郡郡治平刚县故城，黑城始建于辽而为元、明两代所沿用。

外罗城平面呈长方形，东西长1800米，南北宽800米。城垣基宽16～20米，残高1～3米，有南、北两座城门。城内采集遗物以汉代者为主，除陶片外，还有"渔阳太守章"、"白狼之丞"等封泥和"部曲将印"、"假司马印"、"左门妇印"等铜印，城内中南部发现有王莽时期的制钱作坊和窑址等。

黑城位于外罗城中部偏北处，平面呈长方形，东西长817米，南北宽600米。墙垣以土夯筑而成，底宽约15米，残高1.5～8米；夯层内可见少量细砂粒，厚0.08～0.14米。四面城墙中部均设有城门，外置瓮城；城墙上共建有24座马面，每面墙上为6座；四角设有角台。城内地表遗物有陶瓷残片、建筑构件和铁器等，还曾出土云纹瓦当、钱币等。

花城位于黑城外西北部，平面呈长方形，现只残存东、西、北三面的部分城墙，北墙长

城址远景

城址近景   城墙西北隅

200米，东、西墙通到黑城北墙后长250米，南墙已为外罗城和黑城所破坏。城垣基宽5～6米，残高1～2米。城内遗物不多，出土有绳纹灰陶片等。

根据前人调查与研究成果，可以确认外罗城为西汉右北平郡郡治平刚县所在，而黑城则为一座始建于辽代的城址。至于花城，以前调查认为是一座燕国修筑的军事防御城堡，鉴于它250米×200米的规模要大于燕北长城沿线的障城，那么有可能也是与燕国右北平郡相关的一座郡县级城邑治所。

城墙夯层

麻池城址和召湾墓群

Machi City Site and Zhaowan Cemetery

撰稿：张海斌　薛峰；摄影：刘小放　董勇军　张海斌

　　麻池城址位于包头市九原区麻城镇镇政府西北200米。麻池城址周边汉代墓葬分布众多，数以百千计，有召湾、西壕口等十多个墓群。麻池城址和周边汉墓群分布区域，总体地势较为平缓，偶见小土梁分布。城址向北正对阴山山脉之大青山和乌拉山分界沟昆都仑沟沟口，城址往南9公里为黄河。

　　麻池城址由两座城构成，一座位于东南，称南城；一座位于西北，称北城。南城的西北角和北城的东南角连接在一起，南城西南角呈矩尺形内折，北城西南角斜折。北城北墙长767米，西墙长561米，西南内折墙长180米，南墙长352米，东墙长573米；南城东墙长671米，南墙长511米，东南角内折墙南北长175米、东西长98米，西墙长290米。北城北墙和南城南墙设城门，均宽15米。南城东墙正中有一缺口，车辆可通行，尚难确定是否是当年城门。

　　城墙均为土筑，北城城墙残高约2米，宽约3米，夯层厚9厘米。南城城墙保存较好，最好的南城墙高7～8米，宽20米，夯层厚10～15厘米，夯层间还见杠孔。北城南部有3座夯土台基，呈倒"品"字形分布，南面一个位于南墙附近，边长13米，高1.5米，破坏较为严

南城南墙

召湾汉墓出土铜鎏金弩机

召湾汉墓出土"单于和亲"瓦当

重。北面两个位于南部夯土台基北侧174米处，较南面的规模大，两个东西相距72米，东边一个底径33.6米，高4米；西边一个底径32米，高4.5米。

从实际考古调查看，麻池城址两个城的时代北早南晚，北城有战国、秦代和汉代的遗物，南城有汉代和北朝的遗物。结合史料记载考证，麻池城址北城是九原城，是战国、秦九原，也是汉代五原郡郡治；南城是五原城，是汉代五原郡五原县。

麻池城址是包头及附近发现的面积最大的秦汉时期城址，地处阴山重要通道昆都仑沟南口，地理

北城南部夯土台基

位置十分重要；城址的位置在秦直道正对的方向，九原作为秦直道起点，符合史书记载"直通之"的记载；城址有三个高大的夯土台基，在秦直道的终点陕西淳化林光宫遗址也有数个类似的大型夯土台阶；城址附近发现了数量众多的汉代墓葬，表明麻池城址一度曾经是阴山以南至关重要的边城。

城址附近墓葬主要分布在城址的西南、东和东北以及北方。西南方向有距离城址7公里的召湾汉墓群、距离城址5公里的二道梁汉墓群、距离城址3公里的西壕口汉墓群、距离城址1公里的张龙圪旦汉墓群、距离城址2.5公里的卜太汉墓群，东部的有距离城址1.5公里的观音庙汉墓群等，东北的有距离城

城址附近征集熏炉

城址附近征集瓦当范祖

召湾汉墓出土石享堂

城址附近征集四神燃炉

召湾汉墓出土四神陶博山炉

南城东墙

址4.5公里的窝尔吐壕汉墓群等，北部的有距离城址2公里的召潭汉墓群。

　　汉墓的墓葬形制可分为如下几类：土坑墓、土洞墓、木椁墓、砖室墓四大类。土坑墓平面呈长方形，竖穴较深，主要出土陶器。土洞墓多带台阶和斜坡结合式墓道，个别为斜坡式墓道。墓室多为长方形，有的在墓室一侧带一小龛或耳室。少量为方形墓室带后耳室，一例为多室土洞。木椁墓分为带墓道木椁墓和无墓道木椁墓两种。带墓道木椁墓发现较多，有并穴合葬和单穴葬。椁外塞填残砖瓦陶器残片

的木椁墓发现多，是包头汉墓一特色。

砖室墓，发现较多，分为单室墓和多室墓两类。单室墓一般为长方形，多葬二人，个别墓室窄，葬一人。多室墓形制较多，有顶为纵向并列券的横置长方形前室带侧耳室和后耳室的（有的为多个后耳室），有主室穹隆顶带并列券顶后耳室的，也有多室穹隆顶耳室围绕主室分布的，还有一种中轴线布局穹隆顶。

包头汉墓墓葬形制和演变序列基本完整，以西汉晚期、东汉后期墓葬数量为多。汉墓出土陶器最多，有井、灶、壶、罐、鼎、盒、耳杯、案、樽、火盆、灯、豆等，另有漆、铜鎏金、银、铜、铁、石、骨、料、珍珠、嵌珊瑚等器。大型墓葬有召湾M５１木椁墓、召湾M９１七室砖室墓、张龙圪旦M１七室砖室墓，观音庙M１六室砖室墓等。精致的出土物有黄釉陶樽、四神陶博山炉、铜朱雀灯、彩绘楼及各种人物、动物俑等。召湾出土的"单于天降""单于和亲"瓦当是与重大历史事件相关联的文物，反映的是西汉呼韩邪单于附汉和昭君出塞的史实。东汉时期包头地区石刻、砖刻艺术空前发展。石刻、砖刻出土物有汉建宁三年（170年）石碑、石享堂（屋脊雕刻青龙、白虎、龙等）、画像石、画像砖等。包头的画像石最早1990年出土于观音庙汉墓，刻绘朱雀、铺首衔环。包头的画像砖均为阴线刻，题材有马、虎、骑者等，笔法洒脱，粗犷豪放。

从墓葬反映的情况看，包头汉代在西汉晚期和东汉晚期经济文化较为发达。西汉晚期出土的有雕塑精细的黄釉陶樽、四神博山炉等，是这一时期文化艺术的经典之作。形成西汉晚期经济文化繁荣的局面，是与昭君出塞后北边出现60余年的安宁环境有关。正如《汉书·匈奴传》所记，"北边自宣帝以来，数世不见烟火之警，人民炽盛，牛马布野"。

东汉时期政府鼓励对五原等地边疆的开发，汉明帝永平八年（65年），汉在曼柏设度辽营，派中郎将吴棠行度辽将事，副校来苗等屯田五原。并将各郡死囚减罪一等，赐予弓弩、衣、粮，至五原屯田。还有崔寔任五原太守时教人民纺织麻布，又"整厉士马，严烽候"，五原经济在东汉后期得到发展（《后汉书·崔骃列传》）。加之有匈奴不断南附，汉匈文化的交流，这一时期五原一带经济文化发达。

秦直道遗址

Straight Road Site of Qin Dynasty

撰稿：甄自明；摄影：岳够明

秦直道遗址在鄂尔多斯市伊金霍洛旗、东胜区、达拉特旗都有保存，大致南起伊金霍洛旗的掌岗图四队，北至达拉特旗高头窑乡吴四圪堵村，其中在伊金霍洛旗境内长约75千米，在东胜区境内长约20千米，在达拉特旗境内长约30千米。

位于东胜区境内的秦直道保存最为完整，基本沿15°方向由南向北行。直道多位于山梁上，其中二顷半村南的一段最为明显，遗迹两端断切下陷，残长百米左右。路面残宽22米，路基断面残高1～1.5米，为当地红砂岩土填筑。从遗迹残断处北行，迎面山岗上有4个遥对成一线的人工开凿的豁口，均宽50余米。

秦汉时期，鄂尔多斯地区水草肥美，匈奴南下可以直接威胁秦朝的心脏地区，战略位置相当重要。据记载，匈奴轻骑一日一夜就可到达咸阳附近，因此鄂尔多斯成为匈奴同中原王朝争夺的咽喉要地。

当时秦始皇面对北方强大的匈奴，采取强硬政策，派大将蒙恬率领30万大军进驻河套地区，设立九原郡（郡治为今包头市九原区麻池古城），在黄河沿岸兴筑了34（或44）座县城，征招10万民夫修筑了绵延千里的秦直道，作为防御和打击匈奴的军事专用交通线。如此

秦直道遗迹与秦直道博物馆

秦直道残迹

秦直道遗迹路基断面

秦直道博物馆

路豁口航片

路豁口航片

秦直道遗迹

秦直道豁口

浩大的工程，在2000多年以前的秦代，仅用两年多的时间完成，这不能不说是我国古代劳动人民创造的又一伟大的历史奇迹。

秦直道从今陕西淳化县北的云阳，直达今包头市麻池古城，全长1800里，从秦朝的心脏地区，直抵北方边塞，把京城守卫和边境防御结合起来。它纵贯鄂尔多斯南北，一般修建于山脊上，坡度很小，急弯也少，这样的运输在古代非常方便快捷，能够将对匈奴作战的大批军队和战略物资快速运往前线，是当时联通中原和北方的一条主要交通干线，是世界历史上的"第一条高速公路"。

在鄂尔多斯境内，秦直道附近分布有4座汉代城址，由南向北分别为伊金霍洛旗红庆河古城、东胜区苗齐圪尖古城、城梁古城和达拉特旗昭君坟古城。除苗齐圪尖古城较小外，红庆河古城、城梁古城和昭君坟古城均为面积较大的城址。说明在秦直道修好后的几百年里，特别是在汉代，红庆河古城、城梁古城和昭君坟古城一直是秦直道附近的重要城址，是秦代咸阳通往九原郡、汉代上郡通往五原郡的中转站。

秦直道历代一直沿用，秦始皇死后放置于辒辌车中运回咸阳，汉武帝派卫青出击匈奴，都使用了直道。到清代，秦直道成为关中棉花向北运输的必经之路。如今在秦直道东胜段附近，兴建了秦直道博物馆和旅游区。

2006年，秦直道遗址被国务院公布为第六批全国重点保护单位。

朔方郡故城

Shuofang Prefecture Ancient City Site

撰稿：李倩；摄影：岳够明　胡延春　王浩　李建新　彭凤英

朔方郡是汉代北方边郡之一，其管辖范围，西汉、东汉变迁很大。朔方郡于汉武帝元朔二年（前127年）始置，辖区横跨黄河两岸，辖户34338，人口136628，下辖十县。河东（今鄂尔多斯市境内）置有朔方、修都、呼道、广牧、渠搜五县，河西（今巴彦淖尔市境内）置有三封、窳浑、临戎、沃野、临河五县。东汉时期，因受到羌、鲜卑、北匈奴等频繁侵扰，国力大为削弱，因此将西汉时期朔方郡十县裁并为六县，均置于河东鄂尔多斯境内，西汉河西五县全部撤销。仅保留临戎、三封、沃野三县的名称，县治迁入河东。东汉时期，朔方郡下辖临戎、三封、沃野、朔方、广牧、大城六县，户1987，人口7483。东汉朔方郡所属六县，不仅位置变迁，而且辖境也有很大调整，本文就西汉时期朔方郡设在巴彦淖尔市境内的五座县城作简要介绍。2006年，朔方郡故城被国务院公布为第六批全国重点文物保护单位。

历史背景：西汉建立初期，汉王朝与北部匈奴交战但屡屡战败，武帝时期国力渐盛，于是展开了对匈奴的一系列抗击行动。武帝元朔二年（前127年），卫青率部攻下河套地区，汉王朝在阴山以南黄河两岸分别设置了朔方郡和五原郡。河套地区沃野千里，又是国之门

八一城址·临河·南城墙（西北—东南）

八一城址·临
河·城址西北角
（西北—东南）

八一城址·临河·地表散落陶片

户，战略位置十分重要。早在景帝时期，晁错已上书移民实边，《汉书·晁错传》载："陛下幸忧边境，遣将吏发卒以治塞，甚为大惠也。然令远方之卒守塞，一发而更，不知胡人之能，不如选常居者，家室田作，且以备之。"武帝时期，为抵御匈奴内扰、安定边塞动荡局面，西汉王朝多次遣吏卒充边，并分三次向朔方、五原移民屯垦，现今的乌兰布和沙漠便成为西汉的农业屯垦区。自此之后，战乱逐渐平息，河套地区经济生产迅速发展起来。宣帝时期，匈奴呼韩邪单于来朝，汉匈从此迎来了六十余年的和平局面。此间，河套地区人口繁盛、农业发达。《汉书·匈奴传》说："北边自宣帝以来，数世不见烟火之警，人民炽盛，牛马布野。" 朔方、五原不但粮食自给有余，而且奉命调粮外援归附汉朝的匈奴人。王莽时期，北边再次陷入混乱，自然环境也进一步恶化，沙化严重。东汉初年，南单于降汉，郡县多有并省。《后汉书·郡国志》载："朔方郡，六城：三封……大城。"自此，窳浑、临河等县名不再见于记载，可能是此时诸县已废。

包尔陶勒盖城址及墓群·磴口·城内地貌

包尔陶勒盖城址及墓群·磴口·三封墓群中部封土

沙金套海城址·沙金套海墓群·裸露汉墓及封土（东—西）

包尔陶勒盖城址及墓群·磴口·包尔陶勒盖城址

沙金套海城址·汉代青铜锺

沙金套海城址·汉代青铜钫

包尔陶勒盖城址及墓群·磴口·城址采集物

八一城址·临河·采集砖瓦

1.补隆淖城址及墓群（临戎县故城及临戎墓群）

补隆淖城址（临戎县故城）位于磴口县渡口镇河壕村西，南距黄河铁桥25公里，南至磴口约18公里。补隆淖城址旧称河拐子古城或临戎县故城，城址地处河套平原西南的乌兰布和沙漠中，古城东、西两侧有宽百余米，南北走向黄河故道，现在的黄河河道在古城东面约5公里处。古城城墙大多已被流沙淹埋，露出地表的残段也被剥蚀成土丘状，现城内散布有大量陶、瓦残片。

古城平面略呈长方形，正南北方向，南、北墙长各450米，东墙长637.5米，西墙长620米。城墙黄土夯筑，基宽约10米，残高0.5～2米。南墙中部有一豁口，应为城门所在。城内中部有一东西狭长的长方形建筑基址，地面稍稍隆起，满是堆积的砖瓦。城内偏西北处有一座冶铁址，其上遍布残铁器、炼渣、炭灰、残铜镞、铁铤等，为制造兵器的冶炼遗址，因此古城也被称为"铁城"。城址内地表散布绳纹砖、瓦，绳纹、波浪纹、方格纹陶罐、瓮、盆残片及"五铢"铜钱等具有明显汉代特征的遗物。

在补隆淖城址以西分布有墓葬区。20世纪五六十年代，张郁、侯仁之等先生在此调查城址时，对周边墓葬基本情况也进行了勘查记录。1992年9月，为配合巴彦淖尔盟开发河套的农垦工作，内蒙古文物考古研究所、巴彦淖尔盟文物工作站、磴口县文物管理所联合对墓群内的汉墓进行抢救性发掘，清理墓葬23座。2003年，为配合哈磴高速公路建设，再次发掘了墓葬数座。

墓葬区分布面积约120万平方米。由于人为破坏及风沙雨水侵蚀，墓葬保存状况较差。墓葬一般为长方形竖穴砖室墓，有的有木椁。墓壁砌筑方式大多为横向平放错缝垒砌，墓底砖为"人"字形铺

包尔陶勒盖城址及墓群·磴口·汉代窑址

法。墓葬多数早年被盗，随葬品遭扰乱破坏严重。出土器以陶器为主，另有少量铜、铁、石器等。陶器多轮制，器形主要是壶、罐、鼎、井、仓、灶、博山炉、灯、直筒罐等。铜器有带钩、铜印、铜镜及"五铢""货泉""大泉五十"铜钱等。

补隆淖墓群没有发现有明确纪年的器物，根据墓葬形制和随葬品的变化及其与补隆淖城址的关系推断，其年代为西汉晚期至东汉初期。补隆淖墓群中墓葬的形制如砖壁木椁墓、小砖墓、大砖墓，在三封墓群、沙金套海墓群、纳林套海墓群中都有发现，墓葬特征一致。但是补隆淖墓群与其他汉墓群的随葬品组合及器类上稍有差异。如补隆淖墓群不见扁壶、鹗壶，以罐类器物较多，壶类器较少。在相近的

沙金套海城址·骨尺

包尔陶勒盖城址及墓群·磴口·西墙（北—南）

沙金套海城址·汉代蝉形玉

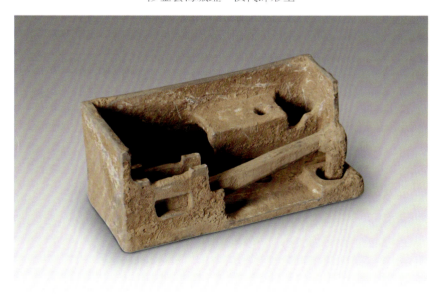

沙金套海城址·汉代舂米陶作坊

区域内，文化现象存在明显的差异，造成这种现象的原因之一为河水阻隔所致。

《水经注》在叙述到自今巴音木仁（旧磴口）以下的黄河河道时有如下的记载："河水又东北历石崖山西，去北地五百里……河水东北迳三封县故城东，汉武帝元狩三年置，《十三州志》曰在城戎县西百四十里……河水又北迳临戎县故城西，元朔五年立，旧朔方郡治……河水又北有枝渠东出，谓之铜口，东迳沃野县故城南，汉武帝元狩三年立……枝渠东注以溉田，所谓智通在我矣……河水又北屈而为南河出焉。河水又北迤西溢于窳浑县故城东，汉武帝元朔二年开朔方郡县，即西部都尉治……其水积而为屠申泽，泽东西一百二十里，故《地理志》曰：屠申泽在县东，即是泽也……河水又屈而东流为北河。"这一段引文里，共提到了四座汉城，并讲到了每座汉城的建置年代以及与当时河流、湖泊的相对位置，对个别地方还记录了方位和距离。补隆淖古城是本地区内沿河一带最靠南边的一座汉城，自此以南再未发现其他汉代古城遗址。现补隆淖古城城址西部有黄河故道遗迹，说明汉魏时期黄河流经补隆淖古城西部。因此，根据古城内及周边文化遗存性质、河水流向，结合《汉书·地理志》《水经注》，考证该城址为汉代朔方郡临戎县故城，始建于汉武帝元朔五年，初为朔方郡治，元狩三年

沙金套海城址·汉代三足陶仓

包尔陶勒盖城址及墓群·汉代鸮壶

沙金套海城址·汉代龟首青铜灶

沙金套海城址·汉代铭文镜

（前120年）建三封县城后，郡治由临戎迁往三封。东汉时，郡治又迁往临戎县城。

另外，汉代自武帝开边，经百余年农垦发展，边境安宁，经济繁荣。王莽扰乱、卢芳割据之后，南、北匈奴分裂，南匈奴附汉，北边出现了"西至武威，东尽玄菟，胡、夷皆内附，野无风尘"的安定局面。补隆淖墓群与包尔陶勒盖墓群（即三封墓群）、沙金套海墓群、纳林套海墓群的时代大体相当，且兴盛与衰落的过程也相一致，这和西汉晚期至王莽前后特有的历史背景相吻合。

2. 包尔陶勒盖城址及墓群（三封故城及墓葬群）

包尔陶勒盖城址位于磴口县沙金套海苏木包尔盖农场九连南部，临近包尔陶勒盖农场，四周被农田包围，开垦对城址造成了一定程度的破坏。现大部分城垣被流沙湮盖。古城西南4公里有麻弥图庙废墟，故曾一度被称为麻弥图庙古城，还被称为陶升井汉代古城、麻弥图古城或三封县故城。

城址由内城和外城两重城垣组成。内城平面呈方形，边长118米。夯筑城墙，基宽约9米，残高0.5～2.5米。现被风沙剥蚀呈小丘状。外城仅存东北和西南部分土垣，各长100余米。1957年、1963年内蒙古文物工作队调查时，根据城内密集陶片的分布范围和断断续续的外城城垣痕迹推断，外城平面呈长方形，东西约740米，南北约560米。城内散布大量陶片及砖、瓦等残块。采集有云纹瓦当、排水管、灰陶绳纹盆、素面壶残片及铁铤铜镞、"五铢"铜钱等。五铢钱为汉武帝、宣帝及平帝前后铸造，表明古城的建筑和使用年代属西汉中晚期。

外城东部及西南部分布有墓葬群，这里地处于河套平原西端、乌兰布和沙漠的东北边缘，地面上沙丘广布。古墓群东面是大片石砾沙丘状开阔地，其中有一片干枯的古河床。古墓群保存较差，风沙刮走了墓上封土，致使墓顶甚至墓壁暴露于地面，另有一些墓葬被流沙掩埋，雨水侵蚀也对其有一定影响。加之土地开垦又造成了古墓葬大面积损毁。

墓群面积7万余平方米，墓葬集中分布在古城正东和东南200～1000米左右，古城西南2公里范围内也有分布。已发掘的墓葬，主要以中小型单室砖墓为主，有的有木椁。墓向为北或东南向，墓室平面呈长方形，墓葬多见男女合葬，均有棺。葬式大多为仰身直肢。部分墓葬人骨口内或手内见有"五铢"钱。出土器物按质地分有陶、铜、铁器，器形有壶、鼎、罐、盆、灶、井、仓、灯等。根据墓葬形制和随葬器物分析，墓葬分为两期，第一期为西汉中期到晚期，第二期为王莽前后至东汉初期。两期墓葬均与古城关系密切。另外，在墓葬区内还发现5座汉代砖窑，出土大量残砖，是专门用来烧制墓葬用砖的。

《水经注》记："河水又东北历石崖山西，去北地五百里……河水东北迳三封县故城东，汉武帝元狩三年置，《十三州志》曰在临戎县西百四十里。"由此可知，临戎县故城西100多里处是三封县城。临戎县故城为补隆淖城址，其西部为包尔陶勒盖城址，两城位置与记载相合。因此有学者根据《水经注》记载，结合古城面积、城内文化遗存的性质等考证，包尔陶勒盖城址应是汉代朔方郡三封县故城，建于汉武帝元狩三年（前120年），曾是朔方郡郡治所在。

元朔二年（前127年），卫青击败楼烦、白羊王，夺取河南地，汉在此建立朔方、五原二郡，并实施移民屯边，穿渠引水，加强对这一地区的建设，包尔陶勒盖一带属朔方郡管辖。包尔陶勒盖古城内水井、生活器具等遗迹遗物的出土，以及周边墓群内陶仓、井、灶、鸮壶的大量出现，反映了当时社会生活、农业生产的繁荣景象。

3. 沙金套海城址及墓群（窳浑故城）

沙金套海城址位于磴口县沙金套海苏木前进嘎查西南，其东南36公里为补隆淖城址（汉临戎县故城），西南约30公里为包尔陶勒盖城址（汉三封县故城）。古城向西可直到阴山，通往山后的漠北地区。汉代沙金套海苏木一带曾是黄河改道后的泽湖发育地区，土地肥沃，水草丰美，是富庶的屯垦区。西汉以后，由于气候逐渐干冷、植被破坏，以致土地荒芜、流沙蔓延。如今这里几乎被乌兰布和沙漠所覆盖，但在沙丘间仍可见裸露的古河床、沼泽滩。在古城东面有一条自北而下的已干涸的河床，宽约400米，即为汉代黄河故道遗迹。

沙金套海城址旧称保尔浩特古城，汉语为土城子之意。1905年法国公爵莱斯坦和神甫步明世，由

八一城址西城区（西南—东北）

传教士冯学渊引导，盗掘了保尔浩特古城及附近的墓葬，出土了大量杂物、家具、箭头、钱币等文物。1957年内蒙古文物工作队在此调查。1963年，俞伟超、侯仁之先生采集城内遗物，考证此城址为汉代窳浑故城，记录周边墓群。1976年秋，内蒙古文物工作队再次来古城调查时，古城已划归太阳庙农场管辖。1993年，内蒙古文物考古研究所与巴彦淖尔盟文物工作站组队，清理发掘古城周边墓葬39座。

古城城垣范围不大，平面近不规则长方形。北墙西段呈双曲线弯曲，形状特殊。其他3处城角，都呈圆角弧形。全城东西长约250米，南北宽约200米。古城除西北部被流沙湮盖外，其余城墙保存较完好，清晰可辨。城墙墙体黄土夯筑，夯层明显。基宽9~13米，残高0.5~2米。南墙中部有一缺口，为城门遗迹，门宽约20米，方向192°。城门外加筑瓮城。城内西南部有冶铁遗址，东西长约30米，南北宽约21米。遗址上遍布箭镞的铁铤、三棱铜镞残片等。古城内采集有陶片、砖、瓦、"五铢"钱等汉代遗物。城外东南部有居住遗址和窑址，出土有陶片、炉渣、烧结变形的条砖等。砖的形状、纹饰与古城附近的墓砖相同，说明墓葬用砖有一部分产自这里。

《水经注》载："河水又北迤西溢于窳浑县故城东，汉武帝元朔二年开朔方郡县，即西部都尉治……其水积而为屠申泽，泽东西一百二十里，故《地理志》曰：屠申泽在县东，即是泽也……河水又屈而东流为北河。"《汉书·地理志》记："朔方郡，窳浑，有道西北出鸡鹿塞。屠申泽在东。"可见，套外西部的所有汉城，只有窳浑县东临大泽。沙金套海城址东北约8公里有面积巨大的沼泽地，当地人称为后海。这里在枯水季节潜为伏流，雨水旺时，水绕着沙丘，无序乱流。因此，有学者根据古城内及周边文化遗存性质、河水流向，结合《汉书·地理志》《水经注》考证沙金套海城址正是文献记载的窳浑县故城，其东大泽，汉时称为屠申泽，阚骃称为窳浑泽，清代称腾格里湖。窳浑县故城

沙金套海城址东墙（南—北）

沙金套海城址西墙（北—南）

位置的确定，为寻找鸡鹿塞的位置，提供了线索。

当时这里是汉代朔方郡辖地，为屯垦戍边地区。窊浑故城作为朔方郡最西部的三个县城之一，是汉代贯通阴山南北的交通要冲。

在以沙金套海城址为中心东西长7公里、南北3公里的范围内分布有大量墓葬，目前发现2500余座。由于常年受洪水冲刷和强风剥蚀，封土堆已不存，甚至砖券墓顶都裸露于地表。迎风一面的壁砖被风吹成了蜂窝状，墓室内都淤满了泥沙。有三分之二的墓群未被开垦。相当数量的墓葬被掩埋于流沙之中，经常是在几场大风之后或在垦荒过程中才暴露出来。加之农业生产、盗掘等人为因素，墓群整体保存状况较差，地表散布着大量的陶片和墓砖。

墓葬分布极为密集，一般3～5座墓葬组成一小群，墓间距3～5米，小群之间相隔10～15米，相互间没有叠压打破关系。墓葬均为青砖砌壁的长方形砖室墓，多数为中、小型。墓内均有斜坡或阶梯式墓道，前壁中央多数设有墓门。一般为一冢一穴，多为男女二次合葬墓。葬具为长方形松板木棺，葬式多见仰身直肢，头向墓门。随葬品分为实用器、明器和装饰品三类。以陶器为主，并有釉陶、铜、漆、琉璃器等。实用器有罐、壶、钫、鼎、甒、洗、盆、铜镜等；明器有井、仓、灶、扁壶、鸮壶、俑等；装饰品主要是项饰、耳饰等。墓主人有在手掌或口中放置钱币的习惯。

沙金套海城址外围墓群墓葬数量多、分布范围广、形制变化大，内涵丰富。综合墓葬形制、出土器物及其与沙金套海城址的地理位置关系，分析这批墓葬的年代为西汉武帝之后至东汉明帝时期。沙金套海墓群埋藏及出土的大量文物，对于研究两汉时期北方边郡地区的政治、经济、军事以及汉匈关

包尔陶勒盖城址及墓群·汉代窑址

系提供了极为重要的实物资料，并且对乌兰布和沙漠的形成和治理提供了宝贵的线索。

4.八一城址

八一城址位于临河区八一街道办事处联丰村三组东北部，古城地处黄河北岸，阴山南麓，河套平原中部，地面开阔平坦，地势低缓，水源丰富，城内外现已开辟为耕地。城址所在八一办事处，处在临河区东郊，素有临河区"东大门"之称，地理位置较为重要。

八一古城遗址又称临河古城址或八一乡土城子古城，城址平面呈"目"字形，城墙黄土夯筑，南北长516米，东西宽222米，基宽6米，残存高度1～3米，东墙、西墙、南墙保存尚好，北墙残存部分墙体。城址东、西、北外有壕沟。城内有两道东西向隔墙将古城分为南、中、北三部分，隔墙墙体呈台基状，现可看出8个台基。南墙中部偏东设有城门，门宽6米，隔墙中部各开一门，门址宽约6米。城四角设有角台。城西北角有窑址3座。城内采集到陶片、砖、板瓦、筒瓦、瓷片、铜镞、钱币以及铜铁残片等遗物，陶片可辨器形有泥质灰陶罐、盆等。另外，城址东南部区域，农耕时，常出墓砖，年代与城址年代相同，因而可以认为是城外墓葬区。

根据史料记载，西汉武帝元朔二年（前127年），卫青大败匈奴，收复河套地区，并于当地设置了朔方郡。有学者考证八一城址为朔方郡辖县临河县故址。临河县自西汉始置，到了东汉前期逐渐荒废。此后一些朝代沿用。北魏时属沃野镇。唐代初年，曾作为西受降城成为防御突厥的前沿阵地。在城址内发现有少数黑瓷、乳白瓷片等西夏遗物，说明西夏时期也曾有人在此地居住，城址所在地属西夏势

沙金套海城址南墙（西—东）

沙金套海城址南墙（西南—东北）

力范围。

5. 黄羊木头城墓群及脑高古城

黄羊木头城墓群位于临河区干召庙镇脑高村二社南，墓葬地处黄河北岸、阴山南麓、河套平原中部的黄河冲积平原上。

20世纪五六十年代，内蒙古文物工作队曾到此处做过调查，当时在沙梁上发现暴露的墓葬数量共计153座，其中残存者仅13座。调查时拣选了部分墓砖，从残墓附近拾得陶器盖、博山炉、陶灶等，老乡捐献"五铢""大泉五十"铜钱及铜带钩、"李谈"铜印等。根据出土物及墓砖判断古墓年代为西汉中晚至东汉早期。

墓群分布面积约1平方公里，现地表暴露墓葬数量30座左右，地表散布大量绳纹砖、泥质灰陶片等。墓葬以中、小型墓为主，多数为砖室墓，个别为竖穴土坑墓。砖室墓墓穴均为长方形单室墓。个别墓葬地表留有封土。中型土坑墓中多数有棺椁。出土有陶罐、铜碗、铜盅等，采集有卷沿陶罐、弦纹陶罐残片及"五铢"钱、铁器等。

包尔陶勒盖城址及墓群·长乐未央铭文砖

墓葬群西侧脑高村南0.5公里有汉代故城，城垣大部分被风沙覆盖。古城平面呈长方形，东西约250米，南北约200米，夯筑城墙，基宽约8米，残高1~3米。南墙中部开门，宽约6.5米，外有瓮城，并有副郭。城内东南角有冶铁作坊遗址，东北角有大型建筑台基。城内散见泥质灰陶罐、盆及砖瓦残片等。有学者根据脑高古城的位置、文化性质等考证，该城址为汉代沃野县县治所在。黄羊木头城墓群故又称沃野县古墓葬群，为平民墓葬区。其分布面积广、范围大，出土遗物较为丰富，对于研究汉代河套地区社会经济生活、农业发展、城市建置、历史沿革等具有重要价值。

沙金套海城址北墙（东—西）

沙金套海城址城外

霍洛柴登城址

Huoluochaideng City Site

撰稿：甄自明 ；摄影：连吉林　白志荣

　　霍洛柴登城址位于鄂尔多斯市杭锦旗锡尼镇霍洛柴登第六嘎查所在地。城址依山环水，东、南、西三面地势开阔平坦，北面为起伏较大的丘陵山地，柴登河由城东流经城北，顺城西向南方而去。

　　城址平面略呈长方形，东西长约1446米，南北宽约1100米，南、北、西三面城墙断断续续隐约可见，呈土垅状微凸于地表。墙基用黏性较强的白泥夯筑而成，宽约13米，夯层厚15～16厘米。城内地表散布数量较多的陶、瓦残片。城西中部地面隆起，地表砖瓦密布，为大型建筑基址，可能是官署区。建筑基址附近调查发现有铸币作坊遗址，城内的东南部和东北部调查发现有冶炼作坊遗址。此外，在城外西侧柴登河东岸的坡地上，发现数座烧造陶器的窑址。

　　2012年，内蒙古文物考古研究所在清理发掘铸币作坊遗址时，发现铸币窑址4座。其中，Y1、Y4保存较好，仅窑室顶部部分塌陷。窑室平面为长方形，窑室一侧有火膛、火道、窑门等。发掘出土的长方形窑砖上刻有"六""土"等文字，应为修筑窑址时所用砖的编号。窑址附近还发现制晒坯场地，整个作坊遗址布局合理，应是统一规划建造而成，在国

城内远景

城址东墙

出土的部分货布

铸币作坊

内尚属首次发现。清理发掘出的钱币大多为"货泉"，还有少量的"大泉五十""小泉直一""货布""布泉""五铢"钱等；在窑室及附近文化层中共出土了150余块钱范（陶母范）、其他陶范20余块；此次考古发掘还出土了9块有确切纪年的钱范，上有文字"始建国元年三月""钟官工"等字样。

在城外东、南、西三面数千米范围内分布有大量的墓葬，墓葬形制以土坑竖穴墓和斜坡墓道的土洞墓为主，在城南墓区内还发现一定数量的砖室墓。1971年发掘57座，出土有泥质灰陶和釉陶的仓、灶、井、罐、熏炉及铜钫、铜壶、"五铢"钱等。

该城址曾出土"西河农令"铜印，为阴文篆刻，桥纽，边长2.35厘米，通高1.75厘米。"西河农令"是秦汉时"掌谷货"即专管粮食生产的农官，"西河农令"即指西河郡的农官，说明汉武帝时在鄂尔多斯地区设置了专管农业的机构。

依据城址及墓葬出土遗物推测，城址时代约相当于汉武帝到王莽阶段，即西汉早期偏晚阶段至新莽时期。古城建制应为西汉北方重镇——西河郡的郡治富昌县所在。西河郡设置于汉武帝元朔四年（前125年），在西汉时期是一个大郡，属县三十六，人口八十九万。

2006年，霍洛柴登城址由国务院公布为第六批全国重点文物保护单位。

钱范出土时情况

出土的部分钱币

窑址Y1东侧火膛与火道

出土的纪年钱范

新忽热城址

Xinhure Ancient City Site

撰稿：刘丽娜；摄影：刘斌

新忽热城址位于内蒙古自治区巴彦淖尔市乌拉特中旗新忽热苏木牧人嘎查北部，俗称"城圐圙"。城址地处阴山以南的关隘险处，战略位置十分重要，对于研究中原与草原民族及政权之间的政治、经济、文化交往有着十分重要的价值，2013年被国务院公布为第七批全国重点文物保护单位。

新忽热城址平面呈正方形，坐北朝南，边长约960米。古城现存地表建筑均为夯筑，城墙最高处可达8米。已知南墙与东、西墙中部各设有城门，门残宽12米，前设瓮城，城墙四角建有角楼，墙体外侧增设有马面，城外有护城河。地表散见有大量建筑构件、陶器残片以及古钱币，从出土遗物判断，古城应始建于西汉，北朝、唐、宋、西夏、元等朝代均曾沿用。

根据史料记载，该城即为汉代塞外受降城。《史记·匈奴列传》记载，元封六年（前105年）匈奴乌维单于去世，其子继位，称儿单于。当时，匈奴中的一个左大都尉打算杀掉儿单于带兵投降西汉。汉武帝同意其归降，并派遣公孙敖筑塞外受降城，新忽热古城因此而建。此后，隋、唐、宋、西夏、元等朝沿用；在唐代，新忽热古城是燕然都护府所在地；宋代以

全貌

保护标志

东墙墙体

来，巴彦淖尔乌梁素海以西地区尽为西夏统辖，现存的新忽古城主体经西夏时期增修扩建而成，有学者认为新忽古城为十二监军司之一的黑山威福军司驻地；元代，新忽热古城最为繁华，为兀喇海路；明代之后古城逐渐衰落。

新忽热城址规模大，墙体保存较为完好，是内蒙古西部阴山以北地区发现的规模最大、保存最好的古城址。古城址的建筑结构和建筑格局极具特点，对于研究中国北方草原古代城池建筑、沿革，以及草原丝绸之路对外交流等均有着重要研究价值。

西墙

南墙及瓮城

东门

南墙马面

东墙墙体横截面

克里孟城址

Kelimeng City Site

撰稿：张文平；绘图：丹达尔；摄影：王淑萍

　　克里孟城址位于乌兰察布市察哈尔右翼后旗韩勿拉苏木克里孟村北400千米的南北向谷地之中，韩勿拉河由南向北而流，自古城当中穿过。

　　古城横跨谷地布局，河谷下游是东西向山脉的山口，颇具控扼山间谷地之势。城址平面呈西宽东窄的长梯形状，有内、外双重城墙，间距在16～50米之间，西端相距较窄，东端相距较宽。外墙北墙长1481米，南墙长1496米，西墙长658米，东墙略向外弧，长456米。城墙较低矮，底宽8～12米，顶宽1～2米，残高0.2～1米。墙体外侧有壕的痕迹。内墙在韩勿拉河东岸加筑一条南北向墙，将古城分为东、西两城。

　　东城为主城，分布在河东岸的谷地及东山坡上。东城内城墙呈高大土垄状，北墙长556米，南墙长563米，西墙长460米，东墙中部外凸，长395米。墙体底宽16～20米，顶宽3～4米，残高1.5～2.2米。西墙南部毁于韩勿拉河河水冲刷，北端留下清晰的断面，土垄状墙体的中间部分为原始墙体轮廓，基宽3.8米，顶宽3.5米，残高1.3米，夯层厚9～15厘米。外侧残存壕沟痕迹，壕宽5～6米。除西南角损毁外，城墙其他三角设有向外伸出的高大角台址，长7米，宽5米。四墙共设7座马面，其中北、西、南三墙各2座，东墙外凸处设1座。东城内城于南、北墙偏西部设南、北两门，门址均宽6米；门址两侧设有向外伸出的墩台，长25米，宽8米。南门方向为175°。与南、北两门对应的外城墙墙体低缓或消失，门址情况不明。东城中部现为大面积芨芨草丛，间有低缓的圆形土台基分布，其中最为高大者位于城中东坡向西侧谷地的过渡地带，呈圆丘形，直径约30米，高约3.5米。近西墙中部有一处由土垄状墙围成的方形院落，边长约110米。东城区内地表散布的遗物有北魏时期的子母口筒瓦、前缘饰指压水波纹的檐板瓦等。

　　韩勿拉河西岸的西城，内城东墙长460米，南墙长855米，西墙长626米，北墙长877米。墙体普遍

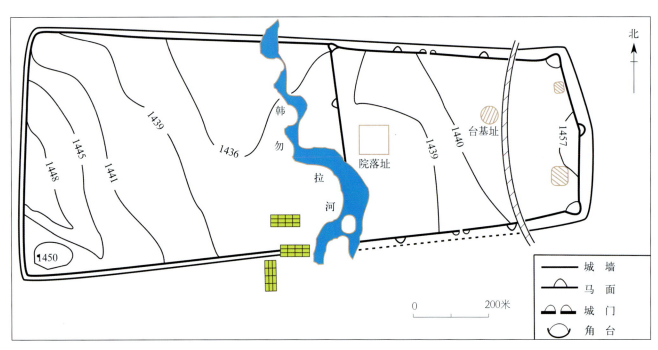

克里孟城址平面图

城址局部

较低矮，南、北城墙部分墙体遭韩勿拉河河水冲刷而消失。墙体上不见马面、角台等附属设施，门址不清，城内地表亦不见台基类遗迹。

城墙夯层

该城址在北魏初期为道武帝拓跋珪的行都之一——牛都，迁都平城之后，沿用为北魏六镇之一的柔玄镇治所。北魏道武帝拓跋珪于386年在贺兰部的支持下，于牛川复国，称代王。在398年定都平城之前，道武帝居无定所，是一个"行国"，除牛川外，道武帝其他的行都还有定襄之盛乐（今呼和浩特市塞罕区西达赖营古城）、云中之盛乐（约在今呼和浩特市土默特左旗白庙子乡一带）、纽垤川（今乌兰察布市察哈尔右翼中旗北部后大滩）、意辛山（今乌兰察布市四子王旗乌兰哈达七层山）以及391年在今鄂尔多斯地区建立的河南宫（今鄂尔多斯市准格尔旗十二连城古城）。牛川即指今察哈尔右翼后旗韩勿拉河流域一带，为道武帝常幸之地；据《魏书·外戚列传·贺讷》记载："（慕容）垂遣子麟讨之，败染干于牛都，破讷于赤城。"这里的牛都，即为克里孟城址。

克里孟城址西南距北魏抚冥镇镇址（今乌兰察布市四子王旗乌兰花土城子古城）93千米，东南距北魏怀荒镇镇址（今河北省尚义县三工地镇土城子古城）100千米。北魏孝文帝于太和十八年（494年）北巡阴山，由怀朔镇返回平城时，曾路经武川、抚冥、柔玄三镇。《魏书·高祖纪》记载："癸丑，幸怀朔镇。己未，幸武川镇。辛酉，幸抚冥镇。甲子，幸柔玄镇。乙丑，南还。"由此段记载可见，孝文帝从怀朔镇一路向东，途径了武川、抚冥、柔玄三镇，最后从柔玄镇南还平城。从克里孟古城向南，经今乌兰察布市察哈尔右翼前旗黄旗海到今山西大同市，是北魏时期连接平城与漠南之间的一条非常重要的交通干道。黄旗海古称参合、参合陂，因而这条道路被称为参合道，北出参合陂即进入漠南地区。

2006年，克里孟城址被国务院公布为第六批全国重点文物保护单位。

沃野镇故城

Woye Ancient City Site

撰稿：张文平；绘图：丹达尔

摄影：胡怀峰

　　沃野镇故城位于巴彦淖尔市乌拉特前旗苏独仑乡根子场村西南1千米平坦的明安川川地上，南距乌加河不远，东南距乌梁素海约10千米。

　　古城内、外现均开辟为耕地，对城址的破坏较大，但整个古城的平面形制仍可辨析，呈倒"凸"字形，城内两道南北向墙体将古城分为呈东西向排列的西、中、东三城。古城北墙作直线分布，总长1172米，其中西城部分长416米，中城部分长428米，东城部分长328米。西城西墙、东城东墙均长520米，中城的东、西墙均长600米。墙体均为夯筑土墙，现存墙体大体呈土垄状。北墙中部偏东部分保存较好，明显隆起于地表，现存墙体底宽8米，顶宽2～3米，残高0.6米；南墙保存现状较北墙中部偏东部分稍差，现存墙体底宽6米，顶宽2米，残高0.5～1米；南北向四道墙体中，只有中城东墙、西墙的南部外凸部分保存较好，外凸东、西墙均长80米，现存墙体底宽8～12米，顶宽2～3米，残高0.3～1米。

　　中城为主城，四墙中部均辟有城门。南门门址宽5米，外加筑长方形瓮城，方向为177°；北门门址较模糊，门宽6米，内置半圆形瓮城；西门门址呈半圆形外凸，门址宽约3米；东门址仅余残迹。中城南墙两角有角台址，现今唯东南角台址保存较明显，直径25米，残高最高1.4米。中城城内北部有

城址远景

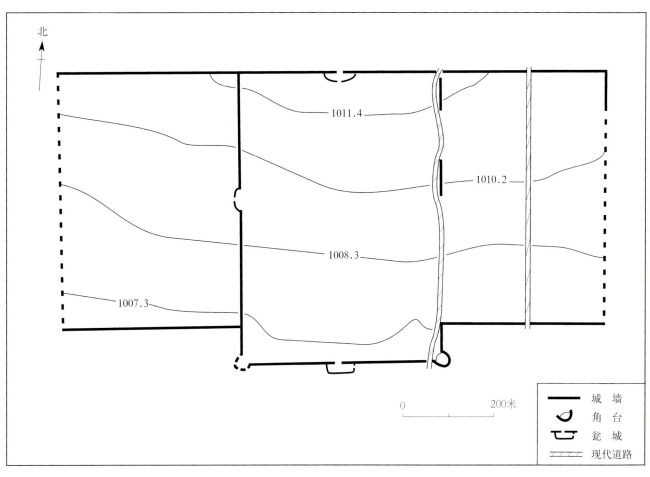

北

0   200米

城　墙
角　台
瓮　城
现代道路

1011.4
1010.2
1008.3
1007.3

沃野镇故城平面图

城内地表散布遗物

长方形夯土台基一座，长15米，宽6米，高1.5米。城内地表散布有方砖、板瓦、筒瓦和陶片等。板瓦外壁素面，内壁施布纹，檐板瓦前缘饰指压水波纹。陶片均为泥质灰陶，可辨器形有盆、罐、壶等。

该城址为北魏六镇中的西部第一镇——沃野镇镇址，东距北魏怀朔镇镇址（今包头市固阳县白灵淖尔城址）110千米。据史料记载，沃野镇之下设置有高阙戍，六镇起义的导火索就是"高阙戍主率下失和，拔陵杀之，敢为逆命，攻城略地，所见必诛"（《魏书·太武五王列传》）。位于今狼山—乌拉后山山系的汉代朔方高阙，一般认为在今乌拉特中旗的石兰计山口，也有学者认为在今乌拉特后旗达巴图沟口。石兰计山口距离沃野镇故城的直线距离约为120千米，达巴图沟口距离沃野镇故城的直线距离约为185千米，而北魏六镇相互之间的直线距离均未有超过110千米者。由此可见，达巴图沟口已经超出了沃野镇的管辖范围，而石兰计山口高阙说较为符合实际，北魏时期的高阙戍应即位于其左近一带。

2006年，沃野镇故城被国务院公布为第六批全国重点文物保护单位。

白灵淖尔城址

Bailingnaoer City Site

撰稿：程鹏飞 邢燕燕；摄影：刘幻真 董勇军 张海斌

白灵淖尔城址位于包头市固阳县怀朔镇城圐圙村，西南距固阳县城关镇35公里，南距怀朔镇政府所在地12公里，包（头）白（云）公路从城址西北5公里处南北通过。2006年，白灵淖尔城址被国务院公布为第六批全国重点文物保护单位。

白灵淖尔城址平面呈不规则长方形，地势北高南低，源于古城之北的五金河旁西墙外由北向南流过，该河的两条支流分别穿越古城的北墙与东墙入城，于城址西部偏南位置汇合后，流出城外注入五金河，因此古城被河道分割为东西两个区域。

古城现存的墙体仅为一道低矮的土垒，墙体是用"三合土"夯筑而成。墙基见于现地表下1.3米，宽11米。东墙长934米，北半段的遗迹尚存，南半段已被河水冲毁，未发现门址。南墙长1416米，自东向西850米，尔后墙体向内折直线斜收。南墙正中开有门址，宽11米，现地表1.1米以下是原来的路面。西墙长1167米，南半段被河水冲毁，未发现门址，北半段尚存。北墙长1150米，墙体筑于一道岗梁之上，被河水分割为东西两部分。河床宽60米，河岸两侧，各有一个夯土墩与城墙对接，可能系守卫水门的哨所遗址。门址位于北墙中部，现为12米宽的豁口，钻探查明，在现地表0.8米下即可见当时的路面。城墙的东北、东南和西北隅，均保留有角楼台基的遗迹。

东区和南门外一带的田头地垒，地表可见大量陶片。调查古城时征集到的陶器、石磨盘、铁剑和铜佛像，都来源于这一带。另外，在东区还发现三座古井。

城址中可以见到的地面建筑遗迹都集中在西区。这一带地势较高，虽经耕扰，但地表上仍然可以看到瓦砾堆和建筑基址。其中轮廓界限较为清晰的有4处。其中一处建筑基址南北长70米，东西宽40米，现存高度0.6米。基址上可见石柱础，并有筒瓦、板瓦和瓦当等大量瓦砾夹杂其间。与之相邻的几处建筑基址遗存虽规模略小，但都也是砖瓦结构。据此推测，这一带可能为古城的衙署建筑区域。

1980年和1982年，内蒙古自治区文物考古研究所与包头市文物处曾对城址西区靠南的一处建筑台基进行考古发掘，发现了一座殿堂遗址，出土了一批小型泥质塑像。殿堂遗址的平面呈正方形，间宽、进深均为16米，殿堂的外墙用土坯砌筑，宽54厘米，残高10～30厘米。殿门朝北，门道宽1米，殿堂中央筑有一座8米×8米圆角方形夯土台，台高0.7米。土台四壁抹以白灰泥，北壁上隐约可见壁画的痕迹。从殿堂的布局与土台的形制分析，该土台应是一座佛坛。殿堂的四壁与佛坛之间有一条宽1.5米的回廊。殿堂共设置有柱础32个，大部尚存，其配置分为对称的内外两层。外层的20个柱础分别设置在四面殿墙中，内层的12个柱础设置在佛坛周边。柱础均为圆形，础面正中凿有柱洞。

泥塑像未见完整者，仅为一些残断的头像和躯干，计有佛、菩萨、供养人和力士等。佛的头像束发，头顶部有髻，面相丰满；菩萨头着宝冠，面相丰圆端庄。这些造像的风格与大同云冈石窟第二期造像的风格相同，应是北魏平城时代中期作品。

白灵淖尔城址是内蒙古西部地区规模较大的一处北魏时期的古城址，城址中发现的遗物都具有明显的时代特征。生活器皿的陶器，装饰纹样有压光暗纹、水波纹、弦纹等，这几种纹饰都是北魏时期特有的风格；建筑材料中的板瓦，瓦身前沿都有手捏成型的滴水槽，莲花纹瓦当的花瓣有瘦长型和宽

城内

东墙

铁犁

莲花纹筒瓦

砚台

龙纹灯座

泥塑佛头像

铜佛像

铜佛像

延兴三年铜佛像

型两式。前者具有北魏早期特征，后者则流行于北魏平城时代晚期；石雕的柱础形制和图案与山西省大同石寨山北魏司马金龙墓出土的石柱础大致相同。结合史书记载的地望和考古材料考证，城址为著名的北魏六镇之一怀朔镇。

北魏于天兴元年（398年）定都平城（今大同市），为了拱卫京师，选择阴山之北自西向东营建了沃野、怀朔、武川、抚冥、柔玄和怀荒六个军事重镇，以为屏障，史称"六镇"。据《魏书·地形志下》记载：怀朔镇于"延和二年（433年）置为镇，后改为怀朔。孝昌二年（526年）改置为朔州"。北魏正光五年（524年）六镇起义发生，怀朔镇曾频遭战火洗劫，加之人口大量流失，虽"改镇为州"，但已是名存实亡。所谓"六镇荡然，无复藩桿"，即是怀朔镇走到历史终点的真实记录。

铁镀

怀朔镇在北魏时期河套及阴山地区政治和军事方面占有重要的地位，古城南望阴山，北倚蒙古高原，西南40公里即是穿越阴山的咽喉要道"稒阳道"（今昆都仑沟）。由城址东行60公里即为北魏的武川镇故城，沿阴山北麓西去75公里可达北魏沃野镇故城，后二者均属怀朔镇统管。怀朔镇从建成到废弃近一个世纪，其间几乎经历了北魏王朝由兴到衰的大部历程。因此，怀朔镇对于中国北方边疆史地研究具有重要的历史考古价值。

十二连城城址

Shierliancheng City Site

撰稿：甄自明；摄影：岳够明

　　十二连城城址位于鄂尔多斯市准格尔旗十二连城乡脑包湾村内。坐落在黄河南岸的台地之上，黄河从北城墙外缓缓而过。城址所在的台地地势比较平坦开阔，隔河与呼和浩特市托克托县相望。

　　当地传说，这里共有9座古城，距此东南7000米的城坡村，还有3座古城，故合称为十二连城。目前能找到城垣轮廓比较清楚的只有5座城址。这5座城址相互毗连，略呈方形，但并非同时兴建，而是在不同的历史时期陆续修建和扩建起来的。现将这5座城址分别编号为1、2、3、4、5。5座城址的分布情况为：1号城址位于西南面，与其东边的5号城址相连接，这两座城东西并列，中间仅隔一墙。2、3号城址也是东西并列，位于1号城址的西南角。4号城址位于1号城址内，在2、3号城址的南边。

　　1号城址面积最大，约占全部城址面积的三分之二，南北长1039米，东西宽857米。1号城址的西北角，被晚期的2、3号城址打破，因此，1号城址的西北角的城墙均遭破坏。西墙只剩下靠南部的四小段，高约8米，宽22.5米，小圆窝夯筑，夯窝直径6.5厘米，深1厘米左右，夯层厚约10厘米。1号与5号城址合用一条北墙和南墙。北墙保存不好，仅在东北角残

远景

存两小段，共长146米，墙高约18米，小圆窝夯筑，夯窝直径5厘米，夯层厚约9～11厘米。1、5号城的南墙基本完整，全长1165米，高15米左右，宽约33米，平夯筑成。1号城址的南墙，长857米，在中部有一座南城门，在南门中间，残存两个土堆，表明南城门原来有三个城门洞，于南城门外筑有瓮城，瓮城门向东开；在南城门内，距地表约2米处，钻探到一条南北街道。在南城门的东侧约135米处，有一宽18米的豁口，豁口西侧，有一条略高出地表的土垄，由南城墙起向北延伸至4号城址的东墙，经钻探发现其下有夯土，是一条湮没于地下的早期城墙；1号城址的东墙，即1、5号城之间的隔墙，长1039米，高约4～6米，宽约30米，平夯筑成，夯层厚11厘米，这条墙上没有城门痕迹，只有几个豁口，经钻探，是通往1、5号城之间的一座城门。

2号城址的东墙长237米，高2～4米，在东墙上有一东城门，东门外面筑有瓮城，瓮城门向南开。属2号城的一段北墙长211米，高1～4米、宽约15米，北墙上没有城门。属2号城址的一段南墙长约209米，高4～8米，在南墙西端有豁口，宽12米，钻探发现下有砖石，为一南城门。2、3号城之间的隔墙已残缺不全，南端只残存很少一部分，北端尚存长129米的一段，中间一段无存，钻探发现下有烧土和烧砖碎块，是2、3号城之间的一座城门的遗物。

3号城址的北墙，长248米，宽15米，高约6米，北墙上无城门。西墙长约191米，高1～3米，从夯筑情况看与1号城址相同，是利用了1号城原来的一段西墙。3号城的南墙长266米。

4号城址位于2、3号城之南，在1号城址内的西北部，面积较小，呈长方形。4号城址城墙保存较差，西墙已无存，南北二墙只剩下东边的很少一部分，唯有东墙尚清楚可见，长165米，高1～2米，平夯筑成。在东墙中间有一豁口，是一东门。从4号城址的位置、筑法看，是1号城内的一个子城。

5号城址的东墙，其南边的一段与1、5号城之间的隔墙平行，而靠北的一段，由东墙的中部开始向东折。东墙全长1019米，高约2米，宽22.5米，小圆窝夯筑，夯窝直径5厘米，夯层厚

唐代陶骑马俑

5号城址

12～13厘米，在这条东墙上有两座城门，均筑有瓮城，瓮城门均向南开；5号城的北墙只残存一小段。属于5号城址的一段南墙，长308米，在这段南墙上有一处宽17米的豁口。

1号与5号城址的各条城墙，均无马面；这两座城址的外围城墙，构成了十二连城城址的四周轮廓，四边周长4387米。2号与3号城址也是东西并列，合用南、北两条城墙，这两座城址面积较小，在四周城墙上筑有马面，马面间隔约80～90米。2、3号城址原系砖城，早年被拆除，在调查时见到有群众保存的城砖，砖长45、宽23.5、厚11厘米。

城内南部地区的文化层堆积较厚，一般为2米左右，北部地区因水土流失，文化层堆积较薄，为1.5米左右。城址内所见遗物，除少数新石器时代的石斧、陶钵、篮纹陶片外，其余大部分是属于汉、唐至元、明时代的遗物，其中以隋唐时期遗物最为丰富。在1、5号城址内所见遗物有绳纹、布纹和素面板瓦，布纹、绳纹筒瓦和琉璃瓦，云纹、莲花纹和兽面纹瓦当；另有一件釉陶质残菩萨像、一件双耳扁壶、一件陶砚和铜镞、铁镞、铁斧、铁锤等。在4号城址内所见遗物有莲花纹瓦当和兽面纹瓦当，以及一个绿釉陶质小狗和一个白釉瓷质小山羊。2、3号城址内所见遗物，大部分是元、明时代的东西，其中有忍冬纹、薄花纹砖，草花纹滴水，兽面纹瓦当，瓷片较多，有龙泉窑瓷片、酱釉剔花瓷片、白釉缸绘黑花瓷片和数量较多的钧窑瓷片、青花瓷片等。

从这5座城址的关系看，2、3号城址的城墙筑有马面，原系砖城，城砖较大，并打破了1号城址的西北角，其时代较晚，从城砖看，像是明代所建；在城内所见遗物，也大都属元、明时期；从形制

唐代三彩士女俑

唐代三彩士女俑

北墙

看，两座小城东西并列，中间隔有一墙，应为同时代兴建的一座城址，由东西两部分组成。1、5号城址的各条城墙在筑法上有所不同，其中1、5号城址的南墙和两城之间的隔墙，是用平砖筑成，其余三面城墙，系小圆窝夯筑，反映出它们不是同时兴建的。1号城的西墙和5号城的东墙，以及共用的北墙，都是小圆窝夯筑，且东墙和西墙的宽度相同，可能是早期城址的东、西、北三面城墙；现存的1、5号城址，似在原有城址的基础上，加筑了南墙和中间的隔墙。

城址南有姜义贞墓，是一座小型单室砖券墓，墓志用两块长方形砖写成，砖长22厘米，宽16.5厘米，厚5厘米，先将砖的一面磨平，然后用墨笔楷书写上铭文。一块砖上写着墓主人的姓名及身份，作为墓志盖，共一行七个字："故人品子姜义贞。"另一块砖上书写墓志铭文，共五行六十六个字：

"胜州榆林县归宁乡普静里故

人品子姜义贞年卅五开元十九

年岁次辛未二月庚辰朔三日

壬午故其月十一日辛卯殡在州城

南一里东西道北五十步祖在其前铭"。

姜义贞墓志明确记载了该墓与胜州榆林城之间的距离，姜义贞墓埋葬在1、5号城外南边约450米

东墙

4号城址城墙

夯层

处，按唐尺折合，相当于唐代一里，与姜义贞墓志所述"殡在州城南一里"的记载相符，从而可以确定十二连城城址中的1、5号城，即隋唐时期的胜州榆林城故址。

榆林城最早建于隋文帝开皇七年（587年）当时属云州管辖，至隋开皇二十年（600年），割云州之榆林、富昌、金河三县，另置胜州，治所设在榆林。隋炀帝大业五年（609年），将胜州改为榆林郡，仍辖榆林、河滨二县。在唐开元时期，人口比隋时增加了将近一倍，达四千零九十五户。至唐代贞观三年（629年），仍在此置胜州，管辖榆林。五代时，梁贞明二年（916年），契丹耶律阿保机破振武军，胜州之民皆趋河东，胜州遂废。

胜州榆林城，在隋唐时期是我国北方的政治、军事重镇。按《元和郡县志》记载，这里"本汉沙南县地，属云中郡"表明，十二连城城址曾是西汉云中郡沙南县。

2006年，十二连城城址被国务院公布为第六批全国重点文物保护单位。

城川城址

Chengchuan City Site

撰稿：甄自明；图片：李双

2006年，城川城址被国务院公布为第六批全国重点文物保护单位。

古城位于鄂托克前旗城川镇城川嘎查东北约2500米处。周围地形开阔、平坦。

2006年王乃昂、何彤慧、黄银洲、冯文勇、程弘毅的《六胡州古城址的发现及其环境意义》，2011年张占霖主编的《鄂尔多斯文化·文物卷》，以及2012年艾冲的《公元7—9世纪鄂尔多斯高原人类经济活动与自然环境演变研究》，均对该城址进行了论述、考证和分析。

城址平面呈长方形，东西长，南北窄，坐北朝南，接近正南北向。东墙长600米，南墙长760米，西墙长602米，北墙长724米，面积44万平方米。城墙由灰白色沙土夯筑而成，结构坚实紧密。东、南、北墙保存较好，墙上角楼、马面、瓮城历历可见，城垣现存平均高度约8米。西墙破坏严重，但形状仍然清晰可辨。古城的东、南、西三面各开一门，3门均设瓮城护卫，东、西两门的瓮城略小，南门瓮城较大。古城北门虽不设城门，但在北城墙的中部，建有高大的夯土台基，为敌楼遗迹。城外四周修有护城河，宽约3米，护城河痕迹仍然明显可辨，部分地带至今仍可积水。城内西北角有高于地表的建筑台基，地表有琉璃瓦残件，应是城内主要建筑基址所在。城内现已辟为耕地。考古钻探判定城址为焚毁建筑。

文化层厚1.5~2米。采集有兽面纹瓦当、滴水、筒瓦、板瓦、灰陶罐、瓮、褐釉剔花瓶、白釉粗胎盆、碗残片及"开元通宝""太平通宝"铜钱等。

城内西北部建筑台基

东墙

据记载，唐开元二十六年（738年）置宥州，治所在延恩，宝应年间（762年）后废。元和九年（814年）于旧宥州东北三百里新置宥州，以安置归附的党项民众。元和十五年（820年）再次将新宥州移治长泽县。宋时属西夏，蒙元时废。据北京大学侯仁之教授和陕西师范大学朱士光教授等考证，城川城址即为唐元和十五年前的长泽县城和十五年移治长泽县的宥州城故址。

新宥州是唐王朝专门为内徙的党项族而设。党项族是古老羌族的一支，拓跋部是党项族中较大的部落。756年"安史之乱"后，唐代宗将居于庆州（今甘肃庆阳）的拓跋朝光所率的党项部众迁往银州（今陕西榆林东南）以北、夏州以东地区，即鄂尔多斯的东南部，号称平夏部。唐僖宗时，曾封平夏部首领拓跋思恭为夏州节度使。中和元年（881年），黄巢攻占长安，拓跋思恭会同唐军镇压起义军，被封为夏绥银节度使。中和三年，拓跋思恭因镇压黄巢起义中，有功于唐，被封为夏国公，赐姓李。从此夏州拓跋氏称为李氏，统辖夏、绥、银、宥四州之地。党项族因之在这一地区逐步强大，城川古城也随之成为建立西夏王国的摇篮，西夏时期重要的政治、经济、军事重镇。西夏灭亡时，它也是最后被蒙古军攻破并屠焚的城池之一。

另外，城川城址所在地地处陕北黄土高原和内蒙古东南部毛乌素沙地的交接地带，属于中国北方生态环境的敏感带。城川城址的兴废，除去战争等人为因素的干预外，与奢延泽、毛乌素沙地等自然环境的变迁，具有密不可分的关系。因此，该城址无论是在研究中国北方生态过渡带历史时期的人地关系、民族关系，还是在研究奢延泽、毛乌素沙地历史时期环境变迁等方面，都具有非常重要的双重地位。

南瓮城

东墙夯层

西墙

北墙

南墙

东南角台

辽上京遗址

The Upper Capital Ruins of the Liao Dynasty

撰稿：安泳锝　魏孔；摄影：李建奎　塔拉

　　辽上京遗址位于内蒙古自治区赤峰市巴林左旗林东镇东南侧。遗址周围群山环抱，城址建在乌尔吉木伦河和沙里河交汇处的冲积平原上。

　　辽上京城始建于辽太祖耶律阿保机神册三年(918年)，会同元年基本建成。阿保机令汉人礼部尚书康默记充版筑使建立京城，初名龙眉宫，又名"皇都"。天显十三年(938年)更名上京，府曰临潢。上京建城前为契丹迭剌部居所，史称"西楼"。1121年，金人攻克上京城，初称为北京。天德二年（1150年）改北京为临潢路，三年罢。贞元元年（1153年），置北京临潢路提刑司，大定后罢路。金亡后，逐渐沦为废墟。

　　清代学者张穆在《蒙古游牧记》中首次发现了辽上京遗址，确定了遗址的具体位置。1922年，法国天主教神父闵宣化考察了辽上京遗址。1944年，日本人调查上京，并发掘了西山瓷窑址。1962年，内蒙古文物工作队对辽上京遗址进行了勘查，做了大规模钻探和小规模试掘。1980年，再次进行复查。2001～2002年，内蒙古自治区文物考古研究所联合中国社会科学院考古研究所进行了全面钻探，并局部解剖了城墙；2011～2014年，对皇城西门乾德

皇城城墙马面

城内现存龟趺

皇城内石刻观音

门、西山坡佛教寺院、街道及临街街道、宫城城墙和西门进行了局部发掘。

上京城有南北两城，北城为皇城，南城为汉城，两城相连，平面呈"日"字形，分别居住着契丹人和汉人，周长8838.63米。沙里河从南北两城中间穿过。

皇城呈不规则六角形，由外城和内城组成。城墙全系夯土版筑，基宽15米，残存高度6～10米，东、西、北墙保存基本完整，南面城墙即汉城北墙，已被沙里河水冲毁，只残存几段。东城墙长1467米，北城墙长1485.8米，西城墙南北两端向内斜折，长1844.1米，南城墙长1601.73米。皇城城墙周长6398.63米，面积225万平方米。东、西、北三面城墙上均发现有残存马面和门址，发现现存马面45座，筑于主城墙外侧，凸出主墙外约12米，外宽26米，每两个马面间距离约110米左右；每面城墙各有一城门，南城墙的大顺门现在已无痕迹，其他三门址保存较好，且都加筑有瓮城，东城墙的是安东门，西城墙的是乾德门，北城墙的是拱辰门。城外有护城河，河外有护堤。经过钻探共发现皇城的街

281

古遗址

南塔

道大小有九条，三横六纵。皇城中有重要的宫殿、官署、作坊、寺院等多处建筑基址。西山坡建筑群位于皇城西南的一处自然高地和全城的制高点，山坡上有三组东向的建筑基址群，是一处辽代佛教寺院遗址。天雄寺位于皇城东南隅，现存石刻观音、龟形碑座各一具，在雕像周围有建筑台基环绕。皇城北部地区空旷开阔，为契丹贵族毡帐区。

宫城建筑群位于皇城中间略偏东北的自然丘岗上，地势居高临下，是皇城中主要宫殿区。四面有墙，平面呈长方形，南北长约770米，东西宽740米。墙基两侧筑有夯土护坡等附属设施，墙外设有壕沟。宫门有三：东曰东华、西曰西华、南曰承天，有楼阁。四门道路交汇于宫城中心。在建筑群的中部有一条长280米的东西向隔墙，把大内建筑群明显截为南、北两部分。这与《辽史》百官志所载"契丹北枢密院，以其牙帐居大内之北，故名北院，南枢密院，以其牙帐居大内之南，故名南院"完全符合，应是南、北枢密院旧址。在南、北院中共有规模不同的大小殿基100余处。有《辽史》所说"开皇、宣政、五銮"等殿址。

宫城南门承天门外为"正南街"，正南街东有留守司，依次为盐铁司、南门和龙寺街。其南临潢府，侧有临潢县。县西南"崇孝寺，寺西长泰县，又西天长观。西南国子监，监北孔子庙，庙东节义寺。又西北安国寺"。寺东齐天皇后住宅，宅东有元妃宅，其南圣尼寺、绫锦院、内省司、曲院、瞻国、省司二仓，皆在大内西南。八作司与天雄寺相对。以上遗址皆有迹可循。

汉城紧靠皇城的南面，平面略呈方形，城墙也全系夯土版筑，没有瓮城马面等防御设施，东、南、北三面城墙几乎不存，西墙也所剩无几，残高2～4米，基宽约12～15米。东城墙长1290米，西城墙长1220米，南城墙长1610米，北墙是皇城的南墙，周长为5721.73米，面积210万平方米。汉城现在

皇城南墙

是农田、民居，原有四城门，今门址都不存。汉城原为汉族、渤海族的居住区，所以城内有很多市肆、作坊、馆驿。南北纵街，东西横街隐约可辨。横街两端及街道两侧的建筑台基多突出于地表。由于汉城是当时重要的经济贸易区，所以地表遗物和出土文物比较丰富，还发现了大面积的冶炼金属遗址。

皇城内龟趺碑座

在上京城南北建筑一座砖塔。南塔位于辽上京遗址南约2.5公里的龙头山北侧（辽称石盆山），为辽代开悟寺塔，建于937年，共7层，塔高25.5米，八角七檐，檐头系风铃；塔身有浮雕，刀法细腻，其风格类似辽西京大同华严寺内的辽代雕塑，可称辽代艺术珍品。北塔坐落在辽上京遗址北约2公里的山丘上，为辽代宝积寺塔，建于辽朝初年，共5层，塔高14米，六角五檐，其形式和风格与辽代诸塔相比是独特的，据考证，北塔应建于辽代中早期。

辽上京是契丹在中国北方建立的第一座国都，在辽朝的五京之中是设立时间最早的，上京城建成以后，一直是辽代的政治、经济和文化中心。它是契丹人在汉人的影响和帮助下创建的，对于以后的少数民族政权都产生了深远的影响。辽上京城防御设施如马面、瓮城和城壕等一应俱全，和汉族城址一样，但同时也具有自己的特点。辽代在城市建设和布局上，充分体现了契丹的习俗，没有完全仿照中原王朝的都城设计，辽上京城的主要建筑都没有采用中原王朝传统的正南正北向，在皇城内的中央有一条大街直通宫城，但这条街两侧的道路和建筑也未采取两侧对称的方式。宫城中的建筑布局同样如此，没有形成一条中轴线。皇城内的主要建筑物随意布局，没有整齐划一的规格，这反映了契丹游牧生活的习惯。城里的很多建筑物采取东向。皇城内建筑物的分布在北边的大片地域上，在这一带没有发现土石等建筑物遗迹，说明原来这里是搭设毡帐的地方。辽上京的城市设计，突出特点是采取契丹族和汉族分居方式，分为南北两城，北为皇城，南为汉城，皇城大于汉城。这种契丹人与汉人分居建城的方式，在辽代以前还没有出现过。中原地区汉族建立的王朝，其都城里居住的少数民族人数比较少，没有必要分别筑城而居，但是，鲜卑等少数民族建立的国家，其都城内虽曾居住有不少的汉人，并没有采用分别筑城而居的方式。这种国人与汉人分居的建城方式是契丹民族的一种首创。契丹贵族统治阶级居住在辽上京皇城内，契丹统治阶级一般是在毡帐区进行日常工作和生活。而皇城的宫殿主要是用来举行典礼仪式的。

1961年，辽上京遗址由国务院公布为第一批全国重点文物保护单位。

辽中京遗址

The Middle Capital Ruins of the Liao Dynasty

撰稿：魏孔　李婉琪；摄影：李义　塔拉

辽中京遗址位于内蒙古自治区赤峰市宁城县铁匠营子乡铁匠营子村，东距天义镇约15公里。辽中京北靠九头山（古称七金山），西面是七老图山，南临老哈河（古称

小塔（西南—东北）

半截塔

土河），地处老哈河上游平坦开阔的冲积平原上。土地肥沃，气候温和，水草丰美，宜耕宜牧，地近中原，便于契丹与宋交往。

1959年4～11月和1960年6～10月，内蒙古文物工作组进行了普遍钻探和重点发掘，钻探面积450万平方米，发掘面积6000平方米，重点揭露一批辽、金、元、明各代遗迹，并获得一批辽、金、元、明各代遗物。城内文化层堆积厚薄不均，外城最厚处达5米，最薄处不足1米。内城和皇城地表覆盖1.5～2.3米近代洪水淤泥，以下为文化层。1988年，内蒙古文物考古研究所清理了大塔塔基，证实该塔建于辽代，元代和清代曾两次维修。

中京城所在地域曾经为奚族占据的地域，辽朝统治者为了控制奚族，故设置中京。统和二十五年（1007年），圣宗耶律隆绪建中京，设大定府。金于1122年攻陷中京，在海陵王时改称北京。元初仍名北京，至元年间改名大宁路。明初设大宁都指挥使司，后改北平行都指挥使司，洪武二十年筑大宁卫城，永乐初废弃不用，成为牧地。清代放垦后变成农田。现在当地群众仍称此城为大明城（或大名城）。

契丹人以燕、蓟地区的汉人为工匠，依照北宋的都城汴梁京城的营造法式为营建原则，建造辽中京城。城墙均为夯土版筑。整个城形状为方形，城墙三重，设有外城、内城和皇城三部分，成"回"字形分布。外城由护城河围住，居住汉、回鹘、女真等族的百姓。内城主要居住契丹百姓和一些身份低微的官吏，皇城居住的是契丹贵族。

外城平面呈长方形，东西4200米，南北3500米，面积147万平方米。东、北两墙早已倒塌，地表仅存残高约1米的土垄，西、南两墙现存墙身最高的达8米。南墙中部开朱夏门，其上建有楼阁，并设有瓮城。朱夏门东西各有一门，东为长乐门，西为景昌门。城墙上筑马面，间隔90米。在东北角和西北角发现有突出的角台。辽中京后经金、元改筑，在南墙上加筑有瓮城，一处在南墙正中央，另一处在南墙的西部。北墙和东墙都还没有找到门址。城内主要为市肆、寺院、庙宇、手工作坊和居住区。

大塔近景

内城位于外城的正中偏北，两者组成回字形。东西宽2000米，南北长1500米，周长7000米。西墙是辽代城墙的残迹，残高约2～3米，墙上存有马面，两马面间距约95米。其余三面城墙都经过后来的改筑，其中南墙墙基在现存残墙的北边，改筑南墙时裁截了原来城墙南侧的马面，现存残墙高度为6米，马面在残墙的北侧，说明改筑时将此墙的外侧改成内侧；正中处有一马鞍形土包，是一门址，应是阳德门址，后代改筑时被夯筑在城墙内。而其他三面城墙没有找到门址。城内南部为毡帐区，北部为官邸、衙署、驿馆等。

皇城位于内城正中偏北，筑有东、南、西三面城墙，每面长1000米，其北墙是内城北墙。城墙上没有发现有马面。东南角和西南角都筑有角楼，角楼现残高约5米。东、西两墙残高2～3米，南墙在地表已无痕迹，经过钻探发现了墙基和一大二小三个门址。其中处于南墙正中的大门址应是文献记载的阊阖门，二小门即为东、西掖门址。皇城内建有祖庙、景宗承天皇后御容殿、文化殿、武功殿、会安殿、昭庆殿等大型建筑。

从外城南墙正中的朱夏门直至内城南墙正中的阳德门之间有一条中央主干道，长约1500米，宽64米，主干道两侧有南北向大街六条，和主干道平行，宽度在8～12米之间。东西向大街五条，分别宽

大塔远景

4～15米不等。街道两侧，每个百米建有小巷。整个外城街道交错，布局有序。街道两侧有用石块砌成的排水沟，经城墙下的涵洞排往城南的老哈河。两侧为市坊，东西各有四坊，坊与坊之间有坊墙和坊门。廊坊建筑主要集中在外城中央干道两侧。

城内遍布寺庙和道观，现存大塔、小塔、半截塔三座。大塔是建在外城丰实坊内感恩寺的释迦牟尼舍利塔，始建于辽寿昌四年（1098年），元、清经过两次维修。为八角实心十三级密檐式砖塔，周长113米，高80.32米，是国内现存体积最大的一座古塔，也是国内第二高塔。小塔位于阳德门西南500米，建于金代大定三年（1163年），八角形十三级密檐砖塔，高24米。半截塔位于城外西南方向，建于辽代清宁三年（1057年），八角形实心密檐式砖塔，上部残毁，残高16米。

中京城平面为三重城，皇城位于外城中北部，外城套内城

北门及马面

辽中京航拍图

大小塔

和皇城。外城南部分布坊市区，建筑采用南北向，从外城正中的朱夏门到阊阖门，为一条中央直线大道，大道两侧的建筑对称布局，形成了中轴线。中京城的设计和上京区别很大，倾向于中原都市的布局特点，反映了辽人在其统治后期开始学习和吸收中原汉族的筑城思想。中京宫殿区的建筑，完全仿效北宋京师汴京的布局，仅在武功殿、文化殿以北的"后宫"保留了部分民族建筑。史载：皇城中有文化、武功二殿，后有宫室，但以穹庐毛幕为之。这和上京皇城大内的宫殿区建筑，形成了两种截然不同的风格，这表明随着契丹社会的进一步封建化，中后期的城市建设也完全走向"汉化"了。

辽中京是辽政治、经济、军事、文化的中心之一，辽代的重要陪都，五京之一，见证了契丹南下汉化过程。辽中京城始建于辽，经金、元两代改建，明建文元年（1399年）废弃，城垣高大，建筑宏伟，是我国北方规模最大的土筑古城，对于研究我国北方少数民族发展史有着重要的历史价值。

1961年，辽上京遗址由国务院公布为第一批全国重点文物保护单位。

浩特陶海城址

Haotetaohai Anciend City Site

撰稿：郑承燕；摄影：孟和

　　浩特陶海古城位于内蒙古自治区呼伦贝尔市陈巴尔虎旗巴彦库仁镇浩特陶海牧场驻地西南0.5公里，为辽代古城遗址，时称"河董古城"。古城地处呼伦贝尔西北部，海拉尔河沿岸，地势由东北向西南逐渐降低，海拔高程608.8米。

　　契丹民族为了南进，首先征服呼伦贝尔地区，以解除北部的后顾之忧。出于防御大兴安岭西部蒙古诸部入侵的需要，契丹在修筑古长城的同时建立了许多边防城堡，派兵驻扎，同时调整州治所，加强北部边防，浩特陶海古城是其中较为重要的一座。《辽史·地理志》载："泰州，德昌军节度。本契丹二十部族放牧之地。因黑鼠族累犯通化州，民不能御，逐移东南六百里，建城居之，以近本族。"辽代泰州属上京道，是辽国控扼北方地区的军政重

建筑基址

远景

城墙

城墙

柱础

镇，州治所在今黑龙江泰来县塔子城古城，浩特陶海古城位于泰州西北600里，为辽代"通化州"。

浩特陶海古城是1975年5月首次由黑龙江考古队调查发现的，之后呼伦贝尔市、陈巴尔虎旗文物工作人员进行了多次普查。遗址平面基本呈四方形，周长2000米，方圆25万平方米，城四周为3～4米高的墙，每隔40米有一座马面，高约4米，南北各设城门一座，城外有一护城河，底宽5米。门外有瓮城，瓮城门向东开。四面墙筑有38个马面，四角均有角楼。古城城墙夯土筑，城内中心处有一方形台基，台基西北方还有数处院落遗址，共见有7座房址。台基和房址周边散落有残砖。史学专家认为浩特陶海古城是回鹘可敦城，经战乱荒废，辽代边境女真部族人在旧城址上重建，兴筑了专为屯兵镇守的边防城或牧马城，是戍边士卒驻扎之所。古城内采集的辽代篦纹陶片甚多，还出土过铁器、铜钱、骨针、细石器等文物。

浩特陶海古城的发现为研究呼伦贝尔地区的历史，特别是辽、金时期的政治、经济、军事、民族关系、文化交流、自然环境变迁及建筑风格等提供了珍贵的历史资料和实物依据，具有很高的文物研究、保护和利用价值。

1989年6月6日，浩特陶海古城遗址被确定为陈巴尔虎旗级文物保护单位，2006年9月4日被内蒙古自治区人民政府批准为自治区级文物保护单位，2013年5月3日被国务院正式公布为第七批全国重点文物保护单位。

灵安州遗址

Ling'an State Site

撰稿：刘丽娜；摄影：杨卫东

灵安州遗址位于内蒙古自治区通辽市库伦旗扣河子镇黑城子村村北，地处科尔沁与辽西山过渡地带，是辽代古城遗址，城址东北距库伦旗库伦镇54公里，东南距扣河子镇8公里。

1975年吉林省文物工作者首次进行调查，1988年内蒙古自治区文物工作者进行详细勘察。

灵安州古城建于群山环抱的盆地之中，平面略呈方形，东西宽600米，南北长680米，全城总面积408000平方米。城墙为夯土版筑，墙基宽20米，残高约8米。东、北、南墙各开一城门，外筑瓮城。每墙设有马面6～10座。城内东门大街南北两侧有排列较为整齐的建筑基址。西墙内侧正中有一高台建筑址，南北长60米，东西宽30米，高出城内地表2米，从高台建筑地上散布的建筑构件来推断，此处应为佛教寺庙遗址。古城内陆续出土了莲花瓦当、兽面瓦当、龙纹瓦当、方砖、条砖、筒瓦、板瓦、琉璃滴水等建筑构件及龙爪、兽头、凤尾等陶饰及影青瓷碗、白瓷盘、定瓷盘、铜画押印、铜双鱼佩饰、石臼、石佛等珍贵文物。特别是出土的一方紫铜阳刻九迭篆文"灵安州刺史印"，为该城定名提供了确凿的佐证。

辽代灵安州城址的发现，是辽代考古史的一次重要发现，对研究辽代社会区划提供了准确的地理坐标，为辽代头下军州制度研究提供了实物资料。古城遗址的发现，弥补了《辽史》《金史》及《元史》对灵安州失载的空白。灵安州古城出土瓷器中有辽瓷、宋瓷、金元铁锈花瓷，同时还出土了许多宋代铜钱。从出土遗物推断，此城建于辽代，金元沿用。据史料记载，这一带在辽代属头下军州懿州的管辖范围，灵安州古城出土的"灵安州刺史印"为研究灵安州和懿州之间的关系以及辽契丹民族的社会历史、文化艺术、生活习俗等提供了翔实的历史资料。

灵安州遗址于1989年10月被库伦旗人民政府确定为旗级重点文物保护单位，2013年5月被国务院公布为第七批全国重点文物保护单位。

灵安州遗址北城墙

灵安州遗址标志碑

灵安州遗址全景

灵安州刺史印正面

灵安州刺史印背面

灵安州遗址采集标本

灵安州遗址采集标本

灵安州遗址采集标本

豫州城遗址及墓地

Yu State City Site and Cemetery

撰稿：郑承燕；摄影：刘志强

豫州城遗址及墓地位于内蒙古自治区通辽市扎鲁特旗，分别是位于巴雅尔吐胡硕苏木别日木吐嘎查的辽代豫州城遗址和位于乌日根塔拉农场一分场东北山的寂善大师墓地。豫州城遗址和寂善大师墓地由于时代相同、位置相近，在第七批全国重点文物保护单位名录中被合并公布为1处。

豫州古城遗址东、西、北三面环山，呈长方形，西北—东南走向，周长1540米，南、西北和东北角各开一门。城墙保存完整，墙残高2.5～3.5米不等。城墙倒塌后宽22～25米不等。城内建筑遗迹很多，最高处距地表有3米，最大遗址土堆南北23米，东西24米，建筑基址间有道路痕迹，城址中间有一口水井。在城址东北角，距城墙120米处有一座庙宇遗址。庙宇坐北朝南，南北长160米，宽90米，内有大量的残砖瓦和柱基石，距庙20米处有等距离排列的小型石堆围在庙址周围。城外西北距北墙约50米处有一东西长约150米、宽70米的遗址，在遗址上面的偏东部有一个直径约15米、高约2.5米的圆形土堆，土堆上有大量的砖块、瓷片、彩釉陶残片等遗物。该城为辽代横帐（即皇族）陈王的私城，是著名的头下军州城址之一，隶属辽代上京道临潢府管辖，是辽代政治、经济、文化都比较发达的地区。城东仅一山之隔，1995年发现了辽圣宗淑仪赠寂善大师墓，在墓志铭中明确记载此城为"誉洲"，亦即《辽史·地理志》中所载的"豫洲"，是横帐陈王牧地。据资料考证，可知该城主人陈王就是被赐予耶律姓的辽代大贵族韩德让的弟弟韩德崇及其儿子韩制心，在辽代朝廷内地位显赫。

建筑遗址

遗址全貌

六耳铁锅

　　寂善大师墓地位于乌日根塔拉农场一分场东北山，是辽代贵族墓群，其方圆2公里之内有大小古墓200多座。寂善大师墓葬由八角形青砖砌筑，有长斜直状阶梯式墓道，前室两侧各有耳室，叠券顶，墓室内有柏木镶嵌，是研究契丹族生产、生活最有历史价值的古墓之一。寂善大师出生于辽圣宗统和元年（983年），比辽圣宗小12岁。在21岁时被选入宫中，并得到圣宗皇帝的宠爱。开泰二年（1013年）春，寂善大师31岁时被封为二品淑仪嫔妃。太平十一年（1031年）夏，辽圣宗死在行宫之中，同年11月被葬在庆陵。圣宗死后，宫内的政治斗争日趋激烈。辽兴宗的生母，元妃萧耨斤对齐天皇后"妒恩娼宠，谗毁百端"，并俟机杀害齐天皇后。寂善大师在宫中目睹一切，深知元妃萧耨斤的残忍阴毒，不愿卷入其中，正如墓志中所说的"人生之不求，观世事以何"。于是她在圣宗死后自誓守陵，以尽自己的一片忠心，这时的寂善大师已49岁。不久，寂善大师开始研习佛法，削发为尼，俗姓"耿"，晚年在佛法上达到较高造诣。清宁九年（1063年）病故，享年80岁，朝廷追赠她为寂善大师称号，赐紫，并完全按照僧人的习俗安葬在誉（豫）州的东面，即今扎鲁特旗哲北农场东边、温都尔哈达辽代城址的东侧山坡上。

　　豫州城位于上京临潢府（今内蒙古赤峰市巴林左旗林东镇）北偏东，二者相距150公里左右，与《辽史·地理志》记载"南至上京三百里"的方位与距离相当，又与淑仪耿氏墓志所载"礼葬于誉州东，赤崖之北"相符，它的发现，可补辽史之缺。誉（豫）州城遗址是我国保存较好的辽代城址之一。其建筑规模、建筑布局等皆为辽代头下州城的代表，为研究辽代社会地理区划提供了又一地理坐标，为进一步弄清辽代头下军州制度、研究辽代社会政治、经济、文化提供了重要资料。

　　2004年4月5日，豫州城遗址被公布为市级文物保护单位。2006年9月4日被公布为自治区级文物保护单位。寂善大师墓曾是扎鲁特旗文物保护单位，2006年9月，以寂善大师墓地名称被列入第四批内蒙古自治区文物保护单位。2013年5月，这两处辽代遗迹，以"豫州城遗址及墓地"的名称被国务院列为第七批全国重点文物保护单位。

誉州城

扎鲁特旗重点文物保护单位

扎鲁特旗人民政府

一九九六年六月二十二月

文物保护标志牌

白瓷片

金属残片

柱础石

灰陶片

布纹瓦片

韩州城遗址

Han State City Site

撰稿：郑承燕；摄影：布日额

　　韩州城遗址位于内蒙古自治区通辽市科尔沁左翼后旗查日苏镇城五家子嘎查村南500米处。韩州是辽代东方重镇，距今有千年历史，反映了契丹统治者鼓励长城以北的汉族人民兴办手工业、建造城市、完善政治制度的历史事实。

　　韩州城呈正方形，东、西墙均长700米，北墙长685米，南墙长695米，总长2780米。四墙中部各有一豁口，当是城门遗址。门外有瓮城遗迹，北瓮门东向，南瓮门西向，东、西瓮门均南向。在四墙上每隔30～50米有马面遗迹，共计23处。城墙为夯土版筑，细密坚实，残高3.5米。西墙保存较好，南墙稍差，东墙已平为车道，北墙两端有高约4米的台基，当是角楼的痕迹。东墙北段有护城河堤，南段则利用东北流来的塘泥河为天然壕堑。塘泥河沿墙南下，到东南角折而向西。城内中部偏北有三处高台建筑遗存，上面遍布有残砖碎片和兽面瓦当、沟纹砖、雕龙建筑饰件等，可能为官署遗迹。1976年，吉林省考古研究所对该城进行试掘，出土兽面瓦当、六耳大铁锅、黑釉鼓腹小口瓮、仿定白瓷盘及"元祐""大观""政和"等北宋年号的铜钱等一大批辽金时期的遗物。近年调查又发现并出土了灰色篦点纹陶壶、灰陶鸡冠壶、黑釉鸡腿瓶、辽三彩盘、铁刀、铁马镫、银镯和"开元通宝""宗元通宝"

西墙

城北门一角

马面

东墙

北墙

"皇宋元宝""建炎通宝"等文物。现在踏进城内，随处可见青砖、灰色布纹瓦、灰色沟纹瓦、灰色兽面瓦当及三彩瓷片等，足见当年屋宇建筑之宏伟壮观。

韩州建于辽代，其前身为三河、榆河二州，辽圣宗并三河、榆河二州为韩州，从此开始正式有"韩州"之称。韩州是直接隶属于皇帝宫卫的延昌宫管辖，下领柳河一县，金代时又增加临津一县，共有15000余户居民，是当时较大的一个州。

韩州曾三迁治所，此韩州城遗址为最初的治所，距今约有千年历史。韩州城是契丹族活动的辽北重镇，在当时军事和交通上具有举足轻重的地位。韩州城遗址的发现，为研究辽史，特别是辽代城市发展史提供了重要的实物资料。

韩州城遗址2013年5月被国务院确定为第七批全国重点文物保护单位。

饶州故城址

Rao State Ancient City Site

撰稿：郑承燕；摄影：王刚

　　饶州故城址，位于内蒙古自治区赤峰市林西县新城子镇西樱桃沟村古城新村北，南距西拉木伦河约500米，西南距陈家营子桥约500米，北面依山，东面地势较为开阔，是辽代的古城遗址。

　　饶州故城址坐落在西拉木伦河北岸，唐代曾设置松漠都督府，辽在此基础上建立"饶州"。遗址距离辽代上京临潢府较近，是辽代上京道重要的州城之一，又是辽中京通往上京的必由之路，同时也是辽、金、元、明各代的交通枢纽和交通要塞。"饶州"故城不同于辽代其他州，其规格较高，始建于911年，是宫卫州，主体人员都是由各军州迁入。州城附近驻扎着营卫护守，城内多居汉人，兼有工业生产和农业生产，类似军州在上京道和中京地区极为少见。

　　城址呈长方形，分东、西两城，东大西小。城址东西全长1400米，南北宽700米。西城东西宽350米，东城东西宽1050米。城墙基底宽12米，墙残高12米，为夯土筑成。城址东西两面

城址东部

城址中部

城址西部

各有二门,四周无马面,东城南墙中部有60余平方米的方形土岗1处,疑为南门遗址。城内建筑遗址、长街市肆遗迹有的仍明显可见,据初步勘查,现有建筑遗址共37处。该城1949年前即开始耕种,故城址内北部遗址已不存在。东门内附近,有明显建筑遗址,其上满布冶铁礁渣,西城南半部遍布冶铁礁渣。城址西南方,距城址约300米处有石庙1座,当地人称之为"白庙子"。古城址西南现代公路桥西侧南岸河滩内,有乱石堆积,乱石北侧有桥桩

309

古
遗
址

饶州故城址保护标志牌

木两棵。修建公路桥时,曾出土圆木两根,其中一棵横断面为梯形,残长1米余,其上凿有卯,卯为长方形,长26米,宽13米,深40厘米。据《薛映行程录》记载"过潢水石桥旁有饶州",疑该处即潢水石桥遗址。距城址西北500米之小山岗上,有明显的圆形石墙遗迹,直径约70米,疑为州城北部之防御设施。城址正北山上有平台5处,每处均有明显的建筑遗迹,出有大量残砖碎瓦,均为辽代建筑材料。城址北紧靠山根处,有大封土堆一,当地居民均称之为王坟。1976年春,村民于该处盖房取土时,发现地下30厘米有乱石堆积,宽、深均2米,似为墓道。由城址西行20公里,达克什克腾旗白音板大队西哈冷归村,村北有"天桥山",山势险峻,林木葱郁,进山口前行约1公里有古建筑遗址,房基平台仍明显可见,地表散布有大量辽砖、辽瓦,此遗址可能与饶州故城有密切关系。

据《辽史·地理志》"饶州"条记载:"饶州,匡义军,中,节度。本唐饶乐府地。贞观中置松漠府。太祖完葺故垒。……隶延庆宫。统县三","长乐县。本辽城县名。太祖伐渤海,迁其民,建县居之。户四千,内一千户纳铁。"根据上述文字可知,这座古城址,唐初为饶乐都督府,唐贞观二十二年(648年)改称松漠都督府。辽代由太祖完葺故垒,建立饶州,西南小城,为饶州的长乐县城。

富有创造能力和开拓精神的契丹民族,在我国北方地区建立了数量众多的城市,使北方千百年来的游牧生产生活方式得到了改变,促进了北方地区农业的发展。饶州位于辽代统治的核心地区——上京道管辖之下,地理位置十分重要,饶州城发掘到的大量器物以及建筑遗迹饱含着丰富的历史和文化信息,为我们研究饶州的城市功能提供了十分有价值的线索。饶州故城遗址是西拉沐沦河上游历史上建立较早的城市之一,对研究辽代早期城市布局和设计具有较高的价值,为深入了解辽王朝早期政治、经济、文化面貌提供了重要的实物资料,也为研究辽代交通运输、军事防御、友好往来以及冶铁铸造技术等提供了佐证。

饶州故城址在1975年3月、5月分别被林西县人民政府和昭乌达盟(现赤峰市)人民政府公布为县盟两级文物保护单位,2006年被内蒙古自治区人民政府公布为第四批自治区文物保护单位,2013年5月年被国务院核定公布为第七批全国重点文物保护单位。

饶州故城址全景

缸瓦窑遗址

Gangwayao Site

撰稿：白丽民　李婉琪；摄影：郭治中　孔群

缸瓦窑遗址位于内蒙古自治区赤峰市松山区城子乡水泉沟门村至黄土坑村一带，缸瓦窑村居中。地处丘陵起伏的山区，南、北为起伏的丘陵，中间是一片狭长地带。乌台图河由西向东流，穿过水泉沟门村、缸瓦窑村和黄土坑村村南。地势由北向南倾斜，窑场分布在中间平缓地带和北侧缓坡上。窑场东西长2.5千米，南北宽约0.8千米，面积约2平方千米。

窑场周围制瓷资源丰富，南侧丘陵山区储藏有大量矸子矿，用作瓷土；周围丘陵山区森林茂密，为制瓷提高了充足的燃料；村南有乌台图河流过，村内地下水位低，打井汲水方便，为制瓷提供了充足水源；窑场东北方20千米是辽代松山州、金代松山县，商贾云集，商贸发达，为缸瓦窑瓷器提供了贸易场所。诸多有利条件，促使缸瓦窑成为北方辽金元时期北方草原重要窑场。

1944年，日本人小山富士夫等人调查了缸瓦窑遗址，并进行了为期10天的短期考古发掘，发表了调查和发掘简报《赤峰的缸瓦窑》。1947年之后，我国学者李文信、李逸友、

周边环境

发掘清理椭圆形炉窑

遗址出土的纪年瓷器

陶瓶范

烧制的瓷玩偶

布赫、贾洲杰等先后调查过该遗址，多发表了调查报告。1995～2003年，内蒙古自治区文物考古研究所、赤峰市博物馆和赤峰市松山区博物馆组成联合考古队，经过五次大规模考古调查和发掘，主要发掘点集中在缸瓦窑村。根据遗址上现为村落、民居多的特点，发掘采用了多设点、小面积揭露的方式，共选挖9处，发掘面积550余平方米。共清理窑炉12座、房址（包括作坊）13座、灰坑81个，出土有瓷器、陶器、窑具和制瓷工具等。第三次文物普查松山区文物管理所对窑址进行了复查。

缸瓦窑始创于辽代早期，在辽代中晚期开始兴盛起来，金代达到鼎盛，元代以后逐渐走向衰落。西边的水泉沟门村一带以辽代遗存为主；中部缸瓦窑村一带以辽、金堆积为主，其中金代遗存最为丰富；东边的黄土坑村一带多烧制砖瓦等建筑材料，元代遗存一般分布在遗址的外围，北边则分布在山脚下，南边向乌台图河对岸发展。

缸瓦窑村北侧山坡文化层堆积较薄，一般厚在0.2～1米，上层为金代堆积，下层为辽代晚期堆积。中部缓坡地带为现代民居，堆积最厚，有2米多厚，最厚达5米以上，分为三层。下层厚0.2～0.8米，出土有鸡冠壶、白瓷碗、白瓷盘、印花素胎器、三彩器片和元祐通宝铜钱（北宋元祐年在1086～1094年）等，为辽代晚期地层，时间大约从辽道宗大安年间开始至辽亡，年代约在1085～1125年。中层和上层为金代地层，厚1.5米，中层为金代早期，出土瓷器以白瓷为主，与辽代晚期瓷器有一定的连续性，但碗、盘的釉色和造型上出现了新的特点。时间大约从辽亡到金世宗时期，年代约在1125～1189年。上层为金代晚期地层，瓷器面貌出现了大的变化，主要有大量的酱釉、黑釉、铁花瓷

出土瓷器

器出现，明显表现出烧造新工艺。在上层金代晚期地层中出土了"泰和十年"错铭纪年器盖（金章宗泰和年号只有八年，泰和十年已经进入金卫绍王大安二年，即1210年）。时间大约从金章宗到金亡，年代约在1190～1234年。在缸瓦窑村发掘中没有发现元代地层。

在北侧山坡发现了辽代晚期窑炉，平面呈马蹄形，顶部为馒头形。前方有一较窄的窑门，用于投放木柴。窑室用青砖砌筑，前部为扁圆形的火膛，后部为长方形窑床。窑室后墙下部有烟道，直接后部两个大的方形烟囱，向上合成一个烟囱。95HGY5总长4.7米，宽3.5米。装窑时在窑体上开临时门，焙烧时封死，出窑时再打开。辽代作坊破坏严重，在生土上挖有几条浅槽上面加盖筒瓦，成为坑洞（烟道），一端有2座灶膛，周围有一组柱洞。

金代的窑室平面形状也为马蹄形，但个体变大，窑门也变大，呈八字形，后部的两个大烟孔为圆形，窑室用耐火砖砌筑，窑床上铺有厚厚的粉红色耐火砂。金早期窑95HGY6总长5.9米，宽3.9米。金晚期窑成排出现，95T02Y4总长6.5米，宽4.4米。一般在窑旁边有作坊，规模也较大。金晚期作坊F1和F2为两个大小相连的两个作坊。F1用石块砌筑，东西宽8.3米，用石块砌筑烟道，坑为曲尺状，在坑的两端为灶膛，在拐角处有一个圆形坑，应该是烟囱。在作坊中心位置有一座用石板砌筑的滤泥池。F2的南墙借用F1北墙，形状与F1相似，规模略小。

在缸瓦窑村的南部山坡上还发现一座元代龙窑，长约20米，外用石块、内用耐火砖砌成，南高北低，窑门亦成八字形，主要烧大型粗缸胎器物。

发掘清理的窑址

☆
龙窑

遗址航拍

辽代晚期主要采用直接和匣钵两种装烧法。直接装烧法是器物直接放于窑床上，和火直接接触，产量大，废品较多。这种方法主要用于烧造一般瓷器和缸胎器，一般碗、盘在入窑时一律用托珠支垫（用3～5个半干的耐火黏土珠支垫）叠烧，成品碗、盘内、外底均留有疤痕，也经常出现粘连情况，残次品较多。匣钵装烧法是用平底直壁形钵内装器物烧造，器物不直接与火接触，一般用来装烧细白瓷等精致的陶瓷品，产量小，成品比率较高。

金代匣钵极少使用，金早期沿用辽代晚期直接装烧法，细白瓷器还有砂粒支垫叠烧法，在器底出现粘连的小砂粒。金代晚期依然用直接装烧法，大量使用窑柱，采用砂圈叠烧新技术，出现了套烧法、扣烧法。

辽代晚期的陶瓷器及工艺极为丰富多彩，制造精美，呈现出繁荣发展的景象。陶瓷器主要有缸胎器、白瓷器、彩釉陶器、黑釉器、小器物等，主要器形为鸡腿瓶、鸡冠壶、执壶、长颈壶、扁壶、摩羯壶、凤首瓶、罐、碗、盘、瓶、杯、盒、尊、洗、盏托、灯盏、砚、埚、人物、动物、围棋子等生活用具、玩具、文具、建筑构件等。辽代圆形器采用拉坯制作，方形或其他形状用模制，主要装饰采用剔花、印花、刻花、划花、贴花、镶接和瓷塑等技法。主要纹饰有重环纹、海水纹、钱纹、菊花纹、牡丹花纹、莲瓣纹、缠枝花纹、卷草纹、鱼纹、蜂蝶纹、卧牛纹、团凤纹、蟠龙纹、胡人乐舞纹、胡人驯狮纹、猴头、龟首等图案。

金代早期的产品和工艺显得简单和单调，主要烧造白瓷，胎质较粗，胎体较厚，釉肥厚，碗底圈

黑釉罐

黑花器盖

海棠盘

素胎盒

海棠盘底足墨书

素胎陶砚

素胎印花盘

陶童子范

鸡冠壶

套烧的瓷器

足为环璧形。金代晚期产品又多样起来，表现出粗糙和随意的特点。胎质更加粗糙，造型厚重。有白釉、黑釉、酱釉等，白釉黑花、白釉铁锈花大量出现，还有少量三彩器等，施釉薄厚不均，新出现了油滴、黑蓝油等黑釉。碗为璧形底，笨重。金代在制瓷工艺上依然是圆器拉坯。金早期极少花纹装饰，新出现了白釉黑花产品，为小三叶纹和小蝌蚪纹或三朵花纹。金晚期又重新出现了刻花、印花、划花、剔花等工艺，新出现了划花填彩、剔花填彩、绘画等工艺，纹饰有水波纹、鱼纹、莲瓣纹、牡丹花纹、花朵纹、花叶纹、折枝纹等。花纹采用分区和分层布局。

缸瓦窑遗址面积大，延续时间长，特点鲜明，文化内涵丰厚，代表了辽、金、元北方草原瓷器烧造水平，堪称草原瓷都。烧造风格博采北方诸窑如邢窑、定窑、磁州窑之长，早期受邢窑和定窑影响较大，尤其受定窑影响较深，晚期与磁州窑联系密切。创本土民族风格，粗放中兼有细腻，具有浓郁的游牧文化特点。尤其是游牧民族生活用品如鸡冠壶、凤首壶、长颈瓶等，更显示了独有的文化内涵。在缸瓦窑村东北部集中烧造精美彩釉和三彩陶器，出土龙凤纹扁壶、摩羯壶等，遗址中出土"官"字款瓷片，说明存在辽代官窑作坊，是辽代最高制瓷技术水平的代表。同时辽代缸瓦窑也大量生产民用陶器和瓷器，具有即官又民的双重性。对探索我国古代北方草原地区制瓷工艺的发展与渊源，以及北方各瓷窑烧造技术的相互交流与彼此融合等相关问题，提供了科学的地层和实物依据，意义十分重大。

1996年，缸瓦窑遗址由国务院公布为第五批全国重点文物保护单位。

白釉褐花罐

武安州遗址

Wu′an State Site

撰稿：郑承燕；摄影：杨国权

　　武安州遗址位于内蒙古自治区赤峰市敖汉旗丰收乡白塔子村，南邻骏马河，教来河自西向东从遗址中间穿过，是辽代至元代时期的古城遗址。武安州城址在河南岸，武安州白塔在河的北岸，城址部分被河水冲毁，另一部分被农田建设破坏。

　　武安州是耶律阿保机最早建置的头下州之一。《辽史·地理志》载："武安州，观察。唐沃州地。太祖俘汉民居木叶山下，因建城以迁之，号杏埚新城。复以辽西户益之，更曰新州。统和八年改今名。初刺史，后升。有黄柏岭、袅罗水、箇没里水。"这一记载说明了武安州的形成过程和在辽朝建立前的重要地位。在阿保机建国之后，仿唐制把这里改制为"新州"，并"以辽西户益之"。在辽统和八年（990年）由"新州"更名为"武安州"，在这一年的三月，又一次建城，并"以宋俘实之"，第三次迁入汉民。这里说的"宋俘"即当时

全景

保护标志碑

著名的辽宋高梁河之役所获，把新州改为武安州似乎也与此有关，可能是对高梁河之役获得胜利的一种纪念，取"以武安天下"之意，体现了契丹民族的尚武精神。该城在金、元两代时设县，由武安州改为武平县。

由于河水冲刷和耕种所致，武安州遗址城垣保存较差，多已不存，只有北城墙尚依稀可辨，其余为断断续续的灰土带。现可见有三重城垣：最外一重保存最差，略呈方形，边长近800米；第二重城垣呈方形，边长约650米；第三重城垣保存稍好，向北回收，略呈方形，边长约270米。城门遗迹已辨别不清。城址内出土的大量辽金元时期遗物，多为生活用具，其中刻有"至正三年五月"纪年的元代瓦当陶范十分珍贵，还出土了围棋子、象棋子等文物。城址周围有3处寺院遗址：其一是城西侧的吴家墩遗址，该遗址位于与城址相邻的西侧，地表可见九处高大的建筑台基，地表采集的遗物多为绿琉璃建筑构件、建筑装饰品，如贴面砖、龙凤雕塑、半浮雕风景等，还出土了陶、泥塑的佛像。从遗迹和出土的标本看，是辽代早期规格较高的寺院建筑址。其二是城南台地寺院遗址，该遗址规模不大，地面可见有砖瓦残片。其三是城北河北岸高岗寺院遗址，该遗址位于与城址相对的骏马河北岸，地表可见有辽代遗物，均为辽早期建筑，至金、元时已废弃，现仅存辽塔1座。近年，在距城址附近的下湾子、西南荒均发现一批火葬墓，这些墓的主人是与寺院有关的僧人，反映了当时崇信佛教之盛。

武安州白塔是遗址中保存比较完整的建筑，位于与城址相对的骏马河北岸高岗上的寺院遗址上。该塔始建于辽代早期，至金、元时废弃。塔为八角形密檐空心砖塔，塔顶及塔刹部分残缺损失，天宫裸露。现塔残存十二级，残高约32.6米。该塔由塔台、塔座、塔身、密檐等四部分组成。塔台由于塔

辽塔

座及塔身的坍塌脱落使其埋于积土之下；塔座外部残损，现每边残长约5.4～6米；塔身高2.78米，宽5.1米，塔身南面辟拱形佛龛，北、东、西三面置穹顶式佛龛，其余隅面为砖雕的棱窗；塔檐现残存十二层檐，残高约20米，第一层檐和第二层檐均为仿木结构的门拱成檐，第三层以上各檐为叠涩式成檐，塔檐向上斜收较大，为早期辽塔形制。塔外壁抹有白灰，俗称"白塔"。

　　武安州是辽代最早建置的头下州之一，并由此开创了头下军州制，在辽早期有着十分重要的地位。武安州辽塔对研究辽早期的佛教文化和建筑也具有十分重要的意义。

　　武安州遗址在1996年被内蒙古自治区人民政府公布为自治区级文物保护单位，2013年5月3日，被国务院公布为第七批全国重点文物保护单位。

辽塔细部

辽塔细部

辽塔细部

兽面纹瓦当陶范（正、背面）

辽塔细部

325 古 遗 址

辽塔细部

宁昌路遗址

Ningchang State Site

撰稿：郑承燕；摄影：杨国权

宁昌路遗址位于内蒙古自治区赤峰市敖汉旗玛尼罕乡五十家子村孟克河西岸台地上，东距河床500米，西侧靠山梁，现存方城遗址一座，城垣夯筑，方圆1公里，墙残高2米，是辽代至元代时期的城址。

宁昌路为元代中书省"腹里"29路之一，设昌王府，领宁昌县。此城始建于辽代，《中国历史地图集》标为"降圣州"遗址，辽太宗耶律德光降生于此，取降生圣人之意。宁昌路遗址土筑城垣为长方形，南北长250米，东西宽225米，墙残高2米左右。其外还有一重城墙，边长约600米，由于耕作的原因只能看到灰土带。

城内外地表曾有建筑群遗址残留，现唯一保存完整的是在城内中轴线偏北耸立的一座辽代的砖砌佛塔，名"万寿白塔"，造型和建筑风格都很独特。该塔始建于辽代，是一座辽代早期建筑，佛塔为八角形密檐空心式，塔檐十三级，高34米，底边宽6米，塔座分四层，

全景

第一层为仿木结构的铺作砖雕，第二层刻有塔铭、佛像等半浮雕图案，第三层为仿木结构的铺作砖雕，第四层为砖雕栏杆，第四层之上为一朵盛开的大莲花将塔身托起。塔身各角为转角柱上承门拱，每面正中为佛龛，各龛内均有泥塑佛像，龛两侧为半浮雕式立佛，上为飞天，姿态轻盈飘逸，下为祥云相托。塔刹部分为元代另加，同时在塔的其他部位还发现有明代维修时填补的材料。1995年秋，敖汉旗博物馆对塔的地宫进行了清理，出土了唐卡、泥塑佛像、铜镜、铜钱等文物。清理时发现塔为空心，并间隔出层面，其间有砌出的台阶相通。

1995年，敖汉旗博物馆对塔地宫进行了清理，出土了一批元代柱础、石狮、飞马石雕、石螭首、龙凤纹琉璃瓦等，更发现有部分银器及一枚"至大元宝"金币。这些出土文物与锡林郭勒盟正蓝旗元上都遗址出土的同类遗物非常相似，说明元代时期这里曾有豪华的建筑群。出土的"至大元宝"金币，直径2厘米，重1.4克。面文为"至大元宝"楷书，直读，光背，背面无文。此币非正式行用货币，是元代贵族妇女所戴饰物中的"春钱"。元青花高足龙纹杯（残），圆唇、侈口、弧腹，下呈四节竹节形喇叭状空心高圈足，足底微外撇，细白

琉璃狮子

琉璃滴水和石刻螭首

宁昌路遗址石刻人像及背面铭文

至大元宝

保护标志碑

万寿白塔全景

胎，施青白釉，釉质莹润，足底无釉，足内壁近底有部分积釉，胎釉结合处泛火石红，无釉处呈淡黄色，杯内底心绘折枝菊花及花叶，内壁模印云龙纹，缺失只剩一段，外壁绘三爪龙纹及云纹，只留有三个三爪足及龙身一段，龙身鳞片呈网格状，头尾缺失，高足之四个竹节突棱均绘青花圆线纹。青花发色温润鲜艳，较纯正，着墨重处有锡光，呈蓝褐斑点，绘画线条边缘有晕散。元青花梨形壶，壶高

9.5厘米，最大腹径9厘米，口径3.6厘米，底径4.2厘米，垂腹，细白胎，平底无釉，底心内凹，胎釉结合处泛火石红，壶体如梨形，执柄和流均残，盖缺失，壶体两面各绘一丛茶花，执柄下方残端有少许线纹，流残端近腹壁有少许火焰纹。元青花高足龙纹杯和梨形壶与内蒙古集宁路古城出土的青花瓷器在器形、胎釉、用料、画工上基本相同，当为宁昌路蒙古贵族的高档生活用具。结合其工艺特点及历史背景，应属元代至正年生产的青花高级瓷器，这为元代青花瓷器的研究提供了重要的实物资料。

宁昌路遗址于1996年被内蒙古自治区公布为第三批自治区级文物保护单位，2013年5月被国务院公布为第七批全国重点文物保护单位。

万寿白塔

□元黄 台吉保命
□汗把都儿都令甲
□兵兔云督器打□
□庚子贰拾捌年秋捌□
命齐慎憨□□
大明万万岁

宁昌路辽塔碑文

查干浩特城址

Chaganhaote City Site

撰稿：张文平；摄影：周兴启

查干浩特城址位于赤峰市阿鲁科尔沁旗罕苏木查干浩特嘎查东2公里处，处于大兴安岭山脉的南麓，北面为地势高亢、东西走向的大兴安岭，南面为起伏较缓的丘陵，中间形成一片平坦开阔的草原，一条小河自西向东流入海哈尔河。城址东侧的大兴安岭间有一条天然的山谷，是南北重要通道。

城址分为东、中、西并列的三座古城，中间古城称白城，东、西两侧分别为东白城、西白城。

白城呈内、外城回字形布局，方向为北偏西10度。外城城墙东、西、北三面为夯土修筑，南面东、西两侧利用了棋盘山天然山势，低缓处补筑以石墙，从而使整个城郭显得不太规整。三面夯筑城墙长度不等，东墙长584米，西墙长510米，北墙长1000米。残存墙体基宽8米，顶宽0.6~2米，高1~3米。北墙中部辟门，东北角、西北角建有角楼。南墙中的残存石墙，基宽约2米，顶宽约1米，高约1.7米，中部辟门。内城位于外城中部，平面呈方形，边长225米。城墙夯筑而成，底部有石砌墙基，宽约12米，顶部铺一层河卵石，宽约6米，城垣通高约8米。南墙中部设门，外加筑马蹄形瓮城，四角筑角楼。内、外城中均有多处建筑基址。

西白城靠近西部部分为白城外城的西墙所穿过，因此前者年代较后者为早。西白城分为内、外两城。外城平面呈长方形，南北长260米，东西宽164米，方向为北偏西10度。残存城墙基宽8米，顶宽0.4~1米，高0.6~2米，南墙开门。内城位于外城中部，南北长133米，东西宽80米。残存城墙基宽10米，顶宽0.8~2米，高1~3米。南墙开门，门址宽8米。四角建有角楼。内城正

城址远景

白城外城城墙

中偏北和紧靠北城墙处，分布有一前一后两座台基址。

东白城位于白城东部偏北2公里处。平面呈长方形，南北长330米，东西宽273米，方向为北偏西10度。夯筑城墙，基宽约10米，顶宽2～4米，高0.7～2米。辟有东、西、南三座城门，东、西门址宽约5米，南门址宽约7米。城内明显的建筑遗迹较少，中心有一大型夯土台基，其北部分布两座对称的较小夯土台基。

三座古城中的出土物，以砖、瓦、柱础石等建筑构件居多，还有石臼、石磨盘、石碾等农业生产工具。此外，在城址南面的棋盘山、北面的阿巴嘎山都分布有一些建筑遗迹，时代与城址大体相当。城址附近还发现三处元代村落遗址。城址北部的山坡上，分布着大片的墓葬群，有的墓葬周围有石砌墓茔。

对于查干浩特城址，较为详细的调查报告仅见于赤峰市博物馆考古队1990年的调查，该报告将古城及其周边遗迹的年代统归于北元，认为是北元林丹汗的都城，遭到历史学者的质疑。另一种观点认为，该城始建于辽代，一直沿用到明代晚期。

赤峰市博物馆考古队的调查报告对古城内遗物有一些具体的描述，但无照片和线图，很难让读者获得具体认识。执笔者把它们笼统地划定为明代，属于单纯的一厢情愿。如白城古城中采集的沟纹砖，是辽代的典型器物。其他如琉璃瓦、龙纹瓦当等，在蒙元时期的大型投下城邑中往往很常见。该调查报告在结语中写道："西白城尽管面积不大，但是内城主体几乎都被巨大的宫殿占据，宫殿建筑十分雄伟宏大，并且全部采用琉璃瓦覆盖。这种规格的城市建筑在元代至少是藩王居住的路以上的城郭才能具备，然而元代在阿鲁科尔沁旗一带根本没有县以上的行政建置，进而证明该城的上限不会早到元代。"但是，古城中不但存在辽代的遗物，而且这一地区在蒙元时期处于弘吉剌部部长按陈之弟册一系的封地范围之内，也正是内蒙古地区农业生产较为发达的一个时期。因此，对于三座古城的年代、性质需重新认定，不排除为册一系投下城邑的可能性。

据《元史·特薛禅传》记载，1214年成吉思汗"甲戌分封"，弘吉剌部被分成了四支，各有封地。除部长按陈外，成吉思汗还分别对其弟册、火忽以及按陈之子唆鲁火都进行了分封，他们的分地大体包括了今赤峰市大部和通辽市西北部一带，终元一世时代相袭。他们的继承者们在其封地内建立了各自的投下城，如部长按陈一系的投下城有应昌路故城和全宁路故城，按陈弟火忽一系的投下城为今巴林右旗白塔古城。

"甲戌分封"赐予按陈之弟册的封地为"阿剌忽马乞迤东，蒜吉纳秃山、木儿速拓、哈海斡连直至阿只儿哈温都、哈老哥鲁等地"，"以胡卢忽儿河北为邻，按赤台为界"。阿剌忽马乞为元朝的十四处官牧地之一，当为今天的锡林郭勒盟西乌旗西部至锡林浩特市一带；蒜吉纳秃山当为今巴林右旗赛罕乌拉的最高峰乌兰达坝山；哈老哥鲁为今霍林河；胡卢忽儿河指今天主要流经西乌旗境内的巴勒嘎尔郭勒。虽然还有其他的一些地名今天不知所指，但册的分地范围已大致可以勾勒出来：西面以巴勒嘎尔郭勒与成吉思汗的直属兀鲁思为邻，北面大致在今天东乌旗与西乌旗的交界处一带，南以乌兰达坝山与火忽分地为界，东面则越过大兴安岭，占据了今阿鲁科尔沁旗和扎鲁特旗的北部地区，直抵霍林河流域。查干浩特城址恰在册的分地之内，其中白城的双重城布局、宫殿基址上散布大量琉璃瓦和砖瓦等特点，亦与蒙元时期的一些投下城邑具有相似之处，可能正是册的主要投下城所在。

2006年，查干浩特城址被国务院公布为第六批全国重点文物保护单位。

吐列毛杜古城遗址

Tuliemaodu Ancient City Site

撰稿：刘丽娜；摄影：金泉　斯日古愣

吐列毛杜古城遗址位于内蒙古自治区兴安盟科尔沁右翼中旗吐列毛杜镇的北部，距旗政府所在地 90 公里 ，东临突泉县宝石、学田乡。城址北60米处为通霍铁路，东西南3面墙紧靠村民家院墙。流经科尔沁右翼中旗境内的霍林河，在吐列毛杜一带把我国东北第二阶地与第三阶地的天然屏障——大兴安岭拦腰斩断，形成沟通内蒙古高原与松嫩平原的交通要道。吐列毛杜古城址地处要冲，是金代东北方的重镇。此要塞位于霍林河谷北侧，后面有山，西北面是金界壕。

吐列毛杜古城由一、二号古城组成，两城仅隔160米。古城修筑于金初（1115年），金为蒙古所灭后（1234年），此城便被废弃。金时，由于契丹残部与北方部族的侵扰，金初

吐列毛杜一号古城全景

吐列毛杜二号古城全景

即开始在东北路修筑界壕与边堡。之后分别于大定、明昌、承安年间共五次在东北路、临潢路、西北路、西南路修筑界壕上边堡这一防御体系。古城遗址西北5公里为金界壕（俗称金长城）。界壕内侧相隔大约4～5公里为一个边堡址。吐列毛杜古城城址在方圆百里的范围内属于大城，是金时控扼霍林河中上游地区的重要城址，地理位置和军事地位十分重要。城址南的霍林河金时称鹤五河，沿此河两岸发现许多辽、金时期遗址和墓葬群。据史料记载，金天会初年，降金的乌古、敌烈部族被安置在大兴安岭东麓一带，霍林河中上游地区，当时这里生活着契丹、女真、汉族、乌古、敌烈等部族，而吐列毛杜一、二号古城址是霍林河中上游地区最大的古城址，同时又是控扼霍林河流域的要冲，故有专家认为该城址应是金时乌古敌烈统军司治所所在地。

文物部门先后于1982年、1995年、2003年对这两座城址做过调查。吐列毛杜一号古城址平面呈长方形，南城墙长510米，北墙长500米，东墙长688米，西墙长684米，周长2382米，面积为346430平方米。南城墙中部和东城墙中部各开一座城门，并都有瓮城。瓮城呈半圆形，古城址四角都有角楼，南城墙马面6个，北城墙马面7个，东城墙马面9个，西城墙有马面9个。每个马面间距平均70米，城墙保存较好。现残存城墙基宽8～10米，高3～4米不等。城墙是黑土与砂石土分层夯筑，城墙外侧四周有护城壕。古城城址现已变为耕地，并建有几处民房和部队留下的营房。一号城址内建筑基址不是很多，说明当时这里的居民较少。

吐列毛杜二号古城城址大体呈方形，南城墙长385米，北城墙长385米，东城墙长320米，西城墙长320米，周长1430米。北城墙稍偏东，有一城门并有瓮城，瓮城呈长方形。东城墙正中有一城门，较小，无瓮城，属于便门或"角"门。城墙四角方正，无角楼马面。城墙保存一般，现残高0.8米，宽4～5米，亦是由黑土与砂土分层夯筑而成。城墙外侧与一号城相同，有护城壕，北大门与一号城东大门较近。古城城址内现已变为耕地，但原有建筑遗址仍很清楚，建筑布局规律性很强。大致可分为4个区，分别编号为A、B、C、D四区。

A区居城区东部，正对北门，面积约占全城一半。此区建筑遗迹多集中在北部河中部。建筑遗迹多为长方形、圆形。在全区中部有两座较大建筑遗迹，东侧一座呈正方形，面积450平方米，西侧一座呈"凸"字形，面积约800平方米，这两组建筑台基应是此城的中心建筑。此区的东北角有一边长60米的正方形围墙，围墙内无建筑遗迹，疑是畜圈或菜园等。B区位于城内西北部，约占全城面积的四分之一，建筑遗迹形状为长方形、圆形两种，可分为4组建筑群。C区和D区位于城内的西南部，占全城面积的四分之一。C区居东、D区居西，分别组成"匚"形建筑群。

从以上两个古城城址内建筑基址和布局看，推测一号古城城址应属兵丁居住的军队城址，而二号古城城址有可能为当时的东北路招讨司住所或是降金的乌古敌烈统军司治所，与一号城关系密切。

吐列毛杜一号古城内局部

铁刀

铁马蹬

铜钱

陶片

　　吐列毛杜一、二号古城址西北5公里即是金界壕，南1.5公里是霍林河（金时称鹤五河），在霍林河流域金界壕内侧分布着许多边堡，这两座城址是其中较大的城址，是控扼霍林河中上游一带的重要边防城，地理位置十分重要，是金界壕防御体系中的重要环节。吐列毛杜一、二号古城的完整布局及金界壕的相互联系，是研究辽、金、元时期的兵制、边防体系、民族关系的宝贵资料。

　　2003年，吐列毛杜古城被批准为科右中旗旗级文物保护单位，2006年9月4日，被自治区人民政府批准为自治区级文物保护单位，2013年5月3日，被国务院公布为第七批全国重点文物保护单位。

安答堡子城址

Andabaozi City Site

撰稿：薛峰；绘图：丹达尔；摄影：塔拉　张海斌

安答堡子城址位于包头市达尔罕茂明安联合旗达尔汗苏木哈沙图嘎查木胡儿索卜嘎山（木胡儿索卜嘎的汉语意思为"平顶塔"）南麓，周围为低山丘陵草原地带，城址分布于由低山、丘陵围绕而成的盆地之中。城址的西部和北部有两条小河，汇合于城外西北部后又向北流去。城址北距金界壕约5000米。

古城平面略呈方形，南北长600米，东西宽580米，正方向为北偏东12°。夯筑城墙，

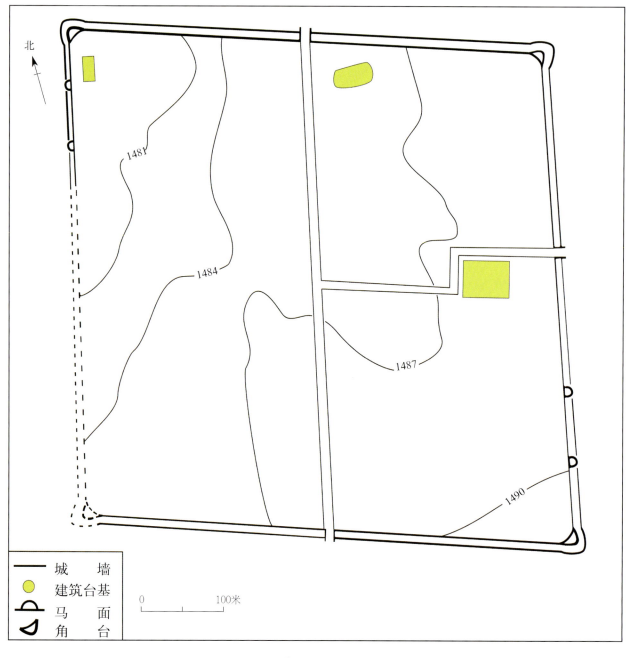

城址平面图

城址航拍图

基宽约10米，残高最高达6米，东、北、南三面城墙有门址，西墙北部、东墙南部各残存2座马面，除西南角角台已破坏消失外，其他三角均有角台残迹。从南门往北有一条直通的南北向街道，东门与这条南北向街道之间有一条曲尺形街道相通，街道两侧分布有多处建筑遗迹。城内西北部的一处建筑基址，边长约30米，残高5～6米，上面曾发现雕刻十字架的石块和残砖等，应为一处景教教堂遗迹。这些建筑基址周围散布有兽面纹瓦当、重唇板瓦、滴水、花纹砖、石磨和石臼等遗物。

从南门外向南通有一条街道，街道两侧分布大量的建筑遗迹，为关厢居民区。关厢区地表散布有石磨、石臼、石碌磲和陶瓷片等，其中瓷片有白瓷、黑釉剔花瓷和龙泉青瓷等。

古城东北部和西北部的缓坡上以及北部山麓地带，分布有墓葬400余座。1996年内蒙古文物考古研究所等单位抢救性清理发掘了其中的10座墓葬。这些墓葬在地表上分无封土、有封土和垒砌石块三种，发现有一些景教墓顶石，还发现残断的砖瓦和滴水，推断墓地原有享堂一类的建筑物。墓葬形制以长方形土坑竖穴墓居多，另有长方形竖穴带洞室墓、竖穴砖室墓、竖穴砌石墓。葬具多为平面呈梯形的木棺，以单人葬为主，头向西北，葬式多作仰身直肢。随葬品出土较少，多死者生前佩带之物，如簪、钗、耳环、戒指和顾固冠等，脚底垫桦树皮鞋垫，其中有一座墓葬随葬铁犁1件。

据相关专家考证，该城址应当是汪古部为金朝守卫界壕的部族"旧城"，也是成吉思汗与汪古部部长阿剌兀思剔吉忽里约为世婚之后的"安达堡子"。

南门外遗迹

城外墓葬彩绘壁画

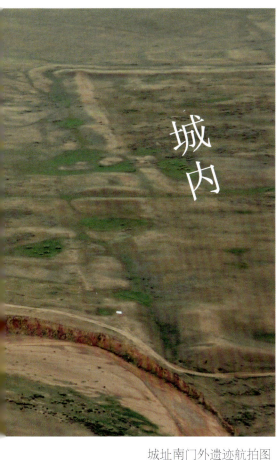

城内

城址南门外遗迹航拍图

城外墓葬出土滑石凤穿花佩饰

城外墓葬墓顶石

城内采集兽面瓦当

城内建筑

城外墓葬头龛出土器物

城墙夯层

四郎城古城

Silang Ancient City Site

撰稿：郑承燕；摄影：珊丹

　　四郎城古城位于内蒙古自治区锡林郭勒盟正蓝旗上都镇北2公里处，东临多伦县和赤峰市克什克腾旗，西接正镶白旗和苏尼特左旗，南近太仆寺旗和河北省沽源县，北靠锡林浩特市和阿巴嘎旗。

　　古代濡水（今滦河）发源于河北省丰宁县境，流入内蒙古锡林郭勒盟正蓝旗，经过多伦县流向河北省境。最早进入濡河上游地区的北方游牧民族是东胡，约在战国时期，东胡就游牧在西拉木伦河、老哈河及以南地区。战国时期，在黄河河套和阴山山脉地区，一个古老的游牧民族匈奴正在崛起。四郎城古城一带正是瓯脱地的一部分（匈奴语称弃地的边界为"瓯脱"）。匈奴政权分三部分：一是单于庭，管辖匈奴中部；二是左贤王庭，管辖匈奴东部；三是右贤王庭，管辖匈奴西部。濡河上游地区则属匈奴左贤王部将的驻牧地。东汉中期，乌桓内迁中原诸郡，上谷塞外之乌桓在滦河流域驻牧了200余年。北魏时期，濡水上游地区

1975年航测片

属御夷镇管辖。隋唐时期，长期驻牧在濡水上游地区的是奚族。奚族在隋以前称库莫奚，游牧在濡水上游东北地区。金代沿袭辽代政治制度，也建有五京，并将全国划分为十九路。滦河上游的金莲川地区，属西京路桓州管辖。金世宗大定年间（1161~1189年），大臣移剌子敬请求将西北路招讨司北迁至界壕附近，以便保护皇帝的安全。1168年在金莲川草原上建起了新桓州城，并成为西北路招讨司治所。金廷在沿边设立三十八州，桓州为其中之一，是一座重要的边城。旧桓州城位于正蓝旗黑城子种畜场金界壕南。金代中期，迁建新桓州城，城址即今正蓝旗上都镇北2公里处的四郎城，城址至今保存完整，马面、城门、建筑基址以及护城河清晰可辨。桓州所在的金莲川地区是著名的牧马场，金朝在这里设群牧监管局。1211年，成吉思汗率军进攻金朝，首先占领了滦河上游的桓州及以西的昌州、抚州。在征伐金朝的战争期间，成吉思汗经常到这一地区避暑。后为元朝驿路（纳钵西路）中的一个驿站，为驿道黑谷道必经要冲。随着明朝势力的衰微，蒙古人重返故地，游牧生产，这里成为蒙古右翼诸部的领地。

古城分外城和内城，内城位于外城东北角。外城平面呈长方形，东西1165米，南北1100米，城墙系夯土筑成，城墙残高3~5米，基宽6~8米。城墙四面均筑有马面，马面间距不等，其中东、南墙各

古城东城墙（南—北）

古城全景（北—南）　　　　　　　　　　　　　　　　古城内城（北—南）

筑马面13个、西墙马面15个、北墙马面16个。四角建有角楼，角楼平面呈圆形。除北城墙外其余三墙正中各筑一城门，外筑马蹄形瓮城。距内城西、南城墙20米处有一条护城河。四郎城北墙无门，西、北城墙上马面较东、南城墙密集，这当与初建桓州城为抵御漠北蒙古部落的军事目的是一致的。城中有建筑台基遗迹，当为州府官衙所在。古城内散布着大量残砖碎瓦，瓦背为素面反面布纹，砖多是灰色素面，有少量沟纹砖。古城内曾出土过粗瓷双耳罐、铁釜及定窑、钧窑瓷片等文物。

四郎城古城在金代时为新桓州，元、明时期为桓州驿。四郎城的地理位置十分重要，城址规模和建筑结构均具有金代特征，符合金代州级建制及州城建筑规模，对于研究金代政治、军事具有重要意义。

四郎城古城于1986年5月10日被内蒙古人民政府公布为第二批自治区文物保护单位，2013年5月3日被国务院公布为第七批全国重点文物保护单位。

净州路故城

Jingzhou State Ancient City Site

撰稿：张文平；绘图：丹达尔；摄影：谢寒光

　　净州路故城位于乌兰察布市四子王旗吉生太镇城卜子村东的宽阔山湾之内，地势平缓，东面紧邻塔布河，西、南两面为低矮的小山丘。

　　古城分大、小两城，小城位于大城外西南部。大城平面大致呈长方形，正方向为北偏西27度。夯筑城墙，现存城墙基宽8.5～9米，残高1～3米，西墙和北墙保存较好，东墙仅存北段，南墙已全部消失不见。从西墙、北墙长度，可推断东墙、南墙长度，东墙长661米，西墙长700米，南墙长550米，北墙长525米。西墙中部为现代道路穿越处有一豁口，推测为城门所在，其他墙体上门址不清。城内现开辟为耕地，街道和建筑基址已难寻觅，仅可见东北部有两处并列的建筑台基，东西之间相距约15米，地表散布大量的砖、瓦和琉璃构件，以前还曾出土过佛像和彩塑等，初步推断应是和佛教寺院相关的建筑。"大元加封宣圣碑记"石刻出土于古城西南隅一座建筑基址之上，该建筑当为文庙所在。

古城全景

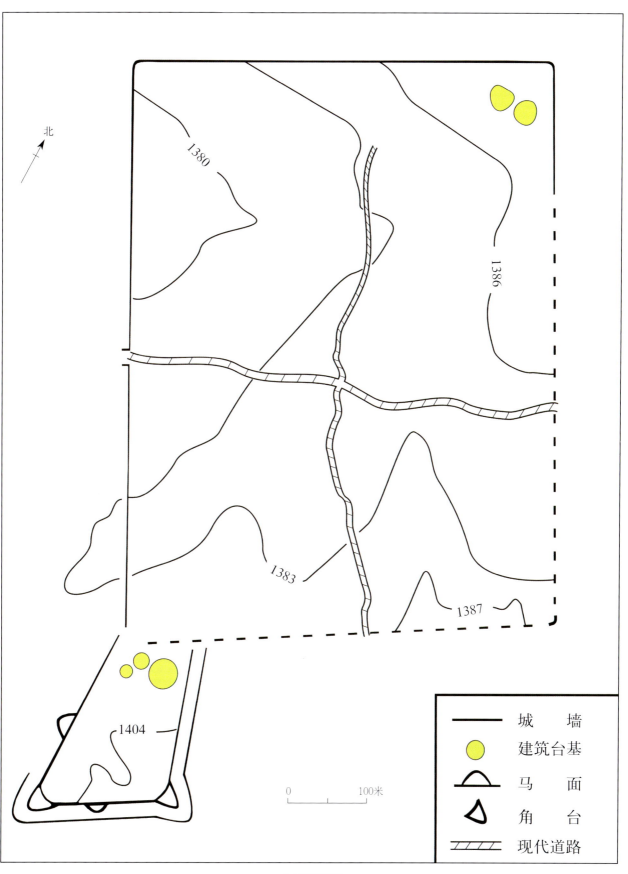

北

1380

1386

1383

1387

1404

城　　墙
建筑台基
马　　面
角　　台
现代道路

0　　　　　　100米

古城平面图

古城西南小城南墙

古城小城西墙夯层

大城西南部有一凸出的小城，其北墙借用了大城的南墙，由北墙向南，是一个渐次升高的缓坡，从小城之内，可俯瞰大城全城。小城平面呈长方形，东西长178米，南北宽130米。夯筑城墙，基宽约5米，残高2～3米，门址不清。南墙中部偏西处和西墙中部偏南处，各保存有一个马面，东南、西南两角均有角台。城内北部有并列的三座建筑台基保存相对较好，台基地表暴露有石砌墙基，周围散布大量的砖、瓦和琉璃构件等。

古城内地表散布遗物较为丰富，主要有陶器、瓷器和建筑材料等。瓷器中细瓷和粗瓷均占有一定的比例，釉色以白釉、白釉黑花和青蓝色釉钧瓷为主，也有一定数量的黑釉剔花、龙泉窑青瓷和个别的青花、搅胎、红绿釉、黄釉和三彩等。釉面大多无装饰，少量有印花图案，内底残存有支钉或圈足痕迹。器形有盆、碗、钵、盘、器盖和高足杯等。部分碗、盘外底有墨书题记。

净州路最早在金代为一处榷场，金大定十八年（1178年）置净州，领倚郭天山县，元代沿用。古城西南有文庙建筑遗迹，原有"大元加封宣圣碑记"石刻一方，碑上刻"净州路总管府"、"大德十一年七月二十一日立"等字，可知在元大德十一年（1307年）以前净州已升为路总管府。

据蒙古文献的记载，汪古部内部分成三十一个农土，到成吉思汗时，又被分为四或五个千户，汪古部部长阿剌兀思剔吉忽里及其侄镇国均为千户长，这些说明汪古部是由若干千户和农土构成的。在这些千户和农土之内，以阿剌兀思剔吉忽里家族为首的贵族们，在其领地范围内各自建立了自己的食邑城，形成了大、小领主并存的局面。

在封王领主的投下城里，在元成宗以后普遍设立王傅府，具体管理投下封地事务。未设立王傅府之前和未封王领主的投下城里，也有类似的机构。王傅府设王傅（正三品）、府尉（正四品）、司马（正五品）各三员，王傅由朝廷颁发银印、虎符，有自己的印信和衙门。王府的其他机构还有断事官、典食司、钱粮都总管府、人匠都总管府和怯怜口都总管府等。

为了加强对投下领地的管理，元朝中期以后，将一些投下城列入了国家统一的路、县等行政建制之中，汪古部四路即为这样的情况。如德宁路等，在城内设立路总管府，其官员有达鲁花赤、总管、同知等。但这些官员的任命，投下诸王有着极大的自主权。《经世大典》里记载道："古者诸侯分国而治，天子命卿之外，大夫、士以下，其君皆得而命之。今制，郡县之官皆受命于朝廷，惟诸王邑司，与其所受赐汤沐之地，得自举人，然必以名闻诸朝廷而后授职，不得通于他官，盖慎之也。"可见，从诸王王府、王傅府到路、县等属邑的官员，诸王都可以举荐自己的陪臣来担当，朝廷只是最后裁定、认可。这种诸王投下的陪臣担任官长的统治机构具有很大的独立性与自主权，导致投下领地的地方行政与普通地方行政具有很大的不同。所以，在呼和浩特市大青山蜈蚣坝山谷中发现的"甸城道路碑"碑刻中，会出现在河东山西道宣慰司下另又设置的"镇遏德宁天山分司"这样一级管理机构，来加强对汪古部地区的管理。

与投下领主分封制度相对应，投下城的城市布局，与充斥着平民坊市区的世俗化城市布局也有着很大的区别。从城市的功能设置来看，主要是为投下领主所服务的，城内设施均与领主有关。一般居民居住在城外关厢地带，归人匠都总管府、怯怜口都总管府等管理，也是王府的属民。

2006年，净州路故城被国务院公布为第六批全国重点文物保护单位。

黑山头城址

Heishantou City Site

撰稿：李少兵　魏孔；摄影：李少兵

　　黑山头城址位于内蒙古自治区呼伦贝尔市额尔古纳市黑山头镇古城子村西侧约100米，南距海拉尔区120公里。坐落在根河与得耳布尔河流入额尔古纳河三河汇流处东部的台地之上，东、北两面是渐次升高的大兴安岭，西、南是一望无际的呼伦贝尔草原。背山面水，北依得耳布尔河，南临根河，西靠沼泽地。地势北高南低，北侧为一座孤山，海拔554.6米，东南面向黑山头山。古城因黑山头山而得名，黑山头山蒙古语称"苦烈儿温都儿斤"，汉语意为"木箱似得山"，当地蒙古人称古城为"苦烈儿温都儿斤古城"。这里冬暖夏凉，水草丰美，适合于畜牧业的发展。

　　清代西清《黑龙江外纪》中最早记述了该古城，在《黑龙江舆图说》和《呼伦贝尔志略》中对古城也有记载。俄国人克鲁泡特金、包诺索夫等探险家都调查过古城。1975年，黑龙江省文物工作队实地调查了古城。第二次全国文物普查和第三次文物普查过程中，额尔古纳市文物管理所对古城进行调查并进行了测量，勘察了城内遗迹，采集了一批遗物。

　　古城由内城、外城和子城组成。内城位于外城中部偏西处，内外两城相套，子城位于外城东北角。

东城墙及马面（北—南）

内城城墙及宫殿建筑基址（北—南）

外城平面呈四方形，四墙长度不等，东墙长592米，南墙长578米，西墙长598米，北墙长598米，周长2366米。城墙夯筑而成，基宽约16米，顶宽2米，残高2～4米。墙外间距100米左右建一个马面，四面墙上共有16个马面，长4米，宽2.4米。四角有角楼残基，边长约4米。城外有护城壕，口宽7米，深1.2米。四墙各设1门，外加筑瓮城，长19～22米，宽17～24米。外城内分布有多处建筑遗迹。西门内北侧有一座圆形院落基址，直径约100米，院墙底部宽7米，顶宽2米。南面开门，宽5米。院落内中部有一座方形土台，边长约27米，残高约2米。内外院落相套，内方外圆，形似圆形方孔钱，百姓称之为"钱城"。南门内东北方有一方形院落基址，边长约20米，南墙开门。院外有壕。院落内有一方形建筑址，边长约6米，残高0.8米。外城北墙南侧还有一连串的小型房屋遗迹。

子城平面呈长方形，其北墙和东墙借用了外城的部分北墙和东墙，另筑了南墙和西墙。南北长约122米，东西宽约100米，南墙和西墙基宽2.5米，顶宽0.5米，残高近1米。西墙中部开1座门，宽约4米。南墙和西墙外有壕沟，口宽约1.9米，底宽0.4米，深约0.7米。子城内有数处建筑遗迹和水井1口，西南角有一座土坑，圆形，直径约7米，坑内多有土，直径2米，高0.8米。

内城平面呈长方形，南北长167米，东西宽130米，周长550米。夯筑城墙，基宽约7米，顶宽1.5米，残高1.3米。墙外有护城壕，口宽约7米，底宽约1米，深1.2米。有东、南、西3座城门，与外城城门相对。东、西门为小门，宽约4米，南门为正门，宽约18米，外筑马蹄形瓮城。南门前23米处有影壁一座，影壁长20米，宽8米。内城中部偏北有大型建筑基址一座，呈"工"字型布局，南北长67米，东西宽31米，残高2.3米。建筑基址上的花岗岩柱础石排列有序，相互间距约4米。周围散布有青砖残片、黄绿釉琉璃瓦、龙纹瓦当和绿釉覆盆等遗物。该建筑基址当为一处大型的宫殿遗迹。内城东北角

城址西城墙（北—南）

有一处院落，南北长17米，东西宽14米，墙残高0.9米，南墙中部开门。

黑山头城址的建置众说纷纭，归纳起来有三种观点。第一种观点认为是外城为辽代边防城——皮被河城，内城是成吉思汗大弟拙赤哈撒尔及其家族营建的宫殿遗存。第二种观点认为是蒙元时期成吉思汗大弟拙赤哈撒尔及其家族居住的城池。第三种观点认为是蒙元时期成吉思汗幼弟铁木哥·斡赤斤及其家族的投下城。根据文献资料考证，拙赤哈撒尔封地在额尔古纳河流域、呼伦湖和海拉尔河一带，东南以黑山头为界，与铁木哥·斡赤斤封地为邻。黑山头古城位于黑山头西17公里，地处拙赤哈撒尔封地，而不在铁木哥·斡赤斤封地内，因此推断黑山头古城是拙赤哈撒尔封地中的投下城之一。

黑山头古城与拙赤哈撒尔封地的希尔希拉古城和康堆古城形制相同，它们修筑年代大致相当，不会早于哈剌和林修建时间，应与元上都和应昌路修建时间相同或相近，即建于蒙古宪宗蒙哥汗至世祖忽必烈至元初年。

内外套城，夯筑土城墙上的瓮城、马面和角楼，以及城外护城壕，都具有中原城池特点。城内留有较大的空地，是为了方便随时搭起蒙古包而专门设计的，具有蒙古族游牧生活的特色。

黑山头古城是拙赤哈撒尔蒙古王公贵族的活动中心，对研究蒙古汗国时期和元代早期的政治、经济和军事，乃至于蒙古族城市建设具有重要的历史价值。

2001年，黑山头城址由国务院公布为第五批全国重点文物保护单位。

城址北城墙（北—南）

东门及残存瓮城（南—北）

城址局部（北—南）

内城城墙及宫殿建筑基址、南城墙及南门（北—南）

元上都遗址

The Upper Capital Ruins of the Yuan Dynasty

撰稿：安泳锝　程鹏飞；　摄影：陈永志　塔拉　魏坚　杨星宇

　　元上都遗址位于内蒙古自治区锡林郭勒盟正蓝旗上都河镇东北23千米处，地处滦河上游闪电河北岸水草丰美的金莲川草原上，位于锡林郭勒草原南部。地理坐标为东经116°09′50″～116°11′40″，北纬42°20′52″～42°22′13″。北依龙岗山，南临滦河，海拔在1262～1281米。元上都遗址蒙古语称作"兆乃曼苏默"，汉语为一百〇八庙之意。

　　1251年，蒙哥汗在漠北即位以后，命其弟忽必烈总领漠南汉地军国庶事。忽必烈驻帐金莲川，广征天下名士，建立了金莲川幕府。元宪宗六年（1256年）三月，忽必烈命刘秉忠在桓州东、滦河北选地建城郭，三年建成，初名"开平"。中统元年（1260年）三月，忽必烈在此继汗位，正式设立开平府，开平府成为临时都城，中统四年（1263年）五月，升开平府

1987年航测片

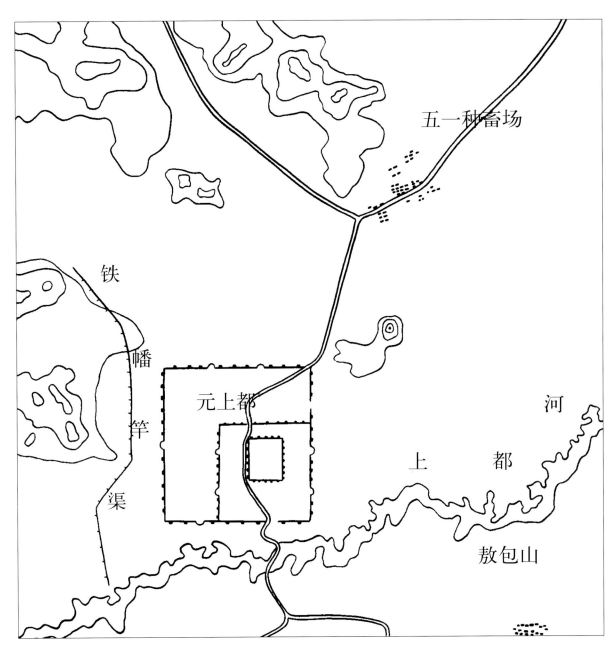

位置示意图

为"上都"，正式成为元代都城，也称"上京"或"滦京"，属上京路开平府管辖。 中统五年（1264年），改燕京为中都。至元二年（1265年），废去开平府建置，设置开平县，属上都留守司下属机构。至元四年（1267年），大都建成。至此，以大都为正都，上都为夏都，两都制正式建立。自忽必烈始，元朝的历代皇帝都实行两都巡幸制，每年农历四月至九月，皇帝都在避暑和处理政务。至正十八年（1358年）十二月，在红巾军的烈火中上都化为灰烬。至正二十八年（1368年）闰七月二十八日，明军逼近大都，元顺帝仓皇北逃，八月十五日抵达上都，第二年四月，明军大败元军，六月十七日，占领上都，元顺帝逃往应昌。洪武二十九年（1396年），明朝在开平设开平卫指挥使司，下立五千户所，屯田驻防。明英宗正统十四年（1449年），发生"土木之变"，明军大败，自此之后，开平一带就成为北元云需部万户的游牧地。

汉白玉角柱正面

1275年，意大利旅行家马可波罗到过上都，他在《马可波罗行记》中对上都的宫殿、宗教和风俗等都有详细描述。在1322～1328年，意大利旅行家鄂多立克在中国旅行，著有《鄂多立克东游记》，对元代宫廷建筑、宗教礼仪、风俗习惯等都有翔实的记载。1872年9月17日，英国驻华馆医官卜士礼和克劳斯维诺尔踏查了元上都，详细记述了元上都遗址。1893年5月24日，俄国旅行家阿·马·波兹德涅耶夫对元上都遗址所做的考察作了详细的描述。1906年，比利时里尔伯赫在《内蒙古旅行记》中记述了在元上都的考察。1908年8月19、20日，日本学者桑原骘藏同矢野仁一等一行踏查了元上都，在《东蒙古旅行报告》中记述了元上都遗迹。1908年9月21日，鸟居龙藏在元上都旅行调查，在《蒙古旅行》中对元上都有简略记载。1925年，美国地理学者易恩培对元上都进行了调查和实测，写成调查报告《忽必烈的夏都——上都》。1937年7月13日至20日，日本东亚考古学会原田淑人、驹井和爱等对元上都遗址作了较为细致的调查和测绘，发表了《上都——蒙古多伦诺尔元代都城址调查》。20世纪50年代，内蒙古文物工作队的张郁调查和勘测了元上都遗址，在《元上都故城》中对元上都遗址作了较为详细的记述。1973年秋，内蒙古大学历史系贾洲杰、周清澍、周良宵、李逸友等对元上都进行了调查和测绘，发表了《元上都调查报告》。20世纪90年代至21世纪初，内蒙古自治区文物考古研究所对元上都遗址进行调查测绘和航拍，对宫殿基址、南关外遗址和皇城南门进行发掘，并对元上都周围墓葬进行发掘。

元上都城址由宫城、皇城、外城和关厢四大部分组成。城垣分为内外三重，中央为宫城，围绕宫城之外为皇城，在皇城西、北两面者为外城。以元上都宫城正中央大殿和宫城南门至皇城南门为南北中轴线，测得南北方向与真子午线平行，为0°。

皇城位于外城的东南部，环绕宫城四周，平面近方形，西墙长1415米，北墙长1395米，东墙长

全景（西北—东南）

皇城及宫城（南—北）

1410米，南墙长1400米。城墙用黄土板筑，内外两侧用石块包砌。基宽12米，顶宽约5米，高6～7米。共有6座瓮城门，南北墙正中各开1门，东西墙对称各开2门，南门为明德门，北门为复仁门，东墙北部门为东门，东墙南部门为小东门，西墙北部门为西门，西墙南部门为西小门。四角筑有高大台墩，其上建有角楼。城墙内建有登城踏道。四墙外筑有马面，每面墙6个，共24个。皇城周围有护城河，宽约10米。皇城内的街道宽窄不等，主次分明，且结合地形，基本做到相互对称。乾元寺、大龙光华严寺、孔庙和道观等宗教建筑分布在城内四隅。有20余处较大的高台台基，是官署和庭院遗址。皇城的东部、东南角和西南角地势低洼，留有大片的水坑。

宫城位于皇城中部偏北处，与皇城相套，呈回字形。平面略呈长方形，北墙长542.5米，西墙长542米，东墙长605米，南墙长542米。墙体用黄土版筑而成，外侧以石条为地基，以青砖包砌。基宽10米，高约5米，顶宽5米。宫城东、西、南三墙中部各开设一座门，分别是东华门、西华门和御天门。四角建有圆形墩台，上建角楼。环绕宫城外侧有护城河。宫城内主要有三门相对的丁字形大街，还有几条较窄的短街，东南部的一条南北街道还留有砖铺的路面。宫城内宫殿和院落基址星罗棋布，随形就势，分布有并不对称的大型建筑基址40余处。大安阁、穆清阁、水晶殿、香殿、宣文阁、仁春阁等建筑遗迹清晰可辨。

外城是在皇城外围扩建而成，围绕于皇城之西、北两面，整体形状呈曲尺形。东墙接皇城东墙北端向北延伸，长815米，南墙接皇城南墙西端向西修筑，长820米，北墙和西墙均长220米。全城外观基本为正方形，除东墙2225米以外，其余三面墙皆长2220米。城墙用黄土版筑，基宽10米，顶宽2米，残高3～6米。墙体无马面和角楼等军事设施。外城有4座瓮城门，北墙2门，南墙和西墙各1门，分别称为南门、西门和北门，西门正式名字为金马门。城墙外有护城河，上口宽26～32米，底宽13米，深2.5～3米。在城外四周山头上，建有烽火台。城内北部修一条东西向隔墙，北部是一道东西向的高岗，在北门内和东北角有少量建筑遗址，在高岗中央偏南部，皇城北门外之西侧，有菱形大型石砌围墙院落，南墙开门。外城北部是皇家园林区，被称为"北苑"，著名的"棕毛殿"就建在这里，也是举行大型宴会"诈马宴"的所在。西部是"西苑"，内有忽必烈汗所建的行宫，是皇帝的避暑地区。在外城南部有纵横交错的街道和整齐的院落遗址，有的大街用河卵石铺垫，为商业区和民宅等。在西南部分布有较多的洼地和水坑。

上都城除北关建筑遗迹距城址略远并相对较少外，其余三关均保留大量建筑基址和纵横交错的街道，且每一关厢的面积都几乎与元上都城址面积相近。关厢建筑分为官署、仓址、驿馆、大院院落、店铺、民居和兵营等几类。西关街道交错，建筑遗迹比较密集，是元上都主要商业区，店铺林立，商贾云集。东门外的东关，建筑遗迹较少，有的大型院落内也特别空旷，是搭建蒙古包的地方，是王公贵族、元朝官员和朝觐者的聚居地而帐幕云集。偏南的小东门外建筑址密集，是百姓杂居之所。南关建筑址主要是酒店和客栈。北关建筑基址主要是驻军。

宫城（北—南）

东郊粮仓址——广济仓（西北—东南）

城墙与角楼遗址

金莲川草原

6号烽火台

刘秉忠初建开平城时，因地多沼泽，在西北山上立铁幡竿以镇水，铁幡竿立于现在的哈登台敖包山顶。大德二年（1298年），郭守敬实地勘查设计了铁幡竿渠，堤身用褐色黏土夯筑、外用石砌。渠道宽约50米，坝底宽约23米，顶宽约4米，存高在5～6米，全长6000米。每当雨季来临，洪水暴发，洪水沿铁幡竿渠排洪，至今仍在发挥着防洪作用，保障都城安全。

在元上都周围分布着蒙古人和汉人墓地以及祭祀遗址，城北有卧牛石墓地和一棵树墓地，城东南的砧子山墓地，蒙古人和汉人分开埋葬。在上都西北的羊群庙发现了祭祀遗址，是元代帝王祭祖祭天的场所。

元上都遗址是中国北方草原地带保存最为完整、规模最大、出土文物最为丰富的文化遗存，是元朝辉煌历史的实物见证，是中国乃至世界珍贵的物质文化遗产。元上都作为元代的夏都，可以北控大漠，南屏燕蓟，是蒙古族掌握政权后建立的第一座真正意义上的帝国都城。元上都与大都并列，是元代整个蒙古高原地带的政治、经济、文化中心，是农耕文明与草原文明的结晶体，是充分展示中华文化精粹的历史文化遗存。

1988年，元上都遗址由国务院公布为第三批全国重点文物保护单位。2012年6月29日，在俄罗斯圣彼得堡召开的第36届世界遗产委员会会议一致同意将元上都遗址列入《世界遗产名录》。至此，元上都遗址成为我国第30项世界文化遗产，完成了内蒙古自治区世界文化遗产零的突破。

角柱下部龙体及花卉

穆清阁遗址保护现场

考古发掘现场保护情况

古叙利亚文墓顶石

青花瓷器

穆清阁基础台基一侧

护城河排水闸遗址

燕家梁遗址

Yanjialiang Site

撰稿：郑承燕；摄影：董勇军　李向军

燕家梁遗址位于内蒙古自治区包头市九原区麻池镇燕家梁自然村南侧的台地上，遗址大体呈南北稍长、东西略窄的长方形，面积相对较大，南北长700米，东西宽570米。

燕家梁遗址文化层较厚，最厚处可达2米以上。遗址内街道布局规整，街道两侧靠边设有排水沟。三层叠压的成组房址多成排分布于道路两侧，多为官肆、店铺类建筑，一些生产、生活设施保存完好。遗址中西部为店铺官肆分布区，西部和东南部发现了挖掘较深的沟，疑为用于防卫的环沟。官肆店铺区东南部布局有窑址一类作坊，当时居民可能已经考虑到燕家梁地区西北风较多，具备一定的生态意识，而且这种布局有利于市镇的环境保护。遗址内房址面积较小，以10～20平方米为最多，房间多单独成间，个别为套间。门向的选择较多考虑临街的因素。房间内设取暖和炊事设施。房屋地面大多数为土地面，仅个别铺砖。屋内墙壁有的抹白灰面，多数为草拌泥。个别房屋内发现有瓦片，说明当时有的屋顶挂瓦。

发掘全景

　　燕家梁遗址最早于20世纪50年代内蒙古考古工作者进行文物普查时发现，1979年，包头市文物管理处再次对遗址进行调查，并在麻池地区征集元代瓷器7件，其中一件为元代青花缠枝牡丹纹瓷罐，另一件为白釉黑花盖罐，现藏于内蒙古包头博物馆。1983年和1998年，包头市文物管理处曾两次对遗址进行小规模的试掘，清理了一批房址、灰坑等遗迹，出土了大量的陶瓷片。2006年，内蒙古自治区文物考古研究所和包头市文物管理处对该遗址进行了大面积考古发掘，共发现灰坑517个、灰沟36条、房址222座、窖藏29个、窑址4座、地炉32座、灶4个、墓葬2个、乱葬坑4个、道路7条、铜钱约4万枚，出土元代瓷、铜、铁、陶、骨、玉等不同质地的各类器物万余件。这些器物基本为生活用具，以碗、盘、盆、瓮、罐、盏为主，同时也有瓶、匜、漏斗、香炉、玩具等，其中以瓷器为大宗，种类丰富、制作精良、工艺独特，具有鲜明

房址

①层中部房址

房址

的时代特点。

　　燕家梁遗址进行的大规模考古发掘，发现了大量保存较好、关系明确的同时代不同时期的遗迹，特别是成排分布于道路两侧三层叠压成组的房址，多为官肆、店铺类建筑，其内一些生产、生活设施尚保存完好，以及大量墨书题记，加之许多精美遗物的出土，表明这里曾经是一处繁华的市镇。这为研究我国蒙元时期村镇、驿站的建置布局、经济形态及居民的生产、生活情况提供了翔实可靠的实物资料。大量的窖藏及部分灰坑中凌乱的肢骨，真实地反映了元末复杂动荡的社会状况。中原及南方窑系瓷器的大量出土，反映了元代北方草原地

房址

窖藏

红绿彩人物瓷玩具

武士俑　　　　　　　　　　　　　　　　　青白瓷狮子摆件

区与中原和南方地区频繁的商贸往来，同时也说明燕家梁遗址可能是元代连接漠北地区与中原和南方的一处重要的水陆驿站。

　　燕家梁遗址在1995年被公布为包头市第一批文物保护单位，2006年被公布为第四批内蒙古自治区文物保护单位，2013年5月3日被国务院公布为第七批全国重点文物保护单位。

应昌路故城遗址

Yingchang State Ancient City Site

撰稿：陈雅光　魏孔；摄影：塔拉　刘志一　李少兵

应昌路故城位于内蒙古自治区赤峰市克什克腾旗，地处达里诺尔和多伦诺尔之间，地势平坦，东、西、北三面山峦环抱，南临耗来河，地势雄固，景色秀美。

1698年，中俄尼布楚缔约谈判的中方随行译员法国人张诚探访了应昌路城址。1893年，俄国人波兹德涅耶夫踏查了应昌路城址。1902年，英国人卡布别尔考察了应昌路城址。1908年，日本人桑原骘藏和鸟居龙藏调查应昌路城址。1957年，内蒙古文物工作组复查应昌路城址。以后，克什克腾旗文物管理所多次勘察应昌路城址。

应昌路故城曾经是蒙古族弘吉刺部驻地，至元七年（1270年），勃思乎儿斡罗陈万户和其王妃囊家真公主（忽必烈之女）到上都拜谒忽必烈皇帝，奏请在他们封地的驻夏之地达儿海子（今内蒙古赤峰市克什克腾旗达里诺尔湖）建立城居住，获得了皇帝的批准，元政府拨款建城，敕名为应昌府，由光禄大夫刘秉忠主持修建。1285年，应昌府提升为应昌路，成为元帝国重要的行政区。

元成宗即位时，封蛮子台为济宁王，囊家真为鲁国大长公主。帖木儿长子，纳陈之孙雕阿不刺，在大德十一年（1307年）被封为鲁王。雕阿不刺之子阿里嘉室利，于至大四年（1311年）袭封。元统元年（1333年），阿里嘉室利薨。雕阿不刺之弟桑哥不刺于元统二年（1334年）由邯安王晋封为鲁王。应昌城自建立后，至少有四位首领被封过鲁王，因此，应昌城又被称为鲁王城。

1368年，元顺帝妥欢帖睦尔退出大都，宣告元王朝灭亡。元顺帝先退至上都，第二年又

故城全景图

中部偏北内城

退至应昌府，史称为北元。1370年，元顺帝病逝于应昌，由其子爱猷识理达腊继位，改元宣光。宣光二年（1372年）明王朝派遣三路大军进击北元，李文忠率领的东路大军直袭应昌城，攻入城中。宣光帝被迫退到漠北蒙古草原，以哈拉和林为首都。明军占领应昌城后，改其为应昌卫，后改清平镇。永乐皇帝朱棣北征蒙古时，多次驻跸于此。后来在明军退守长城沿线，应昌城因此逐渐废弃。

应昌路城由外城和内城两部分组成，外城南门外有大片的关厢地带。

外城平面呈长方形，南北长800米，东西宽650米，周长29000米，面积520000平方米。方向北偏东5度。城墙为黄土夯筑，基宽约10米，顶宽约2米，残高3～6米，夯层厚15～17厘米。城墙之上马道宽3米，马道外侧为垛墙，内侧为宇墙。无马面，四角建有角楼。东、南、西三面城墙设有城门，宽约12米，外筑瓮城。东、西城门位于城墙偏南处，瓮城为马蹄形，城门向南开；南门位于南墙稍偏东处，瓮城为长方形，城门直开。三座城门之间有丁字形街道相通，与丁字形街道平行，南北、东西又各有两条街道，整个外城形成三纵三横共6条主要大街。外城南部形成仿中原式的坊市区，北部多衙署，正中地势空旷，无建筑遗迹，地表曾发现太湖石，当为一片园囿区。外城的西北隅院落为佛教寺院罔极寺。内城东北角外院落为报恩寺。城内东南部，南北向街道路旁，有南北长65米、宽50米的一组建筑址。围墙隐约可见，内有高1米，边长7米的方形土台基一处，上布柱础，亦有东西配房建筑。院内中部有汉白玉石碑两段，碑首浮雕四龙盘绕，雕工精细，极为生动。额首阴刻"应昌路新建儒学记"八个篆字，说明此处遗址当为一处儒学遗址。城内西南部的长方形院落为孔子庙所在。

内城位于外城中部偏北处，外城丁字形大街北侧。平面近方形，南北长240米，东西宽220米。城

城西北建筑遗迹

石柱础

墙里面以黄土夯筑，外部包砖，白灰抹面，墙头饰琉璃瓦。整个墙体基宽约1.8米，顶宽约1米，残高约1米。四面墙中部各辟一座城门，南门和北门两侧现存高大的土堆，当为门楼遗迹。四角有角楼残基。内城中部中轴线上有前后5座高台建筑基址，南北两侧为南、北2座宫门，中间3座为宫殿址。在南宫门和前殿之间为殿前广场，面积4000余平方米。前殿面阔五楹，进深五楹，共二十五间，庑殿式建筑，是鲁王颁布政令，任命官吏、接见文武官员及使节的场所，也是鲁王继任和接受圣旨的地方。中殿面阔七楹，进深七楹，共49间，巨大的青石柱础上饰覆莲和卷草纹饰，为二层悬山阁楼式建筑，是应昌路城内规模最大的宫殿，是鲁王办公和议事的场所，也是举行庆功仪式、举办宴会的地方。后殿用雕花汉白玉柱础，汉白玉龙头门枕，具有独特的建筑格局，是鲁王为皇帝巡幸而特建的离宫，元末，也就成了惠宗在应昌的定居之所。在三座宫殿东西两侧对称地分布着10座建筑基址，全部建筑在较高的台基之上，排列规整有序，这些配殿分别是公主、王妃、王子的居所和内务府办公的地方。

　　关厢位于城南和城东。外城南门外大街两侧建筑物分布密集，街道两旁店铺林立，民居广布。外城东门外东西向大街两侧分布着店铺、粮库和骡马市场。

　　城西500米处小山上残存覆钵式塔1座，由方形须弥座、圆形塔体、锥形塔刹构成，高12米。城东南30公里的曼陀山东麓有龙兴寺遗址，保留有"应昌路曼陀山新建龙兴寺记"汉白玉石碑和龟趺，碑文记载该寺建于元泰定二年(1325年)。城东500米的小山下有城隍庙，方形院落，有正殿和东西配房。庙北的小山上有大小敖包13座，东西向排列。城东北2公里处小山下为一片墓地，分布面积约3万平方米，有100多座墓葬，地表可见墓茔的石砌围墙遗迹。

　　地表散布较多的砖瓦石块、陶瓷残片，还有石臼、石水槽、石柱础、铁器、铜器等遗物。建筑构件多为灰色素面方砖、灰板瓦、筒瓦等。曾采集到铁锈花及书有内府字样的瓷片。外城东南角城墙下，出土有六耳铁铸大锅1口，重达350公斤，并有锅承、灶门出土，当为军队用锅。内城南门处有残石狮一对。1973

中书分户部印

"新建儒学记"碑

年8月，在城西半里许曾出土八思巴文铜印一方，正方形，正面为八思巴文，阳文。背面阴刻楷书汉字，上款"中书分户部印"，下款"中书礼部造、至正二十五年四月□日"。至正二十五年是元顺帝妥欢帖睦尔末年(1365年)，此时的元王朝在农民起义的打击下，已四面楚歌，濒临崩溃，距顺帝北遁应昌仅时隔三年。这方印乃元中央之重要印符。这件印的出土，验证了顺帝北迁应昌的史实，为进一步研究、探讨元代历史，提供了重要的实物史料。

应昌路故城继承了中原面朝后市，左宗右社的城市布局，儒教、佛教、道教、伊斯兰教、景教、文庙等应昌路寺庙点缀其间，充分体现了元帝国对宗教文化的容纳和开放。

2001年，应昌路故城遗址由国务院公布为第五批全国重点文物保护单位。

敖伦苏木城遗址

Aolunsumu City Site

撰稿：李少兵　魏孔；摄影：张海斌

敖伦苏木城遗址位于内蒙古自治区包头市达尔罕茂明安联合旗（简称达茂旗）都荣敖包苏木乌兰察布嘎查西北约6公里，百灵庙镇东北约30公里。地处黑山西侧缓坡地带，南临艾不盖河（古称黑水），地势平坦，坐落在艾不盖河冲积平原上。此处水草丰美，是理想牧场。交通便利，是丰州城通往岭北行省和林的驿道必经之地，是运送粮食、茶叶、食盐、丝绸和瓷器的商业交通干线，其地理位置十分重要。

敖伦苏木又称"阿伦斯木""姥弄苏木""鄂伦苏木""敖伦索木"，均系蒙古语音译，意为"众多的庙宇"，又称"赵王城""五英雄城"。

1927年，中瑞西北科学考察团黄文弼发现了敖伦苏木古城，收集了"王傅德风堂碑记"石碑和一通蒙文石碑。1932年，美国《太平洋杂志》记者欧文·拉铁摩尔考察了此城，收集了一批景教墓顶石，断定为基督教聂思脱里派遗物。同年，黄奋生考察了此城，抄录了"王傅德风堂碑记"石碑碑文。1935年，日本江上波夫考察了该城，拍摄城内外的景教墓顶石，

城址东墙

城址西墙

断定此城是蒙古帝国时代汪古部王城所在地；1939年，进行了测量、拍照和试掘；1941年，做了拓片和拍照，进一步证明了汪古部族曾是聂思脱里派教徒；1990年，再次考察了此城，证实了罗马教堂的存在。1936年美国人马丁和海涅士考察此城，马丁拍摄了"王傅德风堂碑记"石碑。1956年，内蒙古文物工作组调查了此城，1974年，内蒙古文物工作队曾对城中两座北元时期的喇嘛庙基址进行了试掘，出土有龙纹和兽面纹瓦当、龙纹和凤鸟纹滴水、长寿佛铜印模、铜灯、佛龛、泥塑佛像、擦擦、青釉印花瓷片和被焚毁的藏文经卷等。1987年，达茂旗文管所勘察了城内院落和建筑基址。2001年，内蒙古自治区文物考古研究所与意大利热那亚大学共同考察了敖伦苏木古城，采集了一批遗物。

古城建于元代初年，至大二年（1309年），汪古部首领被世封为赵王，自此通称赵王城，为赵王世家之府邸，是汪古部领地的政治、经济、文化和宗教中心，同时也是元代德宁路所在地，为当时蒙古草原上的重要城市之一。元末明初毁于战乱。明代中期漠南蒙古族首领曾在古城元代建筑废墟上，进行过较大规模的营建，到明末清初逐渐荒芜废弃。

城址平面呈长方形，方向北偏东40°。东、西墙与南、北墙的长度各略有差异，南墙为951米，北墙为970米，东墙为565米，西墙为582米。城墙黄土夯筑而成，基宽约3米，残高最高处达3米左右。四墙各开一门，外加筑瓮城。四角有角楼。城墙外有城壕环绕。城址内街道布局整齐、宽阔，街道有两横三纵。街道两侧可见大量的院落址和建筑台基，城内共有院落遗址17处，建筑基址高台及土包近百处。城外东边和南边街道清晰可见，有大量建筑基址，是关厢区。城东有烧砖瓦窑址和冶铜炼铁遗址，是手工业区。城东北有若干土包连成一片，为平民和商旅居民区。附近还有一处墓地，有石人、龟趺和蒙文石碑。据发现的蒙文碑文分析，是一处高级官员墓地，石碑是明代蒙古族土默特部首领顺

城址东北角楼

寺庙遗址

义王俺答汗的子孙为颂扬其丰功伟业而镌刻的。城南门外有庙宇和房屋遗迹。

城址中部偏东靠近南墙处有一处大院落，院内有一组高约3米的建筑基址，著名的"王傅德风堂碑记"石碑即发现于此，应为赵王府所在。城内东北隅的高台建筑被多数学者认定为罗马教堂遗址，大殿面积约100平方米，瓦砾中可见白色琉璃瓦和雕有古罗马装饰风格的小狮子头、花纹贴面砖，它是13世纪中国仅存的罗马教堂。在城内中部北墙附近，有一座方形台基，土筑，花岗岩石板垒砌四边，为须弥坛。在台基左右前方约30米处各有一个圆形塔柱形建筑，砖筑，实心，直径约3米。在台基旁，曾发现7块景教墓顶石，是作为建筑用材由城外汪古部景教徒墓地移至此处的。在罗马教堂西侧，有多处基址，呈东西排列，圆形，台基上散布许多用红胶泥模制而成的小泥佛、佛龛和察察等喇嘛教遗物，是一组明代喇嘛教庙宇建筑。

城内地表散布的遗物非常丰富，砖、瓦、陶片、瓷片随处可见，还有石碑、墓顶石、花纹贴面砖、石狮子头、佛像、佛龛、察察，以及柱础、石板、石条等建筑构件。

"王傅德风堂碑记"石碑，碑额为汉白玉，上刻"王傅德风堂记"六个篆字，两行直书，字的左右与上方浮雕双龙纹饰。碑身已失，石碑较高，左侧微残，存铭文600余字。为汪古部赵王怀都颁旨所立，内容是赞扬赵王历任王傅，叙述赵王世德，可补《元史》赵王世家所未备。还有一件汉白玉碑额，双龙浮雕，生动逼真，刻字无存。

北城墙及罗马教堂

　　景教墓顶石是景教徒石棺上的石棺盖，多为花岗岩制成。头高尾低，上面呈倾斜状。除脚部和底部外，表面均有雕饰。头端顶部、上部和两侧饰四端宽大的十字架或莲花。正面多刻古叙利亚文墓铭，两侧雕饰云纹或卷草纹。长1.11～1.25米，宽0.4米，头部高0.33～0.49米。脚部高约0.3米。

　　汪古部元代史书作"汪古惕""雍古""王孤""瓮古"等，又汉称为"白达达"。汪古部为突厥系种族的后裔，原在新疆，于唐代末年迁至阴山一带。到金代，势力强大，曾为金朝扼守北疆。后归附日益兴盛的蒙古族英雄成吉思汗，并协助成吉思汗及其后人成就统一大业。在此后至元代末年的几百年中，汪古部世居今内蒙古大青山地区，保留原有的领地和属民，其首领世代享以赐爵封王、婚尚蒙元公主和宗室女的殊荣。因此，汪古部在元代历史上占有重要地位，且闻名于世。汪古部崇奉景教，为基督教聂思脱里派在唐初传入中国之后的名称，元代对基督教徒统称为也里可温。

　　敖伦苏木故城与投下领主分封制度相对应，投下城镇的城市布局，与平民坊市区的世俗化城市布局也有着很大的区别。从城市的功能设置来看，主要是为投下领主所服务的，城内设施均与领主有关。一般居民居住在城外关厢地带，归人匠都总管府、怯怜口都总管府等管理，也是王府的属民。

　　1996年，敖伦苏木城遗址由国务院公布为第四批全国重点文物保护单位。

砂井总管府故城

The Main Office of Shajing Ancient City Site

撰稿：张文平；绘图：丹达尔

摄影：谢寒光

砂井总管府故城位于乌兰察布市四子王旗红格尔苏木希拉木仁庙村西南1公里，地处塔布河东岸台地上。

古城平面大致呈方形，正方向为北偏西28°，东墙长559米，西墙长578米，南墙长553米，北墙长600米。夯筑城墙，基宽13米，残高0.5～2米。东、北墙各辟1门，外加筑马蹄形瓮城，东门瓮城门南向开，北门瓮城门东向开。东墙东门南、北侧各有3个马面，间距在70米左右。城墙外侧围绕一周外墙，内、外城墙间为护城壕，宽约18米，北墙及东墙北段（包括东门瓮城、北门瓮城）内、外墙间加筑副墙，墙体较内、外墙低矮，形成三道墙。城西北角部分墙体及东南角墙体现已被河流所冲毁。

城内分割为东南、东北、西北、西南大致相等的四个方形城区，均以土垣相隔。东北、西北城区边长均为230米；西南城区边长240米；东南城区东西长220米，南北长240米。城内残存一些大小不等、高低不一的建筑基址。地表散布遗物较少，有石磨、石臼和陶瓷片等，其中瓷片以白瓷、黑瓷和龙泉窑青瓷为多见。

1227年，耶律楚材路过沙井所写的两首与友人唱和的诗中，称沙井或沙城。1232～1236年，宋人彭大雅、徐霆曾先后出使蒙古，回来在他们的旅行见闻《黑鞑事略》中写道"出沙

城址全景

城址远景

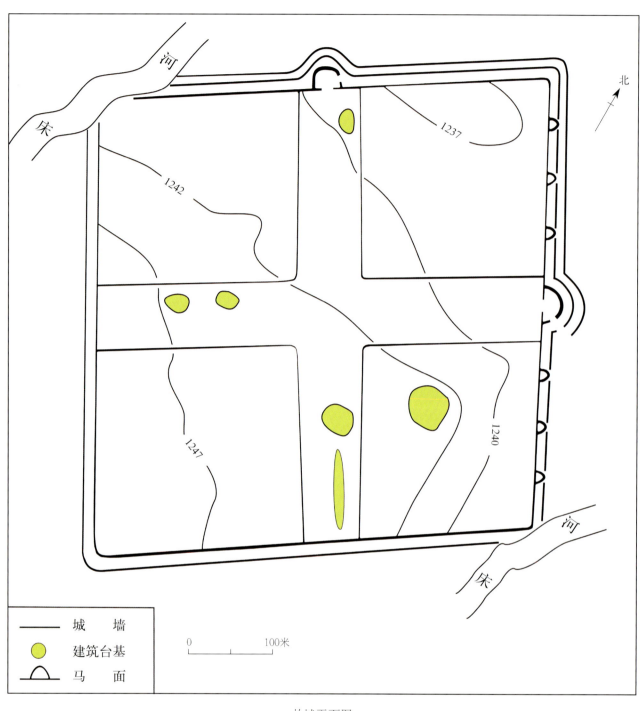

城　墙

建筑台基

马　面

0　　　　　100米

故城平面图

井，则四望平旷，荒芜际天"，又在沙井之下注明："天山县（北）八十里。"元中统初年，沙井是通往漠北的重要驿站和粮食"军储"所。最晚在元仁宗延祐三年（1316年）以前设砂井总管府，领砂井一县。

2006年，砂井总管府故城被国务院公布为第六批全国重点文物保护单位。

城址东墙外侧的护城河

城址西墙

城址南墙

巴彦乌拉城址

Bayanwula City Site

撰稿：邢锐；绘图：长海；摄影：金铭峰

　　巴彦乌拉城址位于呼伦贝尔市鄂温克族自治旗辉苏木巴音乌拉嘎查西约1.5公里，地处平坦的草原之上，东北距离希贵特河不远。

　　城址平面呈近似正方形，东墙长414米，南墙长419米，西墙长393米，北墙长437米，正方向为北偏西36°。夯筑城墙，基宽约10米，残高在2米左右。四墙各设1门。南门为正门，门址两侧有高大的土包，为门楼遗迹。北门宽约5米，东、西两门较小，宽3～4米。城墙外侧有护城壕环绕。

　　城内中部有1座平面为方形的大型建筑基址，边长约20米，残高2米。其北侧有东西排列方形建筑址4处，东、西两侧各分布1座长方形院落。此外，城内西北角分布2座小的台基，

城址西墙

城址内景

城内建筑基址

东南部有1座长方形台基。这些建筑基址周围遍布残砖碎瓦，采集有布纹瓦、龙纹瓦、黄绿釉琉璃瓦、滴水和瓦当等。

成吉思汗建立大蒙古国之后，自己与幼子拖雷坐镇蒙古本土，而其他部分国土则以份子的形式分赐予诸子诸弟。蒙古本土以西分封给诸子，形成四大汗国；以东分封给诸弟，形成东道诸王。东道诸王的部分封地在今内蒙古境内，其中斡赤斤封地后来归于辽阳行省管辖，其他三位东道诸王的封地则处于岭北行省的行政地理范围之内。

1214年"甲戌分封"，弘吉剌部由其原居地"苦烈儿温都儿斤、迭烈木儿、也里古纳河之地"南迁，成吉思汗将"苦烈儿温都儿斤，以与按陈及哈撒儿为农土"（《元史·特薛禅传》）。据考证，此按陈并非弘吉剌部部长按陈，而是成吉思汗幼弟斡赤斤。关于"苦烈儿温都儿斤"，一般认为即指今呼伦贝尔市额尔古纳河与根河汇流处附近的黑山头，附近有蒙元时期的黑山头古城。由于《元史·特薛禅传》对"甲戌分封"的记载中，没有明确黑山头是属于哈撒儿还是斡赤斤的封地范围，所以对于黑山头古城究竟是哈撒儿还是斡赤斤的投下城，相关研究者一直争论不休。

《元史·撒吉思传》中有一条关于斡赤斤封地的重要史料：斡赤斤死后，王傅撒吉思和火鲁和孙因拥立其嫡孙塔察儿袭爵有功，二人受命分别治理斡赤斤封地，"黑山以南撒吉思理之，其北火鲁和孙理之"。这里的黑山应指今黑山头，由此可见黑山头是在斡赤斤的封地范围之内。

关于斡赤斤的封地，《史集》亦有记载："他的地面和禹儿惕位于蒙古斯坦遥远的东北角上，因此在他们的彼方就再也没有蒙古部落了。"西以额尔古纳河、呼伦湖、哈拉哈河与哈撒儿、别里古台、按赤台的封地为界，南濒弘吉剌部、亦乞列思部领地，东至大兴安岭，这是斡赤斤最初的封地范

城内散布遗物

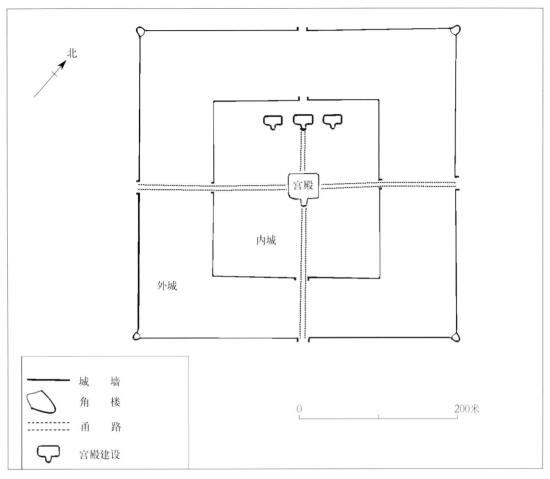

北

	城　　墙
	角　　楼
	甬　　路
	宫殿建设

0　　　　　　　　　　　　200米

宫殿

内城

外城

城址平面图

围。按照蒙古族幼子守灶的习俗，斡赤斤与母亲月伦太后居住在一起，分得民户1万户，比三个兄长的民户总和还要多。由于人户众多，后来斡赤斤家族的势力又逐步向东扩展，占据了大兴安岭以东的嫩江流域，南达洮儿河以南。

据《史集》记载，斡赤斤喜欢修筑城邑、兴建宫室，"他到处兴建宫殿、城郊宫院和花园"。由撒吉思和火鲁和孙以黑山头为界分理斡赤斤封地的情形来看，位于黑山头北面的黑山头古城当为斡赤斤封地内的主要投下城邑之一。丘处机西行，在四月初河水融冰之际曾路过斡赤斤的大帐，在西沙河（今哈拉哈河）往北约三日路程之地，即今哈拉哈河之北、呼伦湖东南方向。大体在此范围内的今鄂温克族自治旗境内辉河河畔，发现有两座规模较大的蒙元时期古城，分别为巴彦乌拉城址和位于辉苏木喜贵图嘎查的大浩特罕城址，城内均有大型建筑台基，地表散布黄、绿釉琉璃瓦等，为斡赤斤封地内的重要投下城邑，其中之一当为邱处机所至的斡赤斤宫帐，是斡赤斤在春天居住的地方。这数处斡赤斤封地之中蒙元古城的发现，与斡赤斤喜欢修筑城邑的癖好相符合。

东道诸王封地内发现的上述几座斡赤斤系宗王投下城邑，一般规模都不大，黄、绿釉琉璃瓦显示了其等级的尊贵。这些古城内的建筑布局极为简单，仅几个高台建筑而已。有的建成双重城的模式，也仅仅是模仿中原城址的营造法式，无太大的实际意义。这些古城的功能应当是供斡赤斤系诸王巡幸居住的，里面建几座仿中原式的宫殿，但也许这些蒙古贵族们更愿意住在蒙古包式的宫帐里，城址宫殿只是显示身份的摆设而已，更毋论军事或经济上的作用。

2006年，巴彦乌拉城址被国务院公布为第六批全国重点文物保护单位。

内蒙古自治区
全国重点文物保护单位

第一至七批

（下册）

内蒙古自治区文物局　编著

文物出版社

内蒙古自治区

全 国 重 点 文 物 保 护 单 位

（第 一 至 七 批）

古 墓 葬

南宝力皋吐古墓葬

Nanbaoligaotu Cemetery

撰稿：索秀芬　李婉琪；摄影：吉平　庞雷　李树国

　　南宝力皋吐墓地位于内蒙古自治区通辽市扎鲁特旗道老杜苏木南宝力皋吐村（宝力皋吐：蒙古语，意思是有泉水）西北2公里的沙土高岗上，地理坐标为北纬44°24′37.5″，东经121°19′42.6″，海拔高度220米。墓地所在区域为波状起伏的半沙化草甸，是大兴安岭南麓草原与科尔沁沙地的交汇地带，地势开阔，起伏平缓，平均落差5～8米。

　　20世纪90年代中后期，这一地带草原被大量开垦，南宝力皋吐墓地被发现并遭到一定程度的破坏。2006年夏末，内蒙古自治区文物考古研究所进行了实地踏查，发现墓地破坏严重，急待抢救。入秋，会同科尔沁博物馆、扎鲁特旗文物管理所对墓地展开大面积钻探，并在墓葬分

南宝力皋吐墓地地貌

布密集的区域进行抢救性发掘。2007年6～11月，进行第二次发掘，揭露面积4525平方米。2008年5～10月，进行第三次发掘。揭露了A、B、C、D四个地点，揭露面积达1万余平方米，A地点清理墓葬231座，B地点清理墓葬127座，C地点清理墓葬37座，总计395座，出土陶器、石玉器、骨角器和蚌器1500余件。D地点清理房址9座、灰坑2个，出土陶、石、玉、骨、蚌等各类遗物200余件。

南宝力皋吐墓地的A、B、C三个地点呈西北—东南向排列。A地点居中，平面呈长条形，长140米，宽15～40米，面积5000余平方米。B地点在A地点西北约300米，平面呈椭圆形，长近120米，宽10～40米，面积近4000平方米。C地点在A地点东南约1000米，平面呈三角形，长30余米，最宽30余米，面积约1500平方米。每个地点墓葬成行排列，每一行少则2座或3座，多则10余座。D地点位于C地点南约700米，面积约1100平方米。

墓葬距地表深浅不一，浅者0.3米，深者1.5米。均为长方形竖穴土坑墓，个别墓葬发现有头龛或脚龛。墓葬规模大小不等，墓圹最短者不足1米，最长者长达3米，多数墓葬长1.8～2.5米，宽0.5～1.5米。墓向东

头戴骨冠墓局部

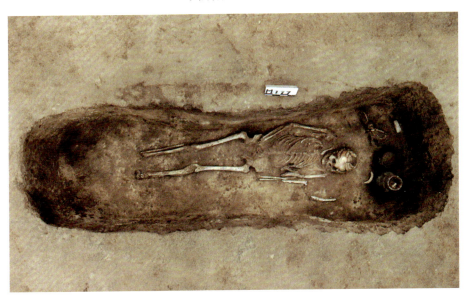

头戴骨冠墓葬

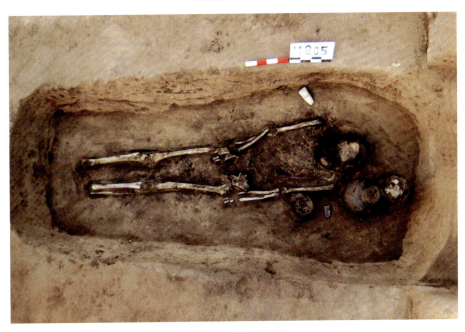

火烧墓

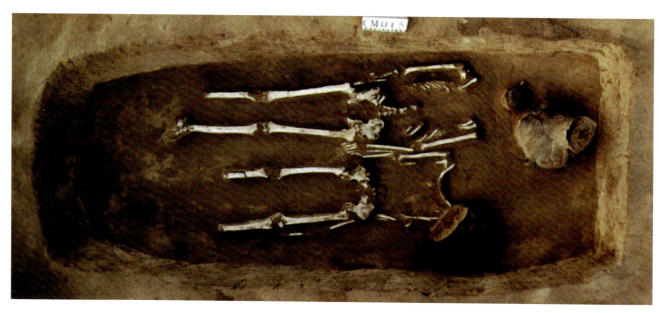

双人无头墓

筒形陶罐

玉觿

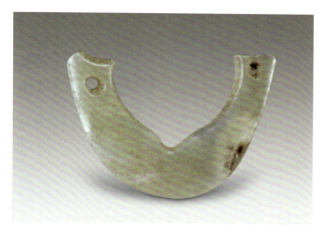

玉璜

陶钵

陶壶

人形陶器

AM58随葬品

南，在110°～160°之间。一次葬数量最多，二次葬数量占相当比例，乱葬占有一定数量。一次葬以单人葬为主，4座双人葬，1座三人乱葬，还有一定数量的墓葬没有人头骨，个别发现下颌骨与颅骨分离现象，有3座墓葬发现了人头随葬，另有3座火烧墓葬。多见仰身直肢，少数为侧身直肢葬和俯身直肢葬，不见屈肢葬，头向东南。骨骸普遍保存较差，近一半的墓葬骨骼腐朽渣化，隐约可见少量骨渣、牙齿，多数墓葬仅存部分头骨和上下肢骨。随葬品一般放置在头顶部或肩部头两侧，也有少量放置于腰或两臂外侧。墓内填土为

尊形陶器

叠唇陶罐

石骨朵

刺猬形陶器

盘口双流陶壶

彩陶壶

黑褐色黏性砂土，含有丰富的腐殖质，经过处理，十分坚硬，内含少量遗物，个别墓葬将毁坏的陶器放置在填土中。

随葬品包括陶器、玉石器、骨角器和蚌器等。

陶质大多数为细砂质，少见泥质，有一定数量夹砂陶。器表涂泥抹光，内壁抹光。器表多为红褐色和黄褐色，灰褐陶占一定比例，有少量磨光黑陶，内壁黑灰色。烧造火候较高，胎质很薄，通常3~5毫米。手制，泥片套接，器形大多规整。纹饰大致分为条带附加堆纹和刻划或压印形成的复线几何纹两种。前者呈泥条状或呈粗绳索状，横向或竖向多饰在夹砂筒形罐、叠唇罐口沿或腹部。后者多见三角形、回形或菱形等，多饰在细砂高领壶、鼓腹罐腹部。还有少量彩陶、网状细线纹、刻划纹和戳印纹等。彩陶有黑彩和紫红彩，图案为几何纹，多彩绘在壶、钵类以及动物造型的抹光红褐陶器上。器形有筒形罐、叠唇罐、鼓腹罐、壶、尊形器、钵、杯、豆、釜以及动物、人物造型器皿。最常见陶器组合是筒形罐和壶或叠唇罐，个别组合为钵或尊形器。

石器包括大型石器和细石器两类，前者数量少，占20%，后者数量大，占80%。大型石器打制、磨制、琢制制作石器，器形有斧、锛、凿、锄、磨盘、磨棒、饼形器、矛、砍砸器、骨朵等。细石器压制而成，器形镞、石刃、钻、刮削器、坠饰等。

玉料有透闪石、蛇纹石、阳起石、叶蜡石等，玉器和绿松石器采用打磨、切割、钻孔和抛光等加工技术。数量较多，形体较小。以装饰类小件为主，约占80%以上，佩戴于人体不同部位，种类有璧、觿、环、璜、管、珠、坠饰等，多呈片状或管珠状。工具类个体较大，种类有斧、锛、刀等，有使用痕迹，是实用器。兵器类只有钺，礼器类仅有牙璧。

骨器和蚌器数量多，精致。在制作工艺上除了一般的磨制技术外，还使用了钻孔、雕刻、挖槽等技术。常见骨器器形有锥、刀、匕、镖、鱼钩、管状器和冠等，蚌器有镰、刀、环、珠、牌饰等。骨器和蚌器中装饰品数量多，也用于生产和生活其他方面。

墓地随葬品丰富，内涵复杂。网纹筒形罐、高领双耳壶、尊形器、钵等陶器具有燕山南北地区小河沿文化的特征，竖条形堆纹筒形罐、叠唇弧腹罐、复线几何纹陶壶等陶器与辽河下游流域偏堡子文化同类器极为相似。横条形堆纹筒形罐、复线几何纹鼓腹罐等，与嫩江流域昂昂溪文化和小拉哈一期遗存陶器十分相仿，抹光深腹筒形罐和形态各异的动物造型的陶器群，是南宝力皋吐墓地特有文化因素。多种文化因素并存，为研究各种文化关系提供了丰富资料。

墓地三个地点都呈带状分布，其墓葬的排列、形制、方向以及葬式、葬俗，还有出土的随葬品都相当一致，推测每个地点是一个氏族，整个墓地可能代表一个胞族。每个地点内墓葬成行分布，每一行可能代表一个家庭。

D地点房址平面呈凸字形，半地穴式建筑，墙壁保存高度在0.3~0.7米，面积一般为10平方米左右，大者面积近15平方米。居住面及部分墙面抹细白黏土，圆形坑灶多位于居住面中部近门道处，直径0.5米，深0.4米。槽状狭长门道为斜坡式，宽度一般0.5米左右，短者不足1米，长者近3米，皆朝向东南。柱洞多位于墙壁下，数量不等，少者六七个，多者十余个。出土陶器多数为夹砂陶或砂质陶，多褐色，还有少量红色和灰色，全部为素面，器形有筒形罐、壶和盆。石器有磨制的斧、凿，打制的铲、耜、刮削器等。玉器有斧、璜和片状坠饰等。骨、蚌器有刀、铲和装饰品等。

南宝力皋吐墓地的A、B、C三个地点的墓葬形制和葬俗，以及随葬品都比较接近，属于同一文化性质，而D地点出土的遗物与墓地出土遗物完全不同，属于另一种史前文化。

　　南宝力皋吐墓地和遗址地理位置重要，地处西辽河、下辽河、嫩江、松花江流域交汇地带，多种文化因素交融，对研究东北亚地区史前文化交流提供了丰富资料，对于区分东北地区史前考古学文化和建立东北地区史前考古学文化序列，意义重大，有助于东北地区新石器时代考古学文化谱系研究。

　　2013年，南宝力皋吐墓地由国务院公布为第七批全国重点文物保护单位。

小黑石沟墓群

Xiaoheishigou Cemetery

撰稿：李鹏珍　李婉琪；摄影：马景禄　宋宝泉　杨林

　　小黑石沟墓群位于内蒙古自治区赤峰市宁城县甸子镇政府小黑石沟村上窝铺自然村三、四组居民区东约100米处东山的西坡上，北距镇政府约5.5公里。地理坐标为东经118°51′149″，北纬41°23′404″，海拔高度630米。墓群东、西均为南北向冲沟，东高西低状分布。该墓群东依门面山，北临老哈河，西北与黑城隔河相望，地处门面山西北的缓坡地带。

　　1975年，在该遗址曾出土一批青铜器。1980年，发现了M8061，出土一批青铜器和金器。1985年4月，赤峰市文物工作站会同宁城县文化局、宁城县辽中京博物馆、甸子乡文化中心站清理一座墓葬（编号M8501），获得一批青铜器、石质工具等。1985年，内蒙古自治区文物考古研究所对小黑石沟遗址进行第一次科学试掘。发掘墓葬11座，出土青铜器等文物400余件。1992~1993年，内蒙古自治区文物考古研究所对小黑石沟遗址第二次考古发掘，1992年发掘墓葬25座，1993年发掘9座。1996年，该遗址一座大型墓葬被盗掘，被定名为M9601。1998年，内蒙古自治区文物考古研究所对小黑石沟遗址进行第三次考古发掘，发掘墓葬21座，出土文物数百件。

墓地近景（东北—西南）

小黑石沟遗址航片

小黑石沟墓群共清理和发掘墓葬80座，其中属于夏家店上层文化墓葬72座，战国时期墓葬8座。

夏家店上层文化的墓葬以土坑竖穴石棺墓居多，还有石椁木棺墓、顶部盖有一层或多层石块的石盖墓、未见石块的土坑竖穴墓等。

大型石椁墓2座，分别是M8501和M9601，约占3%。石棺墓49座，约占68%。形制有差异，部分为规整的石棺，墓室四壁和顶部由石块垒砌而成，墓室底部也可见铺砌石块的。但一般而言，大多数墓室底部不见铺砌，顶部也仅仅是部分墓葬可见石块垒砌。这类墓葬在小黑石墓葬中居多数。竖穴土坑墓21座，约占

红陶豆细部刻划符号

红陶豆

青铜豆

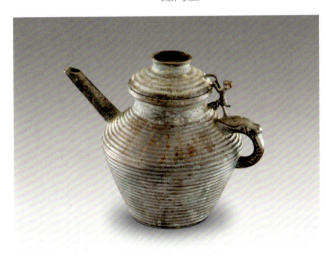

青铜盉

青铜挂缰钩

青铜匜

青铜"师道"簠

青铜瓜棱罐

青铜马衔

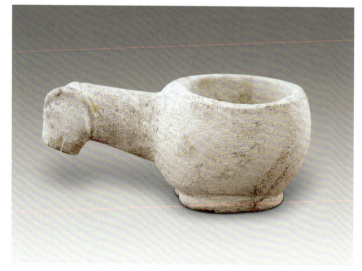

羊首柄石杯

青铜铜盔

青铜仿皮囊形器

青铜曲刃短剑

青铜马形牌饰

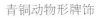
青铜动物形牌饰

青铜动物形牌饰

青铜虎形牌饰

青铜戈

青铜簋

青铜簋

青铜方鼎

青铜瓠（鼓形器）

青铜鼎

29%。仅一例四壁有生土二层台，并可见木棺，其余皆为竖穴直壁坑，不见或无棺。葬式有仰身直肢、侧身直肢、俯身直肢和侧身屈肢葬，其中侧身直肢葬的比例最高，33座，约占46%。其次为仰身直肢葬，14座，约占19%。俯身葬少见，5座，约占7%。还有18座葬式不明。未发现合葬墓，均为单人葬。墓向大多为南、北向，偏西或偏东向的较为少见。

墓葬随葬品以青铜器为主，少见石器、骨器、蚌饰等，几乎不见陶器。青铜器种类较为齐全，有容器、生活用具、武器、工具、车马器、装饰品等。青铜器的文化谱系可分为三类；第一类属于夏家店上层文化土著文化因素，主要是各类容器，其器形与此类文化的陶器有许多相似之处，大部分为素面，少数有动物纹饰。主要器类有盃、壶、匜、豆、圆底罐、双联罐、四联罐、六联罐、勺等。装饰品种类较多，主要有各种

师道簋铭文

泡饰、扣饰、动物纹或动物形饰。第二类属于中国北方长城地带的文化因素，典型器物有马衔、马镳、节约等车马器以及管銎斧，銎内戈，环手刀，三角形、菱形双翼镞等。第三类属于中原系青铜器的文化因素，大型墓葬出土的典型来自中原礼器的青铜鼎、簋、罍、匜、壶、尊等，有的还带有铭文。

战国时期墓葬均为长方形竖穴土坑，葬具皆为木质棺椁。葬式均为单人葬，仰身直肢体，墓向为北向。随葬品为仿铜陶礼器的鼎、豆、壶、匜、盆、罐等，及叠唇单耳罐、双耳罐和铜带钩等，为战国燕文化墓葬，表明至迟在战国中晚期之际，燕国已经占有这一地区。

该地墓葬众多，夏家店上层文化墓葬排列有序，且时代跨度较大，出土器物种类齐全，组套关系明显，既有当地民族特点，又有中原文化风格，在我国辽西地区所发现的同期墓葬中是夏家店上层文化同类墓葬规模最大的一处，为分析夏家店上层文化的社会形态提供了丰富资料。学术界普遍认为，该地当为夏家店上层文化的主体民族山戎族的王族墓地。

2013年，小黑石沟墓葬群由国务院公布为第七批全国重点文物保护单位。

王昭君墓

撰稿、摄影：武高明

王昭君墓位于呼和浩特市玉泉区桃花乡呼清（呼和浩特市—清水河县）公路10公里处的公路西侧，北距大黑河河道约6公里。

王昭君，名嫱，字昭君，西汉南郡秭归人（今湖北兴山县）。公元前37年，王昭君被选入后宫，为汉元帝待诏。公元前33年，在汉匈两族人民迫切要求民族和好的形势下，王昭君自愿请行出嫁匈奴，做了单于的阏氏，促使了汉匈两族之间保持了近半个世纪的和平相处。

在中国历史上，王昭君是一位献身于中华民族友好事业的伟大女性，上至帝王将相、达官显贵、文人墨客，下至市井平民、戍边将士、行役羁旅，都曾为她的芳名、事迹而抒发内心的情怀。在民间百姓中，昭君是美的化身。数千年来，她的传说、故事在中国民间广为流传，家喻户晓。自唐、宋以来，历代文人咏唱昭君、抒发情感的诗文、歌词、绘画、戏曲更是多不胜数，形成了千古流传的"昭君文化"。

昭君墓

昭君博物院鸟瞰

王昭君墓占地面积13000平方米，由汉代人工积土夯筑而成，呈覆斗形，现高33米。王昭君墓又称青冢，相传每年到了凉秋九月、塞外草衰的时节，周围草木枯萎，唯独昭君墓的草色依然青青，故名。由于昭君墓周围景色宜人，加以晨曦与晚霞的映照，墓景时有变化，故民间传说墓体有一日三变，晨如峰、午如钟、酉如枞，即早晨像个山峰、

和亲铜像

中午像个大钟、傍晚像个鸡枞。青冢拥黛，曾被誉为呼和浩特八景之一。

关于王昭君墓的记载，最早见于盛唐时期李白、杜甫等人的诗中。李白的《王昭君》写到："生乏黄金枉图画，死留青冢使人嗟。"杜甫的《咏怀古迹》写道："一去紫台连朔漠，独留青冢向黄昏。"据统

计，唐代写到青冢的诗人近20人，这说明王昭君墓在唐代已经广为人知，远近闻名。在古代文献中，最早提到王昭君墓的是稍晚于李杜的唐代杜佑著的《通典》："金河，有长城。有金河，上承紫河及象水，又南流入河。李陵台，王昭君墓。"宋代乐史著的《太平寰宇记》记载："青冢在（金河）县西北，汉王昭君葬于此。其上草色常青，故曰青冢。"宋史中《王承美传》，辽史中《太祖记》、《地理志》，元史中《太祖记》、《木华黎传》，均都有青冢记载。

到了清代，关于青冢及其配套建筑记载比较详细，融入了喇嘛教的文化因素。清初张鹏翮《奉使俄罗斯日记》中写道："城南负郭有黑河青冢古迹，远望如山。策马往观，高二十丈，阔数十亩，顶有土屋一间，四壁垒砌，藏有瓦瓮，此喇嘛所为也。……冢前有石虎双列，白石狮子仅存其一。……绿琉璃瓦砾狼藉，似享殿遗址，惜无片碣可考。"文中还记载青冢旁有一株大柳树，"下有古柳一株眠地，中空如船，而枝条上伸，苍茫如虬，窠有乌鸦，较中国却大而声哑。"清初诗人徐兰曾专门写有《青冢前卧柳》一诗："谁栽一株柳，万古覆美人；纵非汉时物，约略应千春。春风自东来，叶叶如含颦；长条覆数亩，其下无纤尘。塞外地苦寒，土人恒患贫……此柳得稳卧，无乃有鬼神。"可见，这株古柳堪称清代王昭君墓一绝，可惜今已不存。

到了清末民国时期，王昭君墓的地面遗存较此前已变化很大了。清张曾在《归绥识略》记载："青冢在归化城南二十里，黑河侧。高十余丈，土色黝然，望之如山。……今无草，墓体有石马一，石幢一，残缺不全石碑三俱，近代立。"

董必武题诗碑

新中国成立后，党和政府非常重视保护王昭君墓，多次培土、加固，防止水土流失，并派人专门看护。1964年，青冢被列为内蒙古自治区文物保护单位。1977年，成立昭君墓文物保管所，从此王昭君墓文物保护纳入了正常管理轨道。从20世纪70年代中期到80年代中期，为适应文物保护与旅游接待需要，开通了通往墓顶的东西两侧梯状踏道。80年代后期到90年代初期，对墓体进行了几次大规模培土，在墓体四周筑起了防护石墙和环形道路，栽植了大量松柏树木，文物保护环境得到根本改善。1997年，昭君墓景区第二次维修扩建中，在拓宽墓体前平台工程中，于基槽中发掘出许多黄琉璃勾头、滴水和泥质小佛像等喇嘛教遗物，与清代记载相符。2006年，王昭君墓被国务院公布为第六批全国重点文物保护单位。此后，墓体的保护成为重中之重，制定了长期和近期保护规划，每年拨入固定的经费进行绿化、培土，最大限度确保了墓体的原始风貌。

如今，呼和浩特市文化局之下设立昭君博物院对其进行专门管理，由王昭君墓本体及新建的一系列纪念性建筑设施组成，占地面积200余亩，为国家4A级景区。昭君博物院文化设施主要有汉代阙门、嫱云浮雕、董必武题诗碑、王昭君雕像、神道石像生、青冢牌坊、和亲铜像、匈奴文化博物馆、昭君纪念馆、和亲园、青冢藏墨、单于大帐、墓表、昭君传说故事陈列、历代诗碑廊等。

现在的昭君墓，巍然屹立，翠绿成荫，墓门南向，走近墓前，迎面是宽10米的阶梯通道，相连四级平台，在第四级平台上建有东西对称的两座六角攒尖凉亭，亭内分别竖立两筒汉白玉石碑，碑文为蒙汉文书写的"王昭君之墓"。亭后环绕墓身铺有阶梯，沿阶梯可直登墓顶。墓顶呈台体状，上建红柱、琉璃瓦攒尖凉亭一座，内立石碑。石碑正面刻有王昭君画像，背面刻有"大德荫子孙，抔土埋忠魂"的题词。环绕墓顶四周，围以汉白玉围栏。

现代著名史学家翦伯赞曾赞美道："王昭君已经不是一个人物，而是一个象征，一个民族友好的象征；昭君墓也不是一个坟墓，而是一座民族友好的历史纪念塔。"

"琵琶一曲弹至今，昭君千古墓犹新"。今天的昭君墓，宛如北方草原上一颗璀璨的明珠，成为名扬世界的文化遗产胜地。

扎赉诺尔墓群

Zalainuoer Cenetery

撰稿：宋国栋　摄影：庞雷　孔群

　　扎赉诺尔墓群位于满洲里市扎赉诺尔矿区向南7.5公里处，墓群坐落于达兰鄂罗木河(俗称圈河)东岸的二级台地上，西北为绵延横亘的丘陵，东南和南部是广袤无垠的草原。"扎赉诺尔"原音为蒙古语"达赉诺尔"，意为"海一样的湖泊"，原指达赉湖(呼伦湖)及其周围的地区。达兰鄂罗木河的上游为呼伦湖，其下游与海拉尔河汇合后流入额尔古纳河。

　　1959年，在治理圈河水利工程中发现一大批古墓葬，内蒙古自治区文物工作组派郑隆等人赴实地调查，在沿圈河台地边缘长2公里、宽200米的范围内，发现了300余座墓葬，并对其中的2座进行了清理。1960～1994年，内蒙古自治区及当地文物管理部门先后派业务人员对该墓群进行了4次调查发掘，共清理墓葬50座，出土了一批重要的遗物。

　　扎赉诺尔墓群在分布上具有一定的规律。坡地上的墓葬较为密集，埋葬较浅，坡顶上的墓葬分布稀疏，埋藏较深。墓葬皆为土坑竖穴墓，个别墓葬的头端设置二层台。墓圹平面为头宽尾

扎赉诺尔墓群远景

陶壶

飞马纹鎏金铜带扣

陶壶

扎赉诺尔出土黑石晶石饰牌

铜鍑

嵌绿松石煤精饰牌

骨镞

骨弓弭

三鹿纹金饰牌

窄的梯形，一般长约2米，宽不超1米，深1～3米。墓圹底部普遍放置木棺，材质主要为桦木和松木。木棺形制基本相同，为头宽尾窄的梯形，长度不超过2米，宽度仅可容身，高0.2～0.4米。木棺的构造方法是在四角立木柱，棺板榫接于木柱之间，形成稳定的框架，木柱的下端牢固地插入墓圹底部，上端或与侧板齐平，或高出侧板10厘米。用桦木皮做侧板的木棺保存较差，仅发现连缀桦皮棺板的圆形桦皮垫片和一些桦木槽朽痕迹。棺盖以木板纵向搭盖，棺底或铺木板，或垫树枝，或垫白灰。有的木棺盖底齐全，有的则有盖无底，也有部分木棺无盖无底，但在外面有木椁架。大部分墓葬都是单人葬，个别墓葬为双人葬，双人葬主要为男女合葬或母子合葬。母子合葬墓和男女合葬墓都被围绕在较多的单身男人墓的中间，这种现象大约是一种母权制残余的表现。葬式皆为仰身直肢，除了M29头朝东之外，其余墓葬皆朝北。随葬遗物多为日常生活用品，陶器、铜镟、桦皮罐等容器一般放置于墓主头骨的两侧，部分墓主人的头部佩戴有牌饰、骨簪、串珠、耳环等装饰品，腰部佩有带扣，双臂附近有指环、臂钏，生产工具及武器一般放置于腰部和腿部附近，主要有铁剑、骨镞、骨弓弭、桦树皮箭囊弓袋等，其中一座女性墓中保存有一束完整的发辫。个别墓葬的遗物放置在墓主胸部或棺外头端的二层台上。非常流行放置殉牲，主要为牛、马、羊的头、蹄、矩骨，代替并象征整畜殉葬，个别墓葬还随葬有蚌壳。殉牲骨多置于人骨头顶上端，个别墓葬也有将殉牲骨摆放在棺盖上方的现象。

出土遗物以陶器、骨器、桦皮器为主，铜器、铁器等金属器较少见。陶器的器形主要有罐、壶、钵、碗、尊等，体量普遍较小，大部分素面无纹，个别陶器的口沿下或肩部饰指甲印纹、水波纹、凸弦纹。陶罐的造型为大侈口、长深腹、小平底，表面积满黑色烟垢，是使用痕迹非常明显的实用器。有的陶罐腹部附耳，数量1～3个不等，既有带穿孔的真耳，也有实心假耳。个别陶罐带有高圈足，造型非常独特。夹砂罐内发现有类似谷壳的痕迹。金属器有双耳铜鍑、飞马纹鎏金铜带饰、三鹿纹金饰牌、人形纹饰牌、羊形饰牌、锯齿形垂饰、带扣、耳坠、镯、钏、戒指、环、泡、镜等，铁器以实用工具为主，如刀、矛、镞、马衔等。骨器以弓箭及马具为主，有镞、弓弭、镳、衔、锥、带扣、角器、鸣镝、弧形器、饰板、羊矩骨等。桦皮器有器皿底盖、壶、盒、弓囊、箭袋等，玉石器有煤晶镶嵌饰牌、玉片、玉环、串珠、石球、石牌饰、砺石、绿松石饰、玛瑙饰、水晶饰等。木器有勺、弓、梳、珠饰、梭形器、条形器等。此外还有漆器、贝壳、丝织品等。扎赉诺尔墓群出土遗物充分映射出该墓地所属族群以游牧、狩猎为主，兼营少量农业的经济文化形态。女性墓同样随葬环首铁刀、骨镞、铁镞、弓弭和马衔，证明她们从事着同男人一样的猎牧活动。

关于扎赉诺尔墓群的年代及族属，学术界曾先后提出很多看法。最初有三种不同的意见，一种是曾庸和郑隆提出的东汉晚期鲜卑说，另一种是黄展岳提出的典型的匈奴文化遗物说，第三种是安志敏认为"还没有足够的证据得出属于鲜卑人的论点，也不能肯定属于匈奴人"。此后，宿白推测扎赉诺尔墓群"大约是拓跋祖先推寅（宣帝）'南迁大泽方千余里，厥土昏莫沮洳'前后的遗迹"。李逸友进一步论证扎赉诺尔古墓为东汉时期的拓跋鲜卑遗迹，拓跋鲜卑说逐渐得到学术界的普遍接受。乔梁认为扎赉诺尔墓群的年代有一定的跨度，可能至少经历了百余年的历程。但许多研究者也一致认为，扎赉诺尔墓群受到了匈奴文化因素的影响，例如"双耳铜鍑和各种动物纹铜饰都具有明显的匈奴器物的风格"，吸收了匈奴用鸣镝、羊矩骨随葬的特点。倪润安则认为扎赉诺尔墓群的主要文化因素是来自海拉尔河以北地区的红马山文化和来自外贝加尔地区的布尔霍图伊文化，同时也包含了此前平洋文化在当地的遗留因素，其时代在东汉早期至东汉中晚期。由此看来，扎赉诺尔墓群所体现的文化面貌颇为复杂，许多问题仍有待于继续探索。

2006年，扎赉诺尔古墓群被国务院公布为第六批全国重点文物保护单位。

团结墓地

Tuanjie Cemetery

撰稿：刘丽娜；摄影：马奎生

团结墓地位于内蒙古自治区呼伦贝尔市海拉尔区以东20公里的哈克镇团结西村约0.5公里处的海拉尔河南岸台地上，北距海拉尔河约0.8公里，南距301国道约2公里。墓地处于大兴安岭森林向呼伦贝尔草原过渡地带，地势西低东高，海拔在776.6～603米之间。这里属于草原地貌，因分布在海拉尔河河谷二级台地上，故伴有部分沙丘地貌，土壤以沙土为主。

2001年8月21日，呼伦贝尔市海拉尔区哈克镇团结村村民李业伟在村西取土时发现多座墓葬，呼伦贝尔市文物管理部门组织业务人员随后赶赴现场调查，组成考古队对遗址进行抢救性清理发掘。经过发掘，共发现7座墓葬。均为土坑竖穴墓，无葬具。墓室平面呈长方形，一般长度在2～2.3米之间，宽度前后基本相同，在0.58～0.8米之间。墓向西北，在292°～320°之间。均为单人葬，多仰身直肢，仅5号墓为仰身略屈肢，死者的右小腿骨斜压在左小腿之上。随葬品均为生活用品和装饰品，以陶器为主，约在一半的墓中有铁器，因锈蚀严重，不能确定其为何物。从其出土的位置及大小来分析，可能是铁镞一类兵器。殉牲现象比较普遍，约占60%，为马、牛、羊的头骨和牛蹄骨，一般放置于人头顶的二层台上，这说明当时畜牧业在经济生活中占有重要地位。这些葬俗与呼伦贝尔地区的鲜卑墓地中的土坑竖穴墓基本相同，特别是与伊敏河鲜卑墓地可以说是完全一致，说明这两处墓地的性质和时代非常接近。

团结墓地远景

团结墓地出土陶罐　　　　　　　　　　　　　　　团结墓地出土陶罐

从出土的陶器来看，器形单一，均为手制夹砂黑褐陶罐，无论从陶质、制作方法、形制和纹饰等方面看，都与拉布达林、扎赉诺尔、伊敏河墓地存在较大的一致性。随葬品为死者生前所用，其中以陶器最为明显，在陶罐的外面均有烟炱痕迹。1号墓出土的双耳罐与拉布达林和扎赉诺尔出土的双耳罐较为接近，只是团结HTM1出土的双耳罐颈部较短，口沿外展较大，而后两者颈部直且较长，与伊敏河出土的双贯耳壶迥然不同。但是从团结墓地的墓制和文化内涵来分析，均与伊敏河墓地相同，由此推断团结墓地的年代应与伊敏河鲜卑墓地相近或略早，上限约当东汉中晚期。团结墓地与拉布达林墓地的不同之处在于前者没有发现葬具，也没发现金、铜、石、骨、桦皮器等随葬品，拉布达林墓地置有木棺或桦皮棺的近50%，扎赉诺尔墓地置有木棺的近100%，而且有一部分墓葬将殉牲的马、牛头骨放置于木棺上或死者身旁。通过以上现象说明，拓跋鲜卑在南迁过程中，部落之间的生业形态和生产力水平还存在着一定的差距，或在时间上也可能存在着早晚关系。

1980年7月30日，呼伦贝尔市文物管理委员会米文平同志等在鄂伦春自治旗嘎仙洞内，发现太平真君四年（443年）北魏皇帝派中书侍郎李敞来此祭祖时刻于洞内石壁上的祝文，确凿地证实了嘎仙洞即拓跋鲜卑先祖旧墟石室。拓跋鲜卑发源地为大兴安岭北段阿里河附近的嘎仙洞。同时《魏书·序记》载"宣帝推寅南迁大泽，方千余里，厥土昏冥沮洳"，"大泽"即今之呼伦湖。团结墓地地处呼伦湖东北向至嘎仙洞的中间地带，是拓跋鲜卑经大兴安岭南迁时遗留下的遗迹，该遗址的发掘为研究拓跋鲜卑的历史提供了实物资料，对研究北魏王朝的历史渊源具有重要意义。

2013年5月3日，团结墓地被国务院公布为第七批全国重点文物保护单位。

和林格尔东汉壁画墓

Pictorial Tomb of the Eastern Han Dynasty in Helingeer County

撰稿：郑承燕；摄影：刘小放　李强

　　和林格尔东汉壁画墓位于内蒙古自治区呼和浩特市和林格尔县新店子镇小板申村，北距县城城关镇33公里，东与明玉林卫古城和汉武城县故城相邻，南与明长城次边相望。地势北高南低，东侧呈缓坡地带，南侧有黄河支流、浑河由东向西流，西侧为断崖村庄。地形地貌多样，山、丘、川兼备，属蒙古高原向黄土高原过渡地带，总体地势东高西低、南高北低态势，山脉为蛮汉山系。

　　和林格尔东汉墓略高于地面，墓顶约有2米高的封土，墓门朝东向偏北。墓葬由墓道、甬道、前室、中室、后室以及三个耳室构成，为穹庐顶多室砖室墓，墓室全长19.85米。此墓早期被盗，墓内随葬品多被盗走，清理时发现随葬品尚有陶鼎、耳环、盘、碗、罐等82件器物。墓室地面铺有"富乐未央，子孙繁昌"方砖，从墓门到六个墓室的四壁砖面上抹有一层5毫米至1厘米的白灰，白灰上绘了壁画，均为彩绘。墓葬的前、中两室四壁绘有墓主人一生的官吏生活，后室及其他三个耳室，绘有墓主人晚年富有的庄园家居生活的各种场面，墓顶部绘有天象彩绘，总计有壁画46组，57幅。面积总共约有100平方米，壁画上有可辨认的榜题约250多项，共700余字，

汉墓壁画

墓门

车马图（摹本）

列马图

通过这些壁画和榜题可以了解墓主人和当时社会情况。

墓内前室、中室表现了死者的升迁历程和官场生活场景。根据壁画和榜题考证，这位死者是"孝廉"出身，曾被封为"郎"官，历任过"西河长史""行上郡属都尉""繁阳县令"直至到"使持节护乌桓校尉"之职的官场经历，画面上绘有其各任的车马出行图、官府图、粮仓、所经过的地方、各种宴会和受到褒奖等各种情景，较为全面地反映了当时的官场生活。其中死者在"使持节护乌桓校尉"任上的出行图场面宏大，画中有车乘10辆，各色马匹129匹，文武官员、士卒、仆从128人，死者坐着三匹马拉着的车，前呼后拥，耀武扬威。后

车马图

出行图（摹本）

庄园图

圣贤图（摹本）

诵经列女图（摹本）

室和其他3个耳室绘有可能是死者晚年所居住的庄园的画面，有劳动人民在其庄园内放牧、捕鱼、狩猎、农耕、碓舂、酿造、厨役等劳动场面，而在后室南壁上所绘的庄园图上密林环抱，庄园中长廊曲折、望楼、水井、谷场、马厩、牛栏、仓廪、房舍、坞壁等建筑错落有致，比较全面地反映了东汉时期地主庄园面貌。

和林格尔壁画墓，是我国20世纪70年代考古的重大发现之一，根据墓葬的结构、出土随葬品以及大量的壁画进行考证，此壁画时代为东汉桓帝、灵帝之世，约在20世纪60年代至70年代之间。壁画结构严谨，层次分明，布局多变，造型生动，笔法流畅，线条粗犷，刚劲有力，开创了写意画的先河，是我国美

庄园图（摹本）

术史研究的珍贵文物资料。壁画还反映了东汉时期社会、经济、思想、民族等方面的情况，为考古学、史学、民族学研究提供了宝贵的研究资料。壁画中的古建筑，为研究汉代的建筑制度、用途、形制、结构、色彩等提供了宝贵的历史资料，墓体壁画中生产劳动的描绘，反映了汉代塞北蒙古地区农牧结合的经济特色。墓壁画中墓主人的历任官职、城市和府舍图反映了当时塞北城市和中原城市的结构、布局，是研究城市发展史的重要资料，为研究汉代庄园经济提供了宝贵的资料。壁画上的榜题是汉字的一种新书体，是继承周代金文、战国玺文、篆书而形成的书体，对研究汉字书法的演变也是极其有价值的宝贵资料。壁画神形兼备，充分反映了民族艺术特色，对我们研究汉代及少数民族历史文化具有重要的参考价值。这座墓葬中具有现实主义和写实风格的壁画，是古代人民的劳动结晶，通过这些壁画，使我们对东汉时期社会生活的各方面都有了一定的了解，而其中涉及北方游牧民族的部分，则反映了汉族与其他少数民族的交流与联系以及东汉在民族地区设置官吏和驻军等情况，体现出自古我国就是一个统一的多民族国家。

和林格尔东汉壁画墓于2013年5月被国务院公布为第七批全国重点文物保护单位。

谢尔塔拉墓

Xieertala Cemetery

撰稿：刘丽娜；摄影：刘国祥　白劲松

谢尔塔拉墓地位于内蒙古自治区呼伦贝尔市海拉尔区谢尔塔拉场部东约5公里的台地上，西南距海拉尔市区约15公里，南距海拉尔河2公里。墓地西北侧有一隆起的山岗，东侧和东南侧地势平坦开阔，现为牧场，南侧为较低的草滩地。墓地所处的海拉尔河南岸台地较为平坦，地势较高，呈缓坡状。

谢尔塔拉墓地原先是一处取土厂，1997年工人在取土时发现一处土墓，面积约1万平方米，后经文物管理部门发掘，发现此处是一处古墓。1997年9月至10月，中国社会科学院考古研究所内蒙古工作队与呼伦贝尔盟民族博物馆、海拉尔市文物管理所联合对谢尔塔拉墓地进行抢救性清理。1998年9月至10月，以上的三家单位联合对谢尔塔拉墓地进行了正式考古发掘。

谢尔塔拉墓地共揭露面积337.5平方米，清理出不同规格的古墓葬10座，均为长方形竖穴土圹墓，木棺大多数有盖无底，一座无盖无底，单人葬居多数（多为男性），也有双人葬，死者

墓地远景图

陶罐

铜耳饰

木杯

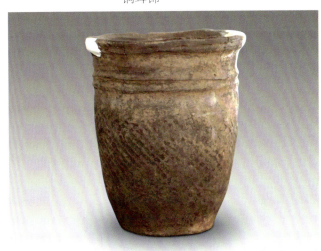

陶罐

桦树皮箭囊

弓

皆为侧身屈肢葬，头向朝东南，面向朝北，也有的面部及上身俯趴在墓穴内。共清理出随葬品200余件，多集中放置在墓主人头部及胸部周围，也有的放在墓主人身上，主要有陶、木、桦树皮、金、铝、铜、铁、玻璃、石以及麻毛、丝织品等。多数随葬品由单一质地的材料制成，少数葬品是由两种或两种以上质地的材料加工而成，依据使用功能的不同可以将随葬品分为生活用品、生产工具、马具、装饰品等。

2006年由中国社会科学院考古研究所、呼伦贝尔民族博物馆、海拉尔区文物管理所联合编著的《海拉尔谢尔塔拉墓地》一书出版发行，文中详细介绍了1997～1998年发掘细节，描述了谢尔塔拉墓地遗址形态及出土的一些文物，并分析阐述了历史断代。此文为以后保护、研究这些墓葬遗址群提供了较权威、翔实的依据。郑雷的论文《谢尔塔拉文化的发现与初步研究》将谢尔塔拉为代表的墓地命名为"谢尔塔拉文化"，并进行了初步的考古学研究。

2013年8月，因蒙古族源与元朝帝陵的综合考察项目，中国社会科学院考古研究所内蒙古工作队与呼伦贝尔市民族博物院、海拉尔市文物管理所联合对谢尔塔拉墓地再次进行钻探和考古发掘，发现了墓葬3座。这为蒙古族源与元朝帝陵的综合考察项目提供了新的佐证。

谢尔塔拉墓地被中国社会科学院认定为隋唐时期室韦墓葬，为研究室韦的历史以及探索蒙古族的起源提供了科学的考古实证资料，对于构建呼伦贝尔草原古代游牧民族考古学文化体系，推动中国东北边疆地区考古与历史研究均具有重要意义。同时也为研究海拉尔地区历史特别是隋、唐时期北方室韦民族的政治、经济、军事、民族关系、文化交流、自然环境变迁以及隋、唐时期墓葬形制结构、埋葬习俗、历史分期、断代等方面都提供了珍贵的历史资料和实物依据。谢尔塔拉墓地文化内涵与已知的鲜卑、契丹等民族的文化遗存有明显区别。填补了相当于晚唐五代时期该地区少数民族文化遗存的空白，促进了北方少数民族史的研究，对于了解唐至五代时期室韦部落的情况提供了有益的线索。

2006年9月4日，谢尔塔拉墓地被内蒙古人民政府公布为自治区级文物保护单位；2013年5月3日，被国务院公布为第七批全国重点文物保护单位。

辽陵及奉陵邑

Mausoleum and the Attached Cemeteries Guarding Walled Towns of the Liao Dynasty

撰稿：郑承燕；摄影：左立军

辽代（916~1125年）立国200余年，共历九帝一王，死后分别葬在五处：太祖阿保机葬祖陵，太宗耶律德光和穆宗耶律璟葬怀陵，圣宗耶律隆绪、兴宗耶律宗真和道宗耶律弘基葬庆陵，此三陵皆位于内蒙古自治区赤峰市。东丹人皇王耶律倍和其子世宗耶律兀欲葬显陵，天祚帝耶

辽祖陵陵门黑龙门址全景

祖陵陵园相对的契丹圣山——木叶山

祖陵神道上的石像生

律延禧葬乾陵，目前考古工作仅知二陵位于辽宁省北镇医巫闾山董家坟、龙岗村一带的山谷中，具体坐标不详。

辽制，在每一处陵墓附近专置一州，隶属于各皇帝宫卫（斡鲁朵），以守护各陵墓及祖庙，并置奉陵户，称奉陵邑，辽代奉陵邑分别为祖州、显州、怀州、乾州和庆州。辽陵及奉陵邑凝聚了辽代开创、鼎盛及衰落时期的政治、经济与文化实力，是整体反映辽代历史的重要遗迹。

祖陵及祖州城是契丹族辽开国

皇帝辽太祖耶律阿保机的陵墓和奉陵邑，位于巴林左旗查干哈达村漫其嘎山谷前石房子林场辖区内，距离祖州城西北约1.5公里，周长约10公里。陵园内，除葬有太祖耶律阿保机及其妻述律后之外，太祖和述律后所生第三子耶律李胡及道宗昭怀太子，死后也以天子之礼，葬于此处。祖州城是辽太祖耶律阿保机陵寝的奉陵邑，又是辽朝皇室迭剌部家族世居之地，耶律阿保机在此称帝。

怀陵位于巴林右旗岗根苏木驻地床金嘎查，辽怀州城东北7公里处的山谷中。怀陵陵区内分别葬有契丹辽王朝的第二代皇帝辽太宗耶律德光、第四代皇帝辽穆宗耶律璟以及后妃和皇亲贵族。怀州为怀陵之奉陵邑，位于巴林右旗岗岗庙村，辽代皇帝夏捺钵和行猎多经这里，并暂驻于此。陵区分内外陵区，两座陵墓分别位于内陵区床金沟后沟北侧二级台地上。

辽庆陵位于巴林右旗索博日嘎苏木瓦林辉特乌拉山南簏，是辽极盛时期的帝陵，由东、中、西三陵组成，一字排开。庆陵依山为陵，开凿于大兴安岭南端余脉庆云山主峰南坡，海拔高度1200米，东南向为庆云山谷口，与罕山对映。沟谷内多小溪，南流入查干沐沦河。景福元年（1031年），兴宗遵遗嘱于庆云山葬圣宗，是谓永庆陵。后兴宗葬永兴陵，道宗葬永福陵，同时葬有后妃多人，并有大量亲贵陪葬墓。建庆陵同时，在陵南17公里的巴林右旗索博日嘎苏木建庆州为奉陵邑，以后庆陵又葬兴宗和道宗二帝。庆州城逐年增建，在辽州城中规模最大，仅次于京城。

乾陵中葬景宗。辽景宗耶律贤，字贤宁，辽世宗次子。应历十九年（969年），辽穆宗遇弑，耶律贤被推举为帝，尊号天赞皇帝，改元保宁。景宗即位后，建立嫡长子继承制，整顿吏治，重用汉臣，任人不疑，积极纳谏，极大地促进了契丹的封建化，使辽朝进入中兴时期，为辽代走向全盛奠定了基础。982年，景宗病死于云州焦山（今山西省大同市西北、内蒙古丰镇以南旧长城附近），次年二月，葬于乾陵。985年，置乾州以奉景宗乾陵。乾陵亦应在今北镇境内，但具体地点不能确定。据耶律宗政、耶律宗允墓志记载推测，乾陵就在显陵附近。乾州城旧址在今北镇城西南7里处。

显陵为世宗耶律阮和东丹王（义宗，让国皇帝）耶律倍的陵寝。显陵最初为耶律倍的陵墓，耶律倍在大同元年（947年）以前就已归葬医巫闾山。耶律阮成为世宗并即位后，才将其父的谥号改为让国皇帝，并按皇帝的规格将其安葬。考古工作者从北镇龙岗子附近山谷中发现的古建筑遗址、大件琉璃瓦等推测，辽显陵遗址可能即在今辽宁省北宁市北镇医巫闾山的董家坟、龙岗村一带的山谷中。由于辽末契丹皇帝的诸陵墓被女真军队毁坏始尽，元、明、清各朝也无文献可证，所以，世宗的显陵（包括耶律倍的陵墓）还在进一步的调查之中，难寻确切位置。显陵的奉陵邑称显州，乃世宗在世时所创置，以奉护其父耶律倍之显陵。根据辽宁省北镇市驻地广宁镇古城内保存着的两座辽代八角十三层密檐实心式砖塔及其他辽代遗存判断，辽显州应是今北镇县城古城址。

宝山、罕苏木墓群

Baoshan and hansumu Cemeteries

撰稿：李少兵　索秀芬；摄影：梁京明　孔群　齐晓光

宝山、罕苏木墓群包括内蒙古自治区赤峰市阿鲁科尔沁旗宝山和耶律羽之家族两处墓地。

宝山墓地位于东沙布日台乡宝山村西1.5公里，东北距乡政府东沙布日台村12.5公里，西与巴林左旗毗邻。宝山俗称"老头山"，宝山墓地地处宝山主峰阳坡地带。

1993年，墓地中有大型壁画墓被盗。1994年10月，内蒙古自治区文物考古研究所会同阿鲁科尔沁旗文物管理所抢救性发掘两座墓葬，分别编号1号墓和2号墓。1996年8月，再次做了补充发掘。

墓地周围有茔墙，夯土版筑墙，基宽7.3米，残高2.2米。平面大致呈长方形，方向略偏东，北墙长172米，西墙长201米，东墙长197米，南墙长167米。东墙和南墙上各开一座瓮城门，南门建有门房，是茔区的主门。茔墙内呈北高南低缓坡地势，分布着10多座墓葬和祭殿或享堂建筑基址，墓葬分排布局。1号墓和2号墓均由墓道、门庭、墓门、甬道、墓室、石房组成，墓道平面呈梯形，前窄后宽、上宽下窄。在石房顶上四角竖有石雕彩绘圆柱，以支撑墓顶。在四边角近

宝山辽墓1号墓石房内东壁降真图

宝山辽墓1号墓降真图局部

顶两侧与墓室立壁间，分别横架条形石过梁。用花纹长条形砖砌筑尸床，床上罩木雕彩绘小帐。壁画绘于墓室和石房内外，墓室壁画分布可分为三层，阑额以下立壁为底层，阑额至橑檐枋为中层，穹隆顶部为顶层。各层画面主题鲜明，与施彩仿木建筑结构相辉映，立体效果甚佳。着色艳丽，普遍采用贴金装饰，画面富丽堂皇。

1号墓位于墓地东北部，全长22.5米。墓道方向203°，前部为土斜坡，后部为砖砌阶梯，长12.76米，下宽2.2～2.8米，上宽2.2～3.55米，深0～5.7米。在墓门两侧以砖砌仿木建筑形成门庭，平面呈长方形，宽2.95米，进深3米。砖砌墓门，门洞呈圆拱形，宽1.4米，高2.02米，上砖筑仿木歇山顶门楼，通高3.98米。甬道为砖砌拱形，宽1.4米，高2.02米，进深1.62米。内砌筑三重封门砖墙，并装有一道木门。砖砌墓室，平面为圆角长方形，宽5.42米，进深5.84米，高5.3米。周壁及顶有砖雕、影作仿木构件，四角有彩绘半明柱。石房建于墓室正中偏后，以雕琢精细的整块石板组装而成。平面呈长方形，南北长3.7米，东西宽3.16米，高2.36米。四壁及顶磨光作画，地面铺石板。在石房后半部砌尸床，尸体上套银丝网络。墓葬多次被盗，残留的随葬品有金饰、金环、铜鎏金錾花饰件、铜带扣、铜门鼻、铁挂钩、彩陶碗、白瓷盘、白瓷盖罐、骨管、蚌围棋子等。

壁画除局部脱落或漫漶外，大多数画面保存较好，总面积近百平方米。底层壁画主要描绘生活场景，中层壁画的甬道拱门顶部两侧对称绘卷云火焰宝珠花瓣纹，顶层壁画为卷枝花卉纹和卷云火焰宝珠纹，以及双层团形花卉纹。石房外壁门上绘装饰图案，南壁绘侍仆图，其余三面壁绘建筑影作。内壁的南壁绘侍仆

宝山辽墓1号墓墓门前室南壁男吏图　　　　　宝山辽墓1号墓西侧室西壁侍仆图

宝山辽墓1号墓牵马图局部

宝山辽墓1号墓石房内北壁厅堂图

宝山辽墓1号墓北回廊北壁宴桌图

宝山辽墓1号墓东侧室东壁牵马图

宝山辽墓1号墓墓门前室南壁女仆图

图，北壁绘厅堂图，西壁绘高逸图，东壁绘降真图，顶部绘云鹤图。在西壁左上角墨书记载了墓主大少君次子勤得十四岁死于天赞二年五月二十日，葬于八月十一日。

2号墓位于墓地中部偏北，全长25.8米。墓道长19.25米，前部为斜坡墓道，后部为台阶，方向95°。下宽2.3～3.4米，上宽2.3～4.2米，深0～6.86米。墓门两侧壁有白灰墙，影作仿木门楼，用长方形石头封门。甬道呈长方形，内口砌筑一道砖墙封堵。墓室平面近方形，顶部逐层叠涩圆收，用石板封顶，地面铺砖。进深4.45米，宽4.9米，高3.8米。石房贴后室壁起建，用四块石板组装，顶部侧边出沿，平面呈长方形，东西长3.2米，南北宽2.97米，高2.18米。贴西壁砌尸床，女性尸骨，单人葬。多次被盗，随葬品所剩无几，在墓道中发现一通契丹小字石碑。

壁画原面积约60平方米，现存近30平方米，其中尤以石房内的壁画最为精湛。绘于墓室的壁画几乎全部脱漏，只残存底部人物局部和中部影作阑额，以及顶部四角至墓顶分别绘一道红彩，象征顶架，圆顶封石绘大型团花图案。石房外壁石门上绘装饰图案和楷书"朱门永固"，东壁绘侍从图，南壁和北壁绘影作和人物图。内壁的东壁绘仆佣图，西壁绘牡丹图，南壁绘寄锦图，北壁绘诵经图，顶部绘花卉图。

1号墓建于天赞二年（923年），是迄今年代发现年代最早的辽代契丹贵族墓，对研究辽代早期墓葬制度意义重大。壁画题材丰富，绚丽多姿，采用多种画技，集浑厚与细腻、素雅与浓艳、写实与夸张于一体，构图准确，描绘生动，表现出高超的艺术水准，是辽代早期的艺术杰作。壁画内容丰富，充分展现了辽代初期绘画所取得的艺术成就。画风既保留了浓厚的唐代风格，又反映出五代的新变化，由此形成不拘形式、博雅别致的画面。这些壁画所表现出的高超技艺与五代时期中原等地绘画水平的发展相一致，对探讨晚唐以后中国绘画艺术的发展弥足珍贵。

耶律羽之家族墓地位于罕苏木苏木古日板呼舒嘎查东北30公里，南距天山镇130余公里。地处朝克图山西端的裂缝山主峰的东南阳坡地带，墓地西、北、东三面环山，以山脉为茔墙，低矮处加筑石围墙，南部山谷口修筑茔门。墓地面积约8万平方米，墓葬20余座，裂缝山顶有大型石砌圆形祭祀建筑。

1992年7月被盗，8～10月内蒙古自治区文物考古研究所会同赤峰博物馆和阿鲁科尔沁旗文物管理所抢救性发掘了耶律羽之墓。1993年发掘10座墓葬，1座殉车坑。墓地表原有砖砌方形享堂，现已毁。

耶律羽之墓葬由墓道、门庭、墓门、甬道、东耳室、西耳室和主室组成，全长32.5米，深10.2米，方向175°。墓道为阶梯式，平面呈梯形，前窄后宽、上宽下窄，下口宽1.9～2.52米，上口宽1.9～3.8米，长19.42米，深0～8.1米。门庭呈长方形，连接墓门两侧砌砖墙，上口宽3.8～4.16米，底宽1.94米，进深3.66米。墓

宝山辽墓1号墓石房外南壁男吏图

宝山辽墓1号墓石房外南壁女仆图

宝山辽墓1号墓牵马图局部

宝山辽墓 2 号墓石房内南壁寄锦图

宝山辽墓 2 号墓寄锦图局部

宝山辽墓 2 号墓寄锦图局部

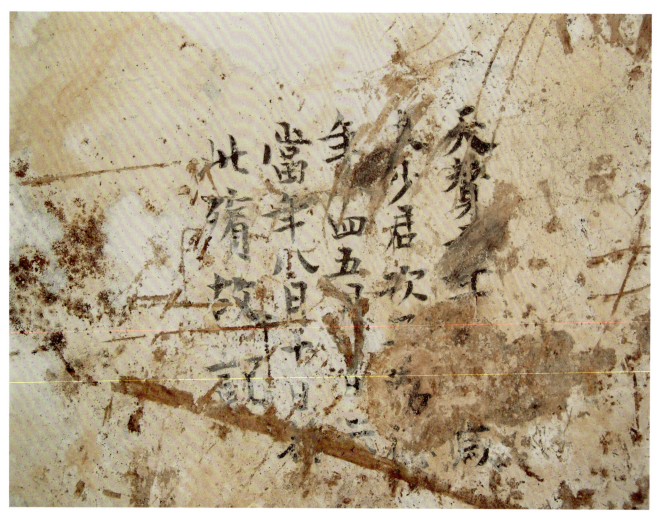

宝山辽墓1号墓墨书题记

门石制，由门额、门柱、门楣、两扇门组成，宽1.92米，高2.76米。石门外砌一道封门砖墙。甬道为石条垒砌，呈长方形券顶，进深4.32米，宽1.92米，高2.9米。东、西耳室位于甬道两侧，设木门，平面呈方形，叠涩攒尖顶。门道与顶部以石条砌筑，室内四壁砖砌，地面铺方砖。东耳室进深2.4米，宽2.4米，高2米。西耳室进深2.24米，宽2.4米，高2.04米。主室入口处建石门，平面呈方形，室内四壁及顶部均以绿色琉璃砖砌筑，以大型琉璃砖封顶，砖中心嵌环形铁钉，作悬挂铜镜用。进深4.3米，宽4.06米，高4.05米。南壁于门额顶部砌半圆形龛。铺地砖分为两层，下层为青、红色素面长方砖，上层为带有花卉、昆虫图案的绿色琉璃方砖。在主室北部和东部砌有两座琉璃砖尸床，其上分别罩以柏木质小帐，小帐内挂有帷幔。北侧尸床上停放耶律羽之尸骨，东侧尸床上停放耶律羽之夫人尸骨，这种分床合葬的葬俗有别于辽代常见的同床共寝葬俗。

墓葬内施彩绘画分为壁画和彩绘两种。壁画以施抹的白灰面作地，画面以墨线勾勒并局部着色，线条流畅，色彩淡雅，内容有人物、器具、飞鹤、流云等。彩绘则是在平滑的石、木面上作画，除少量构件用单纯色彩外，其主要题材均色彩艳丽，有人物、器具、动物和花卉图案。

随葬品丰富，有金器、银器、铜器、铁器、木器、石器、陶器、瓷器、玉器、玛瑙器、水晶器、琥珀器、丝织品等300余件，有代表性的随葬品有五瓣花形金杯、鎏金錾花银把杯、鎏金錾花银壶、金花银渣斗、金花银砚盒、盘龙纹铜镜、喇叭口瓜棱腹陶壶、白釉皮囊式鸡冠壶、白瓷盘口壶、褐釉喇叭口瓷壶、玉带銙、水晶球、玛瑙璎珞、琥珀串珠等。丝织品数量众多，品种有锦、绢、罗、绮、绫、纱等，采用编织、

宝山辽墓 2 号墓石房内北壁颂经图

宝山辽墓 2 号墓颂经图局部

宝山辽墓 2 号墓颂经图局部

宝山辽墓 2 号墓石房内东壁石门北侧仆佣图

宝山辽墓 2 号墓颂经图墨书题记

宝山辽墓2号墓石房外北壁女仆图

宝山辽墓2号墓石房正面

印染、刺绣、描绘等多种工艺制作，品质优良，图案精美。墓志记述了耶律羽之生于唐大顺元年（890年），历任东丹国中台右平章事、东京太傅等职，封东平郡开国公。卒于辽会同四年（941年），谥号文惠公。

在耶律羽之墓地还发掘了其子耶律迪烈、其孙耶律元宁、曾孙耶律道清等10座墓葬，年代贯穿有辽一代，耶律羽之墓最早，依次为儿孙几代墓葬，由西南向西北渐晚，早期墓葬以砖或砖石结构为主，常见方形墓室，攒尖墓顶，多附前室或耳室，仿木结构墓门。中期以后的墓葬多为石结构，多边形墓室，常以木板护壁，穹隆顶，少见耳室，不见前室。

耶律羽之墓地以耶律羽之墓规格最高，规模宏大，结构合理，做工精细考究，墓室以琉璃砖为建筑材料，坚固美观，这种四壁生辉的设计在辽墓中堪称一绝。墓室内壁画与彩绘形象逼真，画技高超，是罕见的辽代早期绘画佳作。大量随葬品做工精湛，许多文物在工艺和造型上都极具特色。墓志洋洋千言，史料丰富，有助于对文献史实的勘

补，特别是有关契丹与鲜卑关系的记载殊为珍贵。耶律羽之墓地再现了辽代政治、经济、文化、艺术等多方面所取得的成就，反映了辽代文化除了契丹传统文化外，还包含诸多外来文化因素。

1992年耶律羽之墓被评为全国十大考古新发现，1994年宝山壁画墓被评为全国十大考古新发现。2001年，宝山、罕苏木墓群由国务院公布为全国第五批重点文物保护单位。

耶律羽之墓金花银渣斗

耶律羽之墓五瓣花口金杯

耶律羽之墓褐釉仿皮囊鸡冠壶

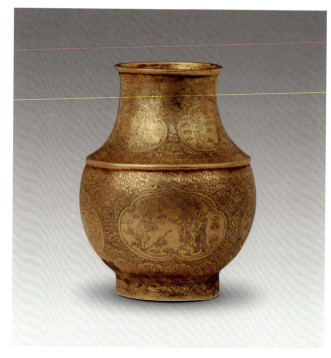

耶律羽之墓鎏金錾花银壶

耶律羽之墓盘龙纹鎏金铜镜

耶律羽之墓鎏金银砚台

奈林稿辽墓群

Nailingao Cemetery of the Liao Dynasty

撰稿：刘丽娜；摄影：杨宝军

奈林稿辽墓群，又名前勿力布格辽墓群，位于内蒙古自治区通辽市库伦旗库伦镇前勿力布格村西南王坟梁上的新开河北岸台地，地处辽西山地与科尔沁沙地相接处，地形西南高，东北低，以厚很河（柳河支流）为界，东南分别与辽宁省的彰武县、阜新县相邻。

墓群呈带状分布，东西长约7.5公里，南北宽3.5公里，面积为26.25平方公里。

1972～1985年，考古工作者先后在奈林稿苏木前勿力布格村发掘清理了8座大型墓葬，葬于983～1110年间，为辽代中晚期墓葬。其中1号墓最具代表性，该墓为大型八角形穹隆顶砖室墓，由墓道、天井、墓门、甬道、南北耳室和墓室组成，墓门圆拱形，雕砖斗栱门楼。在这些墓葬的墓道、天井、墓门、甬道和主室的砖壁上都绘有内容丰富、色彩绚丽、技法娴熟而又富有浓郁的契丹民族生活气息的人物、驼马、流云、彩凤、门神等彩绘图案，同时出土了影青瓷、定窑白瓷、流银带饰、玉雕、大康六年钱币等文物。特别是1号墓墓道两侧绘有驼马人等的《出行图》《归来图》，是目前发现在辽墓壁画中尺幅最大、画工精熟、保存最好的人物壁画，既有出行图又有归来图，在出土的辽代壁画中也是绝无仅有的，生动地描绘了契丹人的车马饮宴娱乐习俗等生活场景，反映了当时艺术家的审美取向和艺术修养，表现了北方草原苍凉旷远的景象和契丹豪

奈林稿辽墓群七号墓发掘坑全景

放洒脱的民族性格。其内容之丰富，技巧之娴熟，功力之深厚，都为当今罕见，是辽代艺术的精华。

据史料记载，在辽代这一带属头下军州懿州的管辖范围，出土的壁画文物为研究辽代契丹民族、社会历史、文化艺术和生活习俗等方面提供了宝贵的实物资料。

奈林稿辽墓群为辽代中晚期墓葬群，是迄今为止发现壁画保存最完整的契丹大贵族墓葬，对研究辽代契丹族墓葬形制的演变具有重要的参考意义，也为研究契丹族宗教、风俗及与中原文化的关系提供了重要的材料。

奈林稿辽墓群于2013年5月被国务院公布为第七批全国重点文物保护单位。

耶律祺家族墓地

Cemetery of the Family of Yelvqi

撰稿：郑承燕；摄影：哈斯巴根

耶律祺家族墓地位于内蒙古自治区赤峰市阿鲁科尔沁旗罕苏木（大庙）朝克图山，南距阿鲁科尔沁旗旗政府所在地天山镇130余公里，其东南约30公里有一牧村，称"古尔班呼舒"，村东北为绵延数十里的朝克图山，该山西端异峰突起，峰顶有一巨大裂带，当地人称之为"裂缝山"，山的东南阳坡三面环山，幽谷寂静，耶律祺家族墓地即坐落在坡的左侧。

1993年7月和1996年9月，内蒙古文物考古研究所对墓地进行了考古发掘，共发掘墓葬两座。在耶律祺家族墓地南2.5公里处有一土城，城墙残高约1米，城址呈长方形，长200米，宽185米，有南门，门宽7米，城址东侧有一口古井。

耶律祺家族墓一号墓，墓主人道宗大安间人，南院大王，天祚朝拜于越，卒赠齐国王，据推测，耶律祺可能就是《辽史》中有传的耶律阿思。位于墓地正中偏左，系砖结构大型墓葬，东南向。由墓道、墓门、甬道、前室、东西耳室、主室组成，全长34.7米，深5.7米。斜坡墓道开口砌石，高于地表30～80厘米。墓门为砖雕仿木结构。拱形甬道接长方形前室，前室两侧有六边形耳室，与主室相接处设一道木门。主室呈八边形，周边残存木制护壁底框，正中偏后为石板铺设尸床，周围镶木框，原木雕小帐已残朽，墓内遍铺方砖，砖下设有纵横连贯的排水系统。因早期破坏，前室、主室及墓门顶部被拆，据墓内散乱人骨鉴别，该墓当为夫妇合葬。

墓葬虽经盗扰，仍出土一批珍贵文物，如景德镇窑烧制影青瓷盘、碗20余件，多以印花装饰，制作精良，其中相当一部分在器底书写契丹大字墨书题款，共百余字，类似手写行书大字真迹，实属罕见。大型模制青龙装饰铜片造型美观、形态逼真，是难得的辽代工艺品。此外，还出一些精美的琥珀饰件等。主室尸床前置汉文墓志，契丹大字墓志各一合，除大字志石基本完整外，其余皆被砸碎。值得提出的是，契丹大字墓志镌文近3000字，其中从未见过的新字就达数百之多。

二号墓位于墓地右侧后，距东北左侧位置靠前的一号墓35米，亦为砖结构大型墓葬，方向东南。由墓道、墓门、甬道、墓室组成，全长26.44米，深4.64米。砖砌仿木结构墓门，外表抹白灰影作仿木构件及彩绘花卉图案。拱形门洞入口处堆石，甬道内再砌2道石墙，3道砖墙封堵，底面铺砖，壁顶通抹白灰作画，内容为旗鼓及契丹侍从，于墓室衔接处设置木门。墓室呈八边形，穹隆顶上半部塌落，周边壁底部木框，地面铺砖并涂白灰。正中为砖砌尸床，似有小帐残件。因盗扰，尸骨散乱朽蚀，为夫妇合葬。随葬品所剩无几，包括残碎精制青瓷碟、碗数件，以及唐、宋铜钱数枚等。尸床前置契丹小字墓志一合，志盖正面线刻十二生肖，背面刻铭文上半篇，志石正面为铭文的下半篇，共计近两千字。该小字墓志形式特殊，内容丰富，亦为多年来少有的精品。

耶律祺家族墓地地表现已无建筑遗存，唯余部分石砌茔墙与墓道墙址，石墙均未采取保护措施。

《耶律副部署墓志》刻于辽天祚帝乾统二年（1102年），1996年9月出土于内蒙古阿鲁科尔沁旗罕苏木苏木古日班呼硕嘎查朝克图山的耶律祺家族墓群2号墓中。据此墓发掘者齐晓光先生考证，墓主为耶律兀没，生于景福元年（1031年），卒于大康三年（1077年），乾统二年（1102年）迁葬于此，此人当即《辽史》中耶律阿思（即耶律祺）的叔父耶律兀没，但根据墓志的记载来看，耶律兀没应是耶律阿思的从兄。刘

耶律祺墓墓道砌筑石茔墙

耶律祺家族墓群遗址

耶律祺家族墓地

耶律祺家族墓地远景

耶律祺家族墓近景

凤翯先生对上述观点持保留意见，因墓志用汉语借词"副署"（墓主人累官副部署）指称墓主，他主张将该墓志暂时定名为《耶律副署墓志》。墓志原石现存于内蒙古文物考古研究所，墓志目前尚未发表。

1993年出土的契丹大字《耶律祺墓志》，是迄今为止发现的所有契丹大字石刻中字数量最多的一件，为契丹文字的解读提供了丰富的文字材料，为辽代显贵家族研究提供了重要资料，对于契丹语文的解读与研究具有重要的学术价值。不仅如此，耶律羽之家族墓与耶律祺家族墓地的发现为进一步勘查朝格图山周边其他贵族墓地提供宝贵线索，对探讨契丹早期耶律氏贵族兴起与活动区域等问题具有重要价值。

2013年5月3日，耶律祺家族墓地被国务院公布为第七批全国重点文物保护单位。

耶律琮墓

Yelvcong Tomb

撰稿：郑承燕；摄影：张义成

　　耶律琮墓位于内蒙古自治区赤峰市喀喇沁旗西桥乡雷家营子行政村于家湾子自然村东北约400米的沟北坡地，背靠陡岗峭崖，面对崇山峻岭，斜跨矮梁沟壑，足临川涧流溪。墓地所在山坡种植果树及其他农作物，南侧坡下为坤都伦河支涧。涧南侧山脚下有一条小路通往山里的村庄。

　　耶律琮墓，民国以前未遭明显破坏。民国十八年墓室被持枪匪徒盗掘。"文化大革命"时期，已倒地残断的神道碑碑身被村民辟做方石，石像生局部被损。20世纪90年代初，墓室再次被盗掘。2003年，武吏石像（西侧）被盗未遂。

　　墓地现存遗物遗迹有观音经碑1通，卧羊2对，踞虎1对，立武官1对，立文官1对，神道碑龟趺1座，墓穴1座。观音经碑，花岗岩质，由螭首、碑身、龟趺三部分组成，形状基本完整，碑身局部裂纹，龟头稍残。碑阴碑阳阴刻楷体汉文，字迹漫漶严重。碑额正中为"观音经碑"四字，碑身首句为"佛说观世音经一卷"，字数约2300余字。卧羊，花岗岩质，俯卧姿势，首微昂，

近景（北一南）

观音经碑（东—西）

大眼凸睛，大盘角，垂尾，体态丰腴，嘴部均残损。踞虎，花岗岩质，蹲坐姿势，昂首，大眼凸睛，短立耳，体态丰满。一虎头残无；武吏，花岗岩质，站立姿势，粗眉，巨眼、长颊，头带圆顶长护颈胄，身披长袍短甲，脚着长靴，合手挂剑。身材魁梧，神态平静，基本完整。文官，花岗岩质，站立姿式，身着交领广袖长袍，背垂绶带，头带圆顶方额幞头，双手捧握，神态文静，头部均残损。神道碑龟趺，花岗岩质，头部稍残。

耶律琮是辽景宗时期的重要人物之一，据碑文和《辽史》记述，他少有大志，发奋读书，在文才武略方面都造诣很深，辽景宗耶律贤嗣位之后他也青云直上，从政期间由于态度开明，思想进步，主张和平交往和"和边政策"，注重吸取外来文化和技术，对巩固辽政权，推动发展契丹社会做出了极大的贡献。本人也从崇禄大夫、检校太保官升至华洲刺史、上柱国漆水郡开国公，官位显要。

然而耶律琮的仕途生涯比较短暂，从政刚刚进入壮年时期就致仕归田了。后来他在极度忧郁中为了求"无为之理，有相之因"，笃信佛教，终日参禅，遐游岭外，衣食节制，51岁时怀着"长恨凌云志未酬"的满腔忧愤离开了人世。

耶律琮墓不仅有辽代艺术的观赏价值，还对研究解答辽代历史某些疑问具有重要的文物考古价值。该墓石像生表现了中原墓仪特点，是辽代契丹人授汉官者从汉仪制度的生动体现。石像生组合完整，是众多辽墓中所少见的，对研究辽代石刻艺术具有重要价值。神道碑更为辽墓所仅见，其碑文内容相当丰富，是研究辽朝历史的重要文献。碑文记载的大量当地风物民情资料，可补地方史缺。

1992年6月20日，耶律琮墓被公布为赤峰市文物保护单位。2006年9月4日，被公布为内蒙古自治区文物保护单位。2013年5月3日，被国务院公布为第七批全国重点文物保护单位。

韩匡嗣家族墓

Cemetery of the Family of Hankuangsi

撰稿：张亚强；摄影：塔拉　张亚强

　　白音罕山位于辽上京故城西北82公里的白音勿拉苏木乌兰白旗草原之西，这里重山叠翠，沟壑纵横，山中林木茂盛，獐狍野鹿成群。白音罕山两翼山梁环抱，形成一个独立宽阔而又封闭的区域。山坡下草场宽阔，水草丰美，山门外平川沃野，宜耕宜牧，景色十分秀丽。

　　韩氏家族墓地就位于白音罕山南坡、地势相对平缓之地，墓地东南方向，距墓地约1公里坡下的一片平坦草地上，有一处建筑遗址，占地约5000平方米，成排的建筑基址清晰可辨，地表还散布着许多辽代的砖、瓦、石灰、覆盆形石柱础遗迹以及一些陶瓷片等遗物，估计建筑遗存与韩氏家族墓地的建设和祭祀有关。墓地东南距辽代古城四方城址15公里。

　　2000年8月至9月，内蒙古自治区文物考古研究所联合巴林左旗辽上京博物馆对韩氏家族墓

墓地全貌（东南—西北）

墓道及墓门（南—北）

地中的三座墓葬进行了发掘。

韩氏家族墓地依自然环境可分为两个区域，即西沟和北沟，两区之间有一道山梁相隔，西沟区在调查中发现有20多座墓葬，似一条淡淡的弧线，分布在山梁南坡各处，绝大部分因盗掘而坍塌残破，其中有一座尚未塌落，墓内一片狼藉，残留石墓志盖一方，志盖楷书阴刻"故招讨相公墓志铭记"，被砸毁的浮雕龙凤纹石棺盖，墓前室东西壁均绘有壁画，但绝大部分已惨遭破坏而漫漶不清，仅能辨认一女侍立头像及一部分影作斗栱。北沟区即韩匡嗣墓区，墓地坡下有一条石砌墓园石墙环绕，墙宽约1.5米，残存高度0.5～1.7米，长约800米。清理发掘的三座墓都位于此区，其中M1位于墓园墙外，处于整个墓区东南角的山坡下，M2位于M1西北约500米半山的一缓坡处，南距墓园石墙约250米，M3即韩匡嗣夫妇合葬墓，位于M2东北高坡上的一低缓之处，站在墓地，能眺望到极远处的群峰耸立。

M1，为砖结构多室墓，方向南偏东15°，全长32米，由墓道、墓门、甬道、前室、耳室及主室组成。墓道为长斜坡土墓道；墓门为仿木结构的门楼式建筑，正面采用砖雕及影作手法构筑；甬道与墓门及前室相连，平面长方形，卷篷船形拱顶，内壁抹有白灰面，在甬道左右两壁各有一小壁龛；前室呈长方形，采用平卧砖筑，其上逐渐内收起券，形成券顶，前室左右两壁正中辟耳室门，与耳室相通，前室内壁抹有白灰面，在直壁部分即耳室门两侧绘有壁画，内容为男女侍立图；耳室平面方形，平卧砖砌，后叠涩起券，形成券顶，甬道中部应设有一木门，现已残毁，仅存边框痕迹，耳室及其短甬道内壁都抹有白灰面，其中耳室直壁上部的白灰面上，用赭色绘出影作的柱、斗栱、阑额、槫等木构建筑结构，现多已脱落，漫漶不清；主室平

韩匡嗣夫人秦国太夫人墓志志盖

韩匡嗣墓志盖

石雕男侍俑

面圆形，平卧砖砌，其上逐渐内收，叠涩起券，形成穹隆式墓顶，内壁带有用弧形方木筑成的护壁，在棺床北侧地面还有一砖砌小井，似是排水之用。出土石墓志一合，大理石质，志盖为盝顶形，其中一角已残损，志盖正中篆书阴刻9字，行三行，每行三字，为"赠侍中昌黎公墓志铭"，志石与志盖的大小基本相同，字体楷书阴刻。

M2，为砖结构多室墓，方向为南偏东34°，全长39.48米，由墓道、天井、墓门、甬道、耳室、主室组成。墓道为生土墓道，由于墓葬是建在山坡上，墓道底基本是平的，与天井底在同一平面；墓门为仿木结构的门楼式建筑，正面采用砖雕及影作手法构筑；甬道与墓门及主室相连，平面长方形，卷篷船形拱顶，内壁抹有白灰面，在甬道左右两壁各有一小壁龛；耳室在甬道左右各一，形制相同，位于甬道两侧壁中段，两耳室平面呈圆形，耳室内壁抹白灰面，周壁用雕砖砌出倚柱四根，柱上承托柱头斗栱，柱间有影作阑额，斗栱上承柱头枋、枋和柱；主室平面圆形，采用横卧和侧立砖交替砌法筑壁，直壁之上仍用横卧和侧立砖交替砌

石雕龙纹棺板

墓内壁画

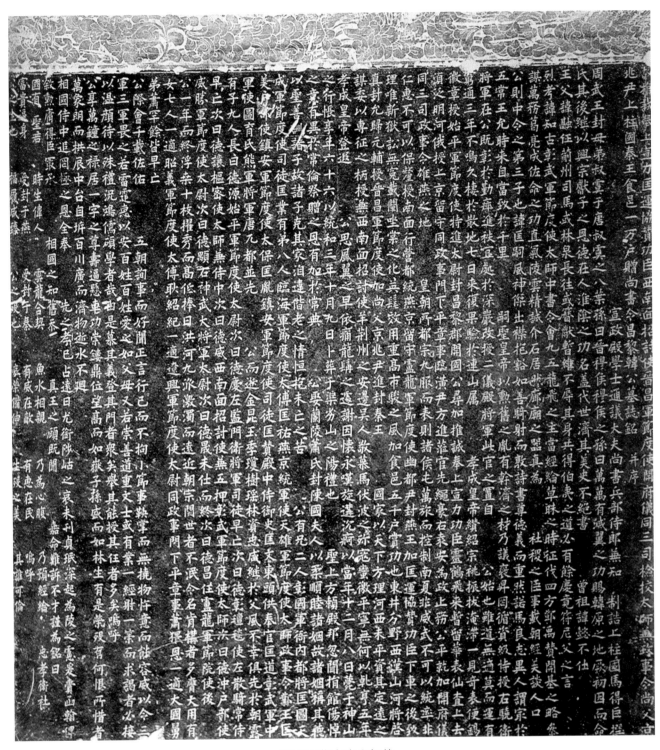

韩匡嗣墓志志文拓片

法内收起券出穹隆顶，墓顶正中有一圆形藻井，主室内带有木质护壁。出土墓志一合，绿砂岩质，盝顶，中间篆书阴刻9字，三行，每行三字，但字已被盗掘者砸毁，无法辨认，志盖四斜面各刻一凤，四角刻折枝牡丹，志石仅发现一角，绿砂岩质，楷书阴刻，有"……史大夫上柱国……鱼袋李玄撰……"等字。

M3为砖结构多室墓，方向南偏东37°，全长48.46米，由墓道、天井、墓门、甬道、前室、左右耳室、后室前甬道、主室及排水系统组成。墓道两壁用石块垒砌，由于山势，墓道底不平，北半部与天井底基本平行，南半部稍向山下倾斜；天井与墓道和墓门相连，砖筑，形似庭院，平面长方形，天井门已部分坍塌，在塌落处已发现了三块印有"天"字的墙壁砖，天井门正上方填土中有男女石俑各一，距地表0.90米，面向墓

韩匡嗣墓志志盖拓片

道，女俑在东侧，男俑在西侧，二石俑并排而立；墓门砌成仿木结构的门楼式建筑，正面采用砖雕及影作手法构筑；甬道连接墓门及前室，砖筑，平面长方形，卷篷船形拱顶，甬道左右两壁各置一小壁龛；前室前后有甬道分别连接墓门及主室，左右带有耳室，砖筑，平面为圆角方形，穹隆顶，墓室四角用雕砖各砌出一倚柱，上承柱头斗栱，倚柱之间有砖砌阑额，东西两壁的阑额之上，即在耳室门之上，两倚柱之间，又各有补间铺作一朵，六朵斗栱形制相同，均为单抄四铺作，在柱头或阑额上置栌斗，栌斗左右置泥道栱，再上为散斗、泥道慢栱、散斗、替木，栌斗正面置华栱，其上置交互斗，斗栱之间露白色栱眼壁，内壁抹有白灰面，仿木建筑构件等都施彩绘，四壁及墓顶都绘有精美壁画，四壁绘各种人物侍立图，穹隆顶绘祥云仙鹤，正中藻井绘两条团龙，周围饰以莲花；耳室在前室左右各一，耳室平面基本上呈圆形，为穹隆顶，周壁还用雕砖砌出倚柱四根，上承柱头斗栱，四朵斗栱形制相同，均在柱头置栌斗，栌斗左右置泥道栱，再上为散斗、替木，仿木结构部分均施彩绘；主室为砖筑，平面圆形，穹隆顶，穹隆顶正中有一圆形藻井，主室内带有

韩德威墓志志文拓片

木制护壁，在主室东、西、南三面靠墙壁处都有排水沟，排水沟在主室木棋下汇成一条，经主室前甬道中偏东部，经过主室石门槛下方，进入前室东折，沿前室北壁、东壁、南壁进入前室前甬道，经甬道东壁通向天井，沿天井东侧进入墓道，在墓道中部折向其西壁，排出墓外。出土墓志记述，该墓为韩匡嗣夫妇合葬墓。

韩氏家族墓地共发现墓葬40余座，是一处典型的聚族而葬的家族墓地，先后发现于该墓地的韩匡嗣后裔韩德威、耶律（韩）元佐的墓，墓志称"附大茔"或"从先茔"，为研究辽代汉族家族墓地提供了丰富的资料。

2006年，韩匡嗣家族墓被国务院公布为第六批全国重点文物保护单位。

韩匡嗣是辽代开国功臣韩知古之子，其家族是辽代望族。据韩匡嗣墓志记述，韩匡嗣九子均有建树，这与《辽史》记载韩匡嗣有五子不同，其中五子韩德让（耶律隆运）名声最为显赫，官拜大丞相，因其功绩卓著，统和二十二年（1004年），赐国姓耶律，使韩氏一族附籍"横帐"，韩德让列于景宗庙位，位居

石雕女侍俑

韩德威墓龙凤纹石棺盖   韩匡嗣夫人秦国太夫人墓志志盖拓片

亲王之上。作为辽政权的忠实捍卫者，韩氏家族与辽朝兴衰休戚相关，韩氏家族墓地的发现，不仅为研究韩氏家族史提供了翔实的记录，也弥补了《辽史》中的诸多缺憾，为研究辽代政权组成及汉契关系提供了宝贵的资料。

吐尔基山辽墓

Tuerji Mountain Tomb of Liao Dynasty

撰稿：张亚强；摄影：塔拉　张亚强

吐尔基山辽墓是在2003年进行发掘的非常重要的一座辽墓。无论是从其墓葬形制，还是从出土器物来看，其风格都接近于晚唐和辽代早期的风格，再加上在墓道左壁上发现了契丹文字，在墓室内发现了脱落的契丹人物壁画，因此我们推断这应该是辽代早期的墓葬。

吐尔基山辽墓距通辽市50公里，地处通辽市科尔沁左翼后旗吐尔基山村，南距吐尔基山水库行政村约1公里，西南面有吐尔基山红领巾水库，西北有哲里木盟采石矿。

吐尔基山辽墓位于大吐尔基山东南麓的山坡上，墓葬方向为115°，由墓道、天井、甬道、墓室及耳室组成。

墓道为长斜坡墓道，长40.9米，已经部分被破坏，两壁用石块垒砌，石块之间以黑胶泥黏合，外侧也抹有黑胶泥，石墙残高约11米，应是为了防止塌方而为。在靠近墓门部位抹有白灰

彩绘贴金木棺及棺床

面，北壁及墓门上方绘有线描猛兽形
象的壁画，墨线勾勒，线条简单，造
型粗犷，南壁也有壁画的痕迹，但由
于墓道内填充有大量的石块，砸毁得
比较厉害。

　　天井位于墓道的北端，与墓道
相连，长7.1米，地面铺有长方形青
砖。天井壁用小石块垒砌，石块之间
以黑胶泥黏合，并在外侧用黑胶泥抹
平，在黑胶泥外又有一层红胶泥，在
红胶泥外抹有白灰面。北壁和东壁的
白灰面保存较好，但内鼓比较厉害，
南壁白灰面保存较差，比较疏松、碎
裂。在白灰面上绘有线描猛兽形象的
壁画，墨线勾勒、线条简单、造型粗
犷，但保存都不太好。

银鎏金嵌宝石漆盒及铜镜

　　甬道位于天井和墓室之间，平
面呈长方形，用大小不一的石头垒砌而成，地面铺有长方形青砖。在甬道外墓门口有封门石封住，封门石近
似于长方形，将墓门全部封死。在甬道中间距墓门0.92米处有一道木门，木门为两扇对开，各有上下三排鎏
金铜门钉，在木门上第2排鎏金铜门钉上面中间部位有一把铁锁，已经锈死，不能开启。

古
墓
葬

　　墓室近似于正方形，长3.92米，宽3.70米，高3.36米。墓室为叠涩顶，大约从距地面1.60米处开始叠涩
起顶。墓室内有1.20米左右厚的淤沙，从剖面看可分为39层。墓室四壁应有壁画，但由于墓室内进过水，绝
大部分已经脱落，仅藻井及墓门上方残存一部分。藻井直径约为1.78米，上面绘有月亮及太阳图案，在月亮
中绘有桂花树及玉兔，在太阳中绘有一只三足金乌。

　　耳室位于墓室的前部东西两侧，平面近似于长方形，里侧较宽，外侧（靠近门部）较窄。耳室内壁也都
抹有白灰面，但是大部分已经脱落，从残留情况看不似有壁画。两个耳室均有木门，形制相同，门框都已经
被淤沙推出门外，已经腐朽，西耳室的木门也已经被淤沙推出室外。木门为两扇对开，各有上下三排鎏金铜
门钉。

　　葬具有彩绘木棺、内棺及棺床。

　　彩绘木棺最长2.31米，最宽1.30米，最高0.9米。以红、黑两色为主色，上面雕刻有仙鹤、凤、缠枝牡
丹、祥云等图案，其中仙鹤、凤以及部分牡丹花叶子为贴金，四周悬有铃铛。棺首有一小门，门上有一铜
锁，锁上系有钥匙。小门两旁各站立一个人物，都是手持骨朵，面向小门而立，身穿契丹传统圆领长袍，袍
上绣有团花，团花、骨朵头、靴子均贴金箔，腰系丝帛带，结结于腰部。有一拱桥将小门与地面连接起来，
拱桥桥面上有彩绘的花卉图案，桥面两侧有栏杆。

　　内棺的棺盖正面有三团贴金龙纹图案，在两侧各有一对贴金凤展翅飞翔，其中前面一只在飞翔过程中还
回首望向另一只，神态生动。

　　彩绘木棺棺床为须弥座状彩绘棺床，长2.56米，宽1.48米，通高1.07米，共由8层组成，上部有镂空的
栏杆，栏杆上共有六只鎏金铜狮子，棺首4只，棺尾2只，栏杆下悬挂有上下两排铜铃，中间部位有四只两两

清理玻璃杯

相对的贴金凤。

吐尔基山辽墓出土了丰富的随葬品，做工精湛，许多随葬品在工艺和造型上都极具特色，再现了当时辽王朝在政治、经济、文化、艺术等方面取得的成就。

1.墓室内随葬品

墓室出土的随葬品主要有铜器、银器、金器、漆器、木器、马具、玻璃器以及丝织品等。

铜器有钟、铜铃、牌饰、铜泡等，大部分为铜鎏金。其中的鎏金铜牌饰上面有錾刻十分精美的乐舞图案，有击鼓、吹笛、吹笙、吹排箫、弹琵琶、吹觱篥等。

银器有银盒、银筷、银壶等；金器有单耳八棱金杯、针等。其中有龙纹錾花银盒和狮纹錾花银盒，上面錾刻有栩栩如生的金龙和双狮以及鸾鸟等图案，金杯上錾刻有形态各异的人物和动物图案，均十分精美。

漆器有漆案、漆盒、漆盘等。漆案放置于棺床前，长91.5厘米，宽79.5厘米，高22.3厘米，上面放置有金银器、玻璃器、漆器等；漆盒有贴银花漆盒和贴金银花漆盒以及包银漆盒等。

马具有包银木马鞍、马镫、带饰、牌饰等。马鞍有錾花鎏金银马鞍前桥和金花银马鞍后桥等；马镫有鎏金铜马镫和铁马镫等；带饰有镶嵌鎏金铜牌饰的带饰和镶嵌有玉饰的带饰。

玻璃器为一玻璃杯，口径9.4厘米，底径3.9厘米，高12.5厘米，质地细腻，手感很轻。

铜器主要分布于墓室的左侧靠近耳室门的地方；金银器和玻璃器大部分分布于棺床前的漆案上；漆器大部分位于棺首前和漆案上，小部分腐朽比较厉害的分布于左耳室；马具位于墓室右侧的马鞍支架上，但我们发现时马鞍支架已经腐朽，马具大部分已经掉在地面上；瓷器主要分布于左耳室中；丝织品主要存在于棺中，还有一小部分分布在彩绘木棺及两侧的帐架上。

2．棺内随葬品

内棺内的随葬品主要有带流苏的金牌饰、摩羯状金耳坠、金手镯、金戒指、玛瑙手链、圆形金银牌饰、金耳勺、带香囊的玛瑙项链（上有镂空金球）、针线包、荷包以及铜铃等。

其中带有流苏的金牌饰上面雕有牡丹和祥云图案，每个金牌饰上下垂五串流苏，每串七个流苏；摩羯状金耳坠上嵌有绿松石，细部纹饰錾刻，摩羯形象为龙首鱼身；金手镯为双龙首，镯身素面；金戒指戴于手套外，左手戴了三个，右手戴了两个，个别金戒指上嵌有水晶面，上面蹲伏有金龟，龟背镶嵌绿松石；圆形金牌饰上有三足火鸟的图案，应该是象征太阳；圆形银牌饰上有桂花树、仙女、玉兔等图案，应是象征月亮；针线包保存状况比较差，包里还有一枚金针。

墓主人头戴棉帽，手戴手套，身上穿有多层衣物，外层损毁严重，内层保存较好，尤其是第7层不仅保存完好，而且十分精美，是一罗裙，清晰可见上面的黄色的对凤图案，明显带有晚唐风格。

吐尔基山辽墓出土的金银器造型、纹饰、工艺等方面包含了诸多外来因素，受突厥（如折肩罐）、粟特（如带扳指垫的金杯、折肩罐）等影响，其直接影响应该来自于唐王朝，如其金器采用的錾花工艺、银器采用的金花工艺等出现并流行于唐代，其錾刻的纹饰也与唐代金银器上的类似，比如出土的一件菱形金花银盘，与江苏丁卯桥唐代窖藏出土的一件十分相似，只是盘中心的图案略有不同，前者是龙首鱼身的摩羯图案，而后者是双鸾戏珠图案。吐尔基山辽墓墓主人身上穿的服饰上的图案也接近于唐代流行纹样。

吐尔基山辽墓的墓室为方形，方形墓室盛行于辽代早期，延续到中晚期，如赤峰大营子出土应历九年（959年）辽驸马卫国王墓，就是辽早期的方形墓室。

金花提梁银壶

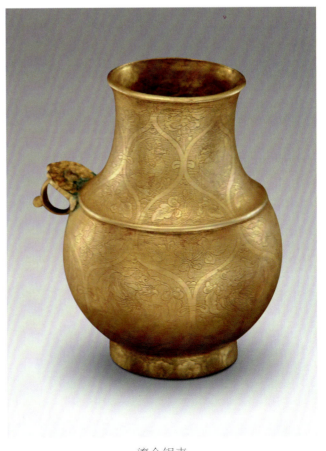

鎏金银壶

金花龙纹银盒

摩羯形嵌绿松石金耳坠

墓主人头像复原图

因此，无论是从墓葬形制，还是从出土器物来看，其风格都接近于晚唐和辽代早期的风格，再加上在墓道左壁上发现的契丹大字，在墓室内发现了脱落的契丹人物壁画，因此我们推断这应该是辽代早期的贵族墓葬。

在唐代和辽代的一些大型墓葬中一般都有记载墓主人生平、事迹和死亡的墓志。因而，我们在吐尔基山辽墓的发掘过程中也迫切地希望能够发现墓志，通过它来判定墓主人的身份和生卒日期，但是在吐尔基山辽墓却没有墓志。

墓道左壁上的契丹字很有可能只是墓主人的下葬年代，但是也已经残缺不全了，也不能辨认出来。

吐尔基山辽墓出土了大量的珍贵文物，有漆器、木器、金银器、丝织品、铜器、瓷器、铁器以及玻璃器等。特别是彩绘木棺和棺床，在内蒙古自治区尚属首次完整发现；并且还出土了许多有精美图案的丝织品，这在辽代考古中也是比较罕见的。

在吐尔基山辽墓中出土了大量的与音乐艺术有关的文物，如鎏金铜铎、鎏金铜长铃、银角号等，在出土的鎏金铜牌饰中有许多带有乐舞的图案，有击鼓、吹笛、吹笙、吹排箫、弹琵琶等。这么多与音乐、舞蹈等艺术相关的文物在辽代墓葬中也是很少见的。

总之，吐尔基山辽墓的发现，是内蒙古自治区自陈国公主

金杯

玻璃杯

墓、耶律羽之墓以后又一次特别重要的发现，它将极大地丰富我们对辽王朝的认识，为辽代考古增添了新的内容和资料，对研究辽代的政治、经济、文化、艺术、服饰、生活习俗、丧葬制度等都有十分重要的意义。

　　2006年，吐尔基山辽墓被国务院公布为第六批全国文物重点保护单位。

萧氏家族墓地

Cemetery of the Family of Xiao

执笔：宋国栋；摄影：孔群

　　萧氏家族墓地位于通辽市奈曼旗青龙山镇东北10公里斯布格图村西的庙子山南坡下。庙子山沿墓地东西两侧向南延伸，将墓地环抱怀中，使墓地背倚山峰，面临平川，成为层山叠翠，泉水清幽的风水宝地。1986年6月，内蒙古自治区文物考古研究所、通辽市博物馆、奈曼旗王府博物馆联合发掘了一座多室壁画墓，出土墓志表明该墓为辽代陈国公主及驸马萧绍矩的合葬墓，由此得知该墓地是萧绍矩家族墓地。

　　陈国公主墓全长16.4米，由墓道、天井、墓门、前室、东耳室、西耳室和后室七部分组成。墓道为斜坡阶梯式，长6.7米，由上而下有16级生土台阶。墓道两壁上抹有白灰面，并彩绘壁画"侍从牵马图"，人马都在廊庑之下，面朝墓外方向作行走状。天井前接墓道，后通墓门，天井内填满层层叠砌的封门砖。墓门为拱形，上部砌成仿木结构的屋檐式建筑，通高4.42米。屋檐正面采用砖雕及影作手法构筑，门额和门楣上有彩绘的牡丹花纹。墓门内装有双扇木门，门上

萧氏家族墓地全景

陈国公主及驸马萧绍矩合葬墓

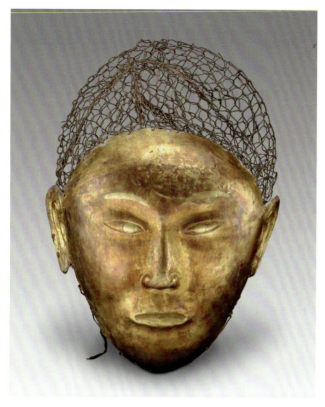

驸马的银丝头网和金面具

公主金面具

龙纹金镯

玻璃把杯

公主的金銙带

金花银奁

公主的錾花银枕

玉佩

玉佩

錾花金针筒

公主的琥珀璎珞

公主的高翅鎏金银冠

驸马的錾花银靴

驸马的鎏金银冠

青釉花口碗

公主的錾花银靴

乳钉纹玻璃盘

挂有铜锁，而鎏金铜钥匙则被锁在了前室里。

　　前室为长方形，券顶，南北长3.38米，东西宽1.93米，高2.65米。东西两壁及顶部彩绘壁画，东壁绘男女仆役，西壁绘手持骨朵的侍卫及展翅飞翔的仙鹤，顶部会有日月星辰。前室地面正中偏南放有一盒墓志，志盖上刻有篆书"故陈国公主墓志铭"，随葬品有绿釉长颈壶、茶绿釉鸡腿坛、花口青瓷碗、花口白瓷碗、缠枝菊花纹青瓷盘、双蝶纹花口青瓷盘、绿釉罐、银盏托等，并发现一堆羊头骨。

　　东、西耳室建造于前室两侧，平面呈圆形，券门，穹隆顶。耳室墙壁抹白灰，但不施彩画。耳室入口处有单扇墓门，残存单扇门的半圆形木门楣。东耳室直径1.58米，高2.43米，西耳室直径1.62米，高2.3米。东耳室随葬品多为饮食器，有白瓷碗、鸡腿瓶、银匙、水晶耳杯、玛瑙盅、白瓷盖罐、青釉碗、双蝶纹青釉花口盘等瓷器。西耳室随葬了两套完整的马具，并出土了木鸣镝、瓷盆等遗物。

　　后室平面呈圆形，穹隆顶，入口处有两扇木门，挂有铜锁。后室顶部紧贴砖壁内侧有木板叠涩围成的木椁室。后室后壁用长条砖错缝垒砌尸床和供台，尸床长2.6、宽1.47米，左右侧壁及小龛内有彩绘图案。尸床上通体铺柏木板，铺板上铺垫褐紫色织金褥垫。尸床和供台周围发现大量的银流苏，表明床上当时悬挂有帷幔。尸床的铺板上仰面放置陈国公主和驸马的遗骸，身上所穿丝织衣物已经腐朽，但金银制品及各种珠宝玉器饰件却保存完好。

　　公主位于尸床南部，身上通体用银丝网络包裹，面部覆盖纯金制成的仿真容面具，头戴高翅鎏金银冠和珍珠琥珀头饰，头枕金花银枕，颈戴琥珀珍珠项链，胸佩琥珀璎珞镂孔小金球、管形玛瑙饰、胡人驯狮琥珀佩饰，腰系金铐丝带，腰部右侧有八曲连弧形金盒、提链水晶杯，双腕带金镯，手握琥珀握手，足穿錾花银靴。此外，公主身上还堆放着各式各样的玉佩饰，如双鱼佩饰、交颈鸳鸯玉佩、交颈鸿雁玉佩等。驸马位于尸床北部，与公主的穿着基本一致，同样用银丝网络束体，头戴鎏金银冠，腰系蹀躞带，胸佩琥珀璎珞，腹置龙纹琥珀佩饰，臂带玉臂鞲，手握莲花双鸟纹与龙纹琥珀握手，指戴錾花垒戒指，足穿錾花银靴。身旁放置玉柄银锥、玉柄银刀、瓶形琥珀佩饰。后室内随葬的遗物还有蹀躞带、錾花铜盆、铜镜、玉砚台、玛瑙碗、水晶串珠、玻璃瓶、玻璃杯、玻璃盘、银托盘、木鸡冠壶、木俑等。供台略高于尸床，上面放有银盖罐、银器盖、鎏金银流苏等物品。

　　陈国公主及驸马合葬墓出土遗物非常丰富，计3227件、44组、副，有许多制品是用金、银、玉石以及玛瑙、琥珀、珍珠等贵重材料制作而成，可谓流光溢彩，神秘美艳。据发掘者估算，这些遗物共计用金1700余克，用银有1万余克。特别是两套殡葬服饰精美华丽，制作工艺精湛，充分反映了契丹大贵族奢华的生活和墓主人的显赫地位。

墓葬出土的墓志由绿色砂岩制成，上盖下志，正方形，边长89.5厘米，通高28厘米。盖顶阴刻篆书"故陈国公主墓志铭"。墓志铭阴刻楷书27列，全文513字。据墓志记载，陈国公主乃景宗第二子秦晋国王耶律隆庆之女，正妃萧氏所生。初封太平公主，进封越国公主，追封陈国公主。公主卒于开泰七年（1018年）三月，年十八岁，于当年闰四月，附葬于驸马萧绍矩之茔。驸马萧绍矩是仁德皇后之兄，泰宁军节度使、检校太师，其死年当在28～30岁之间。

陈国公主墓的等级和规格均较高，是仅次于辽代皇陵的重要遗存，也是辽朝留给今人的一份珍贵文化遗产。陈国公主与驸马萧绍矩在史书中无记载，直到墓葬被发现，对于他们夫妻的情况及家世才逐渐为世人所知。墓葬出土遗物具有非常重要的文物价值和学术价值，不仅反映出辽朝发达的经济和精湛的手工业技术，同时也彰显出辽朝强大的政治实力以及与周边政权在政治经济方面的频繁往来，出土墓志对于完善萧氏家族谱系也具有重要的意义。因此，陈国公主墓被考古学界评为"七五"期间全国重大考古新发现，同时入选"中国20世纪100项考古大发现"，成为辽代考古中唯一获此殊荣的项目。

沙日宝特墓群

Sharibaote Cemetery

  沙日宝特墓群位于内蒙古自治区赤峰市阿鲁科尔沁旗巴彦温都苏木沙日宝特嘎查西北20华里的阿扎齐拉山阳坡，距旗所在地150余公里，西距辽上京境内浩尔吐乡只有一水之隔。沙日宝特墓群所在地属于大兴安岭山脉的南麓，为丘陵草原地貌。沙日宝特墓群，周山环绕，风景秀丽，墓地植被较好。

  墓地共分两处，一处离村较近，另一处位于山阳坡平台之上，相距不过百米，两处墓葬共计40余座。地表植被较好，地表墓葬及遗物都极不宜被发现，所采集文物只有几片瓷片。因墓地地处深山，被盗严重。第一处墓地位置偏下，背靠箕形山洼的东脊。前方视野十分开阔，墓地地势平坦，墓葬间距多为20米左右，约有20余座，从地表的青砖及布纹瓦等物品看，此片墓地多为砖室墓。

  耶律慈特墓位于第二处靠上的山坡之上。该墓为石室墓，墓室直径6米，深6米，墓道长17

内蒙古自治区级文物保护单位标志（正面）

古墓葬

沙日宝特墓群（南—北）

沙日宝特墓群（北—南）

沙日宝特墓群（西—东）

沙日宝特墓群（近景）

沙日宝特墓群（近景）

米。方向北偏西48°。出土于沙日宝特墓群的墓志，刻于辽道宗大康八年（1082年），1997年夏被盗墓者从内蒙古阿鲁科尔沁旗白音温都苏木沙日宝特嘎查的一座辽墓中盗走，当年8月被当地公安部门追回。经由中国社科院刘凤翥老先生解读，为"郎君耶律慈特墓志铭"。

　　《耶律慈特．兀里本墓志铭》志盖中央台面部位刻篆体契丹小字，志石刻契丹小字墓志28行。从墓志记载来看，墓主卒于大康七年（1081年），享年38岁，因其生平事迹不显赫，墓志用很大的篇幅详述其家史，从墓主人的第七代先祖开始记载。墓志主人耶律慈特．兀里本，生于1044年，卒于1081年。妻顾娘子。其第七代祖宗何鲁宁·敌鲁夷离堇，第六代祖宗迪辇·夷离堇。第五代祖宗库林郎君。第四代祖宗延寿郎君。祖父普得汉哩郎君。其生父是木哩宁·乌理郎君，母亲是名叫"俺实"的娘子。其大伯父敌烈郎君，二伯父兀立宁·空古里太师，叔父实翁兀哩太尉。系出六院部夷离堇之族。其主人耶律慈特虽未做大官，其志却明确列出其家族谱系。由上述的《兀志》可知墓主人为大中央哈喇契丹国之六院部蒲古只夷离堇族系，在研究辽代皇族的葬俗方面具有极重要的历史价值。

　　2004年，沙日宝特辽代墓群被赤峰市人民政府公布为市级文物保护单位。2006年9月4日，被批准为内蒙古自治区文物保护单位。2013年5月3日，被国务院公布为第七批全国重点文物保护单位。

张应瑞家族墓地

Cemetery of the Family of Zhangyingrui

执笔：宋国栋；摄影：姚情情

张应瑞家族墓地是元代蓟国公张应瑞及两代先人和其子孙的墓地。墓地坐落于翁牛特旗梧桐花镇国公府村北0.7公里处鸡冠山山脚下，所处位置为山间缓坡，北高南低，东、西、北三面环山，北山最高，主峰海拔866米，南面为较开阔的低矮丘陵。墓地以山为屏障，藏风聚气，是一处非常理想的墓茔地。

墓地整体平面为长方形，南北长约170米，东西宽约120米。地表上有一些遭到破坏的石碑和石像，由南向北依次排列有石碑三通，还有倒置的文吏、武将、石狮、石虎、石麒麟，成对排列，以优质青白石雕刻，但都已经残缺。根据石像生的摆放情况，依稀可辨出"神道"位置。石雕像附近有大量的建筑遗迹，地面上散布着各种灰色布纹瓦、青砖、瓦当，以及典型的元代瓷片和陶器残片。

墓地现存三通墓碑，分别为张氏先茔碑、住童先德碑、张应瑞夫人刚氏之碑。张氏先茔碑立于元顺帝元统三年（1335年），有龟趺和螭首，通高5.63米，宽1.35米，厚0.37米。碑额正面篆刻"大元敕赐荣禄大夫辽阳等处行中书省平章政事柱国追封蓟国公张氏先茔碑"，碑首背面为篆刻的八思巴蒙古文，内容基本与正面的汉文对应。碑身正面阴刻汉文楷书，共39行，约2500字。碑身背面阴刻蒙古畏兀儿文字约3000字，是正面汉文的译文。碑文首先罗列了奉旨撰文者、书丹者、书篆者的官职和姓名，分

张氏先茔碑

墓地全景（东—西）

别是：尚师简、张起岩、巎巎、许师敬，这些人都是当时的重臣俊杰，在《元史》等书中有传记。巎巎是有元一代的书法大师，擅长真、草、行书，此碑是他传世字数最多的楷书作品，字形清秀俊朗，弥足珍贵。张氏先茔碑详细地记叙了从元世祖至元顺帝时期，张应瑞家族为元朝以及蒙古弘吉剌部首领尽忠效力之事。其中，对元朝皇帝与弘吉剌部联姻，以及蒙古统治集团内部斗争的历史有较多记载，部分内容可补《元史》之阙。汉文碑文的"皇元"等元朝国号，在蒙古文中均译为"大蒙古国"，反映出当时存在着双重的国号制度体系。立碑之际，元朝正值皇位更迭频繁、内乱不断。伯颜专权后，汉人遭到前所未有的排斥，导致社会矛盾尖锐，时局动荡不安。碑中对于宗王的叛乱严厉谴责，对张应瑞家族为正统王朝所立的功劳大加赞誉，其目的是加强皇权威望，笼络汉族上层人士，为维护元朝的统治而尽忠竭力。

张应瑞夫人刚氏之碑，由碑座、碑身两件组成，碑座长方形。此碑竖刻汉字正楷5行，每行8个字，即"故赠荣禄大夫辽阳等处行中书省平章政事柱国追封蓟国公公讳张应瑞加封蓟国夫人刚氏之墓"，共40个大字，阴刻双勾，字体端庄雄健，实为难得的汉字楷书书法艺术佳作。

住童先德碑全名"大元同知徽政院事住童先德之碑"。碑现断裂为二，倒置于"张氏先荣碑"之后。碑为大理石质，龟趺螭首，残高3.57米、宽1.53米，额刻篆书，正面阴刻汉字楷书，28行，行68字，碑文已难辨认。据碑文记载，住童碑立于元文宗至顺四年（1333年），比张氏先茔碑早两年。碑文先罗列奉旨撰文者、书丹者、书篆者的官职和姓名，分别是马祖常、巎巎、尚师简，马祖常为元朝著名诗

墓地全景（南—北）

石羊

文吏石雕

武士石雕

人，《元史》中有其传记。

张应瑞为汉族人，生卒年不详，碑文记载其"寿八十二以终"，史书对其无记载。自其祖父起入籍弘吉刺部，世居全宁路。应瑞祖父名仲贤，父名伯祥，为弘吉刺部首领纳臣那演宿卫。张应瑞自幼年起，先后侍奉鲁忠武王纳臣那演及其子世祖皇帝驸马都尉斡罗臣。斡罗臣三弟只儿瓦叛乱后，挟驸马北去，窃走成吉思汗颁赐弘吉刺部的"誓券"。不久驸马被杀，应瑞逃走并向朝廷报信，元廷派兵平叛，应瑞为主报仇，追回誓券，从而受到了元世祖的嘉奖。谛瓦八刺受封鲁王后，念应瑞之忠，请玺书使应瑞为弘吉刺部鲁王府的首任王府傅。张应瑞去世后被追封为"蓟国公"，其夫人刚氏加封为"蓟国夫人"。

张应瑞有三子：住童、大都闾、全闾。住童深受下嫁于弘吉刺部的元朝大长公主祥哥刺吉器重，被任用为嘉仪大夫，怯怜口都总管。大长公主之女，即赞天开圣仁寿徽懿宣昭皇太后，亦重住童，曾授其虎符，任其为千夫长等职。大都闾任全宁路都总管府总管，全闾官至全宁路都总管府总管。住童在史书中无传。

张应瑞有男孙三人：郡闾、忻都、孛兰奚。郡闾官至嘉议大夫、同知通政院事，兼群牧监卿，提调洪徽局事。忻都官至朝列大夫、缮工司卿、太皇太后位下口愠怯薛官。孛兰奚本意是官府收留的流散人口和牲畜，碑文未记其官职。

张应瑞家族墓地是目前内蒙古地区所发现的规模最大、保存最好的元代汉臣家族墓地。墓地虽遭严重破坏，但是仍具有很高的科学研究价值。碑文记述了张氏家族在蒙古草原地区经过数代发展成为全宁路望族并最终融入蒙古民族之中的过程，揭示出元朝蒙古贵族内部的矛盾斗争，同时在弘吉刺部首领的袭封以及与皇族联姻方面提供了许多重要信息。这些墓碑是研究蒙元历史、蒙元文字的发展与演变、元代书法艺术的珍贵史料。

2006年，张应瑞家族墓地被国务院公布为第六批全国重点文物保护单位。

砧子山古墓群

Zhenzishan Cemetery

撰稿：刘丽娜；摄影：丹达尔 李彦力 崔晓华

　　砧子山古墓群位于内蒙古自治区锡林郭勒盟多伦县蔡木山乡砧子山村一组西北坡上，地处内蒙古高原南缘，阴山山脉北坡，属浅山丘陵区，地形四周高，中间低，南部高，北部低，由南西向北东逐渐低缓，呈半环行盆地。周围无高层建筑，均为居民住房，环境幽雅。砧子山元代古墓群依托主峰，因山顶上曾置有元代打造兵器用的大铁砧子，故名砧子山。

　　砧子山古墓群是元上都遗址的重要组成部分，位于元上都遗址东南7公里处，是内蒙古现存规模最大的一处元代丛葬区。1990～1998年，经国家文物局批准，自治区文物考古研究所对砧子山墓地进行了考古发掘，判定此墓葬群为元代汉族人的墓地。墓群以南、北两大墓葬区为主，与四面的山麓一带墓葬相连，成群分布在5平方千米的范围内，地表可以看出的墓茔约700余座，连同每座墓茔内的单体墓葬初步统计，约有1500余座墓葬。此外，在元上都城南和砧子山墓地相连的南屏山脚下，也见有少量墓葬分布。1990年，内蒙古文物考古研究所对墓地南区墓葬进行了发掘，共清理墓茔44座，墓葬96座；1999～2000年，又连续三年对砧子山墓地的西区被盗墓葬进行发掘清理工作，共清理墓茔48座，墓葬102座。

　　砧子山墓地的墓茔多为长方形或方形，面积较大。墓茔分为一道围墙的单墓茔，内外两道围墙的双重式墓茔，以及在南侧围墙内再加筑一道或两道东西向墙体的二进式和三进式墓茔。墓茔墙体均为自然石块垒砌，较为规整。墓地内多数为单墓茔，少量为三进或二进式墓茔和双重式

元青花杯

砧子山远景一

墓茔，有的在南墙设有门道。墓茔内常建有墓上建筑，地表尚见有石碑、石狮、石供桌、石凳和砖雕等，有的还建有砖塔。墓茔和墓茔内的墓葬方向大致相同，大部分为东北向，少量为正北或略偏西北向。墓葬均位于墓茔北区或内区，以一茔一墓者较多，一茔多墓者较少。一茔多墓者一般为2~3座墓葬，最多的2个墓茔内有7座墓葬，还有少量墓葬地表无墓茔。墓葬以长方形土坑竖穴墓占绝大多数，个别墓葬为土坑竖穴侧洞室或带有生土二层台，有的墓葬地表用砖或石块垒砌边框。此外，还有少量砖室墓、砖石混砌墓和石砌墓，其中有墓道的大型墓葬有2座。墓地除早期盗扰十分严重外，近年又屡遭盗掘，仅有少数墓葬保存完整。

砧子山墓地的骨灰葬和尸骨葬较为流行，但不同墓区的比例却有所不同。南区墓地发掘的96座墓葬中，除去因盗掘而情况不明者外，完整的尸骨墓只有15座，应是以骨灰葬为主；西区发掘的102座墓葬中，葬有尸骨者共63座，骨灰墓为39座，则是以尸骨葬为主。葬有尸骨的墓葬多以木棺做葬具。木棺形制多样，以平面呈长梯形、头大尾小者为多，长方形木棺次之。葬式以仰身直肢葬为主，极少为仰身屈肢葬和俯身屈肢葬。骨灰墓多将骨灰置于木质长方形或正方形骨灰盒内，有的也将骨灰置于尸床之上或石函之内。墓地内多为单人葬，少量为同穴和异穴合葬。

在198座墓葬中，有随葬品的墓葬约占半数以上，且多寡不一，其余各墓或因盗掘而不见随葬品。出土的随葬品有灰陶盆、茶釉长瓶、黑釉瓶、双耳瓶、绿釉盖罐、釉陶香炉、白瓷碗、铁锈花罐、影青瓷小碗、龙泉窑大碗、钧窑杯、铜盆、铜镜、银壶、金银装饰品及骨器、木器、石器、彩石、漆器、料器和建筑材料、毛类织物、皮制品和桦树皮等。出土的钱币以宋钱为主，余为唐和金代钱币，也有极少元代铸币，多散布于墓底和棺（骨灰盒）底部，少量的出于填土中。此外，铁器出土数量较多，多为车辖、棺箍和饰片，其余为大量的棺钉。

砧子山元代墓葬区是世界遗产元上都遗址核心区的重要组成部分，是内蒙古境内现存最大的元代丛葬区，为研究元朝时期元上都的社会制度、蒙汉民族关系和生活状况提供了有力的实物佐证。砧子山古墓群于1987年被公布为多伦县文物保护单位，2006年9月4日被内蒙古人民政府公布为内蒙古自治区文物保护单位，2013年5月3日被国务院公布为第七批全国重点文物保护单位。

古墓葬

砧子山远景二

恩格尔河元代墓群

Engeer river Cemetery of Yuan Dynasty

撰稿：刘丽娜；摄影：沈伟

恩格尔河元代墓群位于内蒙古自治区锡林郭勒盟苏尼特左旗恩格尔河管委会境内，距旗政府120公里，墓群分布在恩格尔河管委会原庙址西北10公里、方圆18平方公里的范围。有一条沙石路连接恩格尔河管委会和原白日乌拉苏木，原白日乌拉苏木和苏尼特左旗所在地满都拉图镇由满沽线公路连接，其他地区主要以乡间自然路与外界连接。

2001年，在内蒙古锡林郭勒盟苏尼特左旗恩格尔河管区，由于风沙吹袭，暴露出古墓葬一座。墓葬形制为竖穴土坑木棺墓，墓顶无封土，木棺已腐朽，墓葬暴露后风化不存，但当时能看出木棺用整木制作，棺外饰金箍。棺内葬一女性，并随葬一批金、银、丝织品等文物。

出土文物中有罕见的龙凤镂雕马鞍具、花卉纹马饰具、高足金杯、十字架金饰片、绿松石

恩格尔河元代墓葬全景

恩格尔河元代墓葬

金耳饰、金镯等文物。其中一级文物24件，二级文物3件，三级文物43件，一般文物21件。这些丰富的随葬文物，突出显示了墓主人的游牧民族特性。恩格尔河元代墓葬出土的高足金杯是蒙古国时期和元代贵族常用的饮酒具，在史书上称之为"金锺"，在内蒙古地区的乌兰察布市、包头市等地也多有出土，但是不同的是恩格尔河元代墓葬出土的高足金杯高仅10厘米，口径5.2厘米，小巧精致，更适合女性使用。恩格尔河元代墓葬中的掐丝金花饰、镶松石金耳饰和錾猫头纹金手镯，古朴典雅，是极具草原地区风格的妇女首饰。尤其出土的掐丝金花饰，工艺水平要求非常高，这种掐丝工艺的饰件，在内蒙古赤峰市敖汉旗、锡林郭勒盟、乌兰察布市的元代墓葬中也有发现，可见元代手工业制造的高度发达。恩格尔河墓葬还出土了一件个体较大的十字架形金饰片，似乎表明墓葬主人信仰的是景教。恩格尔河元代墓葬中出土的玻璃器残片，为蒙元时期草原古玻璃器的发现又增添了新的考古资料。这批玻璃器碎片大约32块，多数呈绿色，2件呈蓝色，已经无法辨清原有形状。可以肯定的是，这些玻璃器碎片是草原丝绸之路的产物，是东西方文化、物质交流的结果。

经考古专家鉴定，该墓群为元代墓葬，而且是内蒙古罕见的独木棺墓葬，具有极高的历史价值和艺术价值，对研究地区历史，特别是元代的政治、经济、军事、民族关系、文化交流、自然环境变迁以及元代的墓葬形制结构、埋葬习俗、历史分期、断代等，提供了珍贵的历史资料和实物依据，具有很高的科学研究、保

恩格尔河元代墓葬

护和利用价值。据专家推测，该墓群附近有可能分布着更多的古墓葬。

2005年7月，恩格尔河元代墓葬由苏尼特左旗人民政府公布为旗级文物保护单位，并下发了保护范围和建设控制地带的通知，树立了保护标志。2006年9月4日，被内蒙古人民政府公布为自治区文物保护单位。2013年5月3日，恩格尔河元代墓群经国务院公布为第七批全国重点文物保护单位，树立了保护标志。

和硕端静公主墓

Tomb of Heshuoduanjing Princess

撰稿：刘丽娜；摄影：张义成

和硕端静公主墓位于内蒙古自治区赤峰市喀喇沁旗十家满族乡十家村东北约1.8公里沟北坡地上，墓向正南，陵墓占地10余亩，四周是约3米高的石围墙。

和硕端静公主（1674~1710年），清圣祖康熙帝第五女，母为布贵人兆佳氏。康熙十三年五月初六生，康熙三十一年（1692年）受封为和硕端静公主，同年十月嫁给喀喇沁部蒙古杜棱郡王次子乌梁罕氏噶勒臧。公主于康熙四十九年（1710年）三月去世，时年三十七岁，其灵柩先厝于大西沟乡（今王爷府镇）的陵沟门。康熙五十一年（1712年）和硕端静公主陵在喀喇沁旗东南部（今十家满族乡境内）建成。康熙五十八年（1719年），移和硕端静公主陵柩于此，并派10户满族在此守护陵寝。嘎勒臧于康熙六十一（1722年）年三月初七日卒，奉旨与公主合葬。

陵墓分前后两院，前院有门房3间，正殿3间，东西配房各7间，两侧有通往后院的小门；后院有大厅7间，原系供奉公主衣冠饰物之所在。墓体圆形，高约2米，砖石垒筑，建于大厅后面的

石刻全景

墓碑

牌坊

墓表承露盘云板

奉旨合葬碣

牌坊匾额

牌坊箍头

墓志志盖

墓志志身

方台之上，石雕勾栏围绕，墓前石阶下置有一个长方形石供桌。墓室已遭毁坏。现存遗迹遗物：牌坊1座，墓表2座，敕建公主碑1通，墓穴1座，墓志1合，奉旨合葬碣1方，多尔记阿哥碣1方。

牌坊为四柱三孔的双层枋。柱顶置圆雕须弥座蹲狮，上枋置圆雕须弥座火焰珠，珠侧置圆雕云板，现都已被窃丢失。正孔枋间嵌汉白玉匾额，减地阳刻楷书"克昌厥后"四字，边饰浮雕海水、礁石、云气、行龙、立龙、宝珠。牌坊高51厘米，宽166.5厘米，厚23厘米。匾额两侧置箍头，浮雕海水、礁石、云气、云龙、宝珠，高51厘米，宽48.8厘米，厚21.5厘米，东侧箍头窃失。侧孔枋间置匾额，浮雕三组云头万胜结。柱枋交角处置雀替，浮雕卷草纹。旁柱外侧上段嵌圆雕云板，西侧云板窃失。柱、枋为花岗岩质，其余雕饰为土黄色泥灰岩质。

墓表分东西两座，东墓表由座、柱、承露盘、龙兽组成。座为花岗岩质，八方须弥式；柱为花岗岩质，八方体；云板为泥灰岩质，圆雕如意云；承露盘为泥灰岩质，圆形须弥式，浮雕仰覆莲、如意云、联珠等；龙兽为泥灰岩质，站姿，圆雕，高130厘米，宽50厘米，厚87厘米。西墓表同样由座、柱、承露盘、龙兽组成，各部分材质、形式均与东墓表相同，只有龙兽略高一些。

敕建碑由螭首、碑身、龟趺组成，泥灰岩质。螭首，方圆形，如意云座，高浮雕盘龙捧珠，阴刻蒙满汉"敕建"二字，汉字为篆书体。碑身，阴刻蒙满汉文，汉文楷书体，首题："和硕端静公主碑文"，全文计167字。

墓志为汉白玉质地，方形，盖身分体，规格相同。志盖，阴刻蒙满汉文"和硕端静公主圹志文"，汉文楷书体。志身，阴刻蒙满汉文，汉文楷书体，首题："喀喇沁噶尔臧所尚和硕端静公主圹志文"，全文计187字。

奉旨合葬碣为泥灰岩质，方形，阴刻满蒙汉文，汉文楷书体，首题："奉旨合葬"，全文约计212字。

多尔记阿哥碣为泥灰岩质，方形，阴刻汉文，楷书体，首句："多尔记阿哥系喀喇沁郡王和硕驸马端静公主之四子也"，全文计125字。

和硕端静公主，清圣祖玄烨第五女，下嫁喀喇沁第三代郡王噶勒臧，是清代满蒙联姻制度的实践者。公主墓依制建造，是清代前期公主墓葬礼制规范的实例标本，是喀喇沁蒙古贵族与满清皇室政治联盟的直接见证。规模可观、材质上乘、龙纹龙兽、敕建公主碑，体现了皇家气派、贵族威仪，细腻精湛的石雕工艺，反映了清代官式建筑的高超水准，该墓是内蒙古地区此类遗存的典型代表。

1992年6月，和硕端静公主墓被公布为赤峰市文物保护单位，2006年9月被公布为自治区文物保护单位，2013年5月被国务院公布为第七批全国重点文物保护单位。

墓表龙兽

507

古墓葬

成吉思汗陵

Chengjisihan Mausoleum

撰稿：安泳锝　程鹏飞；摄影：杨泽蒙　甄自明

　　成吉思汗陵位于内蒙古自治区鄂尔多斯市伊金霍洛旗伊金霍洛镇布拉格村三社南400米处，北距东胜区40公里。坐落在甘德尔山上，周围植被茂盛，是著名的甘德尔草原。陵址所在地北临巴音昌呼格河，地势较高，四周低平。

　　成吉思汗陵简称"成陵"，是蒙古帝国第一代大汗成吉思汗的纪念性陵寝。由于蒙古族盛行"秘葬"，所以真正成吉思汗葬于何处还是个谜。成吉思汗陵原为全体蒙古民众供奉的"总神祇"——八白宫(室)，即八座白色的毡帐，是供奉祭祀的地方，而不是埋葬金身之地。由于蒙古民族是游牧民族，八白室的建立正是适应了游牧的特点，可以随时迁移，以便随地祭祀。成吉思汗去世后，分别在漠北草原和木纳山南建立了成吉思汗白色宫帐，视为"全体蒙古的总神祇"，进行最高规格的供奉祭祀。这一白色宫账，就是以后形成的"八白宫"的原型。元至元元年（1264年），忽必烈将蒙古都城从漠北的哈拉和林迁到了大都（今北京）。在大都建立太庙，将太庙定为八室，还"钦定太庙八室四季祭祀的制度"。

　　明朝守护、祭祀成吉思汗宫帐的部落鄂尔多斯部从漠北高原开始进入宝日陶亥地区（即黄河河套平原），八白室也随之迁入套内，河套地区从此才被称为"鄂尔多斯"（意为有诸多

全景

远景

宫殿的地方，来源于成吉思汗宫帐"鄂尔多"（斡尔朵）一词，即指有成吉思汗八白宫等诸多鄂尔多的地方）。 清顺治六年（1649年），成吉思汗后裔、鄂尔多斯济农、伊克昭盟首任盟长额璘臣将八白宫及苏勒德等圣物，从黄河南岸的伊克召迁移至郡王旗，安奉在巴音昌霍格河畔的草地上。从此，这个地方被称之为"伊金霍洛"（意为圣主的院落），称呼八白室为"成吉思汗陵寝"。

1937年"七·七"事变后，日本相继占领绥远（内蒙古西部）大部分地区后，1939年6月，将成吉思汗与孛儿帖哈屯灵柩，忽兰哈屯灵柩和成吉思汗战神哈日苏勒德（黑纛）西迁至甘肃省榆中县兴隆山，1949年8月初，将成吉思汗灵柩移往青海省塔尔寺。1954年4月7日请成吉思汗灵柩回伊金霍洛故地，4月23日成陵回迁之后首次大祭在伊金霍洛举行。1955年春，成吉思汗陵建筑工程正式开工，1956年陵园落成。1956年5月将成吉思汗及几位夫人灵柩安放在陵宫内。同时，将分布在鄂尔多斯各旗的成吉思汗八白宫、哈日苏勒德及其他圣物集中在成吉思汗陵，并举行仪式和陵宫新建筑落成典礼。

成吉思汗陵园由神道、陵宫、苏勒德祭坛、商更斡尔阁（珍藏）白宫等部分组成，占地面积1.55平方千米，陵宫院墙四周长840米，占地56176平方米。

神道总长3755米，分为三段。第一段长1365米，为绿化景观带，陈列蒙骑铁马战碑，中部有蒙元时期地图以及成吉思汗陵博物馆。第二段长1740米，两旁绿化无陈设，直通牌楼。第三段长650米，以牌楼为起点直达陵宫。牌楼为四柱三孔建筑，东西长17米，高8.2米。牌楼上方正中悬挂"成吉思汗陵"字样的牌匾，由国家原副主席乌兰夫题写。陵宫步道中段广场上，耸立着成吉思汗骑马铜像，高6.6米。

主体建筑由三座蒙古式的大殿和与之相连的廊房组成，分正殿、寝宫、东殿、西殿、东廊、西廊6个部分。成吉思汗陵的主体是由三个蒙古包式的宫殿一字排开构成。三个殿之间有走廊连接，在三个蒙古包式宫

陵宫

苏勒德祭坛

成吉思汗祭奠仪式

成吉思汗祭奠仪式

殿的圆顶上覆盖金黄色的琉璃瓦，圆顶上部有用蓝色琉璃瓦砌成的云头花。中间正殿高达26米，平面呈八角形，重檐蒙古包式穹庐顶，上覆黄色琉璃瓦，房檐则为蓝色琉璃瓦；东西两殿为不等边八角形单檐蒙古包式穹庐顶，亦覆以黄色琉璃瓦，高23米，整个陵园的造型，犹如展翅欲飞的雄鹰，极显蒙古民族独特的艺术风格。

雕有金色盘龙的八根柱子支撑着的古朴典雅的正殿，像是金顶帐，又像是皇宫。正中摆放成吉思汗的雕像，高5米，身着盔甲战袍，腰佩宝剑，相貌英武，端坐在大殿中央。塑像背后的弧形背景是"四大汗国"疆图，标示着700多年前成吉思汗统率大军南进中原，西进中亚和欧洲的显赫战绩。

后殿为寝宫，安放四个黄缎罩着的灵包，包内分别供奉成吉思汗和他的三位夫人的灵柩，灵包的前面摆着一个大供台，台上放置着香炉和酥油灯。这里还摆放成吉思汗生前用过的马鞍等珍贵文物。

东殿安放着成吉思汗的第四子拖雷（元世祖忽必烈之父）及其夫人的灵柩。自窝阔台及其长子之后，蒙古族皇帝都是拖雷的子孙，所以其地位极为显赫。

西殿供奉着象征着九员大将的九面旗帜和"苏鲁锭"，同时供奉着成吉思汗八白宫组成部分吉劳（鞍辔）白宫、胡日萨德格（弓箭）白宫和宝日温都尔（圣奶桶）白宫。

在正殿的东西廊中有大型壁画。主要描绘了成吉思汗出生、遇难、西征、东征、统一蒙古各部等重大事件。壁画还表现了成吉思汗的孙子忽必烈统一中国，定都北京，于1271年正式改国号为元，并追封成吉思汗为元太祖的盛况。

成吉思汗陵园的大门东西侧是碑亭，门厅内有成吉思汗陵史展览。大院正中，高高竖立的两根三叉铁矛（有成吉思汗的战神苏勒德演变而来），中间印有凌空腾飞的骏马图案的五色小旗连接，这是吉祥、兴旺的象征——"黑慕热"（天马旗）。陵宫右侧是成吉思汗战神——苏勒德祭坛，左侧是八白宫之一商更斡尔阁（珍藏）白宫，东侧是成吉思汗祭祀文化展览馆。

成吉思汗陵完整地保留了独特的成吉思汗祭祀和蒙古族古老的文化习俗。成吉思汗祭奠每年进行30多次，每次祭奠都有其特定的内容、程序和时间，700多年不变一直延续至今。对研究蒙古民族乃至中国北方游牧民族历史文化，具有极其重要的价值。

1982年，成吉思汗陵由国务院公布为第二批全国重点文物保护单位。

内蒙古自治区
全国重点文物保护单位
（第一至七批）

古 建 筑

锦山龙泉寺

Longquan Temple in jinshan Town

撰稿：李春雷；摄影：李凤举

龙泉寺位于赤峰市喀喇沁旗锦山镇西5公里的山谷中，建造于海拔1239米的狮子崖下。

寺庙始建于辽代，为汉传佛教寺庙。至元二十四年（1287年）重修，并立四至碑。至正元年（1341年），安西咸阳僧人张智然来此弘扬佛法，再次修葺了该寺庙。民国六年（1917年）贡桑诺尔布又一次修缮寺庙时，改建为藏传佛教寺庙。到20世纪80年代，龙泉寺已经残垣断壁，损坏殆尽。为了保护并利用这座千年古刹，当地政府在20世纪八九十年代组织了几次小规模维修。2002年，对其进行了全面的修缮。周围建起了围墙，对元代古碑、古柏、银杉、石狮和龙泉井进行了保护。修建了道路、人行石阶、停车场、饮水亭等附属设施。还对所有的古建筑屋面进行了维修，在建筑的梁、枋部位重绘了彩画。2002年，当地政府将龙泉寺划归文体局统一管理使用。2003年又在山下建起了仿古办公室、售票处、更夫室，

远景（东—西）

近景（东—西）

修建了厕所。现占地面积5000平方米，建筑面积512.6平方米。

寺庙坐北朝南，依山势而建，随高就高，呈二进二阶院落。整体布局匠心独运，落落大方。现存山门、天王殿、东西厢殿、大雄宝殿、古井、石窟，这些建筑沿中轴线东西对称分布。

山门为单檐歇山顶式建筑，面阔三间，通面阔5.3米，进深一间，通进深3.6米，明间面阔2米，辟券门。正脊两端饰鸱吻，垂脊饰狮子、四不像、天马、飞鱼等。门外两侧蹲踞两石狮。

第一进院落主要建筑是天王殿，前廊大木单檐硬山顶，坐北朝南，面阔三间，通面阔12.5米，进深一间，通进深6米，廊深2米。灰瓦覆顶，正、垂脊均饰脊兽。额枋彩绘藏传佛教彩画。明间置隔扇门，次间开槛窗。天王殿建于台基之上，前有台阶可供上下，紧靠台基东西两侧后角处也有台阶，可通至第二进院落。

第二进院落主要建筑是大雄宝殿，为回廊大木单檐歇山顶式建筑，三架梁，坐北朝南，面阔五间，通面阔15.8米，明间面阔4.4米，次间面阔3.9米，梢间（即东西侧回廊）面阔1.8米。进深四间，通进深10.6米。沿回廊周匝置18根檐柱，柱径35厘米，回廊进深1.8米。明间置隔扇门，次间开槛窗。灰瓦覆顶，正脊中央置宝顶，两端饰鸱吻，垂脊、戗脊亦饰脊兽。四周额枋、雀替均绘藏传佛教彩画。门额上悬"大雄宝殿"额匾。整座建筑建在高0.76米的台基之上，台基四周立石质围栏，前有台阶可供上下。门前有一瓦石作香炉，坐南朝北，为卷棚顶，中间辟香龛。大殿的台阶下有一只辽代石狮，呈屈卧状，系原石就地雕凿而成，昂首向西南（西南为佛陀诞生的方向），身长4.5米，头高1.1米，这是现存体积最大的辽代石狮。殿内主要供奉三世佛，佛座为莲花座。梁、枋均绘彩画，内顶为彻上露明造。

第二进院落还有东西厢殿。东厢殿，为前廊大木单檐硬山顶式建筑，坐东朝西，面阔三间，进深一间。灰瓦覆顶，正脊饰鸱吻。额枋彩绘藏传佛教彩画。明间置隔扇门，次间开槛窗。南间外悬挂一口铜钟。西厢殿与东厢殿形制相同，只是方向相反。

寺内留有大小两通元代古碑，小者立于元世祖至元二十四年（1287年）重修寺院后，于狮脊之上，为四至碑。碑高0.43米，宽0.32米，厚0.16米，上刻："大元国上都路松州南阴凉河川狮子崖龙泉寺常住山林地土周围四至碑……至元二十四年□月□日重修"，碑文是对寺院所属山林土地范围进行明确说明，此碑现存放于喀喇沁旗文物管理所。大者立于元顺帝至正元年（1341年），为松州狮子崖龙泉寺住持慈光普济大师然公道行碑。碑高3.73米，宽0.98米，厚0.23米。龟趺螭首，碑额题刻楷书"开山创建龙泉寺第一代祖智然律师道行碑"。碑文行楷27行1136字，上款"松州狮子崖龙泉寺住持慈光普济大师然公道行碑"，下款"至正元年岁次辛巳五月建嗣法本寺住持华严经讲主了然小律师显月书丹立石"。全文记述安西咸宁张智然大师到此弘扬佛法之事迹。此碑虽历六百余年，但保存完整，龟趺、螭首尚全，雕工精巧细腻，纹饰别具匠心，清晰如初。

民国六年（1917年）贡桑诺尔布修葺寺庙时，也刻立了一通石碑。碑高3.75米，宽0.93米，厚0.25米。石碑阳额题刻"龙泉寺记"四字，碑文刻17行557字；碑阴额题刻蒙文2行4字，碑身刻蒙文7行，汉文4列316字。碑文署款"蒙藏院总裁管理协理盟长喀喇沁右翼旗亲王本旗主贡月亭训令……大中

石狮

龙泉寺记碑 四至碑

华民国六年丁巳阳历十一月二十一日李雨亭重修建造"。碑文记述了民国六年重修龙泉寺的始末。

寺庙西侧约15米处，有古井一眼，春夏秋季，水盈外溢，常年不涸，名曰龙泉，龙泉寺因此得名。

寺庙北侧山崖上有一小型石窟，高阔均2米，深1.5米，内供二尊石佛造像，表面已经风蚀剥落。

龙泉寺的兴盛时期是元、明、清三代。康熙三十七年七月（1698年），康熙平定噶尔丹叛乱回盛京（今沈阳）告祭，途经喀喇沁旗，驻跸驸马府时，曾专程到龙泉寺焚香礼佛。临行时赐龙泉寺一具金鞍玉辔和弓箭等物。"文化大革命"时期，寺庙遭到洗劫。原来西配殿和后大殿数以百计的佛教造像皆已失存，仅剩石狮和两通元代古碑，是喀喇沁旗的重要历史文物。它为研究元代历史、地理、宗教提供了珍贵资料。

2006年，锦山龙泉寺被国务院公布为第六批全国重点文物保护单位。

万部华严经塔

Ten—thousand Volume Huayan Scripture Pagoda Built

撰稿：李少兵　程鹏飞；摄影：迟利　孙利民

万部华严经塔位于呼和浩特市赛罕区白塔村西南300米，西距呼和浩特市17公里，地处土默特平原东部。因塔身涂一层白垩土，呈现白色，俗称"白塔"。塔体一层正南券门门楣上首镶嵌石刻方额一块，汉文篆书"万部华严经塔"。

丰州城建于辽神册五年（920年），名丰州，军名天德，金、元沿用，元末明初城池废弃。丰州城平面呈长方形，长约1100米，宽约1000米。夯筑城墙，基宽6～10米，残高2～10米。墙外附马面，四角有角楼。东、南、西三面城墙中部各开一座城门，外加筑瓮城。地表散布砖、瓦、陶片和瓷片等。1964年和1970年城内发现钱币和瓷器窖藏，其中元代钧窑瓷兽足香炉是国宝级精品。1983～1986年维修中在塔内积土中发现一张元代建元之前的"中统元宝交钞"纸币，是迄今为止世界上发现最早的纸币实物。

万部华严经塔位于丰州古城的西北隅，原为丰州辽代华严宗佛寺中一座藏经塔。建于辽代中晚期（兴宗至道宗时期），经历辽、金、元、明、清、近代和现代，金大定二年（1162年）重修，1979～1982年全面勘测和调查，1983～1986年实施维修。

万部华严经塔平面呈八角形，层高七层，是砖木混合结构的楼阁式塔。由塔基、塔座、塔

白塔全景

万部华严经塔

身、塔刹组成，在塔内有回廊阶梯，可以逐级攀登到塔顶，塔通高55.6米。

　　塔基台明为夯土，高出辽代地平1.5米，台明平面呈方形，厚4米，台明以砖墙围护。

　　塔基三层，为须弥座和莲花台，上为仰莲瓣，中为束带，下为俯莲瓣。塔基周长56米。

　　塔身七层，每层由平座、塔体和塔檐构成，七层平台，七层斗栱，七层出沿。立面形体以塔檐2.3%的收分逐层向内收退，收分甚微是该塔建筑造型的一大特点。各层平座除第一层为莲台外，其余各层均由平座铺作（斗栱）挑出，支撑出头木与平座，平座宽0.6米，由大型条砖铺砌，平台叠涩出沿。平座原来曾设置有木构勾栏可供人椅栏远眺，早期损毁。第一层至第六层塔身平面由外壁、回廊及内部塔心壁组成，筒壁式砖砌结构中运用大量水平木骨结构。砖构斗栱集外檐、内檐（藻井）和平座铺作三类、十四种构造形式，并且保留华栱为木构。回廊经外壁的券门可通平座，梯道置于塔心壁内，为壁内折上式，亦为上下层之间不同方向互折形式。

　　塔门在塔体四个正面的当心间设置，且有真假之分。单数层南北为真门，东西为砖雕假门，双数层则与之相反，东西为真门，南北为假门。真门均为券门式，门外券楣雕以二龙戏珠、缠枝花饰等雕饰。雕饰假门除一层为槏花隔扇门式外，其余皆为刻饰门钉、铺首的板门式。对偶面当心间施砖构直棂假窗。在假门上部、平座下，以及窗上方开漏孔，作为回廊、梯道通风采光之用，巧妙地运用了自然光和风。

万部华严经塔

第一层至第六层塔内四面塔心壁皆置龛室，专为供奉佛像和存放经卷所用。第七层无塔心壁，由外壁、回廊、内壁和塔心室组成，内壁四正面置以门洞可通内外。塔心室中空如庭，与北方游牧民族帐式穹庐顶的造型相似，顶部为枋木砖构斗八藻井的穹庐顶，高4米多。

修缮前塔顶为绿琉璃瓦覆盖，属于金代遗存。揭去苫背层，暴露出叠涩式砖砌塔顶，为叠涩铺墁砖顶。

塔刹早年被毁，重新设计的塔刹由刹座、仰莲、覆体、相轮以及宝珠、华盖、宝瓶等组成，刹高为塔体总高的六分之一。

每层普柏枋下嵌以铜镜，全塔共计224面。在每一层的角梁下和第七层椽下系风铃。在第一层和第二层为直棂窗，一洞一门，盘龙柱相隔，各成画面，有精美的砖雕佛教人物36尊，菩萨护窗，天王护门，形态逼真。其中第一层的东、南、西、北角的直棂窗上是佛像，右袒袈裟，佛像为螺发，高0.53米。菩萨像共有16尊，脚踩二重仰莲花座，高度约在1.74米左右。力士造像8尊，分别伫立在门的两侧，手挂金刚杵，赤足站立在低矮的台座上，上身裸露，着短裙，力士肌肉表现形象逼真，身高1.8米左右，充分显示力士的健壮与威武。天王造像共有8尊，全部在二层上，执法器，着盔甲，每尊天王各执法器不同，通高1.8米左右。塔身佛教造像、砖雕装饰精美，是辽代上乘之作。

在一层回廊内镶嵌有金代石碑9通，现保存有6通。石碑上雕刻着捐资者的姓名，从碑铭中可知丰州城的街道名称、大致布局及周边村落的基本情况。万部华严经塔的回廊内有400余条的历代游人墨书题记，时间从金至清。最早的题记为"大定二年（1162年）"。在对白塔修缮的时候，发现了金代残碑，上面记载了修缮捐资的人名，主持修缮的是将军完颜希靖，与金代史书对照，当时完颜希靖主管西京事务，此塔应在金代皇家主持修缮过。"欲传不朽之事，积以瓴劈计高二百尺"。这和塔的高度相吻合，充分说明金代统治者对佛教依然是极为崇奉。

万部华严经塔基本保留了辽代原制，以其宏伟、质朴、逐层收分甚微几乎通体垂直的独特造型，佛教艺术和建筑形体有机地交融，特别是采取了大量木骨构架的做法，形成砖木有机结合，在辽塔中独树一帜。在塔体上开孔，巧妙的构造与实用功能相结合，独具匠心。塔檐为叠涩出檐式，继承了唐代砖塔塔檐的形制，是唐代遗风在辽塔中的反映。

塔内保存金代以来的汉字、契丹小字、女真文、畏吾儿蒙古文、八思巴文、古叙利亚文和古波斯文的游人题记以及金代碑铭等珍贵的文字资料，是研究呼和浩特地方史乃至北方民族史、丰州地区辽金时期周边环境、城市布局、政治、经济、宗教文化等方面的重要史料，可补史载之缺漏。

1982年，万部华严经塔由国务院公布为第二批全国重点文物保护单位。

万部华严经塔

万部华严经塔天王砖雕

开鲁县佛塔

Pagoda of Kailu County

撰稿：李少兵　程鹏飞；摄影：刘伟臣　闫洪森

　　开鲁县佛塔位于内蒙古自治区通辽市开鲁县开鲁镇东南部的白塔公园内，地处西辽河北岸。因外表涂以白灰，故俗称"白塔"。

　　该塔建于元代至元十六年（1279年），属于藏传佛教覆钵式多门吉祥佛塔。白塔通高17.7米，由地宫、台基、塔座、钵体（塔瓶）、相轮和塔刹等部分组成，青砖砌筑。此塔原有夯土浑圆状塔台，修缮后成正方形，边长16米，高1.2米，砖砌。塔座由塔基和须弥座组成。塔基正方形，边长6米，高4.1米。须弥座建在塔基之上，七层，向上逐渐内收。塔座中心地表下为地宫，有按佛教规矩所封存的"装藏"。"装藏"里有梵文和藏文的经咒，此外还有五宝、五谷、五药、五香。塔座正南面假开一拱门，深0.3米，高1.5米，宽为0.8米。须弥座之上的塔瓶平面为圆形，上宽下窄，钵体外圆中空，高3.7米，塔肚直径3.2～3.9米。塔瓶四面各置一个龛门（佛眼），宽0.5米，高1米，深0.3米。南面龛下1.2米处的券门可通塔心室，券门高0.7米，宽0.6米。塔心室为方形，边长约2.1米。塔瓶以上为代表十三天的十三相轮和塔刹。相轮十三天基座平面呈方形，在座上2米高处拉出两层闪檐，底边3米，高2.5米。相轮十三天平面为八角形，共13层，向上逐层收缩，实心砌筑，底直径3米，顶直径2.1米，高4.3米，由下至上每隔0.33米拉

佛塔远景

佛塔出土的文物

佛塔出土的文物

佛塔北侧

出一层0.33米的闪檐，在第六层和第十三层闪檐的八角上各置一个风铃。塔刹由刹座和刹顶组成。刹座为圆形，其形似蘑菇，俗称"蘑头"。砖筑，分为座颈和伞状拉檐两部分。座颈直径2米，高1.1米。拉檐直径2.4米，高0.8米。刹顶为黄铜铸，圆形，莲花底边，葫芦状结顶，底直径0.58米，高1.2米，总重量400公斤。

整个塔体上有五种以上形制的砖，表明此塔从修建至今最少维修过五次，有记录的维修是1962年和1993年，其他几次维修时间不明。1962年维修时在塔内出土一大批经卷，现已散失。1993年维修，从塔内出土鎏金佛像8尊（立佛6尊、坐佛2尊）、陶质浮雕佛像3座（阿力布鲁武佛、释迦牟尼和尊圣佛母）、绘画佛像4帧（释迦牟尼绢画1帧、观世音驾麒麟绢画1帧、八面观音布画2帧）、用藏文书写八佛名的请佛牌，以及鼓腹釉陶罐（内装五谷和珠饰等）等一批珍贵文物。

开鲁县佛塔是内蒙古地区保存不多的元代藏传佛教覆钵塔之一。佛塔相轮平面为八角形，形体肥壮，不设华盖，塔体整体修长，造型比例匀称，表现出蒙古族地区特有的覆钵塔的地区形制特点。

2001年，开鲁县佛塔由国务院公布为第五批全国重点文物保护单位。

佛塔东侧

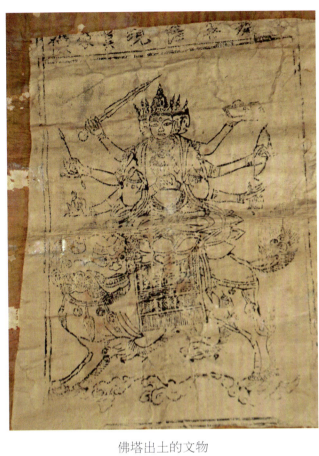

佛塔出土的文物

佛塔南面

佛塔出土的文物

佛塔出土的文物

美岱召

Meidai Temple

撰稿人：邢燕燕　程鹏飞；摄影：董勇军　刘小放　张海斌

　　美岱召位于内蒙古自治区包头市土默特右旗美岱召镇，是一座城寺合一汉藏结合的古建筑群，由蒙古土默特部首领阿拉坦汗创建，是蒙古地区建造最早的藏传佛教格鲁派寺庙之一。

　　美岱召始建于明嘉靖三十六年（1557年），称为"五座塔"。嘉靖四十四年（1565年）、四十五年（1566年），扩建朝殿即琉璃殿、东南仓房、五滴水楼、城门和角楼等，称大板升城。隆庆六年（1572年），开始建宗教建筑，万历三年（1575年），福化城修建完成，美岱召开始有了宗教建筑，赐名灵觉寺。万历三十四年（1606年），灵觉寺起盖泰和门，迎请麦达里活佛为大雄宝殿银佛像开光。因麦达里之名，灵觉寺俗称"麦达里召"，通称美岱召。崇祯五年（1632年），第四代顺义王卜石兔之子俄木布降后金。清康熙二十六年（1687年），康熙帝西征蒙古

美岱召全景

大明金國丙午年戊戌月己巳日庚午時建　石匠鄂江　木作温伸

四海澄清　萬民樂業　帝道咸寧　皇圖鞏固

美岱召泰和門上的石匾

美岱召城墙

美岱召内景

泰和门

角楼

佛殿西壁历史题材壁画

准噶尔部噶尔丹时，"宣谕驻跸麦达里庙"。乾隆二十一年（1756年），刺麻扎布被清廷封为辅国公。乾隆五十二年（1787年），赐美岱召寿灵寺，又称灵照寺。光绪三十四年（1908年），天主教"圣母圣心会"用地方教案赔款，在美岱召东50米重建教堂。第二次国内革命战争时期，乌兰夫等同志在美岱召进行革命活动。"文化大革命"期间美岱召遭受破坏，美岱召寺庙改为果树园。1969年11月，美岱召被列为战备粮库，古建筑得以保存。1984年进行全面维修，同年起对外开放，辟为旅游景点。

美岱召古建筑群由外围一座略呈方形的城堡和城内十个单体建筑，以及后山白塔构成，占地面积3万余平方米。

外城墙是由表皮和内墙体两部分构成，内墙体就地取土夯筑，内外墙表面用大块卵石及不规则石块包镶

佛殿西壁三娘子像壁画

大雄宝殿

砌筑成虎皮石墙。城墙平面为不规则的四边形，南墙、西墙较直，东墙、北墙外折。东城墙南段方向为178度，北段方向为163度，全长178米。南城墙方向80度，全长157.8米。西城墙方向185度，长183.6米。北城墙西段方向为264度，长86.6米，东段方向为270度，长85.8米，全长172.4米。城墙剖面下宽上窄呈梯形，四面墙体的宽度也不尽相同，底宽4.5～5.7米，顶宽1.6～3米，高2.8～5.2米，以南墙最为高大。原城墙上有土筑的墙垛，维修时改为砖砌墙垛和墙顶面铺砖。城墙四角筑有向外凸出的角楼墩台，四角墩台上各建歇山式双重檐角楼一座。

在南城墙中间稍偏西位置设城门——泰和门，城门由门墩和门楼两部分组成，城门墩内墙体分筑，外表

佛殿释迦牟尼佛和十六罗汉局部

佛殿八十四成就者局部

佛殿天花板

佛殿顶部西侧

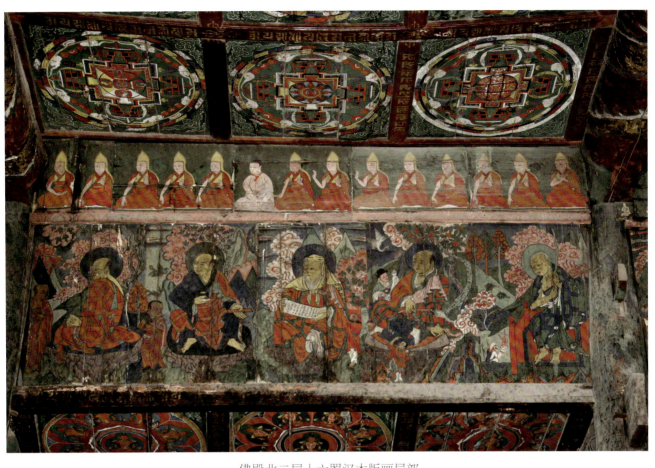

佛殿北二层十六罗汉木版画局部

琉璃殿、观音庙、菩萨庙

琉璃殿东墙左特写达赖三世和阿底峡

琉璃殿西墙右局部贡噶和莲花生

琉璃殿楼上北墙局部

面砌砖,正中为砖券顶拱形城门洞,内侧筑东西马道。门洞正前面上方镶嵌着一块明代万历三十四年(1606
年)石刻,记述顺义王阿拉坦汗孙媳乌兰妣吉于明万历三十四年(1606年)起盖灵觉寺泰和门。

城内主体建筑沿中轴线布局,中轴线上的建筑由南向北有泰和门、大雄宝殿、琉璃殿(殿南左右有观音
殿、罗汉堂),中轴线上的建筑与城墙基线并不平行。两侧还有附属建筑,西侧有乃琼庙、佛爷府、西万佛
殿、八角庙,东侧有太后庙、达赖庙。

大雄宝殿位于中轴线南端,与泰和门斜对。为召内主体建筑,建在高大台基上,坐北朝南,由前殿、经
堂和佛殿三部分勾连一体,面阔19米,进深43.6米,高17.5米。前殿和经堂为重檐歇山式。墙外为白色藏式
砖墙,构成汉藏结合的建筑整体。佛殿为三重檐歇山式,殿内有24根通天柱直贯殿顶,四壁和顶部绘满宗教
和蒙古族贵族崇佛场面的供养人壁画。

琉璃殿位于大雄宝殿北,殿台基青石镶边,为歇山式三重檐楼阁,因建筑屋顶覆盖琉璃瓦,俗称琉璃
殿,面阔五间,明代汉式歇山式建筑。原来是阿拉坦汗朝殿,阿拉坦汗信仰佛教后,改为佛殿,殿内塑有三
世佛,绘有壁画,又称三佛殿。殿门西前方有一座小白塔。石阶前方为左右配殿,俗称两廊庙,东为观音
庙、西为菩萨庙,内塑十八罗汉像。

乃琼庙位于中轴线西侧之首,为明代藏式二层建筑,为麦达里活佛住房。一楼东西壁上饰有金刚索、法
轮、伞、海螺、幢装饰,门东有木梯通二楼。二楼有阳台,隔扇门窗,房顶有法轮、双卧羊、金光四射。乃
琼庙是本召仅存的一座白色藏式殿宇。

太后庙位于大雄宝殿东北,为明代重檐歇山顶有围廊的灵堂建筑,平面呈方形,有5间,南墙正中开

琉璃殿西墙右局部贡噶和莲花生

太后殿

乃琼庙

八角庙

门，无窗，檐柱全部外露，次间内垒墙。世传为供奉阿拉坦汗之妻三娘子骨灰的灵堂，俗称"三娘子庙"。

达赖庙位于太后庙北，城内东北隅一处独立小院。主房为二层，硬山式小楼，东西各连有耳房，达赖三世曾居住过。佛爷府即活佛府，清代建筑，卷棚顶。在清代无常住活佛，巡行活佛来召时居住。主房三间，用于活佛在此布道和接见民众。

西万佛殿位于八角庙西侧，建筑正面前置四立柱，柱上置枋木、单层斗栱挑托屋檐。八角庙位于琉璃殿西稍偏南，墙八面，重檐攒尖顶，建筑外有八根立柱与八个墙角相对，形成外廊。建筑正南的两柱间设门，其他七面筑墙内壁绘制佛教壁画。

召后山古称宝丰山，在其山峰上有塔一座，砖筑八角墙至檐，顶如覆锅。塔直径3米，高4米。外涂白色，俗称白塔，塔门与召内八角庙门方向相同。

美岱召的建筑聚集了蒙、藏、汉三个民族特点，尤其是大雄宝殿，它是本召最宏伟的建筑，从外观上看它由三座汉式重檐歇山顶组合而成，四周围有藏式的白墙，墙沿上装饰有红色八思巴文的六字真言图案。这种数殿组合而成的建筑称为勾连搭式，其建筑风格对蒙古国和内蒙古自治区以及我国东北地区的藏传佛教寺院都有着极大影响，深受少数民族喜爱。

美岱召壁画非常珍贵，如大雄宝殿内四壁满绘壁画，从腰线直到天花板，场面宏大，构图巧妙、笔法精湛。特别是佛殿西壁下端一组描绘蒙古贵族(阿勒坦汗家族)崇佛场面的供养人壁画，对研究明代的蒙古史、藏传佛教史、民族史、服饰史，绘画艺术史等均有重要的参考价值。所以说美岱召是融蒙、藏、汉民族历史、科学、文化为一体的艺术殿堂，是阴山草原一座瑰丽的文化宝库。

1996年，美岱召被国务院公布为第四批全国重点文物保护单位。

大召

Great Temple

撰稿：薛峰；摄影：马登云

大召位于呼和浩特市玉泉区大召前街正北，蒙语称"伊克召"，汉语译为"大召"。

大召原系北元土默特部阿拉坦汗兴建的寺庙，于明万历七年（1579年）动工兴建，次年应阿拉坦汗请求由明朝赐名为"弘慈寺"。在大召中供奉的释迦牟尼佛像是用银铸成的，当时又将大召俗称为"银佛寺"。阿拉坦汗于万历十一年去世，阿拉坦汗之子僧格杜棱汗于万历十四年迎请第三世达赖喇嘛索南嘉措来到呼和浩特，主持了大召释迦牟尼佛像的"开光法会"。万历十六年第三世达赖喇嘛在内蒙古去世，第四世达赖喇嘛云丹嘉措转生在蒙古土默特部。为了纪念这一历史事件，第四世达赖喇嘛的铜像供奉在大召内。

1632年大召转入后金统治者手中，1640年清太宗皇太极命古禄格·楚琥尔重修大召，重修后改名为"无量寺"。清顺治九年（1652年），第五世达赖喇嘛赴北京朝觐途中，路经呼和浩特时驻锡于大召后院九间楼上，所以大召内也供有五世达赖的铜像。康熙初年，清朝政府在呼和浩特设置了管理寺庙的机构喇嘛印务处，统一管理呼和浩特地区的寺庙和喇嘛，喇嘛印务处机构设在大召东侧院。

康熙二十四年（1685年），委任朋苏召（崇寿寺）的伊拉古克散呼图克图为呼和浩特掌印

山门

牌楼

天王殿前铁香炉

扎萨克喇嘛。康熙二十七年，伊拉古克散呼图克图叛降漠北准噶尔部的首领噶尔丹。康熙三十一年，任命小召的二世乃吉托音呼图克图为呼和浩特掌印扎萨克喇嘛。二世乃吉托音呼图克图任职期间，经康熙皇帝批准，对大召进行了大规模的维修和扩建，将大召上升到"帝庙"的高度。将大召大殿顶部改铺黄色琉璃瓦，在大殿内将皇太极坐过的座位设置成"皇帝宝座"，供奉着"当今皇帝万岁"的一块金制神牌，象征着"康熙皇帝如在呼和浩特一般"。从此，大召内不再设呼图克图座位。以后，在整个清朝统治时期，每年正月初一，呼和浩特的将军、都统等官员都要到大召叩拜皇帝神牌。清光绪四年(1878年)，对大召又进行了一次大的维修，更换了顶瓦，对整个建筑进行了彩画，在大殿内墙壁上绘制了佛像和壁画。

清代理藩院规定，大召喇嘛定额为80名，这些喇嘛是从土默特部60个苏木中召集来的，他们集中在大召为清朝皇帝念诵祈福经。这些喇嘛根据级别高低向清政府领取钱粮。当时，大召庙仓经济收入也相当可观，有由清政府发的钱粮、土默特官府的奉献、信徒群众的布施、土地收租、房屋租金、畜群收入和阿勒巴特的服役等。

大召的建筑布局别具一格，是呼和浩特地区现存最大、最完整的砖木结构建筑。大召坐北朝南，三院南北串联，东、西设两个侧院。总体面积东西长约200米，南北长约145米，占地29170平方米。共有20余间殿宇，以山门、天王殿、菩提过殿、大雄宝殿、九间楼为中轴线进行布置。中轴线殿堂将主轴线的长向空间分为三个院落，院落两旁分别有东西配房、钟鼓楼、垂花门、普明佛殿、长寿佛殿、密集佛殿、圣乐佛殿等。主轴线院落两侧的东、西侧院，功能各有不同。东侧院是公中仓和菩萨庙。西侧院是以乃琼庙为中心的偏院，前有小天王殿，后有七间楼，小天王殿和七间楼两侧均有东、西配房。

山门为歇山门屋式建筑，面阔三间，门楣上悬挂一块匾额，上书"九边第一泉"五个大字。门前有石鼓两对，白石狮子一对。门内天花板上绘有双鹤飞舞图案，墙壁上是二龙戏珠砖雕。与山门正对的是大召牌楼，牌楼上有"佛照青城"的匾额。

过了山门，正对着的是天王殿。天王殿前有左右对称的两个青石狮，石狮前是铁香炉。天王殿东、西两侧分别是钟楼和鼓楼，有"晨钟暮鼓"之说。天王殿造型为悬山顶，面阔五间。天王殿入口两侧墙上分别有汉文和蒙文的关于大召的介绍。殿内是泥塑彩绘的多闻、广目、持国、增长四大天王，威风凛凛。天王殿与山门、钟鼓楼构成了大召主轴线上的第一个院落。

天王殿之后是菩提过殿。殿前摆放一座三层六角塔式铁香炉，香炉后面两侧依次为两个石狮和两根高大红色旗杆。过殿东、西两侧为对称配殿，皆为歇山顶五面阔建筑。东配殿内供奉长寿佛，殿前置一"寿"字石碑；西配殿内供奉无量佛，殿前置一"佛"字石碑。过殿前后由经堂和佛殿两部分组成。经堂的屋顶为卷棚式，屋顶正中是"二鹿听法"的建筑装饰，两侧是"三叉戟"装饰；佛殿的屋顶为歇山式。过殿经堂门上挂有金色的"佛泽万物"牌匾。经堂东侧房舍是喇嘛办公休息之所，西侧是壁画展厅，内有康熙皇帝在呼和浩特月明楼惩戒恶霸的传说壁画。佛殿的门匾上悬挂有光绪年间的"漫足西天"牌匾，佛殿北门上挂有"无量寺"的牌匾。进入佛殿，东边供奉药师佛，西边供奉护法神。佛殿走廊上置有一个尼玛法轮。天王殿与东西配殿、菩提过殿以及厢房，构成了大召主轴线上的第二个院落。

菩提过殿之后是大召的中心建筑大雄宝殿。大雄宝殿由经堂门前闪出的亭子、经堂和佛殿等三部分组成。经堂门前闪出的亭子俗称暴厦子，是一座二层歇山顶式建筑，门上悬挂有"慈航普渡"的牌匾。过了亭

天王像

天王像

子便是经堂，为喇嘛诵经学习之所。经堂内摆放着各种经卷以及跳查玛所用的面具、服装、法器等，墙壁上绘有佛教传说壁画，悬挂着的缯子上亦绘有各种佛像图案。佛殿和经堂是连为一体的，中间有隔扇和门。佛殿内有号称"大召三宝"的银佛、龙雕、壁画。大雄宝殿前为矩形的四层香炉，两侧对称摆放了两盏铜制油灯和两个鱼形铜制香筒。大雄宝殿两侧的东、西配殿形制与菩提过殿两侧的配殿完全一致，东配殿供奉胜乐佛，西配殿供奉集密佛。

九间楼在大雄宝殿以北，又称藏经阁，是二层硬山屋顶建筑。

东侧院中的公中仓、菩萨庙现已不存。西侧院分为南、北两个小院，南院由山门、乃琼庙和厢房围合而成，北院由五间楼、东西配房组成。西院的这些单体建筑形成了一个由山门、乃琼庙和五间楼组成的南北轴线，两侧配房沿轴线对称布置。乃琼庙的形制和大雄宝殿相接近，也是由亭子、经堂和佛殿三部分组成，但在体量上要比大雄宝殿小。

大召的总体布局是以汉式为主，从山门前的牌楼直到后面的大雄宝殿，形成了一条自南向北的严格中轴线。中轴线上的天王殿和菩提过殿将这条轴线上的建筑群分作三个围合的院落，中轴线的两侧对称布置了石

菩提过殿

大雄宝殿

狮、钟鼓楼、东西配殿、东西配房等附属设施。中轴线东西两侧的偏院内的建筑，却不是按照严格的对称方式来布局的，这种局部的不规则布局又体现了藏式佛教布局方式的影响。

　　此外，大召在建筑布局上还有引人注目的一点是，在召庙外南侧凿设了八孔水井，也就是"玉泉井"。这八孔水井传说是康熙皇帝征讨噶尔丹获胜后，归来路过大召前时，马踏出来的八孔井。虽然传说不可信，但也表明水井的开凿要晚于大召的初建，应是为了方便大召内喇嘛或周围居民吃水而开凿的。水井的位置也

九间楼

恰恰安设于南北中轴线上，从而更加突出了中轴线在整个建筑群中的重要地位。从建筑群本身的布局来讲，在地势平坦的城镇内，相对于藏式不规则布局，汉式的对称布局更能够体现出召庙的威严和神圣。

大召是阿拉坦汗为了在蒙古地方传播喇嘛教格鲁派而兴建的寺庙，它在当时蒙古地区的影响很大，特别是在内蒙古西部地区传播格鲁派喇嘛教方面产生过很大影响。一直以来，在庙宇林立的呼和浩特，大召是建筑规模最大、级别最高、历史最悠久的庙宇。有人将呼和浩特称作"召城"，意即大召所在的地方。如今的大召寺，不仅作为一座藏传佛教的寺庙展现在世人面前，同时也是呼和浩特的一处名胜古迹。除了香客之外，很多游客也络绎不绝地来此观光游览。

2006年，大召被国务院公布为第六批全国文物重点保护单位。

乌素图召

Wusutu Temple

撰稿：刘丽娜；摄影：寇春标

乌素图召位于内蒙古自治区呼和浩特市赛罕区攸攸板乡乌苏图村，"乌素图"为蒙语，意为"有水的地方"。呼和浩特位于华北北部，内蒙古自治区中部，是华夏文明的发祥地之一。在汉唐时期，这里就是中原地区开展对外交往的重要通道，是"草原丝绸之路"的重要枢纽。新中国成立后，呼和浩特成为内蒙古自治区首府，是全区政治、经济、科技、教育、文化中心，是一座以蒙古族为主体，汉族为多数，满、回、朝鲜等36个民族共同聚居的塞外名城。

乌素图召，实际上是指当地旧有的七座寺庙的总称。因它们相距不远，毗邻相连，又地处乌素图村旁，所以都统称乌素图召。以庆缘寺为中心，东有长寿寺、西有茶坊庙，东北有法禧寺、西北有药王庙，正北有罗汉寺，再往北还有一座法成广寿寺，共同组成一个寺庙群体。乌素

乌素图召法禧寺旧影

乌素图召法禧寺

图召相继建于明清两代。寺庙建筑糅合蒙、藏、汉艺术于一体。但从建筑形式和构造特点上看，同中有异，各具特色，形成了每座寺庙自身的独特风格。朝代更替，岁月流逝，如今只有庆缘寺、法禧寺、长寿寺和罗汉寺完整地保存下来。这四座寺庙中，以庆缘寺最为著名，规模最大，也为乌素图诸召的主寺，是呼和浩特著名的"八小召"之一。

　　庆缘寺位居乌素图召中心，为主寺。该寺规模最大，创建于明神宗万历十一年(1583年)，于明万历三十四年(1606年)建成；乾隆四十八年(1783年，即创建200年后)，又添建殿堂，次年才由清廷命汉名为"庆缘寺"。现存建筑有山门、大殿左右配殿等。大殿内东西壁保存有精美的壁画表现出北印度与波斯共同绘画特征，与西藏的壁画绘制方法一致并融入了蒙古族的风格传统艺术。

　　长寿寺在庆缘寺的东面，清康熙三十六年（1697年）由达赖长木肃绰尔济所创建。这座寺院在清代前后修葺有六次之多，所以寺中殿堂彩画和泥像雕塑，到1948年时，还比较完整。寺中有记载建寺及历次修葺年代的石碑二座，矗立于殿前的东西两侧，西为蒙文，东为汉文，碑文的内容相同。长寿寺现存三重院落，主要建筑有山门、左右配殿、大殿、僧房及喇嘛住所。山门为硬山建筑，面阔三间，穿过山门为过殿（四大天王殿），过殿坐落在高大的台明之上，过殿为歇山建筑，正脊为花脊。垂脊、戗脊吻兽等均保存较好，殿内塑有四大天王和小的尊者像。过殿的两侧有随墙的院门。过殿的后面是长寿寺的大殿和东西配殿，大殿坐落在高大的台明之上，面阔五间，四周设廊。东西配殿各面阔三间，带前廊，硬山式建筑。大殿之后是第三重院落，主要建筑是面阔三间的正堂，正堂两侧还有面阔两间的耳房，均设前廊，均为硬山式建筑。东西廊庑面阔三间，硬山式建筑，均设廊。长寿寺原有布局及风格保存完整，是难得的一处古建筑群。

　　罗汉寺在庆缘寺的正北，是第三代活佛罗布桑旺扎勒在雍正三年（1725年）和法禧寺同时所建的寺院，规模较小。乌素图召的活佛在罗布桑旺扎勒以后又传了五代，到第八代明珠尔济在1930年死去以后，便没有再寻访呼毕勒罕，从此这个寺院的活佛停止"转世"。罗汉寺呈中轴线对称布局，由山门、大殿、配殿组成，大殿为歇山顶，面阔五间，设前廊，大殿前设七级踏步。东西配殿均为硬山式建筑，面阔三间，设前廊，窗为步步锦。山门面阔一间，通面阔3.9米。这座寺院布局、屋面瓦座、梁架等部分保存基本完好，无改建和新建之处，保存原来的风貌。

乌素图召罗汉寺

广寿寺位于罗汉寺北的山坡上，原名察哈尔速木寺，由察哈尔禅师呼图克图初建于明代隆庆年间（1567～1572年），是乌素图召最早的一座寺院。康熙二十九年（1690年），席力图召的绰尔济阿旺丹丕勒扩建后，康熙帝钦赐"法成广寿寺"名，以后简称"广寿寺"。咸丰九年（1859年），曾重修过一次。后因寺中的喇嘛人数少，逐渐成了席力图召的属庙。1947年以后，因年久失修无法恢复被拆除。现有部分遗址尚存：西配殿遗址依稀可见，东配殿遗址基本破坏，大殿遗址还有部分保留，山门遗址遭到破坏。

乌素图召长寿寺

法禧寺在庆缘寺的东北，一位名叫罗布旺吉勒的擅长医术的喇嘛于雍正三年（1725年）在此修建了一座佛殿，供药师佛。所以当时的寺名为"玛勒不苏莫"（药王庙）。乾隆五十年（1785）清廷赐名"法禧寺"。因珍藏着三世活佛罗布桑旺扎勒整理的西藏喇嘛大法

乌素图召长寿寺

乌素图召长寿寺

乌素图召

师松巴堪布所著《松巴堪布著经》的雕版，从而知名。现在的法禧寺为两重院落构成，主要建筑有山门、配殿、大殿、大殿后的院落及东跨院。法禧寺山门坐落在高大的台明之上，为歇山式建筑，藏式风格，面阔三间，山门与四大天王殿合二为一，内塑四大天王，为现代人所塑，山门设九级踏步。法禧寺大殿坐落在高大的台明之上，为藏汉结合式建筑，设前廊，大殿东西山墙有藏式小窗各4个。大殿的后面是第二重院落，正堂面阔三间，两侧有耳房，均为硬山建筑，设前廊。法禧寺基本保存寺院原有的建筑布局，屋面瓦座、梁架、墀头等部分均保存得非常完整，并且整座寺院建筑没有新建和改动。

乌素图召距今已有400年的历史，是呼和浩特有影响的召庙之一，从乌素图召的历史可以看出有清一代对藏传佛教的扶植政策及藏传佛教在呼和浩特地区的发展、变迁。乌素图召是内蒙古自治区千百座召庙中唯一由蒙古族工匠自行设计建造的寺庙，整个建筑融合了蒙古、藏、汉建筑艺术的特色，并以其特有的宗教雕塑艺术、宗教彩绘壁画等，极大地丰富了我区的历史文化和艺术宝库，是研究藏传佛教文化和蒙古族文化艺术的宝贵实物资料。

1986年5月被公布为内蒙古自治区文物保护单位，2013年5月3日，被国务院公布为第七批全国重点文物保护单位。

席力图召及家庙

Xilitu and Family Temple

撰稿：刘丽娜；摄影：石强

席力图召及家庙位于内蒙古自治区呼和浩特市玉泉区石头巷北端，介于大召、小召之间。该寺坐北朝南，是呼和浩特市规模最大的寺庙。蒙古语"席力图"意为"首席"或"法座"。

明万历九年（1581年）土默特蒙古部阿勒坦汗死后，其子僧格都楞继承了汗位。他执政后，效仿父亲的做法，决定邀请三世达赖喇嘛索南嘉措到内蒙古右翼各部传播宗教。三世达赖喇嘛接受了他的邀请。为了迎接三世达赖喇嘛的到来，僧格都楞于万历十三年(1585年)在今呼和浩特市玉泉区石头巷为他修建了一座小喇嘛庙。三世达赖来到呼和浩特传教期间，西藏方面派高僧希迪图噶卜楚专程来看望三世达赖。希迪图噶卜楚就住在该庙，由于他精于黄教经典，精通蒙古、汉、藏三种语言，深受众人推崇，因此，这座小喇嘛庙的香火日渐旺盛。万历六年（1588年），三世达赖逝于喀尔喀蒙古，他的转世为阿勒坦汗的孙子苏密尔台吉的小儿子，藏名为云丹嘉措，即四世达赖。年幼的四世达赖举行坐床典礼时，由希迪图噶卜楚抱着小达赖坐法座（藏语音席力图），故称其为席力图呼图克图（蒙古语，"呼图克"意为"寿"，"图"意为"有"，合称"有寿的人"，亦即"长生不老"之意），他所主持的寺院也因此被称为席力图召。

席力图召建筑群，坐北朝南，采用中原传统佛教建筑风格布局"伽蓝七堂式"，即从山门到大殿形成一条中轴线。寺内建筑是五进式，召前过街牌楼与山门对峙，过街牌楼采用三间四柱七楼的做法，坐落于低矮的平台上。山门和过殿同为一处，面阔三间，屋顶为歇山顶，山门两侧有八字影壁，影壁上有圆形图案的浅浮雕蟠龙，山门两旁有侧门，置斗栱，从山门进入前方是广阔的广场，靠近山门的东西两侧为钟楼和鼓楼；过殿面阔六间。过殿两侧为厢房，面阔16间，从西面厢房第六间可以进入西院佛殿，过殿东西两侧有随墙门。供奉

席力图召鼓楼

席力图召院落

的佛教神祇为后塑。经过殿进入大经堂广场，广场两侧立有康熙亲征噶尔丹记功碑。

在广场的东南面建有汉玉双耳垂吊长寿大白塔，是内蒙古地区藏式建筑中覆钵式喇嘛塔中最完整的一座，始建于清咸丰年间。长寿塔坐落在1.6米的平台之上，平台为正方形，边长为10.65米，上面置汉白玉栏杆，栏杆雕刻精致，全部用汉白玉雕刻垒砌而成。大白塔通高约15米，由塔座、塔身和塔刹组成，石塔基座用石条砌成方坛，南面有阶梯可登。方坛上面为方形束腰座，束腰部分刻出火焰、金刚杵、狮等图案花纹，四角立圆柱，上呈阶梯状座身，分五级逐步内收，最下一级刻图案花纹，以上各级刻梵文六字真言。覆钵为宽肩型，周围饰以璎珞，南面正中砌出火焰形佛龛。覆钵上面的塔刹用石刻出十三相轮，再覆以铜制星月和宝盖。白色石料的塔身上，纹饰都用五彩，色调对比鲜明，显得格外光彩夺目。

大院正面是大经堂，建在高于广场的台子上。大经堂面阔七间，是汉藏式砖木结构，正中间楣上有满、藏、汉、蒙古四种文字书写的"延寿寺"匾额。歇山式屋顶，顶盖绿色琉璃瓦。脊上有鎏金金刚宝刹、相轮、飞龙和瑞鹿等装饰，四墙采用藏式结构，筑成带有小窗的厚墙。墙面用蓝色琉璃砖镶嵌，并夹以黄色琉璃砖，以组成各种图案花纹，绚丽夺目，富有强烈的艺术效果。经堂内宽阔高深、气氛庄严，64根藏式方形明柱，每柱都包有彩色的龙纹挂毯，顶棚、栏板及横梁处都有彩绘图案，四面壁上挂有精心绘制的佛教画像数幅。

大殿的西侧为护法院，前后两座佛殿，后佛殿俗称"古庙"，古庙为硬山建筑，面阔五间，深四间，设前廊，汉白玉踏步保存完好，前廊象眼部分绘有佛教人物图案。素面廊心墙，面阔三间，中间为护法殿，左

席力图召鸟瞰图

席力图召喇嘛塔

席力图召大雄宝殿

面为度母殿，右面为观音殿。佛堂内减中心两柱，沿左右后壁建坛，供奉均为各大护法神像。古佛殿殿前设三间前廊，殿后为面阔五间。殿内的天花藻井、东西山墙壁画、蟠龙柱都是原有旧古物。从绘画的色彩应用及殿内正中减二柱，左、右、后三壁起坛及减柱的做法可知，应为汉式风格。

席力图召大经殿融汉蒙藏文化于一体的建筑风格，是研究藏传佛教建筑、艺术的宝贵实物资料。席力图召保存的覆钵式白塔是内蒙古地区唯一保存最完整最大的喇嘛塔，白塔上雕有七珍八宝、瑞兽等图案，塔身装饰艳丽，色调对比鲜明，显得格外光彩夺目，是我国北方建筑艺术的宝贵实物和清代覆钵式塔的代表之作。席力图召大经堂前方两侧耸立着满、汉、蒙古、藏四体的记功碑二通，是我们研究清早期蒙古草原的历史发展状况、各民族间友好关系的宝贵资料，也是席力图召在呼和浩特发展史上具有突出作用的历史见证。

席力图召在2006年9月4日被公布为内蒙古自治区文物保护单位，2013年5月3日被国务院公布为第七批全国重点文物保护单位。

席力图召壁画

席力图召壁画

准格尔召

Zhungeer Temple

撰稿：刘丽娜；摄影：刘旭川　沙日特

　　准格尔召位于内蒙古自治区鄂尔多斯市准格尔旗准格尔召镇准格尔召村，地势较为平坦，西南紧邻一条小溪，水草丰美，周围植被覆盖良好。

　　准格尔召，藏语名为"甘丹夏珠达尔杰林寺"，蒙语名为"额尔德尼·宝利图苏莫"，明朝赐名"秘宝寺"，清政府赐名为"宝堂寺"。因其坐落于准格尔旗西部，当地人俗称"西召"，是鄂尔多斯现存最大型的藏传佛教格鲁派寺庙建筑群。据《准格尔召庙志》记载，准格尔召始建于明朝天启二年，也就是1622年，次年主体建筑经堂佛殿竣工，历经380余年的不断扩建修缮，规模逐渐扩大，以其规模宏大做工精巧的寺庙殿堂、美轮美奂的彩绘雕塑、神秘多姿的佛事活动和至圣至洁的舍利塔而名扬大漠南北、长城内外。

　　准格尔召原有独立殿堂36座，虽然现仅存大独殿、观音殿、舍利独宫、五道庙、千佛殿、六臂护法殿、大常署、二常署、佛爷商、诺颜商等十处，依然气势恢宏，震撼人心。此外另有

大常署

千佛殿

白塔一处，黄绿琉璃瓦的大殿与白塔，相互辉映，熠熠生辉。大独殿，是准格尔召建筑中规模最大、保存最完美的蒙汉藏式建筑，此外院落分为三个部分，前部为喇嘛念经求法之所，也就是经堂。经堂的装饰金碧辉煌，有唐卡百余幅，堂内立柱均用上等挂毯包裹，活佛座、大喇嘛座、僧管座、讲经座、听经座井然有序，各司其位，庄严神圣。经堂的北墙处一字排列着十八尊菩萨护法神像，使经堂更加神秘肃穆。舍利独宫，则主要安放准格尔召两位活佛的舍利塔，其中第十三世活佛洛藏久美丹朝加措的舍利塔用纯银139斤，宝石百余颗镶嵌完成，堪称镇寺之宝。观音殿和六臂护法殿内，分别供奉汉传佛教十八罗汉塑像，让游人在咫尺之间便可领略到两种不同风格的佛教文化，无怪乎当地老百姓这样说"如果你不能去西藏，那么你就来西召吧"。白塔，位于整个建筑群的中轴线后部，在高5米的台基之上，建有覆钵式喇嘛塔两座，小塔六座，合计八座，象征佛家八宝，白塔与召庙建筑群相互辉映，融为一体，使准格尔召显得更加威严宏伟。除了气势恢宏的召庙建筑外，准格尔召还保留着神秘而富有特色的民俗宗教活动。每年农历正月十四、十五、十六举办祈愿法会，四月十三举办玛尼会，七月初七到十三举办雅尼会，集会期间鼓号齐鸣，诵经声从早到晚不绝于耳，法会的高潮便是古老的查玛舞，每到此时喇嘛们身着彩缎服饰，头戴各种形象的面具，伴随着浑厚威严的长号乐音，跳起降妖除魔礼敬佛陀的舞蹈。接踵而至的香客人流，烘托出更加浓郁的藏传佛教格鲁派的神秘氛围，掀起阵阵拜佛祈福的高潮。方圆几十里上百里的朝圣者络绎不绝，人们怀着虔诚的心顶礼膜拜，祈求阖家幸福风调雨顺。

准格尔召建于明天启三年，历经清代、民国历次修扩建，渐集僧侣。1741年，西藏六世达赖曾来观瞻庙容，并先后两次从西藏派出两位高僧喇嘛做准格尔召的两代主持，同时，创办朝立热桑（即理学院）僧侣逐渐增多，最多时达2000余人，僧舍相连，庙地2000余亩，建有经堂、白塔、红塔等宗教设施30余处，均为汉

五道庙

白塔

藏经阁

藏式建筑风格。建筑设计精巧，木刻、砖雕、绘画、壁毯，做工考究，细致逼真，栩栩如生。整个建筑气象宏伟，雕梁画栋，飞檐斗栱，金琉碧瓦。建筑布局严谨，风格迥异的堂殿鳞比，疏密有致，充分显示了宗教的神秘氛围，为鄂尔多斯最大的召庙建筑群，也是内蒙古地区具有珍贵文物价值的古建筑之一。一年四季，准格尔召游人不绝，香火不断，每年农历四月皆定期举办玛尼会，七月举办雅尼会。届时，商贾云集，铺面罗列，佛事活动频繁，是鄂尔多斯地区仅次于成吉思汗陵的又一大宗教盛会，为整个宗教界瞩目。召庙虽几经战乱，历经沧桑，破坏较大，但庙貌依旧十分壮观。准格尔召是一座大型黄衣喇嘛教寺庙，较完整地保留了黄衣喇嘛教的教事活动仪式，对研究黄衣喇嘛教具有十分重要的历史价值。其召庙志记述完整，所藏经卷浩繁，虽多有散佚，但仍是鄂尔多斯乃至整个宗教界不可多得的珍本，对研究北方蒙古族的文化、医学、历史也都有极高的价值。其宗教活动犹如化石一样，完整地保留了宗教活动的最初风貌，其演变、流传的方式也揭示了黄衣喇嘛教的兴衰与传承，对研究蒙古族政教史也有着特殊的意义。

　　1985年，准格尔召被定为自治区文物保护单位；2013年5月3日，被国务院公布为第七批全国重点文物保护单位，现为国家AAA景区。

沙日特莫图庙

Sharitemotu Temple

撰稿：刘丽娜；摄影：乌日图那顺

　　沙日特莫图庙位于内蒙古自治区鄂尔多斯市杭锦旗锡尼镇北62公里，原巴音乌素苏木西北12公里处。这里在春秋战国时期为匈奴游牧地，汉代属朔方郡，北魏属沃野镇，隋朝隶五原郡，唐归丰州，宋时并入西夏，元属陕西行省延安路，明归东胜卫。15世纪中叶蒙古诸部入居，清顺治六年朝廷在鄂尔多斯设盟旗，此地归属鄂尔多斯右翼后旗即今杭锦旗。

　　沙日特莫图庙始建于明代，清初从属于杭锦旗扎萨克贝子所建的广佑寺（位于今浩绕柴达木苏木巴音嘎查）。清同治元年（1862年）大兴土木，进行扩建。由于同治六年（1867年）遭宁夏马化龙起义军的枪杀、焚烧、掠夺，殿堂僧舍几乎烧光，只剩明王殿和两座佛塔。光绪初年（1875~1880年），杭锦旗第十三任扎萨克贝勒巴图芒乃、协理旺楚格道尔吉、该庙掌堂师罗布桑丹僧等扩建此庙，增修了49间大经堂和2间龙达风马旗庙。旗扎萨克为该寺划出方圆5里禁牧地并拨给4320亩庙仓户口地。1908年，杭锦旗第十四任扎萨克阿尔宾巴雅尔再次扩建沙日特莫

562

全景

主殿

图庙。1940年2月13日，日本侵略军空袭驻扎在该庙的国民党军队，炸死4名军民，一枚炸弹落在明王殿旁，但炸弹未爆炸，寺庙幸免于难。新中国成立初期，沙日特莫图庙有大经堂49间、明王殿35间、金刚殿2间、佛塔4座、转世活佛府、主持喇嘛府及僧舍、庙仓房屋近百间。大经堂内供奉着3尺多高宗喀巴鎏金铜像。明王殿内供奉大威德、大黑天、阎罗王、天母、多闻天、大红司令主、骑狮护神佛像。有法器供皿3000余件，其中大水供盏8件、小水供盏1500件、佛灯1500盏、银制曼荼罗1个、大铜号3对、唢呐4把、钹10对，大鼓2个、小鼓8个、锣2面以及香炉、铃当、法杵等若干，全年有208天的经会。

1958年"大跃进"和人民公社化运动中，沙日特莫图庙佛像被破坏，庙仓畜群全部收归集体，寺庙殿堂被生产大队占用，僧人被迫离开寺庙，参加集体生产劳动，接受"改造"。"文化大革命"中大经堂和佛塔毁损严重，不少铜佛和法器被视为废品变卖。1986年，宝日呼舒嘎查群众和巴音乌素苏木有关领导以及原沙日特莫图庙弟子、北京雍和宫住持、中国佛教协会副会长堪布嘉木杨·图布丹大师等提议恢复沙日特莫图庙。旗委有关领导、伊克昭盟（今鄂尔多斯市）民族宗教处领导，经过实地调研，决定修复沙日特莫图庙，允许在此庙开展宗教活动。原沙日特莫图庙的喇嘛们亲自动手，清理了当作库房的明王殿，征集、收回民间收藏的佛像等宗教文物，恢复了宗教活动。

1989年，杭锦旗人民政府批准沙日特莫图庙为杭锦旗藏传佛教活动点，从4月15日开始恢复了经会制度。1992年增建了13米高的菩提白塔，2000年复建了汉式二层大经堂。2006年建成吉祥果聚塔，该塔为汉藏风格，塔基边长30.5米，塔高33米。供奉蒙藏汉文全套《甘珠尔》《丹珠尔》等大量珍贵佛典，为中国西部地区最大的佛塔之一。现已恢复了大部分的寺庙建筑群。由门殿、明王殿、大藏经殿、大经堂、普提白塔、吉祥果聚塔以及厨房、库房和转世沙布隆府、主持喇嘛府等建筑构成沙日特莫图庙，总占地面积110多亩，建筑面积2500多平方米，拥有各种佛像100多件，壁画4687平方米，常住喇嘛26人。

四大天王殿

藏经阁

时轮金刚塔

千佛殿

　　沙日特莫图庙是一处特色鲜明的汉藏结合式建筑寺庙，主体建筑为砖木结构。其布局独特、丰富绚丽的彩绘等装饰，显示了佛教建筑深厚的文化内涵和高超的工艺水平，鲜明地表现出藏传佛教的风格特征。沙日特莫图庙是清王朝在内蒙古西部地区推行喇嘛教的产物，与清廷对蒙古地区实行军事控制、盟旗制度、封爵厚赏、满蒙联姻等一系列政治策略有着内在联系，对于考察杭锦旗政治、经济、宗教、文化等领域的发展状况有着重要作用。沙日特莫图庙也是北京雍和宫住持、中国佛教协会副会长堪布嘉木扬·图布丹大师的家庙，保护和建设好沙日特莫图庙对于增进民族团结、巩固社会和谐、促进地方宗教文化发展及经济建设，具有重要的意义。

　　沙日特莫图庙于2000年被杭锦旗人民政府公布为旗文物保护单位，2008年被鄂尔多斯市批准为市级文物保护单位，2013年被国务院批准为第七批全国重点文物保护单位。

库伦三大寺

Three Temples in Kulun

撰稿：李春雷；摄影：杨伟东

　　库伦三大寺是兴源寺、象教寺、福缘寺的统称，位于通辽市库伦旗库伦镇城中心，皆为藏传佛教寺庙。库伦旗是清代内蒙古地区唯一实行政教合一的喇嘛旗，是蒙古族崇尚的宗教"圣地"。

　　兴源寺是锡勒图库伦主庙，是库伦旗建筑最早、规模最大的寺庙，也是清代锡勒图库伦政治和宗教统治的中心，至今保存完整。

三大寺全景

兴源寺正殿

兴源寺鼓楼

兴源寺始建于顺治六年(1649年)，是库伦旗第三代札萨克达喇嘛锡埒图绰尔吉、扎木林班智达希布扎贡日等人所建，竣工于顺治七年(1650年)，五世达赖喇嘛赐名噶丹却让，清廷赐名兴源寺，顺治皇帝亲赐匾额。后于康熙四十九年(1710年)，在正殿左右两侧增建厢殿各一座。康熙五十八年(1719年)至雍正二年(1724年)，在原正殿前，沿中轴线修建了山门殿、天王殿，扩建了大雄宝殿。光绪二十五年(1899年)至二十七年(1901年)，进行了一次大规模的改建和扩建，主要是将大正殿翻修，将原来的汉式建筑改为藏汉结合式二层殿宇，同时增建了后殿和东西配殿、玛尼殿、天王殿等众多庙宇，并在兴源寺和象教寺(与兴源寺相邻)四周筑起高大坚固的砖石围墙，使兴源寺和象教寺连成一片，形成了一组规模宏大的建筑群。

兴源寺占地面积14000平方米，地势北高南低，主要建筑均在一条中轴线上，从南到北，四进院落，七座殿堂，众建筑依山排列，随山势逐次上升，左右对称，布局得体。

山门为前廊大木单檐歇山顶，面宽三间，进深一间，明间置板门，两次间正面开圆形窗。屋顶覆以灰瓦，正脊两端饰鸱吻，中间饰二鹿听经雕塑，垂脊、戗脊亦塑脊兽。门内两侧各置一个木制法轮(亦称玛尼轮)，高8尺，直径4尺，以六字真言装藏。僧俗信徒进香拜佛时转动经筒，求福积德。山门两侧各有一随墙门，供平时通行，举行重要法会时才开山门。穿过山门便进入寺院的第一进院落。

第一进院落主建筑是天王殿，坐北朝南，回廊大木单檐歇山顶，面阔五间，通面阔13.54米，明间面阔3.5米，次间面阔3.24米，梢间面阔1.78米；进深四间，通进深10.28米。明间置隔扇门，次间设槛窗。梁架为七檩前后廊结构。殿内两侧供奉四大天王泥塑像。内顶为彻上露明造。天王殿实为过殿，后墙设穿堂门。院内东西两侧左有钟楼、右有鼓楼。

第二进院落，东西两侧各有厢房一座。东侧是罗汉殿，前廊大木硬山顶，坐东朝西，面阔三间，明间置隔扇门，两次间开槛窗，殿内供奉着十八罗汉铜像。西侧为护法神殿，形制与罗汉殿相同，对称分布，方向相反。殿内供奉着藏传佛教密宗诸护法神塑像。

玛尼殿砖雕

殿前台阶下，有一块直径约1米，形状似锅盖的生铁嵌在地面上。据传300年前，在库伦这块大地上有神通广大的妖魔"莽古思"作怪，残害人民。为此，锡勒图库伦的第一任锡勒图喇嘛曼珠希礼奉达赖喇嘛之命，不远万里来到这里。用佛法将"莽古思"赶进一个无底的洞穴里，洞口注入了铁水，使"莽古思"永世不得出来兴妖作怪。这本是一个神话传说，但信徒深信不疑。

第三进院落，主建筑为大雄宝殿，建于高1.8米的台基上，为汉藏结合式建筑，前廊卷棚歇山顶，平面呈"凸"字形。大殿面阔九间，通面阔27.71米。明间面阔3.16米；次间面阔3.14米；梢间面阔3.15米；次梢间面阔3.16米；开间面阔2.85米；进

兴源寺玛尼殿

深九间，通进深26.47米。明间设置板门，其余各间均开藏式盲窗。殿前立6根十二棱藏式方柱，构成前廊，柱身通体涂以蓝色，上端以黄、白、深蓝、红色彩绘纹饰，柱头置大雀替，并雕绘纹样。殿内为64根朱漆盘龙明柱，位于中央的4根为方柱，直通二层顶盖，通称擎天柱。一层须弥座上供奉一佛二弟子。佛前置紫铜长明灯，高约5尺，盛油120斤。长明灯前为札萨克达喇嘛法座。据传，此座是清太宗皇太极将自己用过的"宝座"赐予锡勒图库伦札萨克达喇嘛。二层楼系藏式平顶建筑，东、西、北三面的边缘处砌半装女儿墙。正面悬挂"兴源寺"满、蒙、藏、汉四体文寺额。

第四进院落主建筑为玛尼殿，坐落在0.53米高的台基上，回廊大木单檐歇山顶建筑，面阔五间，通面阔13.73米，明间面阔3.61米，次间面阔3.52米，梢间（左右廊）面阔1.54米；进深五间，通进深12.62米，前、后廊深1.59米。其中，明间置板门，两次间设牖窗，窗外各有四个木制转经筒。梁架为七檩前后廊结构，内顶彻上露明造。殿内须弥座上供奉四臂观音。

兴源寺天王殿

兴源寺额克苏莫庙

三大寺法事活动

库伦旗象教寺

玛尼殿后面为一处"一主两厢"的组合建筑，主建筑为额和苏莫殿，前廊大木硬山顶建筑，面阔五间，通面阔15.87米，明间面阔3.27米，次间面阔3.17米，梢间面阔3.15米，进深三间，通进深7.7米。其中明间置隔扇门，次间、梢间皆设槛窗。屋顶覆以灰瓦，正脊中央饰宝顶，两端饰鸱吻，垂脊饰仙人走兽。

东厢殿坐于台基上，坐东朝西，为前廊大木硬山顶建筑，面阔三间，进深一间。明间置隔扇门，两次间置槛窗。正脊两端饰鸱吻，垂脊饰仙人走兽。西厢殿与东厢殿形制相同，对称分布，方向相反。

1986年，库伦旗人民政府对兴源寺进行维修，使这座规模宏大、造型美观的名寺古刹恢复旧貌。如今，寺内有近二十名喇嘛礼佛修行。

象教寺，位于兴源寺东侧，始建于清康熙九年（1670年），是札萨克达喇嘛的居住地和办公场所，也是锡勒图库伦旗最高首领札萨克达喇嘛的行使政教权力的中心，也是全旗政教合一的掌印机构。这里既是寺庙，又是衙门，俗称王爷府庙。

象教寺始建于清康熙九年(1670年)，由山门、弥勒佛殿、长寿佛殿、度母殿、玉柱堂等建筑组成。其建筑布局不同于一般寺庙，庙前有一个长方形广场，这是每年正月十五和六月十五，三大寺的喇嘛们举行大型法会时，乐舞的场地。广场南侧靠近围墙处有一堵歇山顶八字形影壁，广场东侧有五间伙房，内有两口大铁锅，法会期间在此熬僧粥供僧侣食用。

象教寺的山门和左右观赏厅（观赏广场上的查玛舞）组成一组建筑，山门居中，两观赏厅分列左右，并向前方广场内收。

象教寺查玛舞广场

象教寺救度佛母庙

扎萨克达喇嘛寓所

福缘寺全景

　　山门，前廊大木单檐歇山顶，面阔三间，进深一间，明间置隔扇门，两次间开六边形小窗。顶覆灰瓦，正脊中央饰二鹿听经塑像，两端饰鸱吻，垂脊、戗脊亦饰脊兽。

　　左观赏厅，建于台基上，单檐卷棚硬山顶，面阔三间，进深一间。正面承以立柱，为敞开式，左、右、后筑墙。右观赏厅形制相同，对称分布。

　　第一进院落，有正殿和东西厢殿。正殿即弥勒佛殿，前廊大木单檐歇山顶，面阔五间，通面阔12.51米，明间面阔3.85米，次间面阔2.7米，梢间面阔1.63米；进深五间，通进深9.38米，前廊深1.53米。明间、二次间皆置板门。门额悬挂着满、蒙、藏、汉四体文象教寺横匾。屋顶覆以灰瓦，正脊中央饰宝顶，两端饰鸱吻，垂脊、戗脊亦饰脊兽。殿内供奉弥勒佛铜像，与生人齐，内顶以彩绘天花板装饰。弥勒佛殿实为过殿，后墙设有穿堂门，可通至第二进院落。

　　东厢房为蒙藏医诊室，坐东朝西，前廊大木硬山顶，正、垂脊皆饰脊兽。面阔五间，进深一间，明间置隔扇门，次间、梢间均设槛窗。西厢房与东厢房形制相同，相对而立，用作书画展览室。

　　第二进院落有正殿和两厢殿，正殿为长寿佛殿，三卷棚勾连搭式建筑，建于1.05米高的台基上，面阔五间，通面阔16.52米，明间面阔3.32米，次间面阔3.3米，梢间面阔3.3米，进深三间，通进深17.15米。内顶装饰彩绘天花板，殿内须弥座上供奉白度母、长寿佛、尊圣佛母。

　　东厢殿，前廊大木卷棚硬山顶，垂脊皆饰脊兽，面阔三间，进深一间，明间置隔扇门，两次间设槛窗。内顶彻上露明造，殿内供奉药师佛，壁挂唐卡。西厢殿与东厢殿形制相同，相对而立，殿前有一座三重檐方塔式香炉，殿内供奉莲花生佛。

　　长寿佛殿东侧，有一处独立的、封闭式的院落，其围墙与外面围墙一般坚固和高大。南北墙各有一门，

三大寺管理处

三大寺法事活动

三大寺远眺

西墙（长寿佛殿院东墙）有两门。院内正面为玉柱堂，前廊大木硬山顶建筑，正、垂脊均饰脊兽，面阔五间，进深一间。明间置隔扇门，次间、梢间均设槛窗，西山墙辟券门，后墙开有两个方窗。这是札萨克达喇嘛举行庆典活动的地方，逢年过节，札萨克达喇嘛在此接受印务处的官员们前来拜年献哈达。

玉柱堂东侧有一座前廊大木单檐硬山顶二层楼阁，面阔三间，明间置隔扇门，次间设槛窗，二层正面有木质护栏。这里是札萨克达喇嘛的办公场所。在其左前侧有三间东厢房，是札萨克达喇嘛的寝室和膳房。

独立小院的西北角为救世度母殿，前廊大木单檐硬山顶，正、垂脊均饰脊兽，面阔五间，进深一间，明间置隔扇门，次间、梢间设槛窗。内顶彻上露明造，壁挂唐卡。殿内供奉救世度母造像。

象教寺几经破坏，几度重修。2010年库伦旗旅游局、库伦"三大寺"管理委员会，在整修恢复"三大寺"过程中，在象教寺发现40幅戏曲彩画。经考证，这批彩画为始建时绘制，距今已有340年的历史。彩画大多完整清晰、色彩鲜艳，内容均是传统戏曲故事，涉及战国、三国、隋唐、宋、明诸代，其中包括《伍子胥》、《马鞍山》等历史故事，也有演义小说故事《杨家将》、《红鬃烈马》，以及根据民间传说、神怪故事改编的《赵州桥》、《五花洞》等。

福缘寺，位于库伦镇中街北侧兴源寺东南50米处。是锡勒图库伦副札萨克喇嘛、札萨克达喇嘛的法定继承人的寓所，也是清代锡勒图库伦旗财务机构的驻地，称为下仓。始建于清乾隆七年(1742年)，乾隆皇帝赐名福缘寺。

民国十五年(1926年)6月，库伦旗始设学寺，即却伊拉扎仓(哲学学部)，并在山门殿前面整修广场，作为喇嘛们辩论佛法的场地。起初，却伊拉扎仓与福缘寺并无隶属关系。民国十七年(1928年)福缘寺与却伊拉扎仓合并，共有喇嘛121名。福缘寺与却伊拉扎仓合并后，除举办例行法会外，还举行却伊拉法会。却伊拉法会一年四季都要举行，而且每季度分三次举行，第一次为30天，第二次为20天，第三次为15天。却伊拉扎仓对修学于本扎仓的喇嘛可以授予兰占巴、道仁巴等学位。福缘寺在住持达喇嘛之下设德木齐喇嘛一名，辅佐管理寺庙事务，此外还有尼日巴、包伊达等执事喇嘛。

福缘寺占地面积4000多平方米，始建于清乾隆七年（1742年），是清代库伦旗财务机构所在地。寺院坐北朝南，其建筑沿南北中轴线分布，山门、大雄宝殿、三世佛殿、老爷庙建在中轴线上，钟鼓楼、护法神殿、罗汉殿、僧舍对称分列寺院左右。

山门为前廊大木单檐歇山顶建筑，面阔三间，进深一间，明间置板门，次间设券窗。正脊中央饰二鹿听经，两端饰鸱吻，垂脊、戗脊亦饰脊兽。门额上方正中间悬挂着蓝底金字"福缘寺"满、蒙、汉三体文匾额。门内两侧塑四大天王造像。山门外左右各蹲踞石狮，两侧有随墙便门，供人平时出入。

大雄宝殿为藏式平顶二层建筑，面宽五间，进深五间，又称"二十五间殿"。一层明间置彩绘板门，次间设圆形窗，上有巴苏带。二层正面有木质护栏，上檐设置巴苏带。一、二层梢间，东西山墙均设藏式巴苏窗。殿前东西两侧有钟楼和鼓楼。

三世佛殿是福缘寺的主殿，前廊大木重檐庑殿顶，面阔五间，通面阔14米，明间面阔4米，次间面阔3.5米，梢间面阔1.5米，进深三间，通进深9.65米。明间、两次间开隔扇门，梢间设棱窗。檐柱柱头置雀替和额枋，均彩绘。内顶装饰天花和藻井，亦彩绘。殿内主供三世佛（迦叶佛、释迦牟尼佛、弥勒佛）。殿前东西两侧各有厢殿三间。

象教寺山门

印务处

东厢殿为罗汉殿，坐东朝西，前廊大木单檐硬山顶，正、垂脊均饰脊兽，正脊中央置宝顶。面阔三间，进深一间，明间置隔扇门，次间设槛窗。殿内供奉十八罗汉。

西厢殿为护法神殿，形制与东厢殿相同，对称分布，方向相反。

老爷庙，坐北朝南，前廊大木单檐硬山顶二层建筑，面阔五间。两梢间屋顶低于明间和次间，相当于耳房。一层明间、次间置隔扇门，梢间设槛窗。殿内供奉关羽神像。

福缘寺现存面积达2000余平方米，虽屡遭破坏，但保存尚好。20世纪80年代，库伦旗逐步恢复了日常宗教事务，召集喇嘛到福缘寺诵经拜佛，进行法事活动。每月初一、十五在寺内举办库伦庙会。1986年库伦旗人民政府对福缘寺进行维修，使福缘古寺重现昔日辉煌。

库伦三大寺建筑风格集满、蒙、藏、汉等多民族文化于一体，历史内涵丰富，建筑规模辉煌，历史、宗教、艺术价值极高，是内蒙古地区最重要的一处藏传佛教建筑群。

2006年，库伦三大寺被国务院公布为第六批全国重点文物保护单位。

宝善寺

Baoshan Temple

撰稿：李春雷；摄影：周兴启

宝善寺，蒙语名巴拉奇如德庙，位于赤峰市阿鲁科尔沁旗巴拉奇如德苏木达兰花嘎查西500米。

寺庙始建于清康熙四年（1665年），罗布桑道尔吉始建该寺于希拉木仁河北敖包席力图之地。乾隆三十五年（1770年），三世呼毕勒罕贡楚格东如巴拉珠儿将寺庙迁至乌力吉木仁河北西拉点布斯格之地。1782年，清廷御赐"相助菩提寺"匾于新建寺庙。寺庙大施主为巴拉奇如德部巴宝酿家族，故称巴拉奇如德庙。

巴拉奇如德庙有显宗学部、密宗学部两大学部。寺庙活佛共转六世。第一世为哈旺尼雅日格，生卒年不详，1602年从藏区至阿鲁科尔沁，47岁圆寂；第二世为罗布桑道尔吉，生年不详，卒于1748年，巴拉奇如德部巴宝酿之子；第三世为贡楚格东如布巴拉珠儿，生于1749年，卒于1784年，转世于巴林右翼旗扎萨克家族；第四世为罗布桑格里格丹赞，蒙古族，生于1787年，卒于1846年；第五世为罗布桑普仁赖嘉木苏，蒙古族，生于1848年，卒于1912年，七世班禅赐予额尔德尼堪布称号；第六世为嘎拉桑隆如布嘉木苏，蒙古族，生于1912年，卒年不详，转世于阿鲁科尔沁旗。

巴拉奇如德庙由扎萨克多罗郡王巴图出资兴建，在体制上属政教合一，在风格上属典型的藏汉式结合式建筑，是内蒙古地区建筑面积最大、保存最好的一座藏式寺庙。在阿鲁科尔沁旗24座寺庙中，建筑年代最早，寺院面积最大，喇嘛数量最多，经济实力最强。

寺庙以藏式建筑为主，汉式建筑为辅。在其香火最盛时期，喇嘛1000余名，殿宇有弥勒殿、大雄宝殿、密宗殿、护法殿、德木齐殿、玛尼殿、尼萨尔殿、活佛拉布隆八大殿宇。现仅存萨布腾拉哈木殿、大雄宝殿、葛根活佛府、喇嘛僧舍。

1942～1943年曾经修缮大雄宝殿；1949年后，护法殿曾作为粮库使用，1978年迁至他处；葛根活佛府曾用作苏木党政机关，1984年迁至他处；1985年对护法殿进行了修缮，正式恢复法事。1990年公布为旗文物保护单位；1992年公布为市文物保护单位；1996年公布为自治区文物保护单位；2006年该寺庙被国务院公布为第六批全国重点文物保护单位。

铁挂钟

现存寺庙建筑分为前、中、后三部分。萨布腾拉哈木殿（护法殿）和葛根正殿坐落在中轴线上，逐级上升，层次分明，其余建筑分列两厢，相互对称。

大雄宝殿，砖木混合藏式密肋平顶二层建筑，坐北朝南，面阔五间，明间设置板门，梢间一、二层设藏式巴苏窗，左右两侧也设有藏式巴苏窗。有前廊，廊前立藏式方柱，柱头置大雀替。内地面和楼面皆铺木板，有楼梯可至二层，二层是一座面阔三间的独立房屋，也是平顶建筑，明间开门，次间设窗。殿内造像皆失。砌墙青砖规格长28厘米，宽13厘米，厚6厘米。

萨布腾拉哈木殿，初建于康熙二十八年，砖木混合藏式密肋平顶建筑，坐落于高1米的台基之上，面阔五间，通面阔21米，进深七间，通进深12.6米。有前廊，廊柱为藏式方柱，柱边长24厘米，柱头置大雀替，正面中央设板门，内有楼梯可至二层，二层设隔扇门、窗，侧面设置藏式巴苏窗。

活佛府四合院，有二进院落，南北长57米，东西宽25.5米。院门为卷棚硬山顶式小门，仅阔一间，2.76米。前院主建筑为瓦石作卷棚硬山顶，坐落于高0.72米的台基上，坐北朝南，面阔五间，通面阔16.2米，通进深9米，最西一间设置隔扇门，其余四间开槛窗。正面墙皮涂以白色涂料。东西山墙两侧各有配房一座，皆向山墙，面阔二间，进深一间，平顶。

院内东西两侧建有厢房。东厢房坐东朝西，为瓦石作卷棚硬山顶，顶覆灰瓦，面阔三间，进深一间，明间设隔扇门，两次间开槛窗。西厢房与东厢房形制相同，对称分布，方向相反。

后院随势抬高，前有花墙横栏，踏阶而上，通至甬道。甬道长17.3米，宽1.9米，直通二进院正房。

通过巴拉奇如德庙的建筑布局、建筑方法和技术，可以看出藏式佛教建筑传入内蒙古地区后的变化和发展创新。这不仅为研究内蒙古地区藏式佛教建筑提供了实证，也为研究中国古建筑史提供了重要证据。

喀喇沁旗王府及家庙

Palace and Family Temple of Kalaqin Banner

撰稿：白丽民　程鹏飞；摄影：张义成　郑晓光　孔群

喀喇沁旗王府及家庙位于内蒙古自治区赤峰市喀喇沁旗王爷府镇王爷府村，东北距锦山镇19公里。王府及家庙地处锡伯河北岸的平地上，北依挺拔陡峻的山峰，南望延绵不断的群山，锡伯河自西南向东北流经王府及家庙前。重峦叠嶂，山清水秀。

喀喇沁旗王府及家庙为清代内蒙古卓索图盟喀喇沁右翼旗王府府第、佛堂、文武庙、宗祠，始建于清康熙十八年（1679年），为郡王府规格，乾隆四十八年（1783年）扩建为亲王府品级，经历代营建，主体建筑为康乾时期奠定，现状为清末规模。

喀喇沁旗王府坐北朝南，原由前庭、府第、后花园和东院、西院五部分组成，占地面积8.67万平方米，现存的主要有府第的中轴区和西跨院的大部分，占地面积约1.8万平方米，有建筑33幢。王府附近还建有喇嘛教寺庙，西侧是福会寺、极乐生善寺，东侧为感应寺、善通寺，均为王府的家庙。

前庭（广场）以南牧场与锡伯河相接，前庭上立照壁，建十三个敖包，每年农历七月初三，在此举行祭祀敖包活动，同时开展赛马、射箭、摔跤男儿三技竞赛。府第区中、东、西三路布局，占地4万平方米。王府后面沿山一带为花园，建神庙、戏楼，造假山、亭榭，植菊、兰、

王府大院

王府旧藏橱柜

王府藏于文藻书画折扇

王府藏"世守漠南"寿山石印

王府藏"世守漠南"寿山石印印文

王府旧藏鎏金夔龙纹配刀

局部（东—西）

荷、竹，驯虎、熊、鹿、麋。府内种植松、杉、榆、桑等各种树木，种有各种奇花异草，花木幽香，环境优雅。

府第区中路为五进连续四合院格局，前后共五进院落，主体建筑有府门、大堂、二堂、仪厅、议事厅和承庆楼（佛堂）。西路主体建筑为驿馆、书塾、文武庙、祠堂。东路主体建筑为寝宅、毓正女学堂、燕怡堂（戏园）、仓廪、马厩。中路各主要建筑两翼置配房三间，各进院东西对称各建厢房五间，现存共22幢建筑。议事厅是王爷办公的地方，也是等级最高的建筑，前后檐廊式，面阔七间，内有一匾额书有"大邦屏藩"四个字。承庆楼是王府唯一一座楼式建筑，为双层单檐前廊式，面阔五间，一楼是祠堂，里面供奉的是喀喇沁王的画像，二楼最早是佛堂，供奉千手千眼佛，后期遭破坏。书塾正堂为卷棚环廊式，驿馆正堂为卷棚勾连搭式。王府建筑主要为官式大木硬山结构，附以歇山、攒尖、卷棚、勾连塔等式样。

王府内保存了"喀喇沁王之宝"印、"世守漠南"印、喀喇沁王佩刀、明式黄花梨交椅等珍贵文物。王府博物馆是内蒙古自治区最大的古建筑群和国内最大的清代蒙古王府博物馆。

王府附近还建有喇嘛教寺庙，西侧是福会寺、极乐生善寺，东侧为感应寺、善通寺，均为王府的家庙。

喀喇沁旗王府是清朝历代喀喇沁王公居住的地方，历代郡王、亲王、札萨克在此署理旗政，是喀喇沁旗清代王公的统治中心，也是我区建府时间最早、建筑规模最大、封爵等级最高、保存最完整的清代建筑群。

2001年，喀喇沁旗王府由国务院公布为第五批全国重点文物保护单位。

福会寺

Fuhui Temple

撰稿：李少兵　程鹏飞；摄影：张义成　孔群

　　福会寺位于内蒙古自治区赤峰市喀喇沁旗锦山镇王爷府镇大庙村，东距喀喇沁蒙古亲王府800米。福会寺北依山冈，南临锡伯河，地势平坦开阔，山清水秀，景色优美，环境优雅。

　　福会寺原为卓索图盟喀喇沁右翼旗（俗称喀喇沁王旗）寺庙，系该旗扎萨克王的家庙，是该旗境内规模最为宏大的藏传佛教寺庙。全寺包括福会寺、生乐寺、咸应寺三座佛寺，其中以福会寺为主庙。寺庙始建于清康熙十八年（1679年），历代不断扩建，清乾隆年间为其全盛时期，香火极盛，常住喇嘛达400余名。藏名为盖草灵，汉名为福会寺，另有文献称"福慧寺"或"福荟寺"。

　　福会寺坐北面南，总占地面积19000平方米，其中寺院主体面积10200平方米，寺前广场面积8800平方米。主寺青砖院墙，平面呈长方形，南北长94.5米，东西宽64.5米，占地6136平方米，建筑面积2000余平方米。分为内外两院，外院为红砖砌成的花墙院，占地约6亩。有东、西、南三座门，每个门旁有两个玛尼轮。东西厢房各五间，东厢房为膳房，西厢房为庙仓。主寺东西两侧有咸应寺、生乐寺等附属寺庙。里院为主庙，呈中轴对称式布局，中轴建筑六进，依次为山门、天王殿、无量寿佛殿、大雄宝殿、释迦牟尼殿、弥勒佛殿及东西配殿，释迦牟尼殿前立两座塔。两厢为前配房、钟楼和鼓楼、中配殿、后配房。

　　该寺建筑主要为官式大木结构，硬山式和歇山式屋顶，汉式砖木混合结构体系，汉藏结合

福会寺山门

建筑局部

装饰风格。山门为硬山式建筑，石雕宝相花门券和宝相花棂格假窗。天王殿建在月台上，共三间，为五檩单檐歇山式庑殿式屋顶，石雕宝相花门窗圆拱和花瓣棂格盲窗，石雕蒙、藏文匾额，内供四大天王塑像。无量寿佛殿为五间，硬山式屋顶，内供无量寿佛和二十一尊度母。大雄宝殿为前后两个卷棚结合重檐歇山式屋顶，两层楼阁，49间，砖雕硬山清水脊、盲窗、彩画木隔板，上层为大悲金刚和十八罗汉殿，下层为经堂，内供宗喀巴像。释迦牟尼殿为重檐歇山楼阁式，前出廊后抱厦，饰"十自在图"砖雕山花、井口天花，龙柱垂珠莲大型木雕佛龛，内供释迦牟尼。弥勒佛殿为硬山两层楼阁式，主殿三间，绦环如意云挂檐，木雕云龙绦环板宝瓶栏杆，内供弥勒佛和十八罗汉，东、西耳房各三间，西耳房供奉达赖一世和班禅一世以及在藏传佛教界有影响的活佛十三尊，东耳房供奉七尊佛。塔为覆钵式，白色，高约7米，为藏式塔。前配房为硬山式，东、西各三间，东三间为寺庙喇嘛办公场所，西三间为香灯师住房。钟楼和鼓楼为重檐歇山十字脊式，一斗二升交麻叶斗栱。中配殿，歇山式，斗口单昂三彩斗栱，东西配殿各三间，西配殿为藏经殿，东配殿为护法殿。后配房为硬山式，东、西厢房各八间，西八间为喇嘛学塾，东八间为供佛堂与香灯师住房。主要建筑施和玺、旋子、八宝、神兽、博古、四艺、佛经故事等彩画，饰三幅云雀替、嵌藏文砖雕。

　　主寺东侧为咸应寺，又称"显应寺"，是历代活佛的府邸，俗称"活佛宫"或"葛根宫"，由三套下院和一座大雄宝殿组成。

　　主寺西侧为生乐寺，又称"积善生乐寺"或"胜乐寺"，是喀喇沁右翼旗第十二代亲王贡桑诺尔布的叔父贡其格扎布主持的寺庙，房舍36间，大殿为十檩二层楼阁式建筑。

　　各殿堂雕塑佛陀、菩萨，墙绘佛经故事。经堂内主尊木雕佛龛，造型严谨，体量高大，雕刻繁缛精细，彩画金碧辉煌。寺内保存大量佛像、经卷、唐卡、法器等重要文物。

　　福会寺无活佛转世体系，主持喇嘛均为历代喀喇沁王的直系亲属。亲王贡桑诺尔布执政时期，贡王叔父

福会寺大殿

福会寺藏人头骨碗

福会寺藏龙柄龙流铜茶壶

贡其格扎布任住持喇嘛，在西藏学习佛经，达赖喇嘛曾赐予"堪布"称号。

福会寺是赤峰地区典型的藏传佛教寺庙，布局紧凑，工艺精湛，古朴典雅的建筑风格，体现了中国北方官式建筑严谨庄重的构造特点。大式大木做法、高级屋顶样式以及精美绝伦的和玺、砖雕、木雕饰件，使福会寺成为宗教艺术的精品。在现存内蒙古各旗王府中，它是建成最早、现状保存最好的典型旗（家）庙建筑的实例之一。

2001年，福会寺由国务院公布为第五批全国重点文物保护单位。

汇宗寺

Huizong Temple

撰稿：侯俊　程鹏飞；摄影：吴克林　崔晓华

汇宗寺位于内蒙古自治区锡林郭勒盟多伦县城关镇北1500米，地处锡林郭勒大草原东南部，分布在北山上，因北高南低的地势而建，坐北朝南，总占地面积27.5万平方米。地理坐标为东经116°28′，北纬42°12′。北山最高海拔1262.2米，是多伦县城城关镇北的制高点。

汇宗寺为多伦诺尔两大寺院之一，系清康熙帝敕建寺，是内蒙古地区喇嘛教格鲁派寺庙。康熙二十九年（1690年），康熙帝亲征，在乌兰布通击败蒙古准格尔部首领噶尔丹的叛乱，第二年在多伦诺尔草原会盟外蒙古三部和内蒙古四十八家王公，应蒙古王公"愿建寺以彰盛典"的请求，于康熙三十年（1691年）始建，康熙四十年（1701年）亲临该寺，清廷设立喇嘛印务处，命章嘉呼图克图为札萨克达喇嘛，掌管内蒙古喇嘛教事处，制定内外蒙古各旗选派僧人到该寺礼佛的制度。康熙四十五年（1706年），康熙帝派五世达赖大弟子章嘉呼图克图大国师主持该寺。康熙五十一年（1712年），建寺工程竣工，康熙帝敕额"汇宗寺"，赐匾"声闻届远"。康熙五十三年（1714年）五月，在寺中竖立了用蒙汉两种文字刻写的康熙御书碑文。雍正十年

汇宗寺全景

（1732年）外蒙哲布尊丹巴活佛移居多伦诺尔，该寺成为蒙古地区藏传佛教中心。乾隆元年（1736年），多伦诺尔理事厅衙门正式建成，成为口北三厅之一，商贾云集，经济繁荣。乾隆十一年（1746年）赐"性海真如"匾。咸丰六年（1856年）遭火灾，大雄宝殿被烧毁。咸丰十一年至十四年（1861～1864年）重建大雄宝殿，庙顶换为普通青筒板瓦。1913年，由于清朝灭亡，寺庙喇嘛人数大减，建筑破败不堪，各旗当子房开始空缺。1926年，奉军占领多伦诺尔，寺庙损失惨重。1945年，苏蒙红军进驻多伦诺尔，烧毁了大雄宝殿、钟鼓楼和康熙会盟碑。新中国成立后，汇宗寺留存的殿宇由多伦县粮库占用存放粮食。1966年，该寺所留存碑刻、装饰物被毁。1999年维修汇宗寺仅存的完整院落——章嘉活佛仓，2004年占用寺庙的单位搬迁，2005年6月16日举行汇宗寺重新开光大典和多尔吉住持坐床仪式。多伦诺尔两大寺有活佛14位，清廷四大呼图克图均在此两寺设仓。

该寺由哲布尊丹巴活佛主持设计和建造，因寺庙殿宇上覆青色玻璃瓦，蒙古语称该寺为"呼和苏莫"，汉语意思为"青色的庙"，俗称"东大仓""东庙""旧庙"。

整个建筑群以敕建庙为轴心，在其东西两侧共建有十座佛仓，五座官仓，五座会庙，及数十座当子房。各佛仓、官仓建筑皆自成一体，形成不同的单元组合，当子房布于其间，或单独布列。现存殿宇房舍1500余间，建筑风格为汉式建筑。

敕建庙位于全寺中心位置，共五进院落，由影壁、广场、山门、天王殿、钟楼、鼓楼、大雄宝殿、释迦牟尼佛殿、关帝庙、密宗殿、公阿殿、东西配殿、藏经楼等殿宇组成。西侧有章嘉活佛仓、达赖堪布活佛

汇宗寺远景

章嘉仓活佛主大殿

汇宗寺大殿

会盟碑

仓、葛尔丹席力活佛仓、诺颜巧尔吉活佛仓、甘珠尔瓦活佛仓。东侧有墨尔根诺门汗活佛仓、毕勒格图诺门汗活佛仓、阿嘉活佛仓、济隆活佛仓、刺果活佛仓。

章嘉活佛仓由第一世章嘉活佛主持设计并建造，康熙帝赐名"珠轮寺"。由影壁、广场、山门、东西厢房、天王殿、东西配殿、大雄宝殿、僧房等组成，三进院落。

章嘉活佛仓山门的正门两侧各有一座侧门。正门面阔三间、进深三间。无斗栱，大木式做法前为棋盘大门，硬山灰布瓦，两次间分别设石雕盲窗，后为格扇装修，建筑面积96平方米，举架为4.2举、4.3举，梁架为后出抱头梁五檩做法，前后檐出均为120厘米，墙体砌筑为三顺一丁做法，台基为条石砌筑。

章嘉活佛仓东西厢房在山门后方两侧，即在天王殿前方两侧。各为面阔三间，进深三间，五檩前出廊式，后封檐硬山灰布瓦式做法，举架为4.7举、5.4举，前后出檐均为110厘米，墙体、台基砌筑皆为顺砖，建筑面积288平方米。

章嘉活佛仓天王殿平面为长方形，面阔三间，11.58米，进深三间，9.95米。梁架为五架梁前后出抱头梁七檩，单檐歇山灰布瓦无斗栱大木式做法。举架为4.1举、4.6举、5.4举，前后出檐均为120厘米。墙体砌筑为三顺一丁做法。台基为条石砌筑，建筑面积146平方米。

章嘉活佛仓东西配殿在天王殿后方两侧，即大雄宝殿前方东西两侧，各为面阔五间，进深三间，梁架为七檩前出廊式，硬山后封檐灰布瓦，无斗栱大木式做法，举架为5举、6.5举、8.2举，前后出檐均为107厘米，墙体、台基砌筑皆为顺砖，东西配殿建筑面积各124平方米，总面积248平方米。

章嘉活佛仓大雄宝殿平面为长方形，面阔七间，12.95米，进深五间，8.28米。十一檩，重檐歇山楼阁式，灰布瓦大木式做法，滚龙脊造型。一层、二层均设前廊。一层举架为3.9举、5举，建筑面积561平方米。二层举架为4.8举、6.2举、7.5举，建筑面积255平方米。上下檐出均为136厘米，

汇宗寺远景

汇宗寺远景

国宝单位保护标识

汇宗寺大殿

汇宗寺活动

汇宗寺主大殿

汇宗寺

汇宗寺喇嘛舞蹈后合影

阿嘉佛仓

汇宗寺阿嘉仓佛像

台基、墙体砌筑皆为三顺一丁做法，高15米。

寺内各种佛像造型各异，形象逼真；彩绘菩萨像彩绘鲜艳、线条繁复而流畅，造型生动；各类造像是清代佛教艺术中的上乘之作。藏有《甘珠尔》和《丹珠尔》等藏文大藏经。寺内存有瓷质匾额一块，清代，110公斤重，完整，长93、宽38、厚16厘米。

汇宗寺是内蒙古藏传佛教中等级最高、宗教权利最大、云集活佛最多、影响力最大的寺庙。汇宗寺的兴建对于奠定清王朝版图和巩固北部边疆具有重大历史意义，对于研究藏传佛教在蒙古地区的传播和发展有着极其重要的地位。

2001年，汇宗寺由国务院公布为第五批全国重点文物保护单位。

呼和浩特清真大寺

The Great Mosque in Hohhot

撰稿：刘丽娜；摄影：寇春标

　　呼和浩特清真大寺位于内蒙古自治区呼和浩特市回民区通道南街即呼和浩特市旧城北门外，交通十分便利。

　　清真大寺，建于清康熙三十二年(1693年)。据《清真寺南北讲堂碑记》记载："自大清定鼎以来，建立多年。"初建时较为简陋，雍正元年（1723年）重修，乾隆五十四年(1789年)扩建。光绪十八年（1892年）建山门，光绪二十二年（1896年）建照壁。1923年回族群众又募捐再度重修后，便成为现在的规模。全寺占地面积约四千平方米。重修时大殿增高1.7米，扩大了七间，南北讲堂展后5米，增高66厘米。寺的总面积扩大了数十平方米。

　　清真大寺坐东向西，中间为朱红色正门。门上楣有"清真寺"匾额及"国泰"、"民安"四个字。寺门前原有影壁，高丈余，现已拆除。大殿的外墙后壁正对正门。正门南北两侧各有旁门，两边是蓝色的墙面。大门内正面是庄严肃穆的圣殿，除圣殿外还有讲堂、沐浴室、望月楼、教长办公室、乡老会议室、海里翻学经堂等建筑。入寺门后，大殿南北两侧有甬道通往寺院内。大殿南侧有碑亭一座，存碑六通，其中以"清重刻洪武御制回辉教百字号碑"和"重修绥远清真大寺碑"有较大研究价值。

清真大寺全景

清真大寺正面

清真大寺砖雕文字

清真大寺

清真大寺圣殿藻井

大殿是寺院内主体建筑，造型别致，殿门朝东，是三开拱形门。上楣刻有精细的阿拉伯文，意译为"安拉是天地间的光辉"。大殿南北面宽5间，殿内由5个大小进深的勾连搭形式构成。殿前檐下由6个砖柱分为5楹，中为殿门，两侧4楹皆装雕棂方窗，殿屋上部有5个攒尖式的顶阁。大殿前有"月台"，登上月台可进入大殿。殿内壁上图有经文。殿顶由12根红漆大柱立撑，支柱上刻着《古兰经》，寺内也藏有《古兰经》三十卷，是研究伊斯兰教的重要文献。大殿内可容五百多人聚礼。大殿房顶上有五座六角顶楼。殿前寺院两侧建有南北讲堂。大殿正东有过厅，厅内壁上绘有麦加的大清真寺和"天房图"。经过厅可通往后院，院内正北有沐浴室。穆斯林沐浴净身后方可入殿礼拜。

　　清真大寺最引人注目的建筑是大寺东南侧的望月楼。它建于1933年，楼高33米，平面六角形，六角攒尖顶。每逢"斋月"穆民在楼上望月。望见初月后封斋或开斋，故名望月楼。楼分两层，形如竹节，成六棱体，楼的西面用汉文和阿拉伯文书有"望月楼"三个大字。第一层是外露望台；第二层顶部建有一座六角凉亭，凉亭绮丽雅致。楼顶端的铁柱上装有月牙灯。楼内有七十八级螺旋木梯道盘旋环绕而上。进入凉亭，凭栏远眺，整个青城尽收眼底。

　　呼和浩特清真大寺是呼和浩特市一座较为完整的古建筑，其建筑艺术构图和风格十分独特。整个建筑以中国传统建筑风格为主，兼容伊斯兰教建筑艺术、装饰艺术风格，庄严肃穆，做工精湛，布局严整，从远处望去给人以小巧玲珑的感觉。清真大寺与呼和浩特市城内的蒙汉藏各式建筑荟萃在一起，衬托出呼和浩特这座多民族城市的庄严、绮丽，更有力地说明了呼和浩特是明、清以来，蒙、汉、藏、回、满等各兄弟民族人民共同劳动和精心构建出来的一座城市，它本身就象征着国内各族人民兄弟般的团结，也是研究伊斯兰教寺院建筑及伊斯兰教文化的宝贵资源。院内的《重修绥远清真大寺碑记》碑刻，对于研究呼和浩特历史及伊斯兰教历史文化有极高的价值。

　　1996年5月28日，清真大寺被内蒙古自治区人民政府公布为自治区文物保护单位；2013年5月3日，被国务院公布为第七批全国重点文物保护单位。

和硕恪靖公主府

Heshuokejing Princess Mansion

撰稿：陈雅光　程鹏飞；摄影：武成

和硕恪靖公主府俗称"公主府"，位于内蒙古自治区呼和浩特市新城区通道北路62号，后枕青山，前临碧水，是清康熙皇帝的六公主下嫁漠北喀尔喀蒙古土谢图汗部敦多布多尔济后居住的府邸。1923年被呼和浩特市师范学校使用，1990年至今为呼和浩特市博物馆馆址。

和硕恪靖公主出生于清康熙十八年（1679年）五月二十七日寅时，康熙三十年（1691年），封为和硕公主，康熙三十六年（1697年）五月，皇帝指婚下嫁喀尔喀土谢图汗察珲多尔济之孙敦多布多尔济。康熙四十五年（1706年），晋封为和硕恪靖公主。康熙末年和硕恪靖公主北归库伦（蒙古乌兰巴托境内）。雍正元年（1723年），晋封为固伦恪靖公主，并赐金册，其长子根扎布多尔济尚多尔衮五世孙女和硕格格为妻，其后裔一直居住府内。雍正十三年（1735年）三月，公主卒于漠北，葬库伦

公主府全景

公主府垂花门

（今蒙古国乌兰巴托）之东肯特山脉（即汗山）阳面的公主陵寝（今蒙古国肯特省额尔德尼苏木）。

公主府建成于康熙三十六年至四十五年（1697～1706年），总占地600余亩，主体建筑15亩。公主府大院由三部分组成，平面呈凸字形。居前凸出部分的中部为府第前政后寝核心宅院，绕以崇垣。两侧为并列的东西跨院，外筑重围高墙。其后部西北方是马厩马场；北、东北方是园囿、楼台、假山、池塘，引入艾布盖河的清泉溪流修造人文景观，为一套四进五院的府第。中轴线主体建筑由南向北依次为照壁、府门、仪门、正殿、垂花门、寝殿、后罩房，现存房屋69间，是一座宫殿式建筑群。

照壁位于府门前60米，为大式悬山青砖一字照壁。基座上浮雕48根立柱，寓意内蒙古48旗（实49旗，东土默特分为左、右两翼）王公共同扶持大清王朝。这里也曾是公主府旧八景之一"古壁藏榆"的景致所在。

公主府古建脊兽

府门面阔三间，硬山式，两侧各开一道门，2009年维修时拆除。府门月台前左、右放置一头石狮子。仪门面阔三间，硬山式，西墙的前戗檐砖雕刻划了草丛中几只肥硕的绵羊，象征着富贵吉祥。

正殿名"静宜堂"，是公主与额驸接待地方官员、宾客，谈论政务的地方，也称"议事厅"。面阔五间硬山式，219.47平方米。配殿、厢房、耳房，东西对称。殿内屏风和公主正坐之上悬挂康熙皇帝御笔"肃娴礼范"匾。

垂花门是用来区分内外院的一道门，即坐落在大门之后第二道门的位置，是"前朝后寝"中"寝"的前门。建于五层汉白玉石台阶上，为一殿一卷式，单开间，进深略大于面阔，由四柱围成一间。悬挂于门额之上是额驸敦多布多尔济亲笔手书的"静定长春"匾。在后檐柱间装四扇绿色屏门（维修时漆成了红色），起

公主府府门

公主府戗檐雕砖

到遮挡视线的作用。

　　寝宫是一堂两屋的格局，硬山式，面积221.8平方米。厅堂的东侧是公主居住的地方，厅堂的西侧是公主拜佛的佛堂。寝宫外面的门楣彩绘如门楣画的佛手是"佛"与"福"的谐音，牡丹花则象征富贵，两侧的玉兰花和海棠花是取"玉堂富贵"之意。

　　后罩房为硬山式建筑，十五间，建筑面积439.41平方米。

　　寝殿院落东侧原为公主府花园，可由院内东北隅的日门与之相通。从后罩房明间穿堂门可通北侧的公主府马场，马场、花园的面积远超过主体建筑的面积，园大于府，是公主府平面布局的一大特色。

公主府照壁

　　府邸建筑布局依据中轴对称，前堂后寝，由四进五院组成，每一院落以正殿为主，对称布局，左右各有配殿、厢房和耳房。建筑均建在汉白玉基座上，硬山式大木架结构，垂花门为一殿一卷一悬山式结构，墙体砌筑丝缝，汉白玉石条压角挑檐，戗檐砖雕精巧别致，寓意吉祥。公主府在皇家建筑风格中融入了北方草原民族风格，除了建有府邸、花园外，还建具有特色的马场等。

　　在呼和浩特市清水河县发现和硕恪靖公主"德政碑"四通。在蒙古国乌兰巴托国家民族历史博物馆收藏清雍正皇帝册封和硕恪靖公主为"固伦恪靖公主"金册。2002年和2008年维修公主府时，出土了瓷器、陶器、铁器、铜器和骨器等一批珍贵文物。

　　公主府是清宗室王府建筑，虽地处塞外，远离京城，但建筑工艺精湛高超，建筑风格古朴典雅，刻意营造出皇族府邸的尊贵与威仪，等级要远远高于同处塞外的喀喇沁亲王府及北京的几处蒙古王爷王府。公主府是清代早期官式建筑的典型代表，康熙时期建筑艺术和技术的集大成者，同时也是我国清代公主府邸中保存最为完善、建筑工艺最精、保存现状最好、在大漠南北影响最深的一座的建筑群组，有"西出京城第一府"

公主府出土康熙通宝

公主府出土白伞盖纸符

公主府后罩房

之称，具有重大的历史、科学、艺术价值。

　　和硕恪靖公主府是17世纪末，清皇室公主适漠北喀尔喀蒙古部后兴建的府第，是清王朝在新的形势下继续奉行满蒙联姻政策、巩固民族团结、维护国家统一的历史见证，也展示了大漠南北蒙古各部血脉相连的历史渊源。

　　2001年，和硕恪靖公主府由国务院公布为第五批全国重点文物保护单位。

公主府垂花门

公主府府门

公主府寝殿内景

公主府场景复原

公主府敬宜堂

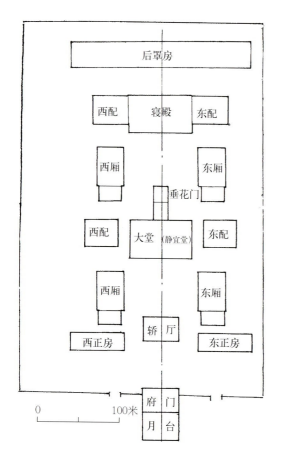

公主府平面图

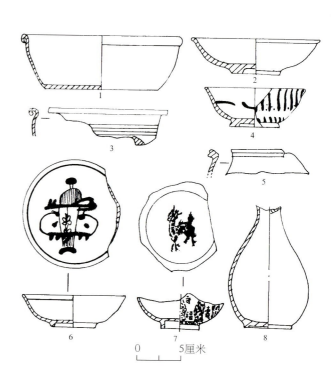

1～8．公主府出土陶、瓷器

公主府出土器物图

荟福寺

Huifu Temple

撰稿：刘丽娜；摄影：乌力吉

荟福寺位于内蒙古自治区赤峰市巴林右旗旗政府所在地大板镇荟福路南段，是一座清代喇嘛庙。始建于康熙四十五年（1706年），初名"巴日斯苏模"，以后不断增修。雍正四年（1726年），在荣宪公主的提议并主持下，扩建殿宇25间，将巴日斯苏模改名为荟福寺，蒙古语为"浩特劳敖诺勒图"，乾隆十一年（1746年）于殿前朝格图诺尔增建80间楼阁式殿宇，称"曹格钦杜刚"，同时兴建钟鼓二楼和"四大天王"殿。乾隆五十六年（1791年），巴林札萨克从卓索图盟喀喇沁旗请来了一部蒙文225卷"丹珠尔"经供奉大殿中。直到嘉庆二年（1797年），才具有两庭院和一个广场的规模。同治十一年（1872年），从西藏出家的该寺葛根罕宾活佛罗布桑丹毕旺其格从西藏请来了一部108卷藏文"甘珠尔"经，从此庙的规模日益扩大，当时昭乌达盟各庙每年轮流出五十名喇嘛来荟福寺念经。

荟福寺主佛像为"三世如来"，主要经卷为"甘珠尔""丹珠尔"经。荟福寺有巴拉其如德葛根（转世四代）和罕宾葛根（转世四代）两位活佛，还有一位呼毕拉干喇嘛（转世五代）。据史料记载，该寺喇嘛乌兰嘎布其编撰过"万年历"一部。这座古建筑群有天王殿、会经殿、供佛殿三个主体工程，雄伟壮丽，庄严肃穆，是藏传佛教格鲁派（黄教）巴林右旗最大的喇嘛庙。

山门（南—北）

全景（西北—东南）

荟福寺影壁墙正中是财神佛多闻天王像，正面、背面均镌刻六字真言（现无存）；正面是满文、背面是汉文，东侧是蒙文，西侧是藏文，充分展示了当时统一的多民族国家丰富的民族文化。天王殿下五间，楼三间，建筑面积2762平方米，殿内两侧立着四大天王力士塑像：东方持国天王，名叫多罗吒，藏名伊呼霍尔苏荣，身绿色，是乐神领袖，手持琵琶为法器，护持东国土。南方持国大王，名叫毗琉璃，藏名帕克济布，身青色，能使人善根增长，双手持宝剑为法器，护持着南方国土。西方广目天

荟福寺

王，名叫毗留博叉，藏名占密桑，身红色，是龙祥的领袖，手持一龙为法器，常用净天眼观护着西方国土的百姓。北方多闻天王，名叫毗沙门，藏名那目太斯列，身白色，福德名闻四方，以右手持宝剑，左手持银鼠为法器，护持着北方国土的百姓，四大天王的法器寓有吉祥之意。

荟福寺是清朝康熙帝次女固伦荣宪公主所建，是清早期著名寺庙，是清王朝边疆安定、加强团结的象征，具有政治历史意义；荟福寺的建筑面积7100平方米，它的建筑风格、建筑规模、绘画艺术，堪称清代

正殿

建筑的上品，是清代在草原上建筑的典范；荟福寺是一处重要的佛教之地，它为研究清代佛教文化提供了实物资料；荟福寺又是研究清代建筑综合科学技术发展的宝贵材料，所以荟福寺是研究清代早期历史、建筑艺术、宗教信仰、科学技术的实物资料，具有重要的保护意义。

1986年，荟福寺被内蒙古自治区人民政府公布为自治区文物保护单位；2013年5月，被国务院公布为第七批全国重点文物保护单位。

定远营

Dingyuan Millitary Camp

撰稿：胡春柏　孙斯琴格日乐　张震洲；摄影：张震洲　敖云

定远营，该地区原称"葡萄泉"，曾是清政府的军马场。由于贺兰山重要的战略地位，乃朔方之保障、沙漠之咽喉，形势扼瀚海往来之捷路，控兰塞七十二处之隘口，清雍正四年（1726年）川陕总督岳钟琪奏请在此特设一营，名曰"定远"，由兵部右侍郎通智等督修，至雍正八年（1730年）竣工。

定远营建在营盘山西南坡，因形就势，北高南低，平面形状不规则，东西最长700米，南北最宽350米，占地面积约18万平方米，是一座以军事防御为主的边城。城墙以夯筑为主，局部用青砖压顶，东、南两侧设门，南门加筑瓮城。这里地处贺兰山西麓，山清水秀、风景秀丽。1731年，清政府将其赐给蒙古和硕特部第二代札萨克王阿宝，从此定远营成为阿拉善和硕特旗的首府。

自阿宝入居定远营以后，经过200多年的建设，定远营发展成为颇具规模的塞外重镇，民国

阿拉善王府迎恩堂

延福寺山门

时期有"塞外小北平"的美誉。1952年11月1日经国家内务部批准，"定远营"改称"巴彦浩特"，汉语意为"富饶之城"。1964年4月邓小平同志到内蒙古视察,回忆道："20年代,我从苏联回国,经过蒙古国,到过定远营,那可是个好地方,一座了不起的城市。"遗憾的是，20世纪六七十年代定远营遭到破坏，城墙大部分被拆毁，现仅存王府东侧一段。不过，阿拉善王府、延福寺、古民居等建筑群落主体仍被保留了下来。2006年，定远营被国务院公布为第六批全国重点文物保护单位。

阿拉善王府位于阿拉善左旗巴彦浩特镇王府街16号，处于定远营城内东南部。这里紧靠营盘山，地势较高，平缓开阔。王府是在阿宝在参将衙署的基础上改建的，此后直至1949年，一直是阿拉善和硕特旗历代旗王居住和办公之所。历经两百余年的增修和扩建，至第十代旗王达理扎雅执政时期，这里已经形成了一处规模宏大的建筑群落，总占地面积2万多平方米。

主体由中路、东路和西路三座府邸组成，其中中路和东路均为三进院落、中轴对称的四合院式布局，西路在"文革"时期遭到破坏。中路由南至北，有府门、过厅、正厅（迎恩堂）、后罩房等建筑。府门毗邻定远营南城墙，进入府门，便是王府的第一进院，正面为过厅，两侧建有东西配房。过厅、配房和王府院墙组成第一进院落。通过过厅，进入王府第二进院落。正面为迎恩堂，紧贴迎恩堂主体建筑两侧山墙建有东西耳房。院东西两侧建有东西厢房。迎恩堂、耳房、厢房组成第二进院落。东耳房东侧有通道至第三进院。第三进院的建筑有后罩房和库房。建筑多属前置檐廊、大木硬山或大木卷棚硬山式构制，其中正厅迎恩堂为举行大典、接待朝廷大员，听宣圣旨、迎送贵宾及旗务议事之所，其地位等级高于府内其他建筑。东路由前殿、中殿、后殿三部分组成。前殿、中殿均配有东西厢房，后院仅有正房。东路后殿的东侧建有寝殿，为阿拉善末代王爷达理札雅的居所，落成于民国时期，受欧洲建筑风格影响较大。

阿拉善王府由若干个明清建筑风格的四合院组成，相互融会贯通，构成一个庞大的建筑群体，雕梁画栋、古雅精致。中路建筑属札萨克办公之所，建筑宏伟质朴，严肃简捷。东路建筑曾于民国时期加以修缮，在传统建筑结构上吸取了西洋建筑的风格，形成了中西合璧的建筑形式。后院为王府花园，楼台亭榭、曲折回廊、奇花异木遍植其间。因城区交通设施的扩建，原定远营南城墙被拆除改建马路，王府府门也向后迁建，院内增建了一些新的建筑，现在为阿拉善和硕亲王府博物馆。

延福寺位于阿拉善左旗巴彦浩特镇王府街北侧，即定远营城内中部偏南，阿拉善王府的西侧。延福寺为王府的家庙，也称"王府庙""王爷庙""衙门庙"，藏名"格吉楞"，是在汉式寺庙"罗汉堂"的基础上扩建的。

清乾隆十年（1745年），阿拉善亲王罗布桑道尔济，为给已逝父母修福超度，出资1万两白银，建造了49间宽的大雄宝殿，周围有108个法轮。乾隆二十四年（1759年），旗王府向清廷呈请寺名，次年赐四种文字书写的"延福寺"匾额。同时封该寺"甘珠尔"上师为"朝廷大喇嘛"。嘉庆十年（1805年），阿拉善第四代旗王玛哈巴拉为纪念上尊亲王的功德，兴建了阿格巴殿、观音殿、达里克庙等经殿，维修扩建金刚殿、药王殿。道光十三年（1833年），阿拉善第五代旗王囊都布苏隆再次扩建。民国十一年（1922年），延福寺甘珠尔巴格根阿格旺却吉扎木苏兴建了东科尔殿。民国二十一年（1932年）阿拉善亲王达理札雅下令，由旗扎萨克出资800块银圆翻修大雄宝殿，之后为迎接第九世班禅额尔德尼大师，出资整修了延福寺，并为班禅准备了八宝嵌龙狮子宝座。民国二十六年（1937年），达理札雅又下令，修建了专奉阿拉善佛和阿拉善土地爷的双层经殿。

经过几百年的建设，延福寺已发展成为规模宏大、气势雄伟、众僧云集的寺庙，总占地面积7600余平方米，由山门、鼓楼、钟楼、转经楼、白哈五王殿、吉祥天女殿、三世佛殿、大雄宝殿、观音殿、阿拉善神殿组成。山门，坐北朝南，约57平方米。券门，假窗，墀头饰雕砖，飞檐，硬山，前后覆筒瓦。钟楼、鼓楼，面积均不到10平方米，券门，四角飞檐，攒尖。这是乾隆五十五年（1790年）由阿拉善第四代旗王和福晋捐资建造的。铁铸大钟上的铭文曰："御前行走镇守宁夏等处地方将军兼管旧扈尔固特（即额济纳旗）旗务事贺兰山（即阿拉善）和硕特厄勒（厄鲁特）札萨克和硕亲王多罗额驸壹级纪录壹次旺亲班巴尔同王妃多罗格格郡主城造。"下书"大清乾隆五十五年五月初十日吉日造"。转经楼，坐北朝南，面积不到10平方米。平面呈八角形，三级踏步，飞檐，双重攒脊，顶覆筒瓦。内藏清朝出版的藏文《甘珠尔》大藏经。白哈五王殿、吉祥天女殿，均为五间汉藏结合式建筑，面积均在100平方米以上。三级踏步，带前廊，藏式门窗，飞檐，歇山顶，前后覆筒瓦。其中吉祥天女殿供奉的吉祥天女神像（藏名"班达拉姆"），是阿拉善旗第二代旗王阿宝请来的画像，有近300年的历史。三世佛殿，坐北朝南，面积180余平方米，面阔五间。平面呈"凸"字形。三级踏步，隔扇门。墀头饰雕砖，飞檐，前后覆筒瓦。殿的形式系汉式建筑，外观分前后两部分，前半部分是三间门庭式两角飞檐拱形歇山顶；前墙是三个木制门面，东墙侧墙各为木格页窗；后半截是五间汉式歇山顶建筑，小巧玲珑，这是乾隆十年（1745年）由第三代亲王罗布桑道尔济所建。殿内前梁上悬挂着乾隆十六年乾隆皇帝用蒙、藏、满、汉四种文字御书钦赐的"延福寺"匾额，上书"大清乾隆岁次庚辰捌月拾陆日"等字。大雄宝殿，坐北朝南，两层建筑。下层面阔七间，十级踏步，藏式门窗、墙体。上层面阔3间，飞檐，歇山顶，后覆筒瓦。观音殿，坐西朝东，是三间歇山顶出廊汉式庙宇，殿中间有两个红漆木柱，上有两条悬雕盘龙，形态生动。阿拉善神殿坐落在大雄宝殿的东侧。殿内供奉着阿拉善神塑像，他是阿

阿拉善王府寝殿（末代王爷达理札雅居所）

头道巷37号院东厢房

延福寺观音殿

头道巷37号院内局部

拉善旗的地方保护神，不仅宗教职业者崇拜，牧民群众也普遍信仰。

延福寺是阿拉善旗最早的喇嘛寺，作为阿拉善和硕特旗三大寺庙系统之一，它有九座属庙，分别是宗乘寺、沙尔嘎庙、额尔布海庙、巴丹吉林庙、布日嘎苏台庙、布尔汗乌拉庙、贵西庙、敖包图庙、希日图卢格庙，这些属庙在组织和经济上隶属于延福寺。

古民居位于阿拉善左旗巴彦浩特镇王府街北侧，坐落在贺兰山西麓的低山丘陵区，北靠后营盘山，东与延福寺相接。总占地面积约28000平方米。

自清雍正九年（1731年）阿拉善旗王府兴建始，逐步扩展，形成了一片规模较大的民居建筑群落。这片民居主体部分布设采用"南北为街，东西为巷"的格局，以牌楼、城隍庙所在的城隍街为轴线，分东、西两部分。城隍街西部民居分为四道巷，每巷有11户居所，主要为王府官吏、上层喇嘛的居所。城隍街东部民居分为四道巷，每巷有5至6户居所不等，主要为王爷近支、上层喇嘛的居所。巷内建筑形式因主人的身份地位的差异而有所区别，

定远营历史风貌恢复全景图

头道巷37号院东厢房

头道巷21号院

阿拉善王府东路中殿

但基本格局大体相同。其中以城隍街西部头道巷21号、37号院落保存较好。

头道巷21号院落坐落在城隍街西，长29米，宽20米。分前后院，前院深11.15米，后院深5.8米。前院两侧有东西厢房，院中间由院门至正房，东厢房至西厢房间设十字甬道。正房坐北朝南，面阔三间，宽8.46米，进深10.25米，高4.26米，带前廊，对开门，支摘窗，设雕花斗栱，平顶，抹泥。悬山式院门，高4.46米，宽1.72米，进深1.65米；门洞高1.71、宽1.34米。

头道巷37号坐落在城隍街西，长26、宽12.5米。分前后院，前院深11.15米，后院深5.7米。前院两侧有东西厢房，院中间由院门至正房，东厢房至西厢房间设十字甬道。正房坐北朝南，面阔三间，宽8.94米，进深8.1米，带前廊，对开门，支摘窗，设雕花斗栱，平顶，抹泥。卷棚式院门，高4.56米，宽2.56米，门洞高1.91米，宽1.46米。

定远营古民居既保持了宁夏式传统民居保暖、简洁的特征，又具有北京四合院的建筑风格，同时吸收和利用了蒙、回、藏等少数民族的建筑风格及装饰，形成了阿拉善特有的和硕特式民族传统民居，是多民族建筑艺术的融合。它与东面的延福寺（家庙）、王府及周围古城墙共同构成了定远营古城不可分割的有机整体。

金刚座舍利宝塔

Vajrayana Pagoda of Buddhist Relics

撰稿：李少兵　程鹏飞；摄影：迟利　孙利民

金刚座舍利宝塔位于内蒙古自治区呼和浩特市玉泉区五塔寺后街48号。地处旧城东南部的慈灯寺内，是慈灯寺供奉金刚界五部部主的舍利塔。

慈灯寺是一处藏传佛教寺院，始建于清朝雍正五年（1727年），雍正十年（1732年）清廷御赐名"慈灯寺"，用满、蒙、汉三体书写"慈灯寺"匾额。慈灯寺为小召的三座属庙之一，也是雍正与乾隆时期在归化城新建的呼和浩特掌印喇嘛印务处所辖五座属庙之一。该寺以一座"金刚

小塔之上的塔刹

二十一度母殿

三世佛殿

金刚萨埵殿

金刚座舍利宝塔

座舍利宝塔"著称，蒙语称此塔为"塔本·索布日嘎"，即为"五塔"之意，因此也俗称"五塔寺"。慈灯寺的含义是佛法如同灯火，照亮尘世中的芸芸众生，引导他们摆脱欲望的苦难，达到解脱，进入涅槃的境界。

慈灯寺的寺庙风格为汉式建筑，寺庙原有殿宇三重院落，由山门进入，每重都有三座佛殿。第一院内的正殿为三世佛殿，两座配殿分别为观音殿和度母殿。第二院内的正殿为金刚萨埵殿，两座配殿分别为阿弥陀佛殿和不空成就佛殿。第三院内的正殿为大日如来佛殿，两座配殿分别为南方宝生佛殿和东方不动佛殿。金刚座舍利宝塔靠原寺院北墙，是五塔寺留存至今的唯一古建筑。整个寺院的布局为一个以金刚萨埵为中心的曼陀罗坛城。

金刚座舍利宝塔仿造印度菩提迦耶式塔而建，砖石结构，采用砖砌，白石镶边、包角等工艺。平面呈凸字形，

五塔寺券门旧影

大日如来佛

大日如来殿

宝塔转角处

五塔旧照

由台明、塔基、金刚座和宝塔五部分组成，通高16.5米。台明砖砌，阶条上施玲珑矮墙，平面为方形，高近0.9米。塔基为周须弥座，束腰上雕刻金刚五部主狮、象、天马、孔雀、金翅鸟等坐骑及法轮、金刚杵等佛教吉祥物。金刚座平面为方形，高7.82米，分为7层，每层都有绿色琉璃瓦挑短檐，分层密布五佛造像，南面正中券门上面镶嵌蒙、汉、藏文"金刚座舍利宝塔"石刻匾额。金刚座第一层上用梵、藏、蒙三种文字刻写佛教经典《金刚般若波罗蜜多经》（简称《金刚经》），从第二层到第七层，有119龛，每龛内塑一尊佛像，均鎏金，姿态各异，栩栩如生。正中辟券门，门内螺旋式阶梯通向金刚座平台，出口盖一座方形琉璃罩亭。在一个金刚座上耸立着五座塔，中间塔较大，其他四座小塔分置四隅，形体一般大小。中央大塔7层，高6.62米；其余四座小塔为5层，略低于中央大塔，高5米。塔顶均筑有金黄色覆钵式佛塔，塔体遍布佛龛，内嵌五佛造像，共计1663尊，故有"千佛塔"和"千佛造像"之称。这五座塔代表的就是金刚界五方佛，即大日如来佛（毗卢遮那佛）、东方不动佛、南方宝生佛、西方阿弥陀佛、北方不空成就佛，就是金刚界曼陀罗坛城，寺院布局与塔相一致。塔内没有供养和安放活佛的骨灰或呼图克图的"生身舍利"，而装藏了一些经卷、经咒以及五宝、五甘露、五谷、五药、五香"法身舍利"。

在金刚座舍利宝塔后面照壁嵌有六道轮回图、须弥山分布图、蒙文天文图三块石刻，须弥山分布图居中，西侧是六道轮回图，东侧是蒙文天文图。蒙文石刻天文图直径1.5米，是古代天文学家绘制的详细的盖天图，认为天圆地方，盖天图就是中国古老宇宙观的体现。全部用蒙文标注星座名称，是世界上仅存的一块用蒙文标注的天文图，十

五塔砖雕

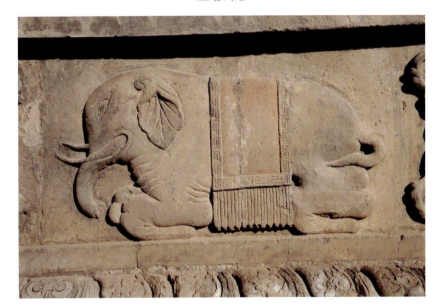

金刚座舍利宝塔砖雕

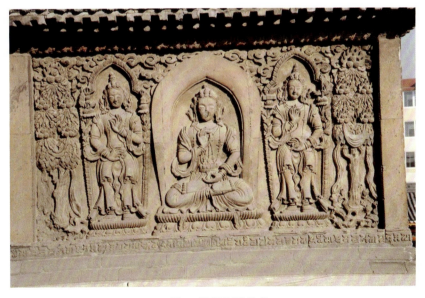

佛、菩萨砖雕造像

633

古建筑

砖雕佛足

砖雕法器

分珍贵，具有很高的科学价值。

　　五塔寺有阳察尔济忽必勒汗一位活佛转世体系，共转四世。清光绪十二年（1886年），召内活佛去世，从此以后寺内再没有活佛，寺庙开始萧条。光绪十九年（1893年），逐渐荒弃。民国时期寺庙还保留着完整的建筑。在20世纪30年代五塔的大殿还存在，50年代后逐渐遭到破坏。2007年，呼和浩特市文物部门对五塔寺遗址进行全面调查，基本恢复其建筑布局和寺庙规模。

　　慈灯寺是呼和浩特唯一一座坛城寺院，对于研究藏传佛教文化具有极高的历史价值。金刚座舍利宝塔是古印度金刚塔为规式的外来建筑形式与中国建筑文化相结合的产物。五塔为砖构，造型优美，工艺精湛，可与北京真觉寺五塔相媲美，均属金刚座式五塔之精品。

　　1988年，金刚座舍利宝塔由国务院公布为全国第三批重点文物保护单位。

寿因寺大殿

The Hall of Shouyin Temple

撰稿：刘丽娜；摄影：杨宝军

寿因寺位于内蒙古自治区通辽市库伦旗水泉乡格尔林村，又名迈德尔格根庙，最初所建庙宇的时间不详。后因该庙年久失修，1918年从原址后移重新修建，到1922年竣工。也有资料说，该庙始建于1920年，1929年竣工。

清雍正六年(1729年)，寿因寺始建却伊拉喇桑(教学部或教学学塾)，到乾隆六年(1742年)，寿因寺先后建立满巴喇桑(医学部开医学院)、洞阔尔喇桑(时轮学部或时轮学院)、纠德巴喇桑(秘密学部或真言学部)。据给该庙第八世迈德尔格根当过徒弟的西拉沁(音译)喇嘛回忆，寿因寺为四大学部具备的庙宇。寿因寺四大学部的分布是却伊拉喇桑在正殿，内设有300名喇嘛的座位，最繁盛的时候参加该喇桑的喇嘛有150人，东侧殿为满巴喇桑，正殿后院为洞阔尔喇桑，正殿密室设有纠德巴喇桑。光绪二十九年（1903年），该庙开始接受旗外喇嘛到学部学习。民国年间，曾有五批旗外喇嘛到该寺学部学习经典，每次20余人，年龄15岁至18岁。该庙在阿鲁科尔沁旗的诺彦庙、德布勒庙，科尔沁左翼中旗的唐格尔庙、科尔沁左翼后旗的哈嘎勒格台庙都设有庙仓，1925年时有喇嘛350余名，到1947年土地改革之前喇嘛约有120人左右。

寿因寺原位于厚很河（柳河支流）北岸的低洼处，现存古树15棵。因经常受到河流的威

寿因寺大殿

寿因寺大殿

寿因寺大殿

寿因寺大殿壁画

胁，十世迈德尔呼图克（活佛）宝音楚古拉（由科左后旗吉尔嘎郎镇六家子屯转世）决定选址重建寿因寺，新址选定在旧址北800米处，即现在的寿因寺位置。重建的寿因寺由大雄宝殿（正殿）、时教金刚殿、天王殿、钟鼓楼等九座殿堂组成，寺外还有葛根殿、都伊喇扎仓、庙仓和三座舍利塔等，寺内外庙宇相映生辉、宝塔耸立，构成了宏伟壮丽的古寺庙建筑群。"文革"期间该寺惨遭破坏、拆除，现仅存正殿，即现称的寿因寺。

该寺是汉藏结合二层三顶式建筑。正面是前出抱厦三间，由四根石雕明柱支撑，斗栱木雕工艺精美，虎象兽头栩栩如生。进入一层，殿内由"七七四十九"根油漆明柱支撑着"八八六十四"间大殿，中央四根方形"通天柱"直贯二层天顶，"通天柱"的四面是断檐围城式建筑，柱顶雕有龙头为屋檐斗栱，檐檩上绘有精美的彩绘，技法独到。通过唯一的楼梯口进入二层。二层为三顶建筑，前顶为圆形顶，天顶和后顶为单顶歇山式；东西为回廊。前顶室，正面是对开的四扇门可以进入前廊，屋檐下的装板上画有多幅佛像，形象各异，门的两侧为圆形雕刻花窗，图案精妙。走出前顶室步入二层平台，可见天顶的正面全景，天顶为挑檐单顶式建筑，正脊宝顶座用雕刻的青砖垒制，两侧是用青砖雕刻的两条巨龙，图案清晰，是珍贵的砖雕艺术。正面是三间排门，门上为花式格窗，檐下装板上有各种图案的浮雕，东西两侧为方格窗，北面是木板墙，檐下绘有各种神态的佛像。由天顶室两侧均可转到第三室，第三室正面布局与天顶大体相同，室内设有地板与一楼相隔，在一楼可见二层屋顶，只是在东南西三面延伸出了50厘米宽的屋檐可以行人，东西两面是木制板墙，上面绘有千佛图。鸟瞰该寺，二层仿佛是一巨大的"回"字。

寿因寺建造工艺独特，彩绘形象逼真，雕刻工艺精美，是难得的研究民族、宗教、建筑、文化艺术的珍贵实物资料，极具保护价值。2013年5月3日，寿因寺大殿被国务院公布为第七批全国重点文物保护单位。

多伦诺尔古建筑群

Duolunnuoer Ancient Buildings

撰稿：程鹏飞　刘洪元　乌兰；摄影：吴克林　崔晓华　刘彪

诺尔古建筑群位于锡林郭勒盟多伦县多伦诺尔镇，共包括兴隆寺、城隍庙、碧霞宫、山西会馆、多伦商号宅院、清真南寺、清真北寺、清真西寺、清真中寺等9座古建筑。2006年，多伦诺尔清代古建筑群被国务院公布为第六批全国重点文物保护单位。

兴隆寺位于多伦县旧城中心地带，南边相邻兴隆寺街、东邻前牛市街，当地俗称该寺为"佛殿"。兴隆寺始建于雍正十二年（1734年），由京城在多伦的旅蒙商集资兴建，捐资者多数为铜佛像制造工场主。该寺是"隆昌寺"（北京延庆县）和"龙潭寺"（河北怀来县）之下属寺院，为汉传佛教寺院。寺院建成后，成为多伦城内传播汉文化较早的场所，该建筑对于附近地区的建筑风格影响较大，曾在兴隆寺东侧形成了多伦有名的"北京街"。

兴隆寺坐北朝南，为四合院式布局，砖木结构建筑。现存有歇山式山门3间，山门两侧楼阁式耳房8间，钟楼1座，硬山式配殿3间，总占地面积1740平方米。兴隆寺建筑群落斗栱飞檐，雕梁画栋，色彩艳丽，设计精巧，布局紧凑，对于研究草原地区的汉式建筑艺术具有较高的价值。

"文革"期间兴隆寺佛像及供具遭到破坏，1977年主大殿被拆毁。改革开放后兴隆寺文物建筑受到保护，于1985年对现存建筑进行了抢险加固性维修。1987年，兴隆寺被多伦县人民

多伦兴隆寺山门

娘娘庙正殿前檐斗栱

政府公布为县级文物保护单位。

城隍庙位于多伦县城旧城区，现东盛大街西横街内。清乾隆二年（1737年），多伦县城隍庙由民间各方出资兴建。城隍庙建筑群呈汉式建筑风格，坐北朝南，为四合院。建有山门、耳门、东西长廊、钟鼓楼、正大殿、东西配殿。山门外东西两侧有铜狮、牌楼，对面是戏台、观戏楼等。城隍庙建筑布局结构严谨、错落有致。

城隍，是道教所信奉的在阴间管理城池的神。唐代以来，郡县皆祭城隍，多伦县也不例外。城隍庙极盛时期配殿内两旁站立八个"捕快"。他们手持各类刑具：鞭、棍、铁链、绳索、木枷、手铐等。表情各异，面目狰狞。在正殿后特为城隍建三间寝宫，锦衣缎被，靠椅软床，设备齐全，质量考究。床上安放着藤制城隍。整个殿堂肃穆庄严，气势非凡。

多伦诺尔城隍庙建造的十分讲究，雕梁画栋，钟楼鼓阁，无处不精。一对铜狮坐落庙前，气势不凡。殿内诸多彩绘、壁画，精美绝伦，更添色彩。在正大殿前面东厢房墙壁上的一组反应冥府审理鬼案全过程的"七十二司狱"壁画，画得阴森恐怖，栩栩如生，惟妙惟肖。其主旨是展示生命的生死轮回和天网恢恢疏而不漏的理念以及善恶有报的现实。七十二司壁画中有一副阴司惩治贪官的壁画，发人深省。贪官污吏在阳世间作威作福，可能没有受到惩处，但到了阴曹地府却必然要受到严惩。对这些贪鬼们的惩治办法是把他们一生中贪污的公款、受贿的金银，搜刮百姓的铜钱，放入炉中熔炼，统统化成炽热的汁水，活生生地从口中灌入，攫取多少灌入多少，使他们五内俱焚，肝胆迸裂，那种撕心裂肺的痛苦教训会使他们永世铭记，这种场

多伦山西会馆全景

景着实会让现世的人们警醒。正殿两根明柱上铭刻着一副对联，警示深刻，耐人寻味。上联是：暗室亏心，天知地鉴，任尔是达官显宦，难脱法网；下联是：自家作孽，神明若电，随他为市侩刁徒，何言宽宥。横批为"自作自受"。

传说，城隍每年出宫三次，每次任务不同，衣着各异。第一次在清明节，他身着绿袍，以示希望。主要是"收鬼"，把厉鬼、奸鬼、冤鬼、野鬼收拢起来，调查后进行登记造册。第二次在"七月十五"（鬼节）身着红袍，以示严肃，主要是"审鬼"。对各类鬼按律条处理。第三次在旧历十月初五，身着黄袍，以示光明。这次是"放鬼"，对那些没有问题的鬼，予以释放，还鬼自由。这三次出府，其中以旧历"七月十五"最为隆重。旧时的多伦诺尔，每到这天，会特别热闹，几乎全城的百姓，一大早便聚集到城隍庙前。城隍出府的活动，从早上一直持续夜晚，仪式繁多。城隍出府的活动，在现代人们看来有些荒诞无稽，但在当时却是起着警示劝人的作用。

城隍庙在"文革"期间城隍庙遭到严重破坏，现仅存有东配殿6间、西配殿6间。建筑面积204平方米，占地面积920平方米。城隍庙对了解清代多伦居民的生活习俗和建筑艺术有较高的价值。

碧霞宫位于多伦旧城区中部，始建于清乾隆四年（1739年），又称"娘娘庙"。其建筑布局为四合院，坐西朝东，砖木结构。正大殿呈"凸"字形，以青筒板瓦覆顶，如意斗栱承托。建筑木刻、彩绘十分精美典雅。整体建筑风格豪华，院内古树参天，庄严肃穆。

碧霞宫正大殿面阔四间，前抱厦为卷棚式，砖木结构，其台基高五尺，由长方形石条砌筑。大殿正面供奉着云霄、琼霄、碧霄三位娘子，手持金斗、金剪，专为人间生育、转劫。左右偏殿亦各有1间供奉有神灵。南北配殿各三间，配殿两侧另有矮房各三间。山门三间，建筑均为硬山式。出山门则为富丽雄伟的牌楼，牌楼别具一格，呈双重檐歇山式木质结构，对面是戏台，前后照应，左右对称，堪称古代建筑艺术的精品之作。

旧时习俗，每年阴历四月十八日是娘娘的诞辰，祭娘娘以求育子。是日，戏台上鼓乐齐鸣，庙堂内香烟缭绕，庙外张灯结彩，街市中人头攒动，好一派兴旺景象。善男信女们怀着虔诚之心烧香、祈愿、拜娘娘。有的甚至一步一叩头，一直叩到娘娘像前。虔诚地摘下一个挂在娘娘身上的娃娃，用红布包裹好，盼望着翌年得子。娘娘像塑得慈眉善目，仪态大方，和谐可亲，虽不言语，她却愿有情人终成眷属，早日喜得贵子。碧霞宫在咸丰年间香火最盛，每年旧历四月十八日开办庙会，当时每天的香客可达数千名。

碧霞宫是多伦清代古建筑群中保存较为完整一处建筑，是体现清代多伦商业繁荣的一个很好的物证，也是反映清朝多伦各大商号旅蒙商思想、文化、艺术成就的一个最为直接的实物见证，在多伦清代古建筑群中占有重要地位。

山西会馆位于多伦县老城区会馆前街1号，又称"伏魔宫"，因其供奉关云长，所以当地人又称其为"关帝庙"。山西会馆坐北朝南，建筑面积1800平方米。西邻清真西寺和西护城河，南邻清真南寺。

山西会馆是一座平面为长方形的院落，建筑规模宏大，布局紧凑合理，整体建筑为汉地清水结构，山西建筑风格浓厚。馆内建筑以砖木结构为主，设计精巧，木刻、石刻、檐下柱梁、斗栱雕刻精美，栩栩如生。院内全部为大青石板铺地。古建筑占地1184平方米，南北走向，有四进院落。一进院落为山门和下宿，山门13间，下宿5间。二进院为戏楼和5间过殿。会馆建筑最有特色的是戏楼，为会馆的中心建筑，气势雄伟、结

多伦山西会馆大殿

多伦山西会馆过殿

构精巧，前台由两根大红明柱支撑，每年旧历五月十三开台演唱晋剧，直到秋后。三进院落为议事厅，正方形的院落，内有会议厅5间，小戏台一座，画像殿6间，是山西各大商号议事的场所。四进院落为关帝庙，正殿5间、耳房2间、东西配殿6间、小戏台1座。正殿供有关羽、关平、周仓塑像，殿内梁柱彩绘均为清代所绘，均绘有民间故事和禽兽花鸟。东配殿墙壁绘有三国故事，为关羽一生的业绩，内容丰富，十分珍贵。

清代，多伦诺尔经济繁荣，商贾云集，以山西籍商人为数最多。为便于经济贸易活动，由山西籍商人集资于乾隆十年（1745年）兴建了规模宏大的山西会馆。后在清朝道光、嘉庆年间和民国初年，进行过多次重修。重修时仅捐款的山西籍商号就有1000余家。山西会馆西侧立有吉鸿昌将军塑像，纪念吉鸿昌将军1933年在多伦抗击日寇侵略军。"文革"期间，山西会馆遭到破坏，五座牌楼和钟、鼓楼被毁坏，主要建筑尚存。

山西会馆是典型的黄河文化建筑艺术形式，是反映清代旅蒙商历史的重要象征物之一，在我国北方民族关系史上具有代表性的一处文化遗产，是内蒙古地区旅蒙商起源和形成过程中兴建并运转的最大的一处基地，对于研究旅蒙商的起源、发展等历史具有重要意义。其次，多伦的山西商人以山西会馆为基地，不断发展壮大，其拥有资产占多伦总资产的一半以上，会馆对多伦商业城的发展以及整个蒙古高原城市的发展起到了极其重要的作用。山西会馆在多伦犹如一个开放的窗口，对于蒙古族牧民了解内地的政治、经济、文化以及内地深入了解蒙古族社会起到了积极作用。第三，会馆内每年都举办晋剧和河北梆子演唱活动，对戏曲的发展和蒙汉间的文化交流起到了促进作用。

1987年，山西会馆被多伦县人民政府公布为县级文物保护单位。1995年，被内蒙古自治区人民政府公布为自治区级文物保护单位。

多伦商号宅院位于多伦县多伦诺尔镇二道街298号，建筑坐北朝南，方向201°。该商号宅院为清朝嘉庆

多伦山西会馆戏台

年间山西籍旅蒙商聚兴长（绸缎庄）的宅院，聚兴长为山西艾、常二姓老板旅蒙在多伦的最大的商号，原有二进院落四合院房30余间，前院有正房3间、南房5间，后院有正房5间、配房17间。宅院布局严谨，房屋建筑工艺考究。现存临街向西铺面，占地65平方米，面阔三间，亦为砖木结构，砖券拱形门窗，饰有雕花。

多伦诺尔在清朝中期为张家口外第一繁盛之区，内外蒙及察哈尔各旗，多在此处交易。在嘉庆、道光年间商业贸易达到最盛，殷富店铺商号鳞次栉比，多达4000余家，货物密集，贸易繁荣。因汇宗寺、善因寺地位隆崇，蒙古年班入京必到章嘉活佛前修谒，宗教活动也带动了商贸的发展。聚兴长正是在这样的背景下兴起，建立了商号宅院，这些宅院是当时旅蒙商商贸活动的缩影。民国初年，西伯利亚铁路开通后，因交通路线的转移，多伦商务日形减色。再加上当时政治动乱，土匪兴起，治安不靖，多伦聚兴长等的一批商号的商业活动也开始衰落。1933年10月，侵华日军占据聚兴长院落，伪蒙疆政府头目李守信与德王及日本关东军东条英机、土肥原贤二等人在此会晤勾结成立伪政府。该商号后来又成为李守信部下尹宝山的府邸。

聚兴长的院落因其保存较为完整且具代表性，也被称为多伦商号宅院。1987年9月26日，该宅院被多伦县人民政府列为县级重点文物保护单位。

清真南寺位于多伦旧城区南端太平街，北与山西会馆和清真西寺相邻，南200米为县城南环路。占地面

山西会馆山门

山西会馆戏楼

山西会馆二过殿

山西会馆关帝庙配殿壁画

古建筑

清真北寺

积2100平方米，现存建筑面积441平方米。

清雍正年间，在多伦的抓毛行回族旅蒙商莫天明、马桂芳发起建造多伦第一座清真寺，即南寺，有大殿7间、南北讲堂各3间，呈中国古典式建筑风格。这是多伦五座清真寺中建筑最早的清真寺，伊斯兰文化开始在多伦商业城传播。其大殿坐西朝东，大殿呈"中"字形，为三个单体勾连搭勾式，前出厦为三间卷棚歇山式，中五间卷棚硬山式，后三开间硬山式。上有六角亭顶，具有中国古典式建筑和阿拉伯建筑特点。属伊斯兰新行教派。清真南寺于乾隆三十年（1771年）扩建，主要建筑有大殿、南北讲堂、东西厢房等。

"文革"期间部分建筑被破坏。现存有大殿7间、南北讲堂6间，保护状况较好。1995年，由回族群众捐款、捐物对大殿进行抢救维修。现由多伦县文物保护管理所进行保护管理。

清真北寺

清真北寺又称北大寺，位于多伦县旧城东环路北端。清乾隆末年（1795年）由来自宁夏、甘肃牛羊行回族旅蒙商集资兴建，清嘉庆三年（1798年）扩建重修。

清真北寺的建筑风格样式及形制，属古行教派。寺院占地面积3500平方米，建筑面积1100平方米，现存建筑面积693平方米。现存对厅式过殿、主大殿、南北讲堂、水房浴室、方向坐西朝东，殿内外装饰为典型的阿拉伯建筑风格，四合院式布局。主大殿建筑面积335平方米，坐西朝东，平面呈中字形，为四个单体勾连搭勾制，前有抱厦3间，卷棚歇山式。中为卷棚硬山式。面阔5间，后为硬山5间，最后为拜克楼。下层歇山式，上层带回廊、盔顶。为多伦旧城五座清真寺中最为豪华的建筑。

清真中寺

日本帝国主义侵占热河后，1933年5月1日侵占多伦县城，在中国共产党组织和推动下，吉鸿昌将军率察哈尔民众抗日同盟军经过五天五夜的血战，于7月12日一举收复失守72天的塞外重镇——多伦。爱国主义将领吉鸿昌率领抗日同盟军一举收复多伦后，在清真北寺讲堂居住。1938年7月多伦穆斯林群众团结起来抗击日寇盗掘回族墓地斗争胜利，在清真北寺召开大会，重新埋葬尸骨。

"文革"时期，北寺遭到破坏。十一届三中全会以后由当地回族发起捐资、捐物进行修缮。并被县水泥厂占用，1979年水泥厂迁出，由县伊斯兰协会管理，县文物管理所负责文物保护的监控。1988年由多伦县人民政府拨款10万元进行修复。

清真西寺位于多伦县城西南大西街，建于清光绪五年（1879年）由在多伦商业城的宁夏、甘肃籍拉骆驼脚行的回族旅蒙商捐资兴建的清真寺，因位置在多伦商业城西，称为清真西寺。占地面积2852平方米，全寺建筑面积746.9平方米，先修大殿11间，大殿建筑面积266.9平方米。南北讲堂各5间，再修浴室配房5间，又修大门3间及对厅、浴室、库房等。礼拜大殿为中国古典式建筑风格。

该寺在"文革"期间遭到严重破坏，南北讲堂被拆除，现仅存大殿（礼拜殿），现存占地面积2852平方米，建筑面积218平方米，1995年由回族群众集资将大殿进行维修，保护情况基本完整。

清真中寺位于旧城中南部，古称"翔凤街"，现称"灯棚大街"。清真中寺建于清光绪三十四年（1908年），由多伦的回族王国富、闪云兴等人发起集资兴建，是多伦清代古建群中建设较晚的一处建筑。后于民国十九年（1930年）回族群众捐资对中寺进行了扩建。

多伦清真中寺，原占地面积3483平方米，建筑面积1106.2平方米，现存主要建筑为正大殿，坐西朝东，建筑面积218平方米，前有抱厦3间，卷棚歇山式。面阔3间。建筑形式为中国古典式建筑，殿内外装饰为典型的阿拉伯风格。

"文革"期间，清真中寺部分寺舍遭到破坏。1974年、1989年先后由回族群众集资对该寺进行修复。现为回族群众进行宗教活动的主要场所。

多伦诺尔是有清一代北方地区蒙汉间经济、商业、宗教重镇之一，诺尔古建筑群是清代多伦城的历史缩影，见证了多伦城的荣辱兴衰。

绥远城墙和将军衙署

The Wall of Suiyuan City and the General's Government Office

撰稿：丁勇；摄影：杜伟泉

　　绥远城墙现仅存东北隅部分，位于呼和浩特市新城区北垣街以南、东护城河北巷以西地段，即原内蒙古自治区党委大院的东北墙。绥远城墙采用以夯筑为主、外侧包砌城砖的做法，现存墙体全长698米，底宽13.2米，顶宽8.25米，高9.8米，墙体外侧留存马面4座。其中，北墙残存245米，留存马面1座；东墙残存453米，留存马面3座。东北隅城墙残存有角楼遗迹。

　　清朝雍正年间，漠西卫拉特蒙古准噶尔部势力强大，不断袭扰喀尔喀蒙古。清政府出于军事和政治的需要，拟在战略地位十分重要的塞外土默川上筑城屯兵，加强战备。雍正十三年（1735年），雍正皇帝派员到归化城勘察地形，选择了距城东北五里地的一片坡地作为建城基地，并于当年谕允准建，然因雍正皇帝驾崩，修建工程停止。乾隆元年（1736年），乾隆皇帝根据勘察地形的官员永泰提请，再次批准修建。此城仿照山西右卫的格局，于乾隆二年动工，由归化城办事尚书通智、副都统詹代负责营建，从山西各地召集数十万民工砍伐树木，烧砖运石，于乾隆四年最终建成，历时2年零4个月。建成后，乾隆皇帝赐名"绥远城"。绥远城兴建之初，山西右卫的建威将军即改为镇守绥远城等处将军，并奉旨移驻于此。绥远城相对建于明代的归化城而言，是一座新建的城，故又名"新城"，今呼和浩特市新城区即由此得名。

将军衙署全景

绥远背依大青山，大、小黑河环抱其前，左带喀尔沁水，右会红山口之水，地势宽平，山林拱绕。绥远城为驻防旗兵而筑，一切建置，悉按规制，城墙、街区整齐划一。城池平面呈正方形，"周围九十里三步，高二丈九尺五寸"，开四门，分别为东门（迎旭）、南门（承薰）、西门（阜安）、北门（镇宁），用满、汉、蒙三种文字石刻镶嵌于城楼门额上。城墙上有马面44座，城门上有箭楼，下有瓮城，城角有角楼，城外有石桥、护城河。钟鼓楼位居全城的中心，由中心辐射，形成了东、西、南、北四大干街，大街和向四面八方伸张的小巷构成了整齐的棋盘式布局，东、西门不对称，南、北门错开。城内有大街4条、小街24条、小巷46道和市场1处，钟鼓楼上有弥罗阁，将军衙署设在钟鼓楼附近的西街路北。

从绥远城的建筑结构来看，虽说以驻兵为主要目的，但始建之初即已考虑到城市各方面的基本要求。城内的房屋，修建之初共12000间，由于驻防八旗兵员常有缩减，需房数量随之减少，乾隆年间曾大量拆除或者变价出租，为更多的非驻防八旗军住户入居城内提供了房舍。因其以满八旗驻军为主，又称之为"满城"。自建城之后，经两次重修，同治九年（1870年），将军定安重建北门城楼，增补修缮，浚濠种树。光绪三十年（1904年），将军贻谷修缮城垣，疏浚城外濠渠。

将军衙署位于绥远城中心偏北的位置，建筑群占地约30亩，由左、中、右三部分组成，平面呈南北长、东西窄的长方形。衙署主体建筑位于南北中轴线上，由南向北依次为照壁、府门、仪门、大堂、二堂、三堂以及厢房和耳房，左右对称有东西跨院，房屋总计有132间。

绥远城将军衙署作为绥远城统领八旗驻军及掌管西北军政的最高权力机构，也在绥远城告竣时落成。

将军衙署二堂

　　驻守在将军衙署的绥远城将军，拥有广泛的军政大权，除统帅绥远城的驻防八旗官兵、管理归化城土默特部及内蒙古西二盟（伊克昭盟、乌兰察布盟）旗的蒙古王公、民众外，遇有战事，还具有调遣宣化、大同二镇（总兵），节制沿边道、厅等权力。绥远城将军属清廷一品封疆大吏，以朝廷亲授将军的身份驻节在此。

　　从乾隆二年二月，驻守在山西右卫的建威将军王昌奉旨改驻绥远城起，到清末宣统末年最后一任将军堃岫被北洋军人张绍曾所取代止，将军衙署历时172年，清廷正式授封的绥远城将军有78任，均在此管理驻扎。这一历史阶段，绥远城将军衙署的体制、作用，正如光绪十六年（1890年）绥远城将军克蒙额所书在衙署大照壁上的石额"屏藩朔漠"那样，作为清廷在北疆的屏障，一直没有改变。

　　辛亥革命后，清朝最后一任绥远城将军堃岫，于1912年10月被赶出将军衙署。从此，绥远城将军衙署便为民国政府、北洋政府和国民政府委派的官员所占据，直至1949年"九·一九"和平起义为止。绥远城将军衙署在民国年间曾有过两次大的整修。1921年马福祥任绥远都统时，改建了大堂、二堂，并修治亭榭，增补辕门，另建房屋，使整个都统署焕然一新，气派着实不同凡响。不料时隔年余，三堂失火燃烧殆尽，马福祥下令于当年又重建三堂，还新建房屋40余楹。1930年李培基任国民政府绥远省主席时，在将军衙署东跨院创建一座"澄园"，供官员们歇息游乐，成为当时绥远的名胜之一。

　　1949年9月19日，时任绥远省主席的董其武将军在爱国将领傅作义将军的帮助影响下，率领全体军政人员6500余人，宣告起义，绥远省自此和平解放。此后，绥远城将军衙署成为绥远省人民政府所在地。1954年，中央人民政府政务院决定撤销绥远省建制，与内蒙古自治区合并，衙署为内蒙古人民政府办公地，乌兰夫时任政府主席。

　　绥远城将军衙署的建筑，严格按照清朝一品封疆大吏官衙的格局营建。衙署位居新城中心，是将军办

北城墙内侧女儿墙

东城墙

北城墙外侧雉堞

北城墙马面

将军衙署照壁

将军衙署府门

将军衙署一进院

公、生活的场所，也是城里最大的建筑群。主体建筑建于中轴线上，由南向北依次为照壁、正门、仪门、大堂、二堂、三堂、四堂，进深五进院。其中，大堂、二堂是将军处理军政事务的办公地点，三堂、四堂为将军及眷属的内寝。中部院落左右对称有阿斯门、厢房、耳房，左右有东西跨院，东跨院为衙署马房、东房、厨房、仓库及后勤管事用房，西跨院南端为衙署花园、客房，北部有土地庙等祭祀之所，院落间以红墙相隔。

将军衙署建筑群最南端为照壁，其形状为一字壁，长24米，基宽1.75米，高4米，砖构仿木构悬山式形制。青砖基座，红火灰抹墙，灰瓦覆顶。照壁中央上方嵌有清光绪十六年绥远城将军克蒙额手书"屏藩朔漠"四字石刻匾额一块。

将军衙署大门前方两侧各有一青石狮，高约3米，左雄右雌。雄狮滚绣球，象征将军大权在握，脚踏寰宇；雌狮戏幼狮，俗称太师少保，寓意子孙昌盛、世代繁荣。

将军衙署正门坐南朝北，位于三尺多高的台基上，为面阔三间、进深四椽架，大木悬山式构置。每间各辟一门，红色三开门，属门钉板门形制。大门上方悬一匾额，上书"将军衙署"四字，用满、蒙、汉三种文字书写。两侧有八字形影壁布列左右，为须弥式基座，筒板瓦墙顶，池心砖雕，清末时已残，做抹灰补修。

步入大门为将军衙署第一进院，大门东西两侧分布有倒座建筑，分别为绥远城将军衙署的前锋营与土默特官厅。北面仪门两侧各有白色大理石碑一方，下面有龟趺基座。碑正面阴刻全国人大原副委员长布赫手书"清代绥远将军衙署旧址"，碑背面刻有将军衙署沿革简介。东侧石碑为汉文，西侧为蒙文。

从大门沿甬道往北走约10米，正中即是将军衙署的第二重门——仪门，取"有仪有象"之意。仪门是主人迎送重要宾客的地方，平日并不开启，一般和将军品级相当或品级高于将军的官员来见将军，宾主才从仪

将军衙署大堂

将军衙署阿斯门

门步入大堂。品级低下的官员来见将军，只能走仪门两侧的阿斯门（便门），文官走东门，武官走西门。

二进院为将军衙署的主体院落。正面为大堂，东西两侧为厢房。大堂即正堂，是将军衙署的主体建筑，也是举行典礼和重要政务活动的地方，建在高约2尺的青石阶上。堂前有用石条砌成的约120平方米的月台，这是新官到任时"望阙叩恩"之地和举行大型礼仪活动的地方。大堂面阔五间，进深三间，布瓦顶悬山大式建筑，殿脊两侧置龙吻，岔脊的前端饰有仙人骑凤、海马、狻猊、行什等走兽。大堂东西长20米，南北宽12米，高8米，前有三开大门，后有屏门，斗栱砖木结构，雕梁画栋，富丽堂皇。大堂内正中高悬乾隆御笔"泽敷遐迩"鎏金大字，庄重气派。大堂的两配房、两厢房，皆为面阔三间大木硬山式构制，前置檐廊构制，分别为文案处、回事处、印房、折房等辅佐绥远城将军政务官吏的办公处所。

三进院与二进院有阿斯门相通，亦可经大堂后面的屏门步入。二堂建在高约1尺的青石台基之上，是将军日常处理军政事务、会见僚臣和读书的地方。面阔五间，悬山布瓦斗栱式砖木结构，屋脊置龙吻，岔脊有走兽。二堂两配房各为面阔三间、大木硬山式前置檐廊构制，为客房、箭亭（武器库）所用。

四进院与三进院有阿斯门相通，亦可经二堂后面的屏门步入。四进院是典型的北方四合院式建筑，院中用十字形青砖甬道把二堂屏门、三堂及东西厢房连接起来。三堂建于高约3尺的青石台基上，面阔五间，大木硬山小式建筑，与东西耳房连成一体，高低错落、主次分明。三堂和四堂原是将军的内宅，民国十三年（1924年）这两处建筑被大火烧毁，于当年重建，现仅存三堂。三堂在民国时期，为历任绥远省军政首脑的办公地点。

五进院中的四堂原构面阔七间、进深六椽架，大木硬山式。民国十三年失火后重建，20世纪80年代初拆除失存。四堂原曾有厢配房各二座，亦皆已失存。

将军衙署建筑群现存建筑分为清代建筑、民国建筑、其他建筑三大类。清代建筑是指将军衙署文物保护范围内的清代建筑遗存，此类建筑主要包括将军衙署现存主体院落的照壁、府门、东西倒座、仪门、大堂、折房、文秘处、官房、印房、二堂、箭亭、客厅、三堂、东厢、西厢。民国建筑是指将军衙署文物保护范围内的民国建筑遗存，此类建筑主要包括中进主体院落三堂、三堂东西配房，东跨院会议室、味莼轩、招待所。其他建筑是指将军衙署文物保护范围内除清代建筑、民国建筑以外的其他所有建筑。

清绥远城作为清廷在北部边陲的重要八旗驻防城，与归化城成掎角之势，素有"北国锁钥"之称。独特的地理位置和战略地位，使其既可以钳制漠西蒙古准噶尔部东袭，又可以就近监控归化城土默特、乌兰察布盟、伊克昭盟等蒙古诸部，对维护国家统一，巩固西北边陲的稳定和边疆民族团结，发挥了十分重要的历史作用。绥远城八旗军事驻防城的性质、功能，在有清一代由盛至衰，但是该城基本布局，直到1949年绥远和平解放时，仍大体保留早期建城的形式，没有发生重大改变。随着城市建设的发展，包括城墙在内的原绥远城的建筑群大部分都已拆除，幸存下来的东北隅这一段较为完整的城墙，为我们研究清代城垣修筑史提供了难得的实物资料。绥远城将军衙署自建成以来，一直作为该地区最高军政机构而存在，经历了近3个世纪的沧桑历史和政治风云的变幻，清晰地反映了内蒙古地区作为北疆屏障的历史作用。

2006年被国务院公布为第六批全国重点文物保护单位。

灵悦寺

Lingyue Temple

撰稿：李春雷；摄影：李凤举

灵悦寺，位于赤峰市喀喇沁旗锦山镇锦中街。清代是喀喇沁镇国公敏珠尔拉布坦所在的"大公府"地段，俗称"公爷府"。寺庙后以花山为屏，前与临锡伯河比邻，为一处背山面水的风水宝地。

灵悦寺，始建于清乾隆年间。山门前原为宽阔的前庭广场。寺庙的布局沿中轴线对称，形成错落有序的四进院落。

中轴线上自山门起，依次布列有天王殿、大雄宝殿、经堂和藏经殿，共五重建筑。另有一座圆形玛尼亭坐落于大雄宝殿院内靠前的中轴线上。山门两侧各辟侧门（满语阿斯门）、山门内东西对称布列钟、鼓二楼；二进院大雄宝殿两侧为东西厢房；三进院经堂两侧又为东西配殿；经堂两翼又有执事喇嘛东西厢房各一，厢房、配殿皆以三间为律。藏经殿左右各有二间耳房与之连接而建。建筑规模以大经堂为最。整体占地范围左右较窄，前后纵深较长，为一处布列紧凑、环境幽雅、建筑极为壮观的建筑群组，与喀喇沁王府的家庙福会寺有着共同的布局特征。

1.山门

山门，大木单檐庑殿式建筑，面阔三间，通面阔9.35米，明间面阔3.75米；进深二间（四椽架），通进深5.8米。明间前后为券门，两次间为券窗并以墙体围护。另外，室内明间地坪铺墁石材，仍为原构。

山门两次间原塑有四天王造像，1948年后拆除。现存的二扇云龙彩门仍属原构。山门两侧随墙各开一便门，为卷棚硬山式板门结构，供日常出入。山门仅在重要法事活动时开放。

2.钟鼓楼

钟、鼓楼位于山门内侧呈左钟右鼓分布，平面呈方形，为大木结构重檐歇山式，明间面阔3.24米，建筑面积每座47.5平方米，底层四周砖墙围砌，钟、鼓楼相对开门，二层前后板壁上开券窗，左右开圆窗。下檐及歇山屋面用筒板瓦。原状底层置木楼梯通行上下。

3.天王殿

天王殿，前廊大木作硬山式形制，面阔三间，通面阔9.9米，进深四椽架，通进深5.5米，

大雄宝殿

局部

灵悦寺后大殿

跨空用四架，施五檩。明间后檐有穿堂门，可通往后院，实为过殿。原状两次间曾塑有四天王造像，像体较山门内塑像略小，据说这是从公爷另一家庙请来的，这种一庙塑两处天王造像的做法十分鲜见。

4.玛尼亭

玛尼亭又称转经亭，位于天王殿后，大雄宝殿院内中轴线上。单檐圆形攒尖顶式建筑，平面用八柱分八间，周施台基，可供绕行通过，前后二间辟门，其余六间作槛窗。亭内正中立一高2.2米、径1.6米的转经筒（即玛尼轮），上刻绘有唵、嘛、呢、叭、咪、吽等梵文箴言。喇嘛及信徒进亭均转此轮，并口诵箴言，以示信仰之虔诚。

5.东西厢房（殿）

东西厢房（殿），前廊大木硬山式建筑，面阔三间，通面阔9.73米，进深四椽架，前廊深1.3米，通进深5.8米，建筑面积120平方米，跨空四架，用五檩。东西厢房原为罗汉殿，每厢内塑九尊罗汉造像，惜已拆毁不存。

6.大雄宝殿

大雄宝殿，回廊大木单檐歇山造。面阔三间并四周置廊，通面阔13.85米，通进深9.8米，室内跨空五架，用七檩，台基高0.6米。屋面按歇山式布垅调脊，正脊居中饰宝顶，吻兽上部失存，今已修补，与原制有异。

大雄宝殿内正中，为释迦牟尼立像（亦称如来佛），背光后的莲花台上，塑倒座观音造像、护法韦陀侍立于后，红孩、龙女侍立左右的悬塑丛山之中，惜多毁不存。

7.东西配殿

位于大雄宝殿之后，前廊大木单檐歇山式形制，四角角柱均有侧脚为其特征。东西配殿为大经堂的两侧

局部（东南—西北）

建筑，面阔三间，通面阔9.1米，进深四椽架，通进深6米，明间面阔3.2米。东配殿原建供奉燃灯、弥勒、宗喀巴等造像；西配殿供奉药师如来等诸佛造像，每殿各九尊，惜已失存。

8.大经堂

大经堂为藏汉结合式前厦后殿重檐歇山组合式建筑。经堂主殿面阔五间，通面阔19.2米，进深五间，通进深24.1米，前置抱厦三间，平面为"凸"字形。正面于抱厦金柱间辟三门，皆为藏式大门。

底层主殿四周砌墙，厚60厘米，外墙上部砌砖雕饰梵文。两侧墙皆置小窗，以供采光，正面梢间与抱厦两侧墙联砌，抱厦两侧内墙，绘制佛教题材壁画尚存，而主殿原墙坍塌，现已改制。主殿内中心减柱四根，四周梢间则加施20根柱，直通二层变为檐柱。楼梯置于主殿东南角，以转向二折可登二层。

二层抱厦两次间退回折半、底层前廊金柱成二层的檐柱，三面皆以木勾栏封护。上下层之间用楼板分隔，主殿明间中央原为天井上下透空，现用楼板封固。主殿二层除正面外，三面皆以木板壁封护，间有窗口用以采光。

主殿梁架通体跨空用七梁架，以中柱支撑搭接，其上分别用五架梁和三架梁，用材规格较大，但多属自然材因势孰弯利用。抱厦则以跨空三架梁，虽与主殿前坡相交，但未形成勾连搭式结构。

屋面部分为前后歇山式调脊宽瓦（筒板瓦），主殿正脊置宝顶，吻兽为清式，但多已残损。

大经堂底层主要为佛徒诵经的场所，每年正月初一到十五、六月初一到十五，全寺大小喇嘛云集此殿诵经奏乐，热闹异常。殿内原有大小佛像百余尊，其中二层以供奉佛像为主，另外在殿中大量唐卡及佛教供具等，可谓灵悦寺宗教文物最为集中的殿堂。

9.执事喇嘛东西房

执事喇嘛原有东西两座，西房失存。现存东房一座，前廊大木硬山式形制，面阔三间，通面阔9.4米，进深四椽架、用五檩，跨空三架。前后置廊，但后廊砌墙于外檐，仅以前廊为主。室内装修具有生活气息，顶棚为海墁天花，后檐（廊部）用"切"的做法，天棚按椽望斜下而布，明间梁下用窗式心屉装饰，与前檐横披窗互映，装修形制的特色与供佛诸殿有很大差别。

灵悦寺藏鎏金铜佛像

局部（东—西）

东房原为执事喇嘛办公之所，西房亦为供应佛事活动诸项事物之所，惜早时失毁。

10.藏经殿及东西耳房

藏经殿位于经堂之后，前廊大木硬山式形制。此殿面阔三间，通面阔11.25米，进深四椽架，通进深7.8米。此殿是灵悦寺存放经卷之所，极盛阶段，这里藏有200余部数万卷的经卷，其中不乏蒙藏文经卷的精品之作。

与后殿联建的东西耳房，为无廊大木硬山式建筑。均面阔二间，通面阔6.6米，进深5.6米。东耳房原为喇嘛经塾，为小喇嘛学经之所，西耳房为关公庙，关羽像居中，两侧为关平、周仓站像。

2006年，灵悦寺被国务院公布为第六批全国重点文物保护单位。

赤峰清真北大寺

The Great Mosque in North of Chifeng

撰稿：刘丽娜；摄影：周雨时

赤峰清真北大寺位于内蒙古赤峰市红山区步行街北路西。该寺始建于清乾隆四年（1739年），由回族乡老张悦明主持，向蒙古王公挂地七亩六分。由于那时在赤峰定居的回族人数较少，只有四、五十户，所以当初仅建土房五间，礼拜大殿三间，沐浴室和教长室各一间。

赤峰清真北大寺平面呈长方形，寺庙平面布局采用内地汉民族传统手法，中轴严格对称，形成四进院落有序布置的格局。建筑屋顶形制包含有六角攒尖式、硬山式、歇山与勾连搭等四种形制。

清真北大寺的建筑由正殿、配殿、望月亭、沐浴室等组成。正殿又分为宝刹、大殿、瑶殿三部分。其中宝刹是教徒礼拜时整衣、脱鞋处；大殿是礼拜场所；瑶殿则直通望月亭。望月亭高30米，顶部为铜质，俗称金宝顶。赤峰清真寺分为南北两寺，北寺位于赤峰市红山区西横街路西，建于乾隆四年（1739年），乾隆八年（1743年）开始改建，1747年完工，是穆斯林聚礼朝拜之处。

清真北大寺鸟瞰

赤峰清真北大寺是赤峰地区现存规模较大、保存较完整的伊斯兰风格的古建筑，保留了原有的古朴风格，这里是穆斯林聚礼朝拜之处。

回族在赤峰地区定居迄今已有260多年的历史。

明末清初，一部分回族群众为生活所迫从山东、河北等地迁徙至此，约在雍正末年（1735年）有10户回民来赤峰定居，自称"占山户"，今张、马、白姓坐地户即是其后裔，以后逐渐迁来、繁衍、发展为数千计集聚之地。

"文革"期间，清真北大寺受到极大冲击，寺被查抄，阿訇被驱逐出寺，经卷被焚烧，寺门被封闭。1980年，党的宗教政策得到落实，人民政府拨乱反正，寺内一切宗教活动逐步恢复，广大穆斯林群众重新过上正常的宗教生活。

在赤峰市、区两级政府的扶持和穆斯林群众的齐心努力下，1984年、1985年，在清真寺教务委

清真北大寺山门

抱厦

员会、寺务委员会的主持下，耗资数万元，装修了清真寺的主要殿宇、庭堂，望月楼上的宝鼎使用了金箔贴面，使之焕然一新。近年来，又进行了一些局部修葺，经过修整后的山门门楣上横匾恢复了原来"清真北大寺"金字，加上重新修整后的山门、两侧边门自然和谐，大殿正门悬挂的"独一无二"金字大匾及两侧雕梁画柱上高悬的"本源共溯""恪守清真"的金字古匾，俱是清嘉庆、道光、宣统年间所题。

赤峰清真北大寺具有中国寺院的完整布局，它采用了中国传统的四合院制度，展示了一个完美的清真寺建筑艺术风格，是近300年来珍贵的历史文化遗产和重要的民族文化的宝贵财富，具有很高历史、科学、艺术价值，有效保护、利用、开发北大寺，对弘扬民族文化、承延历史文化具有十分重要的意义。

清真北寺采兴建于乾隆四年（1739年），历史延续年代较长，现建筑整体保存现况完好，其规模及主要建筑体积较大，建筑构制突出，以伊斯兰教建筑特有做法成型，又赋予宫式规矩特点，是一处以伊斯兰教为主汉式为辅的复合式宗教建筑，同时也是伊斯兰教在内蒙古赤峰地区长期传教发展，进行宗教活动的中心。

清真北寺建筑组群气势雄伟，规格等级较高，大木结构严谨，营造技术科学合理，继承了中国的传统宫式大木构制工程做法，突出体现着伊斯兰教民族建筑装饰手法特征，组群架结构精巧稳健，主题突出，高低错落别致。教堂宽大幽深，大木构架用料考究，抱厦外檐窗装修作单身科、柱头科、角科七彩斗栱，工艺精良，具有娴熟的技巧处理手法。

清真北寺建筑布局，采用宫式轴线布局方法，两厢对称，严谨规范。如布于中轴线上的经堂建筑，呈前廊卷棚抱厦、中间抬梁穿斗结构礼拜堂、后座重檐六角攒尖绑克楼。进深梯次式三组合勾连搭建于一体，是伊斯兰教建筑布局特有的风格。在建筑装饰装修上，处处体现出伊斯兰教独有的艺术手法，以几何纹植物纹及阿拉伯文字图案为主，采用平面化装饰，少用立体浮雕手法，富于生活情调，充分反映了伊斯兰教建筑的传统地方工艺特点。

2006年，赤峰清真北大寺被列为内蒙古自治区文物保护单位。2010年，因年久失修，红山区文化局对赤峰清真北大寺进行抢救性加固维修。2011年，维修工程结束。2013年，赤峰清真北大寺被国务院公布为第七批全国重点文物保护单位。

僧格林沁王府

Palace of senggelinqin

撰稿：闫洪森；摄影：刘伟臣

僧格林沁王府位于内蒙古自治区通辽市科左后旗吉尔嘎朗镇，西南距离科左后旗甘旗卡镇54公里。目前王府仅存两栋原始建筑，坐落于吉尔嘎朗中学校园北部，吉尔嘎朗中学正好坐在王府原旧址上，王府占地面积约4.5万平方米。

僧格林沁王府，亦称博多勒噶台王府。始建于清乾隆五年（1740年）。当初，王府被称作科尔沁郡王府，清咸丰年间，第十任扎萨克郡王僧格林沁授命统兵出征，战功显赫，被朝廷晋升为亲王爵，并赐"博多勒噶台"号，从此，科尔沁郡王旗逐渐被"博多勒噶台亲王旗"所取替，简称"博王旗"，王府也称"博王府"。此时的僧格林沁本人已经长期就职、生活在北京的"僧格林沁亲王府"，吉尔嘎朗镇这处僧格林沁郡王府的旧建制并未改动。

当年的僧格林沁王府建筑规模宏大，建筑风格独特，占地4万平方米，方形院落，青石铺基，前廊后梢，雕梁画栋，颇为壮观。

1955年，科左翼后旗旗政府从吉尔嘎郎迁到甘旗卡，将王府交给吉尔嘎郎中学当校舍，"文革"期间，僧格林沁王府遭到破坏，现仅存珍贵的正殿五间、扎萨克后仓九间。

2012年，内蒙古自治区文物考古研究所为配合僧格林沁王府的复建工作，于9月开始对科左后旗僧格林沁王府的西及西南部地基进行局部清理发掘。僧格林沁王府是一处典型四合院式清代五进庭院建筑。王府经多次修补，照壁西侧早期遭到破坏，中部偏北多有现代人为破坏现象。现

僧格林沁王府

僧格林沁王府背面

僧王府原址考古发掘现场

僧王府原址侧面

王府全景

僧王府复建专家研讨

僧王府原址

存地面建筑两处，一处位于学校北墙里边，为东西向九间后仓房，东西开间29.4米，南北进深7.9米，为硬山式建筑。另一处位于后仓房正南19.4米处，为五间寝殿或后殿建筑，东西开间21.2米，南北进深13.4米，也是硬山式建筑。

僧格林沁（1811~1865年），蒙古族，博尔济吉特氏，清嘉庆十八年(1813年)生于科尔沁左翼后旗，是元太祖成吉思汗二弟哈布图哈萨尔二十六世孙索特纳木多布斋嗣子。道光五年(1825年)十月二十五日袭札萨克多罗郡王。咸丰五年(1855年)正月二十一日晋封亲王，赐"博多勒噶台"号，四月十八日诏世袭罔替。咸丰十年(1860年)八月二十八日革札萨克亲王，九月二十七日复札萨克郡王。咸丰十一年(1861年)，恢复"博多勒噶台亲王"，仍诏世袭罔替，同年朝廷任其为哲里木盟盟长，僧王奏辞盟长职，同治四年(1865年)，在山东曹州府境内与捻军作战时阵亡。后来清廷将其葬于今辽宁省法库县巴罕巴虎山的公主陵，并立满汉两种文字青石蟠龙碑以表其功。僧格林沁既有镇压太平天国和捻军起义的一面，又有力主抗击外国侵略者，维护祖国独立尊严的一面。1983年3月，《解放报》在"戍边英雄录"栏内，肯定僧格林沁在第二次大沽口战役中打败英法联军的战功。1995年后，一些史学家确认他为爱国主义将领，并将其列在名将录之中。

为重现僧格林沁王府旧时恢宏景观，决定对僧格林沁王府进行复建。僧格林沁王府的修复和复建项目已于2012年9月开始实施，将用4年时间完成僧格林沁王府殿舍修复和复建工程。僧格林沁王府的修复和复建工作严格按照历史资料及文物现状进行，做到"修旧如旧"，尽可能恢复王府的原貌。

僧格林沁王府是清代著名爱国将领僧格林沁的居所，因而名声远扬，曾有七任札萨克王爷和十一任旗长在此就职。它不仅是研究清代蒙古王公政治生活的重要资料，同时也是宣传反抗外来侵略者的爱国主义教育基地。僧格林沁王府是北方民族传统文化与中原文化建筑艺术的完美结合，也是科尔沁草原文明的象征，是汉文化、蒙古族文化和满文化融合的具有代表性的珍贵文化遗产。2006年5月，科左后旗僧格林沁王府被国务院公布为第六批全国重点文物保护单位。

梵宗寺

Fanzong Temple

撰稿：刘丽娜；摄影：姚情情

梵宗寺，俗称北大庙，位于内蒙古自治区赤峰市翁牛特旗乌丹镇西北四公里处，距205国道1.5公里（以西）。梵宗寺坐北朝南，地势由南向北逐渐抬升，随山势高低筑成阶梯式院落，布局紧凑，疏密得宜，寺院周围树木苍翠，环境优美。

梵宗寺始建于1318年（元延祐五年），始称护国寺，后毁于明末清初战火。清朝雍正年间，翁牛特旗王爷在原址重建护卫寺，但该寺竣工不久，被1735年的一场特大山洪冲毁。清乾隆八年（1743年），翁牛特旗第五代扎萨克篷斯克按照喇嘛的意思，将护卫寺迁至乌丹城西北的山坡上，即现在的梵宗寺的寺址。寺院建成后，乾隆皇帝御赐刻有满、汉、藏、蒙四种文字的匾额，赐名梵宗寺，意为"佛教发祥之地"。梵宗寺作为翁牛特旗旗庙（王爷家庙），总揽全旗喇嘛庙务，隶属于北京雍和宫管辖，主持喇嘛定期去雍和宫汇报教务，请示机宜，是一座汉藏合璧

寺内环境

钟楼

长寿殿与时轮金刚殿

的古代建筑。梵宗寺极盛时期是清朝中期，全寺共有喇嘛300余名。清亡后喇嘛教渐衰，民国年间喇嘛人数逐渐减少。20世纪60年代末期"文化大革命"时期梵宗寺曾作盐库。"破四旧"时泥塑佛像被毁，铜像被砸碎卖铜。

梵宗寺围墙东西宽48.2米，南北长102.5米，总占地面积约合5520平方米，另有庙前广场一区。整个建筑群由山门、大经堂、东西殿、后殿及左右配楼组成。山门为面阔三间，进深一间后出廊，硬山布瓦大脊式，其左右两侧围墙处有角门。大经堂（正殿）一座，为面阔七间，进深九间，前后抱厦重檐歇山布瓦大脊式。前后配殿四座，均是面阔三间，进深一间前后廊，前檐二层硬山布瓦卷棚式屋顶，现存殿堂共11座，总建筑面积合2550平方米。梵宗寺建筑布局合理，气势雄浑。每一殿院正殿与配殿呈左右对称，中轴线明显，大经堂为主体建筑。寺内原有的钟鼓楼、转轮藏等建筑，现已修复。寺内主体建筑大经堂，为重檐歇山楼阁式建筑，总面积为886.5平方米。此殿堂体量之大，其建造手法、技巧均与众不同。

底层与二层的檐柱与金柱之间均采用错位移柱方式，两山面的檐步开间均3.22米，而金步开间的明间是6.38米，次间是4.86米，梢间为3米和1.95米，均不与檐步轴线相对，相差均在半间左右构筑。极为绝妙的是当时施工设计者大胆地将上檐转角处三个承重金柱的底脚放到一件断面不大的承重梁上。此梁断面仅25厘米×37厘米，跨长4.86米，分析受力极大，荷载较为集中，初步按每平方米受力800公斤计算，此梁共受力23吨以上，但此梁至今仅弯曲5厘米以内，对构架整体几乎无影响，可见构架手法之大胆，用料尺度合理至极，是明清以来，建筑手法日臻完善的杰作。

树立保护标志

　　大经堂前抱厦面阔七间，与主殿开间相同，因而歇山两经堂又与主殿一层檐对接，无窝角天沟之位。而抱厦构架是檐步五举、脊步九举，后檐步又借主殿檐头一步架，因而形成一间进深的抱厦，实际屋顶是有一间半位置，从而加大了屋面曲线长度，使翼角高翘，造型挺拔秀丽，与主殿自然衔接为一体。

　　大经堂二层面阔进深均系五间，由于进深尺度较大，如果处理不当，将在总体装饰立面效果上形成头重脚轻的感觉。为此，在进深上所用十一檩的举折中，一反檐步五举的规律，仅以四举的举架用于檐头，然后，以五举、五·五举、七·五举的举折将屋架叠起，屋面曲线平缓而流畅，与抱厦的屋面曲线陡翘形成鲜明对比。同时，各部梁架用料均小于清代《工部工程做法则例》所颁布的尺度，明显地体现出地方建筑手法及用料特点，尤其是上下檐中均用的一斗三升交麻叶斗栱，各部权衡尺度另立一派，仅起装饰作用，而无构架作用。

　　据勘测调查，大经堂上檐山花博风原用鎏金铜板镶嵌，现已失落。另外，一层殿内共有明柱38个，其中前4个明柱原有以铜鎏金制成的金龙4条盘柱而上，遗迹表明龙体长5米左右，龙头嵌空栩栩如生；另10个柱身则是彩绘金龙盘玉柱。据调查证实，殿内原供奉的佛像均是青铜铸造，各种法器也皆为名贵之品，可见昔日大经堂庄严非凡。梵宗寺虽然是翁牛特旗王府之家庙，可殿内外的装饰与寺内用品之规格均可以与皇家寺庙媲美，甚至超越了皇家的寺庙。

　　梵宗寺大经堂殿内现存佛教故事壁画近百幅，面积约60平方米。正面明间所绘三大菩萨像极为生动，堪称妙笔，是难得的艺术珍品。保存完好的各梁枋上的彩绘，均为金龙梵文枋心金线大地金画谱，其构图完

梵宗寺山门

古
建
筑

梵宗寺山门

鼓楼

大雄宝殿

法轮殿和关公殿

文殊殿与关公殿

寺内环境

整，线条流畅，色泽艳丽，是研究藏传佛教的珍贵资料，在一层海漫天花的正中位，不绘六字真言，而是一幅绘有四大天王护法看佛国坛城的艺术佳作。

梵宗寺是清代在内蒙古自治区东部兴建的一座喇嘛教寺院，是我国古代木结构建筑中稀有的高大建筑。梵宗寺宏伟壮观，建筑风格独特，建筑上的种种做法以及彩饰都保留了大量的明代传统工艺，是独具民族风格的古建筑群，被区内外古建筑专家视为"塞外明珠"。它是一座融蒙、汉、藏建筑风格为一体的喇嘛教寺院，可称得上是一座宗教艺术的宝库，对于研究清代内蒙古地区喇嘛教有一定的历史、科学、艺术价值。

1986年，梵宗寺由内蒙古自治区人民政府公布为第二批内蒙古自治区文物保护单位；2013年，由国务院公布为第七批全国重点文物保护单位。

贝子庙

Beizi Temple

撰稿：乌兰　程鹏飞；摄影：乌兰　萨仁图雅

　　贝子庙位于锡林郭勒盟锡林浩特市额尔敦陶力盖敖包山东南麓。建筑布局井然有序，气势宏伟壮观。此庙以其历史久远、建筑艺术构制独特、民族文化底蕴丰厚和学部设置齐备而著称于塞外草原。在其极盛时期作为著名的佛教学府，被列为内蒙古中西部四大藏传佛教寺庙之一。1993年，锡林浩特市人民政府将其公布为市级文物保护单位，设立保护机构予以重点保护。1996年，贝子庙被内蒙古自治区人民政府公布为自治区级文物保护单位；2006年，被国务院公布为第六批全国重点文物保护单位；2008年，被批准为国家AAAA级旅游景区。

　　贝子庙始建于清代乾隆八年（1743年），先后历经七代活佛进行六次大规模扩建，花费白银174万余两，建成了占地面积1.2平方公里的宏大建筑组群。该建筑因清代阿巴哈纳尔左翼旗第四代扎萨克（第四代王爷）固山贝子（蒙古贵族爵号）巴拉吉道尔吉（1717～1764年任贝子），与西藏僧人巴拉珠尔伦德布共同主持兴建，因而得名贝子庙。

　　贝子庙建筑以朝克沁殿（行政教务部）、明干殿（千佛殿）、却日殿（哲学部）三座庙宇为中心，包括了珠都巴殿（密宗学部）、曼巴殿（医学部）、宗喀巴殿、丁克尔殿（天文数学

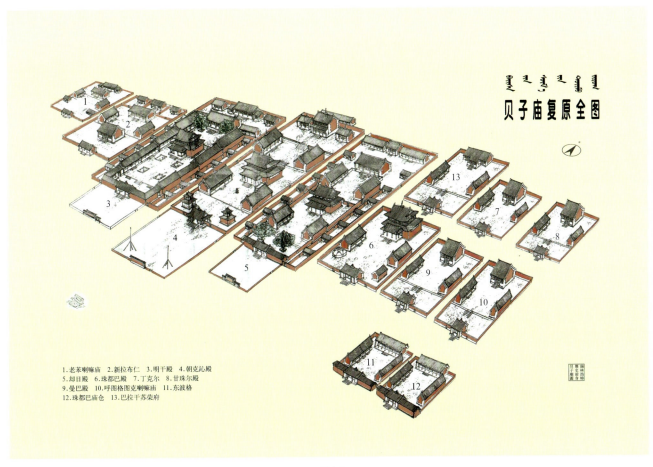

1.老苯喇嘛庙　2.新拉布仁　3.明干殿　4.朝克沁殿
5.却日殿　6.珠都巴殿　7.丁克尔　8.甘珠尔殿
9.曼巴殿　10.呼图格图克喇嘛庙　11.东波格
12.珠都巴庙仓　13.巴拉干苏荣府

总图

贝子庙全景

经卷

部）、新拉布仁殿（活佛府）等八座主大殿及呼图格图喇嘛庙、老笨喇嘛庙、甘珠尔庙、农乃庙等十几座小殿庙，以及额尔敦陶力盖祭祀敖包、五座佛塔（四座白塔、一座红塔）和千余间喇嘛住房等外围建筑组成。占地面积1.2平方公里，建筑面积达2万多平方米，是一座汉式构制的大型古建筑群。

　　贝子庙建筑群曾由十三处独立院落组成，各庙自成体系，独立布局，各院间均以南北通道相隔，通道宽统为6米，互为毗邻。所有建筑皆以大殿为中心左右成"一"字东西排列，且均为前卷（抱厦）后殿重檐楼阁歇山式大木结构建筑。其中，以朝克沁殿为贝子庙群组建筑中心，东侧为却日殿，西侧为明干殿，三座大庙构成其庙群主体，各庙山门前均有广场及照壁，除通道外，还分置矮墙，使广场形成闭合性空间，成为佛庙广场较为罕见的一种特有形制。各庙院的平面布局，依照汉式传统礼制形式，中轴线依次布列主要殿堂建筑，两厢严格对称，殿后及左右为辅助建筑。外部装饰均按照藏传佛教传统，置于中轴线上的建筑屋脊布以金刹、经幢、法轮、角瑞等，体现了藏传喇嘛教建筑的特征。

　　贝子庙一共承传了八世活佛，一世活佛巴拉珠尔伦德布是在1742年应当时的固山贝子巴拉吉尔道尔吉的

20世纪30年代的贝子庙

20世纪30年代的贝子庙

邀请，来到阿巴哈纳尔左翼旗讲经弘法，在1743年与固山贝子共同主持兴建了贝子庙的主大殿——朝克沁殿，由于他在草原深处兴建庙宇的功绩受到清廷和达赖喇嘛的赏识，在1747年赐封他为"阿日雅·章龙·班迪达"活佛，成了贝子庙的第一世活佛，乾隆皇帝还御赐贝子庙为法轮大殿"崇善寺"，并御笔亲书赐有满、蒙、汉、藏四种文字的匾额。朝克沁殿山门前还布列有石狮、旗杆，影壁之后置有跪拜台，以突出此庙等级和地位。

二世活佛时期，兴建了主殿两侧的却日殿和明干殿，二世活佛是位深通经文、博学多才的僧人，庙内大部分佛像、雕饰、壁画及供器的制作都是他亲自绘制设计的，二世活佛创办了"显教"学部，为贝子庙的建筑和经文奠定了基础。

在五世活佛时期，贝子庙达到了极盛阶段，这一时期喇嘛僧众多达1200余人，寺庙建筑也有很大的扩充，珠都巴殿和曼巴殿都是在五世活佛时期建造的。

贝子庙建筑群是蒙古族与汉族共同创造并凝聚了蒙汉民族文化的古代建筑瑰宝，曾拥有铸造、雕塑的佛像几千尊，各种绘画錾刻工艺品几万件，收藏各种经卷上千种。各个殿内均绘有精美的佛教壁画和反映蒙古族历史的生产、生活壁画。雄伟富丽的贝子庙建筑，绚丽多彩的民族艺术，都有着极高的历史和艺术价值。建筑艺术上汉、藏艺术风格融为一体，具有深刻的民族文化内涵。历史上曾是内蒙古北部少数民族地区政治、经济、文化、宗教活动的中心，长期以来也是内地与蒙古地区，蒙汉民族相互交流的纽带和桥

朝克沁殿鼓楼

主殿经堂

朝克沁殿主殿

明干殿西厢房

明干殿全景

新时期的贝子庙却日殿查玛法会

梁，享有盛名。据史料记载，1929年九世班禅曾驾临贝子庙讲经弘法，十三世达赖喇嘛、七世章嘉活佛、宁昌呼图克图都曾经寓居此处。

　　贝子庙具有光荣的革命斗争历史，见证了草原儿女争取民族解放的斗争历程。解放战争时期，贝子庙曾是我党领导的内蒙古自治运动联合会开辟的早期重要根据地。1946年初，中共锡林郭勒盟党支部在贝子庙的却日殿成立，从此中共党组织在锡林郭勒草原不断发展壮大。1946年10月，乌兰夫及内蒙古自治运动联合会撤入贝子庙地区，刚刚组建的中共内蒙古党委曾在此领导内蒙古的民族解放运动，在极为险峻的条件下，组建中共锡察巴乌工委，统一领导锡察巴乌地区的对敌斗争，为保卫锡察革命根据地，维护祖国统一和民族解放做出了重要贡献。"文革"期间，贝子庙的部分建筑遭到破坏。自1996年至今，先后由盟、市、自治区和国家民委、国家文物局投入巨资对贝子庙进行了全面修缮，贝子庙的历史风貌基本得到了恢复。

古建筑

法轮寺

Falun Temple

撰稿：刘丽娜；摄影：马景禄

法轮寺位于内蒙古自治区赤峰市宁城县大城子镇政府驻地西侧，原系元臣济拉玛之后裔、喀喇沁部落蒙古王公的旗庙。始建于清乾隆十年（1745年），竣工于嘉庆八年（1803年），历时58年。建在辽、金、元时期灵隆寺之废墟上，规模宏大，气势雄伟。为清代殿堂式喇嘛教寺院，坐北朝南，山门、旃檀殿、正殿、后殿在同一中轴线上。建筑为三檐歇山式、重檐歇山式和单檐歇山式。不管是在规模上，还是在建筑技术上，在内蒙古地区都是不多见的。法轮寺是内蒙古东南部地区建筑规模较大的建筑群，现存天王殿、钟鼓楼、旃檀殿、正殿、东西罗汉殿、东西配殿等建筑9座，寺院东跨院为僧人生活区和大城子法轮寺管理处。

法轮寺建筑群，以正殿为中心，正殿、山门、天王殿、旃檀殿居同一中轴线上。钟鼓楼、罗汉殿、后配殿分列两侧。建筑疏密得当，高低错落有致，布局严谨合理。正殿为三檐歇山式，面阔9间，进深8间，东西长31米，南北宽23.7米，基座高1米，大檐下回廊明柱皆为花岗岩石柱，正面有三门四窗，门窗皆由岩石券拱雕刻而成。东西罗汉殿、旃檀殿皆为重檐歇山式建筑。法轮寺现存天王殿、钟鼓楼、旃檀殿、正殿、东西罗汉殿、东西配殿等建筑13座。寺院东跨院为僧人生活区，现存僧房9座，建筑占地4275平方米。

法轮寺在建筑艺术上集伽蓝制和格鲁派风格于一身，主体建筑外廊均为花岗岩石柱，门窗楣对砌镶嵌着花岗岩石拱，并雕有海水江涯和梵文图案。在建筑格局上，该寺以天王殿、大经都纲殿为中轴，左右顺序排列，依次为钟鼓楼、前东西配殿。大经都纲殿屋顶为三层歇山顶，这种国内庙宇建筑中极为罕见。主建筑副阶的廊柱均为石制材料，与木质材料巧妙结合，其结构严谨合理，堪称一绝。另外，顶楼围板上绘有108幅热工派壁画，栩栩如生，造型优美，令人叹为观止。

法轮寺在清中晚期达到鼎盛，喇嘛人数达500之众，僧房数百间，被尊为喇嘛部落的佛教圣地。如今，法轮寺庙会在正月十四、十五两天，喇嘛集会念吉祥经，还有"察玛"活动，最后送鬼。每年的7月13日，传统的那达慕大会也在这里举行，届时

主殿

东配殿

西配殿

鼓楼（东南—西北）

各民族同胞欢聚一堂，给这古老的寺庙带来新的生机。

　　法轮寺不仅在建筑艺术上有着重要的研究保护价值，而且在研究北方少数民族历史，尤其是研究蒙古民族的历史发展、文化艺术、宗教信仰和社会人文等方面也有着重要的学术价值。

　　1992年6月，法轮寺被赤峰市人民政府公布为市级文物保护单位；2006年9月4日，被内蒙古自治区人民政府公布为内蒙古自治区文物保护单位；2013年5月3日，被国务院公布为第七批全国重点文物保护单位。

古建筑

五当召

Wudang Temple

撰稿：程鹏飞　邢燕燕；摄影：张海斌　董勇军　李雅冉　何少华

五当召位于内蒙古自治区包头市石拐区吉忽伦图苏木沙林沁村的五当召沟北端，西南距包头市区57公里，地处阴山深处的吉忽伦图山的南坡。为藏传佛教格鲁派寺庙，是培养高级学问僧、弘法化众的高等学府。

高僧阿格旺曲日莫于清乾隆十四年（1749年）建寺，七世达赖赐予该僧"洞阔尔班迪达"称号。藏名"巴达格尔召"，巴达格尔，藏语，意为白花，昔日在五当召周围常见白芍药花，五当召白色圣洁的殿堂散布在翠绿色吉忽伦图山之阳，犹如朵朵白莲。乾隆二十一年（1756年），清廷赐名广觉寺，俗名五当召，五当，蒙古语，意为柳树。

五当召全景

洞阔尔活佛府

　　五当召建筑依山势而建，没有庙墙，按五世甘珠尔瓦活佛的说法以示"佛法无边"。主体建筑位于山谷内一处突出的山坡上，仓房、僧舍、佛塔等建筑分布在两侧山坡或山麓。布局采取两条中心线交叉，南北向中心线南以苏古沁殿起点至北有三个露天小佛龛，各殿殿门南开；东西向中心线以洞阔尔活佛府面东的大门为准，两条中心线巧妙地结合起来了，主要殿堂位置安排得并不零乱，且解决山坡地势不齐的局限，殿堂正门面南、面东并不违反建筑寺庙仪轨，以中线左右再确定其他建筑的位置。

　　全寺占地300余亩，共有屋宇2500余间，全部殿宇均为典型藏式建筑。建筑用砖石砌筑，主要建筑的上部用万年蒿砌成红色带，顶部装饰法轮、经幢、金鹿。现存6座大殿、3座活佛府、1座陵、94排僧舍等。

　　苏古沁殿，位于建筑群正前面，殿前为广场。建于清乾隆二十三年（1758年），是五当召最主要建筑，也是全召最大的经堂，面阔28.8米，进深47米。面南，三层建筑，建筑面积2552平方米。一层前部为经堂，四壁满绘壁画，为全召喇嘛大众集会诵经之所，一层后部为面积不大的藏经阁，供奉佛像。二层后部的地面是修在山岩之上，天井北壁绘有一组佛教圣地全景图。三层收藏2座曼陀罗铜城。

　　却依拉殿，建于清道光十五年（1835年）。位于苏台如殿西邻，两殿并列，居于其他各殿之前，其规模仅次于苏台如殿，殿3层，面阔23.8米，进深29米，是却依拉学部（研究佛教经典和哲学理论的宗教哲学学

五当召全景

洞阔尔殿

苏古沁殿

苏古沁殿

却依拉殿

部）的殿堂，该学部在此举行经会。殿内供有10米高的弥勒铜佛像，额镶一颗呼伦贝尔盟佛徒所献的宝珠。殿后有座藏式平顶三层楼，曾是该学部首席喇嘛、经师和学僧的住所，俗称"西三楼"。

洞阔尔殿，建于清乾隆十四年（1749年）。位于苏台如殿正北，殿二层，两者同在一条中心线上，居全寺中心。面阔19.5米，进深25.5米，面积2560平方米，是洞阔尔学部（以研究天文、历法、数学和造曼陀罗法则为主的时轮学部）的殿堂，殿门上方悬挂"广觉寺"蒙满汉藏四种文字匾额，殿前有石筑的讲经台。洞阔尔殿后墙外墙皮涂成黄色，表示该殿等级规格之高，它是一世洞阔尔活佛期间成立时间最早学部使用的经殿。

阿会殿，位于洞阔尔活佛府东邻，是本召唯一一座坐西面东的学部经殿，设有阿会（密宗）学部和附设的医学部。殿二层，面阔16米，进深16.2米，供有毗卢遮那佛、胜乐金刚、白度母等。

喇弥仁殿，位于召西北小山阜上，建于光绪十八年（1892年），时间最晚，俗称新殿。殿三层，面阔16.7米，进深17.4米，是喇弥仁学部的经殿，殿内供有9米高的宗喀巴铜像，是内蒙古宗喀巴铜像中最大的一尊，为察哈尔某王公所献。两侧供有一千尊模制泥塑像——宗喀巴大师化身的千佛。

金科殿，本召原有专为外方喇嘛来本召诵经的郝拉银殿二层建筑、喇嘛禅修不食不语的努尼殿一层建筑，该两殿早年已毁。努尼殿位于活佛府外仓以北，今在其址上建金科殿，是用于展览陈列的二层建筑。

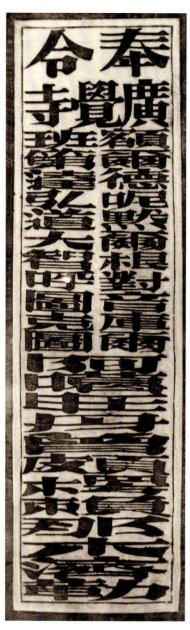

木刻版封条印

宗喀巴

　　当圪希德殿，是供众金刚的殿堂，殿门上端有藏文"错贡桑根"，意为护法秘神之殿，俗称驯服殿。建于乾隆五十年（1785年）。东墙紧邻洞阔尔殿，后墙外表亦刷成黄色，与洞阔尔殿并列，是本召较小的殿堂，面阔15米，进深11.5米，殿二层，供有大威德金刚、降阎魔尊像等9尊，怒目凶狠，脚踩妖魔、彪悍威武。佛菩萨的本身像都是慈眉善目，化身像光怪陆离使妖魔畏惧降服，法力所向无敌，居外侧者是本召的守护神。汉人指其为阎王殿，佛经上所指的阎王与我们所说的"十殿阎君"不是一回事。南北中心线的"终点"是立于山坡上三个露天的小佛龛，本召称它们为"本肯"，本召建筑动工之时，是必须前来本肯祭祀的。

　　洞阔尔活佛府坐西面东，是本召建筑之精华，主楼面宽21.8米，进深13.5米，筑在白石台基上。一层正门木制门罩为东河区包头旧城汉族郭姓工匠巧手制作，最上方为二龙戏珠，其下裙板有狮、象、金翅鸟树木花卉等雕刻图形，正厅是当年活佛议事及来访者朝拜的地方，正厅南小室是起居室，正厅北小室是侍役者的住处。洞阔尔活佛府小院的南、北二层楼是高层执事喇嘛办公处。

甘珠尔活佛府

当圪希德殿

苏卜盖陵殿

章嘉活佛府位于洞阔尔活佛府正厅南邻，主楼面阔16.6米，进深10.7米，是章嘉活佛来召时的临时住所，章嘉莅临次数极少，平日保持府第整洁，以示恭敬。后来作为客寺活佛来召下榻处。

甘珠尔瓦活佛府位于洞阔尔活佛府正厅北邻，主楼面阔15.4米，进深10米。

活佛府外仓尝盖院，五当召的伊克仓（大仓）权力不大，仅处理全召性法会、苏古沁殿和却伊拉学部的总务。全召有"八大分仓"，即是有八个管理总务分别办公的地方。东三楼是外仓的办公处，坐西面东，因为却依殿后有个西三楼，所以这座楼房称为"东三楼"。东三楼前曾是一处小院，称尝盖院，今不存。

阿会殿

苏波盖陵位于阿会殿东邻，赏盖院之西。二层建筑，约面阔8.7米，进深8.4米。该址本是一世洞阔尔活佛居所，建陵之后，敬奉世代活佛舍利铜塔置于一层，二楼设

坛城

佛像

有佛堂，余为喇嘛住房等，因屡次加修，陵虽不大，结构显得复杂，东墙外设有转经筒棚，正门南开，门口设一大转经筒，供香客参拜。

五当召有却依拉（显宗学部）、喇弥仁（菩提道学部）、洞阔尔（时轮学部）和阿会（密宗学部）四大学部，是著名的学问寺，寺庙是洞阔尔活佛转世体系，定期举办法会等宗教活动。

五当召的建筑形式和规模，就目前内蒙古各藏传教寺院比较中，是居于第一流的。加之寺庙内现存的唐卡、壁画以及珍贵文物，使得五当召成为一座宗教艺术的殿堂，对研究清代的藏传佛教史、民族史、服饰史、绘画艺术史等均有重要的参考价值。历史上五当召曾是内蒙古西部最有影响的寺庙之一。

1996年，五当召由国务院公布为第四批全国重点文物保护单位。

古建筑

清光绪五彩碗

清光绪五彩碗

内部

壁画

唐卡

唐卡

唐卡

法会

广觉寺

佛像

佛像

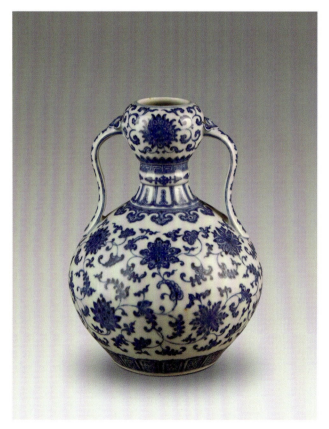

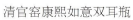

清官窑康熙如意双耳瓶

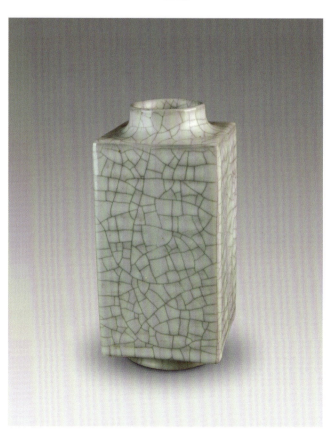

清乾隆暗八卦纹方樽

弥勒佛铜像

宗喀巴塑像

壁画

巴丹吉林庙

Badanjilin Temple

撰稿：孙斯琴格日乐　范永龙；摄影：范荣南

　　"巴丹吉林"系蒙语，"巴丹"为人名，"吉林"意为"湖泊"，因很早以前有一个名叫"巴丹"的人在此居住而得名。该庙位于阿拉善盟阿拉善右旗雅布赖镇巴丹吉林嘎查西约0.5公里的沙漠绿洲上，四周均为沙山，庙边有一个海子，岸边生长着高大的柳树和沙枣树，这里的沙山与海子一衣带水，沙水相映，水天相连。天气晴朗的日子里，寺庙、沙山、树林倒映在湖水中，展现出一种梦幻般的摄人魅力，因而有"沙漠仙境""漠中江南"之美誉。2013年，巴丹吉林庙被国务院公布为第七批全国重点文物保护单位。

　　关于巴丹吉林庙的始建年代有两种不同的说法。一种说法认为是始建于清乾隆五十六年（1791年），另一种说法认为是建于清同治七年（1868年）。该庙是延福寺的属庙，在组织和经济关系上隶属于延福寺。其主要僧职人员如住持、达喇嘛等，均由主庙延福寺委派，其他管事人员的委任，也须向主庙办理请示的手续。此外，在王府和主庙举行节庆活动时，巴丹吉林庙也需缴纳财物。

　　巴丹吉林庙总占地面积270余平方米，坐西向东，由经堂、拉卜楞、时轮法王塔、僧房和

巴丹吉林庙全景

巴丹吉林庙远景

巴丹吉林庙

时轮法王塔

经堂外侧中部

拉卜楞

院墙等建筑组成。经堂为两层阁楼式建筑，四角形角楼呈曲尺重楼歇山顶，内设12根梁支撑上层。下层长13.57、宽20.17、高3.15米，三级踏步，外墙内有24根梁柱支撑外沿。东南面设有一主门和两个侧门。正面开2扇窗，侧面各开4扇窗。上层长9.2、宽9.2、高2.2米。经堂墙壁上满饰佛教题材壁画。拉卜楞和时轮法王塔分别位于经堂南、北两侧，僧房建于经堂东侧。

巴丹吉林庙气势雄伟、庄重肃穆、典雅美观，有"沙漠故宫"之称。据说，这座庙是从银川等地雇用木匠、画匠、泥匠，从雅布赖山拉运基石，从新疆驮运栋梁，从几十里路外运砖而建成。"文革"期间，该庙大部分喇嘛还俗，珍贵文物被洗劫一空，但殿宇建筑却保留了下来。巴丹吉林庙至今已有200余年的历史，是阿拉善地区唯一一座保存完好的寺庙，对我们研究阿拉善地区清代建筑史、宗教史具有非常重要的意义。

奈曼蒙古王府

Palace of Naiman Banner

撰稿：刘丽娜；摄影：卫子儒

　　奈曼王府位于内蒙古自治区通辽市奈曼旗大沁他拉镇，始建于同治二年（1863年），即是清代奈曼旗最高行政机构，也是王爷府邸，作为内蒙古自治区保存最好、规模较大的古建筑群之一，2013年被国务院公布为第七批全国重点文物保护单位。

　　奈曼王府由外院墙、穿堂门、中心四合院、佛堂、祖先堂、后花园等组成，为内外双重院落建筑格局，形成院内有院的总体布局，即在外院墙围合的大四合院内又形成以封闭式台榭回廊构成、左右对称的小四合院，组合成前中后三层套院。其中东侧为王府卫队驻地，西北为王府办事机构的档事房，形成左武右藩屏王府格局。东北为王爷住所，正北为王府花园。中四合院是天井回廊式建筑，为王府的主体建筑，由正殿、东西配殿组成，体现着明清前有檐柱、内有金柱的建筑特点。整个布局反映了封建王公的尊严和严格的封建等级制度，体现了我国古代建筑艺术的传统和风格。

全景图

中心四合院正门——垂珠门

中心四合院内正殿

祖先堂

第二道穿堂门

王府的主体建筑的正殿面阔五间，殿前有月台，正殿是召见王府亲信官员议事之处。东一间是郡王和福晋卧室，室内陈设华丽。东配殿在第十三任郡王玛什巴尔执政时，为侧福晋住室。当十四任郡王苏珠克巴图尔执政时，因侧福晋暂住京城，所以此殿改为王府官员秘密议事之所。西配殿为侧福晋住处。

王府二道为穿堂门，前廊后厦，大红明柱，丹青彩绘，龙头燕尾，木雕花墩。走过穿堂门正面是富丽堂皇的两扇朱红大门，门镶金钉，轧铁

固伦寿安公主下嫁时陪嫁的瓷墩

角，门悬两珠，珠子上方木雕四季花卉，中间木雕蝙蝠，口衔金钱，象征"福在眼前"。门上亮子绘"福、禄、寿"三星。内四合院右侧20米处，大屋脊青砖瓦房，矗立于半米的台阶上，磨砖对缝，建筑细腻精巧，是王府佛堂。室内正中供奉高大的释迦牟尼贴金佛像，两侧有绿度母和黄教创始人宗喀巴，每逢忌日，郡王、福晋及眷属偕来佛堂祭祀。

王府整个建筑全部使用青砖青瓦木结构建筑，使用油漆彩画，装饰华丽，其中有处三彩画适当采用了民族彩画特点。正殿棱窗、隔扇都有万字、蝙蝠、卷草等沉浮雕饰，做工玲珑纤巧，图案浮凸生动，是不可多得的艺术佳品，完美展示出清代北方草原独具特色的建筑风格和蒙古族民族的聪明才智。

奈曼王府是清廷为了对蒙古地区实施有效统治所实行的盟旗制度的体现，对归附的蒙古贵族采取册封的政策，以笼络蒙古贵族，使其效忠清政府。奈曼王府作为奈曼旗扎萨克办公、生活、社交的处所，对研究满蒙关系史、清政府的边疆政策等具有十分重要的意义。

奈曼王府作为一处四合院式建筑群，庑殿式过堂门气势宏伟，两旁由石狮把守，回廊式中心四合院正殿高大庄严，配殿左右呼应，山水花草相映成趣，建筑上的总体左右对称，主体建筑突出，使人感到和谐、有序、平衡。室内外装饰图案精巧，色彩搭配协调。室内陈设具有鲜明蒙古民族特色。此外王府的办公方式、生活习俗，均体现了蒙、汉、满文化的内涵，对研究汉文化在蒙古族地区的传播和发展，研究汉文化与满文化、蒙古文化的交融关系，以及极具地方特色的民风民俗尤其是对满蒙联姻的研究等都具有相当重要的历史意义。

四子王旗王府

Palace of Siziwang Banner

撰稿：刘丽娜；摄影：谢寒光

四子王旗王府，位于内蒙古自治区乌兰察布市四子王旗乌兰花镇北约24公里处的查干补力格苏木驻地，是内蒙古自治区中部阴山北麓乌兰察布高原唯一幸存的清代乌兰察布盟四子王旗扎萨克郡王王府。在辛亥革命以后，四子王旗扎萨克被袁世凯政府和哲布尊丹巴呼图克图分别封为亲王，随后被称为"四子部落扎萨克多罗达尔汗卓力克图双亲王旗"，名声传遍漠南漠北大草原。

四子王府现存的主要建筑是由王府、后花园和王府家庙组成。四子王府和后花园始建于清代中晚期（1905年），都是典型的殿庑式建筑。主殿、配殿均严格按照清朝的等级制度进行设计。王府家庙为藏式建筑，大、小独贡均坐西朝东，糅合了历史上的很多建筑风格来砌筑。总之，四子王旗王府是一座保留在边疆草原为数不多的王府建筑之一。它的建筑规制之高，装饰手法之精，堪称王府建筑与藏式建筑艺术的完美结合，有其独特的艺术价值，对于研究清廷对蒙古地区实行军事控制、蒙旗制度、封爵厚赏、满蒙联姻有着极其重要的作用。

四子王旗王府于1996年5月被公布为自治区第三批文物保护单位，2013年5月被国务院公布为第七批全国重点文物保护单位。

正殿和南北厢房

建筑的顶部和院落

大独贡侧面

大独贡的南侧面

　　四子王旗王府，始建于光绪三十一年（1905年），是四子部落王爷执政的地方。原建筑面积为4500平方米，现存建筑面积为2800平方米。王爷府坐西朝东，分前后两部分，前厅为王爷办公之所，后厅为王爷与福晋生活起居用房，王府的家庙是藏式建筑。王府现存正殿4间，面宽23米，进深10米，柱高3.5米。南、北配殿各2间，面宽10米，进深9米，柱高2.9米，属典型的悬山式建筑。建筑为砖砌，工艺为磨砖对缝，筒瓦盖顶，红柱回廊，雕梁画栋。王府家庙大独贡整体建筑为下宽上窄藏式建筑，面宽16.7米，进深25.5米，建筑面积为425.85平方米，坐西朝东。设计和建造根据高原地区阳光照射的规律，采用坚实敦厚的花岗石墙体，松茸平展的白玛草墙领，金碧辉煌的金顶，具有强烈装饰效果的巨大鎏金宝瓶、幢和经幡，交相辉映，红、白、黄三种色彩的鲜明对比，体现了藏族古建筑迷人的特色。王府家庙小独贡面宽10.7米，进深19.5米。建筑面积为208.65平方米。整体建筑为下宽上窄藏式建筑，坐西朝东，沿用了历史上的很多建筑风格砌筑。王府后花园，是王爷与福晋生活的地方，坐西朝东，为殿庑式建筑，建筑风格既体现宗室气派，又有来自民间精巧的装饰风格。正宫面宽3间，进深1.5间。配殿各为3间，进深1.5间，屋脊上还装有吻兽。

内蒙古自治区

全国重点文物保护单位

（第 一 至 七 批）

石窟寺及石刻

阴山岩画

Yin Moutain Dock Paintings

撰稿：李倩；摄影：胡延春　霍建国　萨日娜　包文亮　王浩　李建新　刘斌

阴山岩画主要分布在阴山山脉西段狼山地区，早在5世纪，北魏地理学家郦道元就对阴山岩画有所记载。《水经注》卷三《河水·三》中说："河水又东北历石崖山西，去城五百里，山石之上，自然有文，尽若战马之状，粲然成著，类似图焉，故亦谓之画石山也。"史籍所载的"画石山"因有岩画而得名，此地在今宁夏陶乐县到内蒙古杭锦后旗一带，属于贺兰山和阴山岩画区。1929年，中瑞西北科学考察团曾对阴山岩画中的大坝口岩画进行过考察研究，成果发表于《蒙古的史前成就》一书中。1976～1980年的5年间，盖山林先生对东自乌拉特中旗，经乌拉特后旗、磴口，西至阿拉善左旗范围内的岩画进行调查和实描。在此范围内发现了从新石器时代早期（个别作品可能早到旧石器时代晚期），经青铜时代至早期铁器时代，以及秦汉至蒙元等各个历史时期的岩画1万余幅。这些岩画是在数千年的时间里，居住在阴山地区的各氏族部落和活动于此的猎牧民族陆续制作的。虽然历经千年沧桑，大多数岩画画面凿刻痕迹仍很清楚，少数画面

大坝口岩画保护现场

巴日沟岩画·群虎图

因石皮的脱落，致使画面模糊不清或残损。阴山岩画被大批发现，在我国考古学和历史学上具有重要意义。2006年阴山岩画被国务院公布为第六批全国重点文物保护单位。

阴山岩画分布范围非常广泛，从狼山西端的阿拉善左旗，到狼山东端的乌拉特中旗都有分布，在阴山中段和东段的乌拉山、大青山都发现了重要线索，并在大青山北面的达尔罕茂明安联合旗也发现了丰富的岩画，说明整个阴山山脉都有岩画分布。岩画分布存在一定的地域，分布较集中的地区，即为岩画点。在阴山西段，第一个岩画点是乌拉特中旗南部的地里哈日山地，这里岩画分布数量多，岩画集中呈几大片，各片之间又有单幅画相连。其他较大的岩画点有大坝口岩画、滴水沟岩画、格尔敖包沟岩画、俊海勒斯太岩画、巴日沟岩画、托林沟岩画、乌斯太沟岩画、浑迪沟岩画、阿贵沟岩画、布都毛道沟岩画、哈隆格乃沟岩画、鬼谷岩画、默勒赫图沟岩画、满达朝鲁岩画、炭窑口岩画等处。

阴山岩画一般凿磨在深山幽谷中的立壁、岸坡、悬崖或突兀的巨石上。山沟里的岩画，一般分布在风景秀丽、石壁光滑、避风向阳、险峻幽狭的地方。岩画若在山顶，则选择奇石林立和有狭长黑石带的地段。无论分布在什么地方，都应有适宜敲凿和磨刻的石料。石料主要选用黑色的火成岩、带沙性的杂色花岗岩、淡红色砂岩等。根据石料的硬度不同，采用敲凿、磨刻等不同的凿刻方法。

阴山岩画题材丰富。古代猎人和牧民们在山间巨石上凿磨出千万幅优美动人的图像，以画面图解的形式表现了他们的思想情感。在众多的题材中，数量最多、凿刻最精的就是各种动物。这些动物形岩画，包括野生动物和家畜，有40种之多（不包括足印在内）。有山羊、绵羊、盘羊、羚羊、岩羊等各种羊；有大角鹿、

浑迪沟沟内一角

托林沟岩画·太阳神与星座图

默勒赫图沟第二地点全景

乌斯太沟·大角鹿岩画

格尔敖包沟第二地点全景

白唇鹿、赤鹿、麋鹿、驼鹿、狍子等各种鹿；还有马、骡、驼、驴、牛等，以及狼、野牛、羚牛、狗、龟、野猪、兔、狐狸、蛇、虎、豹等。但是在众多的动物形象中，飞禽少见，只有草原的鹰、大雁、鸵鸟之类的飞鸟。植物画更是罕见，一般只有一棵郁郁葱葱枝叶繁茂的大树和一株对叶而生的植物。这可能由于飞禽与植物不是古人生活的主要来源，对其重视程度自然不高。而动物对于人们来说，皮可衣、肉可食、牙齿骨骼可以成为劳动工具、装饰品和武器，人类本身的生存对动物的依赖程度很高，所以大量动物题材便成为重点展示的对象。

各种精灵神像也是阴山岩画的重要题材。在狼山深壑幽谷中，涧曲崖深，溪水激荡。古人认为这些地方是神灵藏形之所，所以在邃岸壁立的巨石上，凿刻着许多类人面形、兽面形或者半人半兽形的神像。这些神像头上多有鹿角装饰，大多龇牙咧嘴，面目狰狞。这些神秘的蕴藏着原始人类世界观的人面形，既不是活人的面孔，也不完全像骷髅头像，而是高度抽象化、图案化、神秘化的面具样子，但无论如何变化，均是以人头为基础。岩画中这些抽象化的图案，与古代游牧人所信仰的天神、祖先神或当时流行的戴面具习俗有关，象征着灵魂。这些饶有趣味的神灵图像，体现了居住在阴山地区的古代先民对神灵的信仰和崇拜。

阴山岩画最常见的另一种题材是日月星辰。把金光灿灿的太阳、皎洁明亮的月亮和闪耀光芒的明星、朵朵飘逸的白云凿刻在岩石上，表现了古人对大自然的神化。其中，太阳神岩画最为常见，它有一种恒定的面形。如滴水沟的一幅太阳神岩画面部眼、鼻、口具备，头顶或面部轮廓外有一道道刺芒状物，犹如光芒四射的太阳光线。在两具太阳神图案之间，有一对动物在缓缓行进。它们四蹄着地，头微微扬起，态度悠闲，仿佛在静谧的午后，踏着青草，沐浴着阳光，尽情地享受生活。

其余的题材内容有各种狩猎、放牧场面。狩猎场面又有独猎、双人猎、围猎、群猎等形式。行猎的武器有弓箭、刀、弩、流星索、石丸、缴等。箭头的形式也多样化，有杆状、三棱状和圆头状等。放牧形式有"赶牧"、"领牧"、"一条鞭"、"满天星"等。牲畜圈已经产生，可见赶着牲畜从甲地到乙地的场面。岩

默勒赫图沟·狩猎、动物组图

浑迪沟岩画·驼队图

炭窑口岩画·动物群

俊海勒斯太岩画 · 狩猎图

托林沟岩画 · 骑者

阿贵沟·野牛

托林沟岩画·牧猎图

默勒赫图沟·双人舞蹈

格尔敖包沟岩画·兽面图腾

格尔敖包沟岩画·动物、符号组图、人面像组图

俊海勒斯太岩画·北山羊

滴水沟岩画·太阳神

哈隆格乃沟·岩画组图

格尔敖包沟岩画·舞蹈人物岩画

乌斯太沟·圣像壁(人面像、神灵组图)

俊海勒斯太岩画·骆驼图

画中可见蒙古高原最古老的车辆形象，也有晚出现的篷车形象和三两成行的列骑。岩画中有杀气腾腾的部落间征战的场面，大概是胜者为了纪念某次征战的胜利而特意刻下的。也可见粗犷而热烈的原始舞蹈和连臂舞图像，猎牧人的穹庐毡帐、敬神场面，积画而成的原始数码、图画记事符号，反映了社会生活的各个侧面。阴山岩画的艺术特色具象性强、写实性强，富有浓郁的生活气息，比较全面地反映了我国古代北方山地草原狩猎人和游牧人的经济生活、文化艺术、科学技术及其审美意识。

大坝口岩画天神图

托林沟岩画中有一幅人物组图构图较为完整，真实地反映了游牧民族的牧猎生活，较为引人注目。岩画西向，画面上有三位骑者正在向左行进，作放牧或追赶猎物状，右上方是一只粗尾的动物，下方是长尾猎狗，正在望向后方，仿佛在催促后面的队伍继续奋进，极为生动传神，当时古代先民牧猎的场景瞬间定格。

格尔敖包沟岩画中有位舞者图案较为神秘，其头部为圆形脸，面部五官不具，双臂呈矩尺形弯曲，手指叉开，身体只刻画一条主干，双腿外撇。身体两侧有四爪形，似人平伸的手掌，用意不明。

阴山岩画，与蒙古岩画、西伯利亚岩画、北欧斯堪的纳维亚岩画有相似之处，但更多的具有自己的特色。阴山岩画与鄂尔多斯匈奴青铜器上的动物纹和商周青铜器纹饰都有许多一致性，反映了阴山岩画与中国各地文化的密切关系。独具特色的阴山岩画在世界岩画中占有重要地位。

桌子山岩画群

Zhuozi Moutain Rock Paintings

撰稿：李丽雅；摄影：武俊生

　　桌子山岩画群，位于内蒙古自治区鄂尔多斯市鄂托克旗棋盘井镇与乌海市交界处，面积2368平方公里，主峰海拔高度2149.4米。山脉主体呈南北走向，长约75公里。桌子山山势雄伟，峰峦迭起，巍峨壮观，因其主峰山顶较平坦，远眺貌似桌子状，故得此名。桌子山脉诸多山沟的悬崖峭壁和沟畔石灰岩磐石上，残存着无数古代岩画的遗迹，称为"桌子山岩画"。古代游牧民族羌、乌桓、鲜卑、突厥、回鹘（纥）、党项、蒙古等民族都曾先后交替在这里繁衍生息，创造过灿烂的古代文明。漫长的历史岁月虽已消逝而去，但遗留在沟畔石灰岩磐石和悬崖峭壁上的古代游牧人的艺术珍品——岩画，却成为历史遗迹，永远留在这里。

　　桌子山岩画作为原始造型艺术的典型代表，真实地反映了我国古代先民的历史、宗教和文化，以图画的形式，用无声的语言记录着原始部族的情感和思维，是其生活、劳动以及精神世界的真实写照，是我国古代文明的又一重要标志，为我们研究早期游牧民族的起源及历史文化，探索人类文明

小摩尼沟全景（西—东）

小摩尼沟岩画局部

进程提供了重要的实物资料。2013年5月3日被国务院公布为第七批全国重点文物保护单位。

桌子山岩画群中包括的召烧沟岩画、雀儿沟岩画、苏白音沟岩画、苏白音后沟岩画、小摩尼沟岩画由乌海市博物馆负责日常维护和管理研究工作；苦菜沟岩画、乌兰布拉格岩画、猫儿沟岩画由鄂尔多斯市鄂托克旗文物保护管理所负责日常维护和管理研究工作。

桌子山岩画的主要内容有以下几种类型。

1.各种形态的人面像：有的非常简略，有的仅仅是一些头发和两只眼睛，有的则主要是一个圆圈或长方形，有的五官俱全，有的戴有装饰，有的具有抽象化和图案化。那些戴有装饰的人面像，有的头上戴有羽饰，有的头发直竖，类似太阳放射的光芒，有的就是太阳光芒四射的形象。

2.动物和骑者：动物主要有马、虎、狗、山羊、鹿和双峰骆驼。骑者主要是骑马和骆驼，一般骑者往往与动物群混在一起。骑马者中形态各异，有的在马上做着各种动作，有的则表现出骑手们骑马狂奔之状，表现出牧人们在大草原上追逐嬉戏的浪漫情调，具有浓厚的生活气息。

3.狩猎、生活场景、舞蹈者图：狩猎图的内容比较单一，主要有两种，骑马狩猎图和奔走狩猎图。并有生活场景图出现，其中一个牵着似羊的动物，在人的前面又跪着一只狗；舞蹈者的画面表现得非常生动。单舞者多为双腿开叉，似为微屈膝状，双臂展开，双手五指张开向上，有的光头，有的有头饰和尾饰。双人舞者为男女相互牵手，并有一字排列的多人舞者图出现。

4.抽象化的图案：类似鄂尔多斯青铜器中动物如古饰牌及变形人体和动物的图案内容。有各种形态的人面像。同时还出现有星相图和生殖崇拜及各种符号。

苦菜沟岩画位于棋盘井镇乌仁都西嘎查境内，岩画刻画于苦菜沟，山沟入口处两则崖壁，长50米，从

雀儿沟岩画局部（西南—东北）

苦菜沟全景（西—东）

摩尔沟全景（西—东）

地面顺势向上25米的范围内，约40幅。主要集中在谷口的两侧崖壁上，岩画主要集中在南崖壁上，内容主要为人面像、动物图案等。人面像：用磨刻手法，简略线条，磨刻出各种人面图像。人与动物像：用简单的线条，磨刻出人与动物的形状。同时在岩画中表现出原始人类对天地崇拜、生殖崇拜图像和太阳神图案，还有一些无法释读的符号图案。

猫儿沟岩画位于棋盘井镇乌仁都西嘎查境内，岩画刻画于摩尔沟山沟入口处两则崖壁上，多集中在南侧崖壁上。岩画磨刻法的制作痕迹明显，线条粗宽而深，槽内较光滑，容易发现和观看，多数保存较好。制作工具多数可能使用石质工具，这类石质工具多数就地取材。

乌兰布拉格岩画位于阿尔巴斯苏木伊克拉格嘎查乌兰布拉格地区一条东西走向的河槽南崖壁处，岩画下部已被河沙所埋，由于长期的风蚀，部分岩画已不清晰，现已暴露出地表的岩画群主要集中在高2米、长20米的范围内。动物图有山羊、马、鹿、盘羊、狗，人物图有裙装妇女、狩猎图、男性舞蹈图、骑者，还有穹庐式房屋等。

乌兰布拉格岩画制作方法采用敲凿法，是用利器点击而完成整个画面。线条轮廓法运用线条构成，中间采用空白，轮廓线敲击而成。

由于长期风雨和近处煤矿开采污染（酸雨）等影响下，有些岩画模糊不清。

自20世纪70年代发现桌子山岩画以来，内蒙古自治区文物考古研究所、乌海市博物馆、鄂托克旗文物保护管理所等单位，对这一区域的岩画做了大量的调查工作。之后，自治区文物局、乌海市政府先后拨款，对召烧沟岩画、苦菜沟岩画做了岩画表面固化处理，建立了召烧沟岩画遗址博物馆，并将代表性岩画做了拓片在乌海市博物馆进行展出。

人面像图案（召烧沟）

虎（苏白音沟）

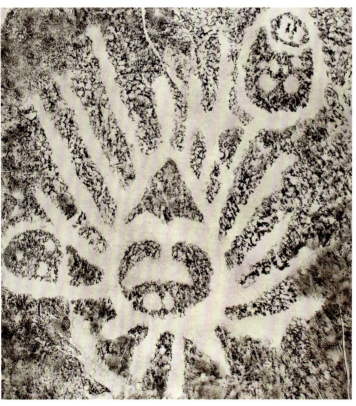

人面像（召烧沟）

人面像（毛尔沟）

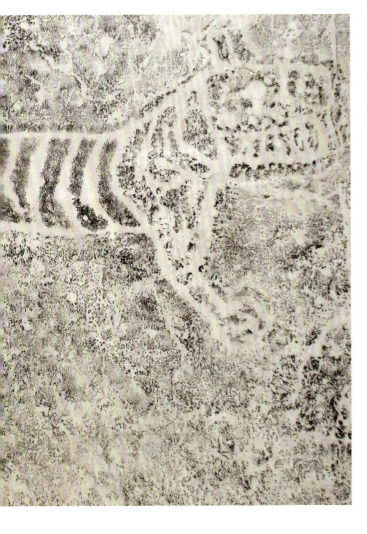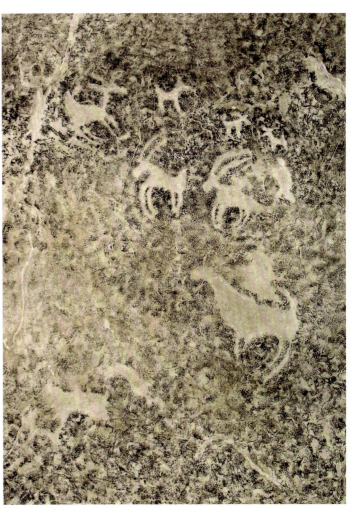

放牧图（苏白音沟）

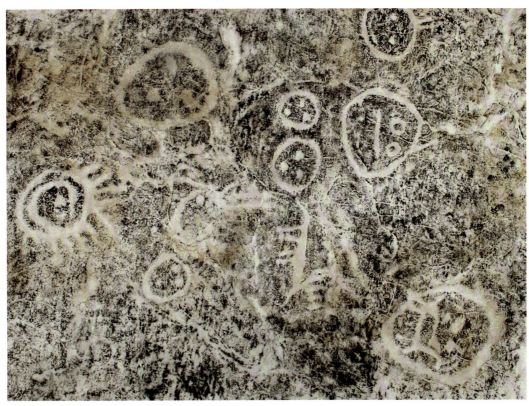

人面像（毛尔沟）

克什克腾岩画

Keshiketeng Rock Paitings

撰稿：李倩；摄影：韩立新

　　克什克腾岩画主要分布在内蒙古自治区赤峰市克什克腾旗的白岔河流域、西拉木伦河两岸、砧子山等地区，由白岔河岩画群、西拉木伦河岩画群、砧子山岩画、土城子岩画组成，是赤峰地区分布密集、绘制精美、保存较好、极具代表性的岩画群，是我国岩画宝库的重要组成部分。目前克什克腾岩画群共在4处23个地点，发现岩画90组400余个单体图像。2013年克什克腾岩画被国务院公布为第七批全国重点文物保护单位。

　　白岔河岩画群主要分布于白岔河流域中下游沿岸万合永镇、芝瑞镇一带，长约60公里，由万合永镇万合永岩画、广义岩画、裕顺广岩画、大河隆岩画、山前岩画、蝴蝶沟岩画、猪场岩画、胡角吐岩画、沟门岩画、沟门南岩画、阁老营子岩画以及芝瑞镇永兴岩画、永兴西岩画、洞子岩画、河落沟岩画、板石房子岩画组成，共19处70组。广义岩画位于万合永镇广义村西北山崖上，计有两组，内容为群鹿、牧者、舞者、猎犬等，表达放牧场景。大河隆岩画位于万合永镇大河村东西两侧的山崖上，有七组，内容主要为奔鹿。山前岩画位于万合永镇大河村山前组北，

砧子山岩画远景（东—西）

现存三组，内容为文字符号、奔鹿、射猎、人面像等。蝴蝶沟岩画位于万合永镇大河村北，有五组，内容同样为奔鹿。猪场岩画位于万合永镇大河村，有五组，内容为人面像、斑纹虎、野猪、立鹿等。胡角吐岩画位于万合永镇大河村胡角吐组西崖壁上，有三组，内容为人物像、立鹿等。万合永岩画位于万合永镇大河村万合永组南崖壁上，画面为人物、立鹿等。沟门岩画位于万合永镇二地村沟门组北沟口山崖上，有八组，内容为奔鹿、奔马、人面像、舞者、双峰驼、太阳等。沟门南岩画位于万合永镇二地村沟门组北，计两组，内容为奔鹿。阁老营子岩画位于万合永镇万德成村阁老营子组北山坡岩石上，计六组，内容为同心圆、人头像、奔鹿、无角牛等。永兴岩画位于芝瑞镇永兴村北山崖上，计三组，内容奔鹿、狩猎等。永兴西岩画位于芝瑞镇永兴村西南岩壁上，为两只鹿，鹿体肥大健壮，作奔跑状。洞子岩画位于芝瑞镇永兴洞子村西，内容为大、小奔鹿以及山鸡、星球图案、马、人面头像等。河落沟岩画位于芝瑞镇永兴村二道营子组，计两组，内容为逐鹿射猎。板石房子岩画位于芝瑞镇永兴村板石房子组西悬崖上，有四组，内容为鹿群。

栅子店岩画远景（南—北）

猪场岩画·人面像

群鹿、飞禽岩画组图位于阁老营子村北400米处的一处洪水冲出的沙沟内，岩画磨刻在上下叠压着的几块巨石上。巨石表面平整，采用浅磨绘制12只鹿和2只飞禽类动物。画面中央为一只体形健硕的雄鹿，昂首伫立，背脊微拱，从鹿首顶部向后伸出一张扬的鹿角，此鹿体态优美，雄壮有力，有白岔河鹿王之美誉。鹿王周围磨绘大小不一的11只小鹿，这些小鹿或作雀跃奔跑状，或弓首向前探向鹿王。画面左上角磨绘一只飞鸟和鸟首形图案，鸟首三角形，圆眼。整个画面充满活力却不失安详，给人一种温馨感。

西拉木伦河岩画群主要集中分布在西拉木伦河沿岸，发现河沿、栅子店两处五组岩画。河沿岩画位于万合永镇关东车村河沿组西北，为两幅人面像，上部人面像呈盾牌形，眼睛、嘴由两条弧线相连而成，鼻孔用两个连接的圆圈表示。下部人面像，亦是一盾牌图案。栅子店岩画位于经棚镇呼必图村栅子店组西，有岩画三组。第一组为一只梅花鹿，呈伫立状，头上有宽大的角，鹿身满布圆形凹坑。画面左上侧有一长尾山鸡，山鸡下方有两个圆点组成的图案；第二组为一马，马上方有一人头像；第三组为一人的上半身图案。

砧子山岩画位于克什克腾旗达日罕乌拉苏木巴彦浩舒嘎查北5公里，分布面积6000平方米，共存七组。第一组单线勾勒群马飞奔；第二组为五鹿、一马、一犬；第三组为大小7只鹿，其中两只幼鹿在一母鹿下做吃奶状；第四组为一不明动物；第五组为一人物形象和两只虎、豹类动物；第六组为两个站立人物，头上有饰件，人物下方绘有一马；第七组单线勾勒一骑马人物，马佩鞍辔，人物服饰头饰明显。

土城子岩画位于克什克腾旗土城子镇土城子村北荠塘河左岸的山坡上，共发现岩画两组，一组为鹿图，另一组为人面像组图。鹿图岩画在一块孤立的岩石上，单线凿刻勾勒一只鹿。鹿体修长，短尾，颈首平直前伸，作奔跑状，通体刻有两段曲线花纹。鹿长70厘米，高30厘米。岩画时代为青铜时代。人面像组图岩画刻在一块巨石上，为三个人面头像，表情各异，呈三角形排列。

白岔河岩画群岩画有奔鹿、狩猎、人面、舞蹈、天体星宿以及一些关于生殖崇拜等内容，以动物和狩猎岩画最具特色；西拉木伦河岩画主要有奔鹿、人面像等；砧子山岩画内容主要为奔鹿、虎、豹、骑者等。

克什克腾岩画的制作方法有凿刻、摩刻、绘制、敲砸以及金属利刃刻划，数量众多，风格迥异，从岩画的题材、创作手法等分析，为不同历史时期所遗留，时代涵盖新石器时代、青铜时代至早期铁器时代及秦

栅子店岩画·人面像、马、符号组图（东—西）

胡角吐岩画远景

栅子店岩画·鹿、山鸡、符号组图（南—北）

蝴蝶沟岩画·群鹿图（西—东）

永兴岩画·狩猎图（南—北）

汉、隋唐时期，以青铜时代为主。

克什克腾岩画群内容丰富，题材多样，有祭祀崇拜、放牧狩猎、舞蹈娱乐等画面，这些岩画历时久远，反映了古代人类社会经济、宗教信仰、意识形态等诸多方面的内容，对研究该地区古代先民的生产、生活、宗教、天文、艺术等都具有很高的参考价值。

山前岩画·射猎图（南—北）

曼德拉山岩画

Madela Mountain Rock Paintings

撰稿：胡春柏　孙斯琴格日乐；摄影：范荣南

曼德拉山岩画位于内蒙古自治区阿拉善盟阿拉善右旗曼德拉苏木呼德呼都格嘎查西南约13.6公里的曼德拉山上，东南距曼德拉苏木政府所在地约14公里，西南距旗政府所在地约200公里。"曼德拉"系蒙语，汉语意为"腾飞、升起"之意。曼德拉山属雅布赖山系东南端，山体呈西北—东南走向，东西长约6公里、南北宽约3公里，南望戈壁草滩，北依雅布赖山余脉。2013年，曼德拉山岩画被国务院公布为第七批全国重点文物保护单位。

岩画群分布在东西长6公里、南北宽3公里的黑色玄武岩脉上，共发现保存较好的岩画4200余幅。画面以写实为主，也有抽象的艺术作品。造型技法主要有凿刻、磨刻、线条刻三种，其中凿刻法使用最广泛，沿用时间也最长。构图元素以动物图像为主，有马、鹿、野牛、骆驼、盘羊、岩羊、黄羊、北山羊、狐狸、狼、犬、虎、豹、鹰、龙等，也有植物、男女骑者、舞者、弓箭手、巫师、寺庙、塔、车轮、帐幕、手形、古藏文、几何形图案、符号等。这些要素有机地组合起来，共同构成了曼德拉山绚丽多彩的艺术画卷。画幅大小不一，既有构思严密、布局精巧的

聚落图

大幅画作，也有似随性为之的一株孤草、一只山羊。题材包括狩猎、放牧、出行、征战、祭祀、村落、杂技表演、动物交配、人类自身的繁衍生息等多种，散发着浓郁的北方游牧民族文化气息，生动形象地描绘了我国古代北方游牧民族生产、生活、宗教信仰、意识形态等诸多方面的内容。

狩猎和放牧是曼德拉山岩画最为常见的主题，有的表现猎人骑马弯弓待发的场面、有的描绘驰马围猎的场景、有的着重体现猎人勇武的精神面貌。牧人或徒步或骑马，放牧的对象以羊、驼、马、鹿为主。作画者深谙此道，虽然有些只是寥寥几笔，却能将画面的动感十足地表现出来，把骑者刻画得栩栩如生、跃然于山石之上。雄鹰不过一两只，却也展翅于飞；一人一驼的杂技表演，却也惟妙惟肖；一两个骑者，却也扬鞭策马；一弓一箭，却也蓄势待发。

场面宏大的放牧图、狩猎图、聚落图是曼德拉山岩画的经典之作。其中最为精美的一幅放牧狩猎图长145厘米，宽120厘米，画面十分饱满，绘有图像百余个，排列

放牧图

放牧狩猎图

征战图

鹿群、羊、鹰图

狩猎、格斗图

紧凑，写实性较强。梅花鹿、麋鹿都刻画出精美的鹿角，骑者散列，岩羊、盘羊、北山羊成群，猎人执弓搭箭，雄鹰展翅翱翔，再现了草原的勃勃生机。聚落图长142厘米，宽124厘米，绘于一块较大石面的东侧。画面居中是一座高大的帐篷，左右两侧成排分列着小帐篷。其中左侧分上下两排，上排三个，下排四个，大小相差不多；右侧分上中下三排，上排一个，中排三个，下排五个，大小有明显差异。在大帐篷之内和小帐篷之间多绘有或坐或立的人物，姿态各异。盖山林先生认为这幅岩画再现了这一带聚落形态的整体状况。有学者认为，这幅岩画中的帐幕全用木杆搭成，立杆多寡不一，从其结构看，与大兴安岭深山老林之中鄂伦春人的原始住屋斜仁柱（俗称"撮罗子"）十分酷似。

盖山林先生曾把阿拉善右旗比作一块大的画布，哪里有适于作画的岩面，哪里就有岩画。曼德拉山岩画分布范围之广、数量之多、内容之丰富、风格之鲜明、题材之多样、画面之清晰、艺术造诣之精湛，不仅在阿拉善右旗，甚至在内蒙古草原岩画和世界岩画体系中都占据着重要的地位，它揭开了在这里居住过的各民族荒古时代及其连续性的篇章，同时也提供了古代游牧人审美艺术的典范。

关于曼德拉山岩画的年代，盖山林先生在《中国岩画学》一书中将其分为五个时期。第一期是新石器时代的作品，第二期为青铜时代，第三期是北朝至唐代，第四期属于西夏时期，第五期为元明清的艺术作品。这些岩画以艺术的形式记录了曾经生活在这里的诸多北方游牧民族生活的现实世界和精神层面，具有较高的艺术观赏价值和历史研究价值，堪称世界岩画宝库中的稀世珍品，被誉为"曼德拉山岩画走廊"和"美术世界的活化石"。

阿尔寨石窟

The Aerzhai Grottoes

撰稿：侯俊　李婉琪；摄影：杨泽蒙　甄自明

　　阿尔寨石窟位于内蒙古自治区鄂尔多斯市鄂托克旗阿尔巴斯苏木呼都格村东2公里，距旗政府所在地乌兰镇西北约130公里。地处阿尔巴斯山中，是鄂尔多斯高原与黄河河套地带的交接处。地理坐标为北纬39°52′，东经109°16′。乌兰乌素河在阿尔寨东南流过。

　　阿尔寨石窟俗称百眼窑，阿尔寨蒙古语是"隆起的"、"平地突起的"之意，蒙古人也称"阿尔寨乌兰乌苏"、"阿尔寨乌里雅苏"、"阿尔寨阿贵"等。阿尔寨石窟寺区属构造剥蚀低缓丘陵地貌，高度在1416～1460米，阿尔寨山是一座孤立突起红色砂岩山岗，整体呈桌形，顶部较为平坦，四周为陡峭岩壁，平面形制不很规整，东西长约200米，南北宽约70～90米，靠西端向北延伸出一条长约70米的窄长山嘴。

　　在阿尔寨四周砂岩陡壁上雕凿有67座石窟、26座浮雕石塔，山顶有6座建筑基址，山南坡有2座蒙古包基址。

　　67座石窟中有43座保存较为完整，没有完工的有4座，其余的被风沙掩埋或坍塌。南壁石窟最多，其次是西壁，北壁和东壁石窟分布稀疏，北壁的56窟和东壁的57窟之间有53米的壁面未开

石窟远景

浮雕佛塔

石窟近景

蒙古族丧葬图

凿。南壁石窟在壁面上多分上、中、下三层布置，其余壁面多为一层或二层布局。

按石窟的面积大小，分为大、中、小三种规模。大型石窟1座，编号第19窟，平面为长方形，面积约30平方米。中型石窟数量较多，四壁均有分布。洞窟平面一般为方形，边长大约在4.5米左右，面积约20平方米，高2.5~3米，四壁和顶部一般绘有壁画。小型石窟数量多，分布在山体四周。洞窟为前后室结构，面积在10平方米左右，进深4~5米，高1.5~2米。洞内无佛龛，壁画和榜题较多。

阿尔寨石窟中保留大量壁画，现存有1000余幅。内容丰富，以佛教题材为主，佛像、天王像、明王像和佛经故事，以及僧侣是壁画常见形象，有中原传入的汉传佛教显宗内容，也有西藏传入的藏传佛教密宗内容。密宗中的红教、黑教、白教、花教和黄教等各大派别教义在壁画中都有所体现，这里是密宗各大派别（萨迦派、宁玛派、噶举派、格鲁派）的汇集地，也有藏民族最早信仰的苯教的壁画内容。另一类壁画为世俗画，有祭祀、丧葬图、舞乐、供养、礼佛和自然风光、宫廷帐房等画面，反映了北方古代民族的历史事件、宗教活动、礼俗礼仪和生活场景。绘于第31窟门内左侧的成吉思汗家族受祭图，场面宏大，大小人物百余人，成吉思汗及其皇后和儿子坐于白色高台之上，接受蒙古贵族和广大民众崇拜。壁画布局多样，有环状长卷分格式（单尊独幅排列式、单尊连续性排列式、散点透视全景式）、中心肖像式、网格式、龛式、汉地山水画式、回环式等。线描勾勒不拘一格，分为阳刚豪放的铁线描、精细的高古游丝描、飘逸潇洒的兰叶描和水墨山水画般的意笔描。壁画颜料种类有矿物质、植物质和土质三种，色泽经久不变，灿烂如新。用色体现了佛教特色和民族特色，藏传佛教偏爱的绿、黑、白、红色，西夏党项族喜好的石绿色，以及蒙古族常用的蓝、绿色彩都在壁画中得以充分体现。壁画中佛、菩萨、度母、罗汉、护法金刚、天王等神佛造型忠实于佛说造像量度经法度的规范，大成就者、萨迦派五祖八思巴国师、成吉思汗黄金家族、大汗忽必烈及其家族等现实人物造型强调现实主义的写实特征及个性化表现。

在阿尔寨山四周开凿石窟同时也在崖壁上雕刻石塔，共计26座，其中25座为覆钵式，1座为楼阁式。覆钵式塔大小不等，最高约6米，最小的仅0.1米。分为两种，一种覆钵上无龛，一种覆钵上开凿壁龛。楼阁式塔高1.6米，13层。

阿尔寨石窟榜题有回鹘蒙古文、藏文、梵文等，其中回鹘蒙古文数量多，藏文和梵文数量少。陆续在阿尔寨石窟中出土的文字资料多为手写和木刻的蒙文和藏文经书，有的带有明显火烧痕迹。

阿尔寨山顶平坦，分布6处建筑基址，有被火焚烧的痕迹。现地表残存的古建筑基址墙体用石块垒砌，最大残高约1米。地表散布砖、石、瓦当、板瓦、筒瓦等建筑构件和青花瓷片，还发现有模印回鹘蒙古文六字真言青砖。琉璃瓦有绿色和黄色两种，瓦当多见兽面。从遗物分析，山顶庙宇建于元代，明末被烧毁。山顶东南角有1座敖包，用碎石块和卵石垒砌，是当代蒙古族祭祀场所。

在阿尔寨山南坡平坦之地分布2座蒙古包基址，由灰色砖铺成。蒙古包基址呈圆形，直径3.55米。2000年鄂尔多斯博物馆在基址上发掘出1本寺院账簿，用蒙古文书写，记录了施主们献给阿尔寨石窟寺的牲畜头数。

阿尔寨石窟是内蒙古地区现存规模最大的石窟群，洞窟达67座，保存较完整就有43座，石窟数量之多在内蒙古草原绝无仅有，对于研究内蒙古地区乃至中国北方地区石窟寺的发生、发

28号窟藏传佛教密宗图

31号窟西夏舞乐场面

展具有十分重要的意义。

石窟延续时间长，虽然开凿时间还不确定，但兴盛时期经历了西夏、蒙元时期，至明代石窟和相关寺院还在延续使用，最终毁于明末战火。阿尔寨石窟的下限的确定，突破了中国石窟开凿于十六国、而终于元代的传统观点，在鄂尔多斯草原北元时期（明代）继续开凿石窟，藏传佛教依然盛行，把中国北方开凿石窟的历史向后延长了两个世纪之久。

石窟形式多样，以佛殿窟为主，还有少量中心柱窟和僧房窟；佛龛样式兼具汉式和藏式，对研究我国北方西夏、蒙元时期石窟具有不可替代的学术地位，尤其明代时期（北元）开凿的石窟，填补了我国北方这一时期石窟开凿的空白，意义重大。

尽管石窟中的塑像不存，但保存1000余幅的壁画，汇集了汉传佛教和藏传佛教图像，尤其是藏传佛教密宗汇集地，再现了藏传佛教在内蒙古地区流传的历史画卷。具有浓郁民族特色的世俗壁画，内容广泛，包罗万象，是研究西夏、蒙元、北元时期历史、宗教、文化、艺术、民俗等弥足珍贵的形象史料。壁画的表现艺术技法以藏式为主，也兼有鲜明的汉式风格。

石窟中回鹘蒙古文榜题数量多，是发现最多的一处回鹘蒙古文遗迹，保留的古蒙语词汇和书写格式，以及具有不同时代特点的几种书写方式，是研究元代至北元时期中古蒙古语文发展历史的珍贵文字史料。回鹘蒙古文、藏文和梵文并存，反映了古代不同民族文化交流的历史状况。

阿尔寨石窟被誉为 "草原敦煌"，有重大的历史价值、学术价值、艺术价值、宗教价值和文化价值，是研究中国北方草原石窟不可缺少的资料。

2003年，阿尔寨石窟由国务院公布为第五批全国重点文物保护单位。

蒙古贵族受祭图

31号窟西夏舞乐场面

回鹘蒙古文、藏文榜题

31号窟供养菩萨

真寂之寺石窟

Grottes of zhenji Temple

执笔：宋国栋；摄影：左利军

　　真寂之寺石窟位于内蒙古自治区赤峰市巴林左旗林东镇南20公里的一个箕形山谷中。山谷周围圣水、别楞、桃石三山鼎立，其中桃石山海拔670米，崖壁陡峭，十分险峻，石窟即开凿在桃石山东南面陡壁上。石窟前是清代续建的砖木结构的藏传佛教寺院"善福寺"，当地人俗称"后召庙"。1974年修缮善福寺顶盖时，在中窟上方峭壁上发现阴刻"真寂之寺"四字，由此得知该石窟开凿时的题名。真寂之寺周围绿树成荫，景色秀丽，人文景观和自然景观珠联璧合，目前已成为当地著名的旅游风景区。

　　善福寺在"文革"期间遭到拆毁，后来经过多次修缮，使旧貌得以重现。善福寺大殿面阔七间，进深三间，南北长22.5米，东西宽5.7米，采用九脊歇山式屋顶，加之青砖灰瓦，显得古朴庄重。大殿没有后墙，直接依附石窟而建。石窟现存最佳者共三窟，分别为南窟、中窟、北窟，窟内均有造像和浮雕。中窟规模较大，面阔6.5米，进深5米，高约2.5米。窟内正中为释迦牟尼涅槃像，头向南，直肢侧卧，薄衣赤足，造型浑厚，神态安详。三世佛立于身后，观音地

真寂之寺石窟全貌

石窟局部（南—北）

藏二菩萨分立两侧，佛像旁有弟子十五，俱做悲哀状。南、北、西三面石壁为半浮雕之千佛像，北壁上段8尊，中段7尊，下段11尊，西壁上中下三段各18尊，南壁上中下三段各10尊，共计111尊，均高约50厘米，形态各异。由于外表为近代彩画，面目失真。

南窟有长约1米的甬道，窟室略呈方形，长宽各约为3.5米。窟门外两侧各雕有天王像，高约1.8米，面目狰狞，足着长靴。墓室正中供奉一座高约1.55米的释迦佛坐像，左前方是文殊菩萨像，高1.1米，骑坐于狮背，狮高约1米，右前方为普贤菩萨，高1.1米，骑坐于象背，象高约1米。

"真寂之寺"题刻

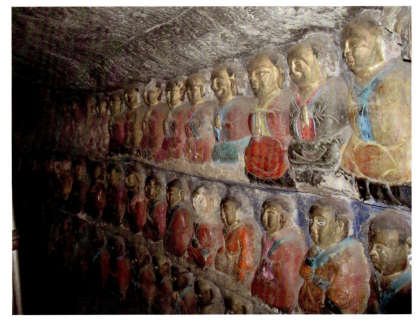

石窟局部　　　　　　　　　　　　　　　　　　　石窟局部

　　北窟开凿于高于中南两窟约2米的岩壁上，可以从佛殿北部攀石级而登。窟分内外两室，两室相通，外室的布局和造像与南窟相同，只是面积略小。外室略呈长方形，面阔2.5米，进深2.4米，正中雕高约1.5米头戴佛冠的释迦牟尼佛像。佛前两侧分立普贤菩萨和文殊菩萨，菩萨像高1.2米，象高0.9米，狮高1米。南北壁上是护法天王像，高约1.9米，头戴盔，身穿铠甲，高大威猛，神态威严。石像均经金代彩塑，但仍可窥知其原型。内室雕塑全为浮雕像，造型非常优美。正中雕以佛像，高约1.1米，佛两侧有弟子像、菩萨、供养人、天王像各一尊。弟子像双手合十，高约1.1米。菩萨像头戴宝冠，面部庄严，宽衣凝立，高约1.3米。供养人跪于弟子像前，双手捧供物，高约0.8米。天王像刻于左右两壁，分别持剑、杵而立，高1.6米。浮雕像大致保存完整，雕像造型雄浑，富有地方特色，是非常珍贵的辽代雕刻作品。

　　佛教在辽代社会占据着重要地位，由于皇亲贵戚的大力支持，普通民众的虔诚追随，使得辽朝全社会形成了一种佞佛现象，从而为今人留下了大量佛教遗迹。辽代石窟艺术作为辽代宗教文化的一种载体，是在中原佛教文化发展基础上的借鉴和继承，它融会了中国绘画和雕塑的传统技法和审美情趣，包含了宗教、艺术、社会、文化、哲学思想等诸多内容。真寂之寺石窟是我国保存最好的辽代石窟，具明显的时代特征和民族风格，这些浮雕像保存基本完整，其造型雄浑，体现了时代风格和地方特色，反映了当时的社会现实风貌，是非常珍贵的辽代文化遗产。

　　真寂之寺石窟至今仍在继续发挥着宗教职能。当地每年都会开展庙会活动，平时各地的信众、游客也是络绎不绝，使真寂之寺石窟成为集宗教、旅游于一体的著名宗教圣地和旅游景区。

　　2006年，真寂之寺石窟被国务院公布为第六批全国重点文物保护单位。

广化寺造像

Statues of Guanghua Temple

撰稿：刘丽娜；摄影：王兰柱

广化寺俗称喇嘛洞召，位于内蒙古自治区呼和浩特市上默特左旗毕克齐镇北七公里的深山之处，是呼和浩特地区较早的佛教发源地之一。喇嘛洞召三面环山，南面宽阔，视野开阔。银洞矗立在北方，山势较缓，横亘于寺东，山间松柏疏密有致，狮子背耸立于寺西，山势陡峭，奇峰突起，满山青松。寺西北数十里，有险峻的金銮殿山峰。

喇嘛洞召始建于明末清初，起初是由僧人博格多察罕喇嘛依山开凿石窟，坐禅修行。随后是道宝佃齐·赤列札木苏，他继法座30年，在坐床期间，修建了一座面阔五间的寺庙，这就是广化寺的最初规模。1658年（顺治十五年），赤列札木苏的弟子吹斯嘎巴继承法座，另建了一座九开间的大佛殿。1783年（乾隆四十八年）又再一次扩建寺院，增修佛殿、佛像后奏请皇上赐名，1784年（乾隆四十九年）由乾隆皇帝钦赐满、蒙、汉、藏四体"广化寺"寺名。

根据《古丰识略》记载："广化寺在西山沟内，距慈寿寺二十里。旧为成平广寺，康熙五十八年移建于此，乾隆四十八年增修，奏赐今名，额设达喇嘛。"根据《呼和浩特文史资料》记载："广化寺规模较大，由前后两寺组成，后寺由博格达喇嘛的徒弟在1658年（顺治十五年）根据博格达坐禅的山洞扩建而成，为三层佛阁，内塑坐佛一尊，高约三丈。坐佛左下侧有一洞

喇嘛洞

重修喇嘛洞碑记

穴，其深度不知几许。寺前有石阶124级，东侧悬崖上有不同规模的摩崖造像多尊。前寺建于1719年，扩建于1783年，共四进殿堂；天王殿三间，内供四天王；大经堂49间，楼两层，每层七楹；大雄宝殿25间，供三世佛，大殿檐前悬挂蒙、满、藏、汉四种文字金字匾额；二殿为欢喜佛殿；东西八角楼供十八罗汉及观音菩萨。各殿佛像均为铜铸，工艺高超，栩栩如生，为其他召庙所无。寺内各殿小铜佛及藏、蒙文经卷甚多。佛爷府位于前寺东北，后寺之前的山脚下，为历代活佛居处之所。"

银洞洞宽13.1米，洞高33米，深度13.1米。在银洞内右侧踏上两级台阶后有一处禅窟。银洞内年代最早的是禅窟，此禅窟窟门高约96厘米，宽约67厘米，深度不详。银洞窟门的右侧有一尊高约两米结跏趺坐的释迦牟尼深浮雕造像，佛像着右袒袈裟，佛座为莲花座，面部风化不清，手印为触地印，佛足雕刻较大，肉髻高耸，为葫芦状，面部有白毫，两耳风化不清。洞窟外左右两侧为高耸的崖壁，崖壁上雕满了深浮雕的佛像、四臂观音、喇嘛塔、咒语等。左侧崖壁共雕有佛教造像39尊，右侧崖壁共雕有佛教造像17尊，两侧的石刻喇嘛塔共34座。

摩崖石刻两侧的佛教造像风格基本是，佛像有身光和背光，顶有肉髻，葫芦状，佛像面庞平坦而宽，两颊比较丰满，显得有些臃肿，嘴角有一丝的微笑，双眼小、略斜视；躯体宽肥，四肢粗壮，两肩浑圆，肌肉饱满，上身明显大于下身；造像雕有一双大脚，佛着袈裟，无饰物，袈裟的式样和表现手法是右肩反搭袈裟边的形式，这是典型的汉地流行的袈裟式样，从元朝后期开始使用，明朝时这种

喇嘛洞摩崖佛造像

喇嘛洞后寺

喇嘛洞摩崖造像

喇嘛洞后寺八角楼

喇嘛洞前寺

喇嘛洞摩崖造像

喇嘛洞摩崖造像

式样的袈裟普遍使用，衣纹采取中原传统的写实手法表现，看上去比较真实，佛像胸前和腿部均有衣纹；佛座全部是莲花座，一层仰莲座，莲瓣饱满丰硕，上面有垫。整个摩崖石刻造像保存得较好。广化寺的佛教建筑，建国初期保存得基本完好，但在"文化大革命"中把原有古建筑地上部分拆除，现仅存银洞和银洞两侧的摩崖石刻佛教造像。

喇嘛洞召现存的摩崖石刻造像属于明代的佛教造像特点，充分展示了明末的佛教造像特点，也反映了蒙古民族的审美观，是漠南蒙古造像的代表之作，为我们研究明末清初呼和浩特地区佛教造像雕刻艺术提供了宝贵的实物资料。喇嘛洞召的摩崖石刻的佛教造像既有藏式特点，又有汉式艺术特点，同时融入了蒙古民族的特点，反映出清朝开放的民族政策，使得漠南地区民族大融合、大聚居，他们共同生活，创造出了灿烂的召庙文化，对于研究佛教艺术、修缮寺院、修复壁画有重要的指导意义。该寺院虽不是七大召之一，但是它的影响仅次于大召、席力图召和小召寺，在呼和浩特地区佛教史上占有重要的地位。

1992年10月喇嘛洞召被公布为呼和浩特市文物保护单位，2006年9月被公布为内蒙古自治区文物保护单位。2013年5月，广化寺造像被国务院公布为第七批全国重点文物保护单位。

远景图

内蒙古自治区
全 国 重 点 文 物 保 护 单 位
（第 一 至 七 批）

近现代重要史迹
及代表性建筑

内蒙古中东铁路建筑群

The Midde East Railway Buildings in Inner Mongalia

撰稿：马晓丽；摄影：马晓丽

中东铁路是1896年清朝政府与沙皇俄国签订《中俄密约》后，1998年开始由俄国在中国东北地区修筑和经营的一条铁路，原称东清铁路或东省铁路。中东铁路主要以沙俄建筑为主，由满洲里经哈尔滨到绥芬河是中东铁路干线，全长1480多公里；由哈尔滨经长春到大连是中东铁路支线，称南满铁路，全长940多公里。1903年7月，中东铁路全线通车，并开始正式营业。日俄战争(1904年)后，沙俄把南满铁路的长春至大连段转让给了日本。自1920年东清铁路始称中国东方铁路，简称中东铁路或中东路，长春以北段由中苏共同经营。1935年3月，苏联把中苏共同经营的中东铁路作价卖给了日本。1945年8月，中东铁路改称中国长春铁路，由中苏共管。1952年12月31日，结束中苏共管，中东铁路完全由中国收回，归中国所有。中东铁路作为世界近代铁路工业的文化遗产，具有极其珍贵的历史价值、工业价值。

满洲里是中东铁路入境首站，原本无名，俄罗斯人以满洲利亚命名，逐沿用之，俄语"满洲利亚"译为汉语为"满洲里"。

沙俄政府视满洲里为东亚之窗，深感其重要性，于1904年制定大规模建设满洲里计划，以车站为中心，向四个方向辐射，修建了大批的铁路员工宿舍、公寓；构建了驻华领事馆、工程师公寓、哨所、监狱、教堂、医院、学校、俱乐部、运动场等设施，到1908年时已初具城市规模。满洲里因铁路而兴，因口岸而旺，市区内的近代建筑大部分保留至今，成为现在的满洲里中东铁路建筑群，属于近现代重要遗迹及代表性建筑。

满洲里中东铁路群共计35处，其中哥特式建筑1处，俄

中东蒸汽机车水塔近景

满洲里木刻楞

式木刻楞建筑16处，石砌建筑为13处，砖木结构二层楼房3处，水塔2座，总占地面积约为4万平方米，2005年被批准为满洲里市文物保护单位，2006年被内蒙古自治区人民政府批准为内蒙古自治区文物保护单位，2013年被确定为第七批全国重点文物保护单位（作为扩展项目归入第六批全国重点文物保护单位——中东铁路建筑群）。

牙克石市博客图镇作为中东铁路线上的重要节点，中东铁路博克图段工业建筑群建于清代，沿用至今。工业建筑群由兴安岭铁路隧道、兴安岭螺旋展线、隧道坐标点石碑、百年机车库、蒸汽机车水塔、百年段长办公室六部分组成。

兴安岭螺旋展线位于博客图镇境内，为国家一级铁路，螺旋绕行7.058公里进入兴安岭隧道，是中东铁路滨州线的重要组成部分，始建于1901年，1904年正式通车，2007年9月停止使用。

中东铁路在牙克石境内沿线具有百年历史的建筑和各类文化遗存，构成由铁路串联起来的一道文化景观线，见证了百年铁路的历史风云，成为珍贵的历史文化遗产。随着滨洲铁路兴安岭复线的贯通投入使用，螺旋展线及其部分附属设施已停止使用。

经过文物部门近几年对中东铁路建筑遗址群的挖掘整理，目前在内蒙古自治区境内发现的中东铁路遗址群中，以扎兰屯市境内数量最多，保存最完好。扎兰屯市中东铁路建筑遗址共有100处，其中在扎兰屯市区内有51处。至今扎兰屯市区还保留着中东铁路遗址群原有5横5纵的街区风貌，功能齐全，城市基础设施基本完备，具有较高的历史、科学、艺术和社会价值。这些建筑主要以田园风格、花园式的独立建筑为主，

伪满洲国某株式会社造渣石漏斗车

蒸汽机车

具有较纯正的俄罗斯风格。近几年，扎兰屯市政府加大对重点文物保护单位的抢救、维修和保护工作，相继完成了中东铁路俱乐部旧址、沙俄森林警察大队旧址、内蒙古人民自卫军骑兵五师司令部旧址、中东铁路卫生所旧址、六国饭店旧址、铁路俱乐部旧址、吊桥、铁路车站办公楼等公共建筑的重点维修保护工作。利用遗址群中老建筑先后建设了呼伦贝尔市中东铁路博物馆、扎兰屯市历史博物馆、伪兴安东省历史陈列馆，修复了铁路俱乐部、六国饭店和铁路卫生所等，铁路俱乐部成为中东铁路博物馆2号馆，六国饭店已经运营，铁路卫生所成为根艺苑。博物馆与遗址群融为一体，博物馆把各文物点贯穿其中，起到了集中展示、全面了解中东铁路历史乃至扎兰屯历史的作用，在这里再现历史文化，品味异国风土人情。

机车

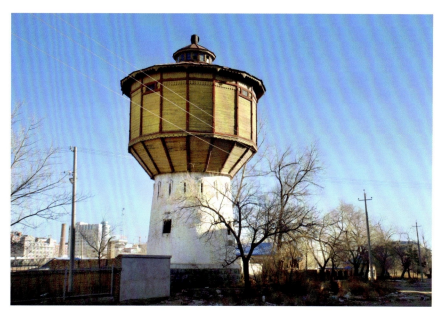

满洲里中东铁路水塔

兴安岭螺旋展线立体交叉式隧道

乌兰夫故居

The Former Residence of Wulanfu

撰稿：马晓丽；摄影：马晓丽

　　乌兰夫故居位于内蒙古自治区呼和浩特市土默特左旗塔布赛村，北依大青山，南临黑河畔。是20世纪初我国北方地区具有浓厚民俗特点的民居。故居包括正房、东西厢房、碾房、磨坊、粮仓房等20余房间。2006年重新修缮后对游人开放。整个建筑有故居原貌、展室、书画厅、音像厅、碑墙、怀泽厅、停车场以及乌兰夫家碾打、晾晒粮食的场面和乌兰夫童年时玩耍的芨芨滩等。总占地面积20亩。

　　乌兰夫少年时代在新思想、新文化的影响下，积极投身反帝爱国运动，1929年6月，中国共产党派乌兰夫从莫斯科回到反动势力猖獗的内蒙古西部地区开展地下斗争。抗战爆发后，乌兰夫任蒙旗保安旅（后改编为国民革命军新编第三师）政治部代理主任、中共地下党委书记时，同友军战斗在鄂尔多斯高原及延安地区。1945年8月抗战胜利后，乌兰夫受党的委托从延安回到内蒙古地区开展民族民主自治运动，创建了在中国共产党领导下我国第一个少数民族自治政府。

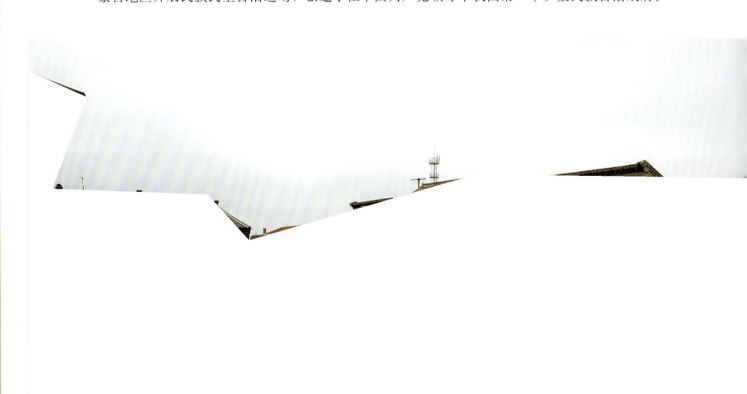

故居院内

纪念馆展室

自治政府成立后，乌兰夫主持内蒙古工作近二十年中，使内蒙古的农、林、牧业生产稳步发展，乌兰夫任中共中央统战部部长、全国人大常委会副委员长、全国政协副主席、国家副主席等重要职务期间，为促进各民族共同繁荣，健全民族区域自治制度，为发展同世界各地的友好关系做出卓越贡献。

乌兰夫故居是呼和浩特市重要的红色文化景点，也是当地重要的文化资源。

2006年，国务院公布乌兰夫故居为第六批全国重点文物保护单位。

故居

"独贵龙"运动旧址

The "duguilong" Movement Site

撰稿：李丽雅；摄影：白庆元

"独贵龙"运动旧址位于内蒙古自治区鄂尔多斯高原西南部乌审旗嘎鲁图苏木政府所在地，距旗政府所在地达镇以北18公里。

"独贵龙"运动旧址嘎拉图庙是席尼喇嘛领导人民群众进行革命活动的主要根据地，初建于1663年，曾三拆四建，是广大牧民背井离乡、颠沛流离、生活在水深火热之中的见证者，也是封建势力勾结土豪劣绅大军阀血腥镇压"独贵龙"运动的见证者。"独贵龙"运动旧址嘎拉图庙，位置较高，不仅自然侵蚀小，而且人为破坏程度也很小，但遗址由于年代久远，长年风吹日晒，建筑材料老化等原因，部分墙皮开始脱落，并出现漏雨现象，近年来苏木政府采取了一系列补修措施，现保存基本完好。嘎拉图庙革命遗址共分三个陈列室进行文物存放和展出，主要以图文并茂，蒙汉两种文字介绍有关席尼喇嘛的生平和"独贵龙"运动。

1986年公布为内蒙古自治区文物保护单位。2006年5月25日被国务院公布为第六批全国重点

全景

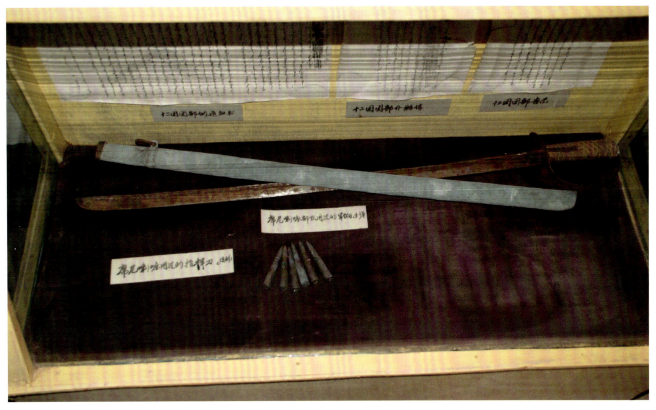

藏品展示

牌匾

文物保护单位。

席尼喇嘛，名乌力吉吉尔嘎拉，是"独贵龙"运动主要领导人。他以嘎拉图庙作根据地，发动广大牧民群众，组织军队，展开了轰轰烈烈的反封建王公的武装斗争，并取得了多次胜利。1919年鄂尔多斯市（原伊克昭盟）封建王公出动大批军队逮捕了席尼喇嘛，关押在嘎拉图庙，施行惨无人道的刑罚。席尼喇嘛宁死不屈服，并用多种形式与敌人进行有力的斗争，于1921年胜利出狱。后在中国共产党的影响下，加入内蒙古人民革命党，被选举为中央委员。1926年组织内蒙古人民革命军第十二团，武装推翻了王公统治，建立公众委员会革命政权，多次击败前往镇压的国民党军，后被叛徒杀害。席尼喇嘛是杰出的"独贵龙"运动领袖，内蒙古人民革命党及内蒙古人民革命军创始人，第三国际优秀战士，中华人民共和国民政部核准的第二次国内革命战争时期的革命烈士，是一位革命的民族英雄。新中国成立以后，人民为了缅怀席尼喇嘛的革命业绩，在各级政府的关怀支持下，在嘎拉图庙兴建了席尼喇嘛纪念馆和纪念碑。

"独贵龙"运动旧址嘎拉图庙是"独贵龙"运动领袖席尼喇嘛的活动地，文物丰富、记载翔实、保存完好，是一处著名的爱国主义教育基地，具有很高的历史价值，对研究"独贵龙"运动的发展过程及席尼喇嘛这位民族民主解放运动的先驱具有十分重要的地位。

呼和浩特天主教堂

The Catholic Church in Hohhot

撰稿：刘丽娜；摄影：寇春标

呼和浩特天主教堂位于内蒙古自治区呼和浩特市回民区通道南街50号，东临清真北寺，是天主教在呼和浩特地区建立的规模最大的天主教堂建筑群。由比利时籍建筑师设计，天津工匠建造完成。它是基督教文化在呼和浩特地区传播的有力实证。

天主教和基督教在16世纪中叶和18世纪初传入中国，鸦片战争后获得了较大的发展。天主教在16世纪中叶传入内蒙古地区，19世纪60年代以后，天主教在内蒙古迅速发展，罗马教廷将蒙古教区划归比利时圣母圣心会管辖。当时的归化城（即现今呼和浩特市）是内蒙古中西部政治经济中心，教会对此地甚为重视，遂购地建堂，布道传教。

该天主教堂始建于1922年，1924年完工。其建筑格局是包括医院、孤儿院、修道院等在内的一整套建筑体系。现存圣母主教楼（东楼），建筑风格为罗马建筑形制特征。圣堂位于东面西侧，呈长方形平面，建筑面积600平方米，正立面窄于侧面，里面呈山字形，堂顶耸立，高约25米，面阔将近20米。圣堂内空间高20米，10根柱子分列两侧，室内并未采取欧洲教堂建筑尖拱空间处理方法，而是采取三角梁架结构。纵向柱间做拱券相连，柱与外墙体分作上下两层拱券，基

北立面

主教楼

于室内跨度大，因此在墙外加砌砖垛，垛下大上收承起戗柱的作用。圣堂立面中心部位凹进，两侧突出。两侧及中心各辟一券门，而以中心一门为大。门顶自中心上首逐次置以圆券玻璃窗，五孔，窗户高而窄为其特点。除此之外，墙体以中轴对称隐砌砖刻式装饰，具有一定装饰效果。屋顶为丁字形木构架，铁皮屋面坡度陡峭，四周设置花饰矮墙（女墙）排水，与我国传统建筑的立面处理迥然不同，整体效果肃穆、严谨。圣教堂东正首为圣座，圣座北侧供圣像、圣器，其绚丽多彩，给人以神秘的宗教色彩。东楼北面有高达30米的钟楼，楼梯为木制螺旋式，上有大小钟各一口，大钟造自欧洲，是圣堂的最高处。圣堂东北主教楼，两层砖木结构，东西长50米，1934年与主教楼又接建一幢楼房，结构式样与东楼大体相同，以后又在圣堂以东建了孤儿院，连同大门以北的正房、西房共计平方三十余间。天主教堂建筑几乎成为一个封闭的建筑组群，中为庭院。圣母教堂内的陈设在"文化大革命"时期遭到破坏，建筑物本体则相对保存较好。

基督教文化建筑对呼和浩特近代建筑产生了巨大影响，具体表现在建筑风格的西洋化、建筑类型的丰富以及新建筑材料和技术的应用三个方面。正确认识这些价值是研究呼和浩特近代建筑的基础，也是研究这个城市历史、建筑、文化和中西交流史的重要组成部分。

1992年10月17日，呼和浩特天主教堂被呼和浩特市人民政府公布为呼和浩特市文物保护单位；2006年，被内蒙古自治区政府公布为内蒙古自治区文物保护单位；2013年5月3日，被国务院公布为第七批全国重点文物保护单位。

侵华日军阿尔山要塞遗址

The Ruins of Arshan Fortress of the Japanese Army of Invaded China

撰稿：刘丽娜；摄影：王文

　　侵华日军阿尔山要塞遗址位于大兴安岭中段南麓，地处内蒙古自治区兴安盟阿尔山市西部中蒙边境中方一侧，包括要塞阵地、航空基地、后勤保障设施等，其中花炮台阵地、五岔沟机场、南兴安隧道碉堡及阿尔山车站，是侵华日军阿尔山要塞的重要组成部分。

　　阿尔山市日本关东军花炮台要塞遗址位于白狼镇境内，距离阿尔山市温泉街东南16公里处，因所在山上建有梅花状炮台而得名。花炮台阵地，分布在东南、西北流向的阿尔善河河谷地带，由日军指挥部、暗堡、观察所、车库、发电室、营房、防坦克壕、军犬舍、水井、薄铁加工铺、永久性工事和附属军事设施组成，或为钢筋混凝土结构，或为简易的土木结构。日军指挥部是花炮台阵地保存最为完好的一处，依山体走向挖山凿石而建，呈东南—西北走向，长170米，内设房间12处，每个房间27.5平方米。

　　五岔沟日本关东军军用机场位于阿尔山市五岔沟镇东南3公里处的一片平坦开阔的河谷地带，地势平坦开阔。整个机场占地46万平方米，有东西向跑道2条，飞机库、弹药库9个，地面掩体1个，另建有用于连接飞机库、弹药库和跑道的通道。跑道与飞机库、弹药库分处地面掩体两翼。跑道分布在最北边，长1500米，主要供各种日式战斗机、轰炸机、运输机起降停放。飞机

阿尔山车站主体建筑背面

阿尔山车站瞭望楼

五岔沟机场飞机库、弹药库外景

南兴安碉堡（正）

库、弹药库分布在最南边，共九组，一对一相配套，方向也一对一相向，大体呈S形排列，目的在于防止空中扫射与轰炸。飞机库外形为半椭球状，最高点——入口顶部距地6.10米，入口呈半圆形。飞机库可容纳零式战斗机3架，九六式E3M型轰炸机2架。地面掩体位于机场中央，外有馒头状封土，从掩体位置及结构看，它是用来指挥飞机起降和看护机场的。

南兴安隧道位于白（白城）阿（阿尔山）线兴温段，全长3218.5米，是内蒙古自治区最长的铁路隧道，隧道从岭下岩体中穿过。南兴安隧道为钢筋混凝土结构，至今仍在使用。避车洞、防寒门、排水沟、渗水井、遮断信号设施设备齐全。整个隧道东南西北走向，呈"S"形，占地面积288000平方米，为人字坡形顶，高大宽敞，护坡平整，气势恢宏。位于隧道东西入出口处，各修建了建筑面积600平方米、用于守护隧道的堡垒一座，为钢筋混凝土结构，呈扁圆柱体。碉堡共有6层，其中地下2层，地上4层，最顶层是瞭望楼，集守护、屯兵于一体，军事设施和生活设施齐全。

阿尔山车站，原名温泉站，通车后叫阿尔山车站。占地面积925平方米，面西背东，呈南北向排列，由南部的主体建筑和北部的一排平房组成，二者以木构长廊联系，是一座砖木石结构东洋风格的日式建筑，为日本宗教建筑与民居建筑结合的产物，是集交通、军事两大用途的综合体。主体建筑总面积为671.49平方米，共有三层六顶。

花炮台阵地、五岔沟机场、南兴安隧道碉堡、阿尔山车站遗址，在历史上未遭受人为和自然灾害的重大破坏。时至今日，除花炮台阵地的暗堡、观察哨、小车库、坦克库、营房遗址顶盖被损毁外，其他大多数遗址都保存较为完好，基本上保持了文物原有的规模和风貌。

阿尔山要塞是日本关东军侵华的重要罪证，是中华民族屈辱历史的见证，也是对广大青少年进行爱国主义和国防教育的实物教材。阿尔山要塞是侵华日军在中蒙边境地带建筑规模最大、保存最为完好的军事工程。在东北沦陷时期，日军侵略者对中国人民进行了残酷的政治、经济、军事、文化统治，犯下了滔天罪行。阿尔山要塞就是日本侵略者通过骗招和抓劳工的方式而修筑的。修筑和开凿这样庞大的军事设施，是数以万计的劳工用累累白骨筑就的，它是一部劳工血泪史，也是一部日本法西斯对人类文明的践踏史。这些遗址

五岔沟机场爱国主义教育基地碑

南兴安隧道入口

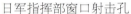

日军指挥部窗口射击孔　　　　　　　　　　　　　　五岔沟机场跑道

为对人民进行爱国主义教育和国防教育提供了实证，对提高中国人民的国防意识，深刻牢记"落后就要挨打"的教训，具有极其重要的意义。

1997年12月31日，五岔沟机场、南兴安隧道碉堡及阿尔山车站遗址被阿尔山市人民政府公布为市文物保护单位；2003年3月12日，花炮台阵地遗址被阿尔山市人民政府公布为阿尔山市文物保护单位；1996年5月28日，南兴安隧道、碉堡遗址、阿尔山车站被内蒙古自治区人民政府公布为内蒙古自治区文物保护单位；2006年9月4日，花炮台阵地遗址被内蒙古自治区人民政府公布为内蒙古自治区文物保护单位；2013年5月3日，侵华日军阿尔山要塞遗址被国务院公布为第七批全国重点文物保护单位。

巴彦汗日军毒气实验场遗址

Site of Japanese Gas Lab at Bayanhan

撰稿：刘丽娜；摄影：宏宇

　　巴彦汗日军毒气实验场遗址位于内蒙古自治区呼伦贝尔市鄂温克族自治旗巴彦托海镇马蹄坑嘎查境内，东西宽8.96公里，南北长13.1公里，面积110平方公里。遗址因处于巴彦汗山（蒙古语意为"富饶的最高山"）西部而得名，北与海拉尔区哈克镇相邻，与哈克站相距10公里；东北连巴彦嵯岗苏木，东南、西部与锡尼河东苏木接界；西、西北部与巴彦塔拉达斡尔民族乡接壤。

　　巴彦汗日军毒气实验场是日本关东军在中国东北地区设置的最大的生化武器试验场，同日本陆军省1943年制定的工事建筑标准中规定的工事形状制式完全一致。试验场土建遗构约有千余处，分布在约110平方公里的草原山丘上。根据生化武器试验的需要，日军在实验场构筑了形制各异的工事，主要有堑壕、交通壕、汽车和坦克掩蔽部，各种步兵作战掩体、土筑炮阵地、指挥所、大小牲畜及小动物实验坑、混凝土、碉堡和蓄水池及地下工事等30余种。试验场比较集中分布的有6处实验区，南部多为马蹄形单坑、交通壕及部分堑壕；北部多为能容纳汽

巴彦汗日军毒气实验场遗址标志碑

巴彦汗毒气实验场遗址内战壕

车和战车的大坑和马蹄形及其他形制的大坑；东北部是一片较大连片的堑壕、交通壕、能容纳汽车和战车的大坑、炮位阵地、步兵作战掩体等；西北部多为马蹄形步兵作战掩体，并在工事中间有均匀着弹点的炮弹坑，中部多为步兵作战掩体，东北部高地和西部高地实验场边缘地带分别筑有混凝土碉堡，蓄水池和地下掩蔽部；东南高地则是一个单独的连片实验工事群，有多种形制。其中，最引人注目的是一个位于小草坡上的圆形碉堡式残骸，内径约3米，壁厚30厘米，很可能是当年的实验观测站。如今依旧可见许多大小不等、形状各异的土坑——军事掩体，当年日军就是通过发射各类毒气弹来对藏在不同掩体内的人和动物进行杀伤力测试。

巴彦汗毒气实验场大部分保存完好，但在实验场西北部因为建立人工草场需要，约有1万亩草场的数百处工事被马蹄坑嘎查的牧民用推土机填平，围上了网围栏，播种了牧草。据当地老牧民介绍，在日军战败后，在巴彦汗地区曾发现过日军遗留下的木桩、铁器等物品，一些爆炸后的炮弹皮也被人们捡来用于制作刀具，将炮弹当作废铁卖掉、将炮弹壳镶上铁锹把用作榔头的现象时有发生。

巴彦汗日军毒气实验场遗址现由鄂温克族自治旗文物管理所管理，安全保卫工作采取政府牵头、文物工作部门与相关单位相互配合的工作机制。旗政府、乡、镇（苏木）和所在村（嘎查）相关单位以及具体管护人员，明确了职责，建立了组织严密、分工明确、管理高效的文物保护网络。

自2000年以来，哈尔滨社会科学院、日本战场遗迹学学者菊池实、伊藤后史和远藤纪子及中国日本问题著名学者步平等都曾对此进行实地考察研究，专家们一致认为：巴彦汗日军毒气实验场是目前发现的二战期间世界上最大的、也是目前保存最为完好的毒气实验场，是研究日本军国主义侵华史的重要资料，是控诉侵华日军侵略罪证的有力证据。同时是一处进行爱国主义教育的理想场所，是激发人们爱国热情的重要场所，

巴彦汗毒气实验场遗址内侵华日军指挥所

巴彦汗毒气实验场遗址内碉堡

对维护和平、反对战争具有积极的教育意义。

　　巴彦汗日军毒气实验场遗址于2005年7月5日被公布为鄂温克自治旗文物保护单位，2006年9月4日被自治区人民政府公布为内蒙古自治区文物保护单位，2013年5月3日被国务院公布为第七批全国重点文物保护单位。

百灵庙抗日暴动旧址

The Site of the Violence of the anti-Japanese at Bailing Temple

撰稿：王晓玲；摄影：董勇军

百灵庙抗日暴动旧址包括百灵庙（又称广福寺）和百灵庙抗日武装暴动纪念碑两部分。百灵庙位于内蒙古自治区包头市达尔罕茂明安联合旗百灵庙镇双塔街。

1936年2月21日驻扎在达尔罕贝勒旗（百灵庙镇）蒙古地方自治政务委员会（简称"蒙政会"）保安队千余名爱国将士，为了反抗日本帝国主义的侵略，在中共西蒙工委书记乌兰夫同志的领导下，由云继光、朱实夫等率领毅然脱离蒙政会，进行武装暴动。百灵庙抗日武装暴动彻底粉碎了日本侵略者推行的"征服中国必先征服满蒙"的罪恶阴谋。

广福寺建于清康熙四十二年至四十五年（1703～1706年）。由塔尔亲王重孙詹达固密主持兴建，因降袭达尔罕贝勒，当地又称"贝勒庙"。在抗日战争时期曾是日寇囤积大量武器、弹药的军械库（广福寺内的朝克沁殿）。1913年，北洋军阀与外蒙古军为控制内蒙古地区发生了争夺战后，国民党军队占领了百灵庙。1934年，以德王为代表的民族反动上层在百灵庙成立了"蒙政会"并组建了蒙古地方保安队。黄埔军校第五期毕业生、早年参加社会主义青年团、在北伐战争中担任过连长的云继先被聘为教官和保安处二科科长。中共党员、黄埔军校第四期毕业生朱实夫（朱世富）任保安处三科科长兼教官。不久，中共党员白海风也奉派到"蒙政会"保安处任职，从事地下工作。在"蒙政会"和保安队中做争取工作，宣传抗日。中共西蒙工委利用蒙旗保安队

重新装饰后的纪念碑

朝克沁殿

招兵之机，派共产党员和一些受党的影响富有爱国心、拥护党的主张的进步青年进入蒙政会。云继先、朱实夫他们训练出来的干部学生队队员，后来大半都成了保安队的军官。这些人在暴动中都发挥了突出作用。

　　1936年2月12日，在日本帝国主义的操纵下，德王在化德县嘉卜寺正式成立"蒙古军总司令部"，自任总司令，同时设日本顾问部，将其叛国降

百灵庙老照片

日的心迹公开付诸行动。这时，这里成为日寇妄图建立蒙伪组织的巢穴，驻有日本特务机关"善邻协会"、"大蒙公司"、"稽查处"等，著名日本特务山本、盛岛和小宾，都在这里潜伏，小宾21岁自日本士官学校毕业，不久即以喇嘛的身份，混入百灵庙喇嘛寺（广福寺俗名百灵庙），是一只披着羊皮的狼。那时国民党为了争取百灵庙，多次派人来百灵庙与德王商讨，而日本间谍也常活动于此，一时百灵庙成了各方的相争之地。中共西蒙工委也派出党员云清、赵诚等人，打入蒙旗保安队，做地下宣传争取工作。1936年春节，乌兰

百灵庙抗日武装暴动纪念碑

夫指出"德王投靠日本是民族的败类，是祖国的叛徒，德王公然在日本的操纵下搞起独立运动来，我们暴动时机成熟了，暴动一搞成，就能给敌人以沉重的打击"。

按照暴动计划，暴动将在2月22日23点半开始，但由于敌人的一些异常情况，云继光、朱实夫商量，决定提前24小时举行暴动，信号是手电筒朝前上方亮三次，口令为"火速"。2月21日正值腊月二十九11点半，教官云蔚和云继光、朱实夫3人按照预先的安排，分头行动。武装暴动队伍分兵五路，向德王的乌滂守备队、军械库（即朝克沁大殿）、稽查处看守所、电台、会计科发起攻击。22日凌晨二时，暴动队伍完成了各项任务后，在百灵庙南营盘集合，由云继先、朱实夫等率领向武川县方向进发。暴动队伍行至达尔罕旗黑沙图地方，便遭到蒙政会派来的汽车和骑兵的追袭。因雪大路滑，数小时后，追兵返回百灵庙。

1936年2月25日，起义部队在归绥市发表起义通电，揭露德王投靠日本的行为，阐明"在激于爱国热忱不背叛国家原则下，举行军事暴动，脱离德王"。

暴动队伍在二份子村修整时，傅作义部驻武川的孙兰峰421团，两个加强营借"慰问"之名，包围了暴动队伍，收缴了他们的武器。后该部队被拉到大青山南，改编为二个大队，分驻萨拉齐县水涧沟村和归绥市的三两村。后国民党中央给以"蒙古保安总队"的番号，任命云继先为少将总队长，朱实夫为副总队长。1936年9月，德王派亲信到暴动队伍驻地挑动部队一部分人策动哗变，枪杀了暴动领导人云继先，将部分人拉回百灵庙。关键时刻，中国共产党派云青、赵诚等党员重返该部工作，乌兰夫也参加到这支部队。不久，蒙古保安总队被改编为蒙旗独立旅，中共党员白海峰任旅长，移防包头附近。乌兰夫在部队的公开身份是代理政治部主任。

1937年10月，日伪军进犯归绥，国民党驻军不战而撤，唯有蒙旗独立旅从驻地固阳县，驰骋至归绥南郊，与日军、伪蒙军激战一昼夜，予敌以重创。1938年5月，扩建为新三师，在抗日战争中做出重要贡献。百灵庙抗日武装暴动队伍几经磨难，逐步壮大，参加暴动的志士们始终是这次队伍的主干力量。全面抗日战

《中央日报》发表文章《蒙政会科长云继先等率众脱离百灵庙》

国民党《大公报》发表文章 《云继先等离开百灵庙经过》

德王与日本人交谈

乌兰夫

云继先

云蔚

争以前，1936年11月至12月，在绥远抗战中，中国军队反击驻百灵庙日伪的战斗，百灵庙又是该战役的纪念地。

1989年6月，中国共产党内蒙古自治区委员会，内蒙古自治区人民政府为纪念百灵庙抗日武装暴动撰写了碑文，并在达尔罕茂明安联合旗百灵庙镇南端的女儿山顶，建抗日武装暴动骑兵群雕的纪念碑。纪念碑坐东面西，高25.8米，用大理石构筑的方形塔基上是抗日战士浮雕"群英图"。四蹄腾空，昂首向前的战马上一名战士高举战刀，威武雄壮。碑的主体是直立的长方柱体，两面分别用蒙汉文书写"百灵庙抗日武装暴动纪念碑"和纪念碑文。

2006年，百灵庙抗日暴动旧址被国务院公布为第六批全国重点文物保护单位；1997年，被命名为自治区爱国主义教育基地。

近现代重要史迹及代表性建筑

成吉思汗庙

Chengjisihan Temple

撰稿：李丽雅；摄影：李岩　孟托　高国庆

　　成吉思汗庙位于内蒙古自治区兴安盟乌兰浩特市五一街道办事处十五居委会98组兴安街大北路170号成吉思汗公园内。

　　成吉思汗庙始建于1941年，当时乌兰浩特地区沦为日本帝国主义的殖民地，各族人民生活在水深火热之中，在事关民族存亡的危难时刻，部分蒙古族知识青年提议在（乌兰浩特）王爷庙修建成吉思汗庙。通过纪念成吉思汗，增强民族意识、振奋民族精神、反抗日本帝国主义统治。这一倡导得到了蒙古社会各阶层的热烈响应和大力支持。通过捐款、义务劳动等形式，历经三年终于在1944年10月建成这座具有鲜明民族特色，雄伟壮观的庙宇，成吉思汗庙的建成，不仅使蒙古族人民有了纪念成吉思汗的神圣场所，而且在培育民族精神促进广大蒙古族青年走上抗日道路，促成内蒙古自治区政府成立等方面起到巨大作用。1996年5月28日，被自治区人民政府公布为第三批内蒙古自治区文物保护单位。2006年5月25日，被国务院公布为第六批全国重点文物保护单位。目前，成吉思汗庙是革命传统教育和爱国主义教育的重要基地，是展示民族团结进步的重要窗口，是蒙古族人民捍卫民族尊严、弘扬民族精神与日本帝国主义展开不屈不挠斗争的真实写照。

全景

主殿后侧远景

主殿近景

主殿内部

主殿内部天花板彩绘图案

　　成吉思汗庙由山门、围墙、庙务办公室、展厅、踏步台阶、主殿、侧殿、避雷设施、殿内壁画、箴言构成。占地面积56280平方米，建设面积14117.19平方米。成吉思汗庙造型雄伟壮观，具有独特的民族风格。正面望去像"山"字形，中间是高大的正殿，左右两侧连接着略小于正殿的两个偏殿。大殿建筑面积822平方米，平面呈长方形，坐北朝南，南偏东20°。庙顶分别有大小不一的九个尖顶，中轴对称，布局合理，庙塔系当地产花岗岩石，庙体由砖、水泥修筑，庙顶用蓝色的琉璃瓦镶嵌。正殿高28米，当中有16根粗大的红漆明柱，天花板绘有图案，大殿正中供奉着2.8米高、2.6吨重的成吉思汗全身塑像，英武刚烈、栩栩如生。正殿金碧辉煌，庄严肃穆。

　　东西侧殿高16米，两偏殿与正殿连廊相通，殿中墙壁210平方米的字画，由蒙汉两种文字书写，壁画真实展示民族英雄成吉思汗成长征战的历史。

　　成吉思汗庙四周有高2.8米、宽0.5米、长943米的围墙。结构是砖、混凝土，墙顶是蓝色的琉璃瓦帽。

苏勒德、山门远景

南墙正中建有绿色琉璃瓦顶的山门门楼，高10.38米，占地面积98.2平方米，三扇红漆大门居中。

1983年开始对整个群落进行了修缮，维修了东侧殿堂及庙务办公室，增修了成吉思汗庙山门至庙殿门的9组9级81个踏步台阶，增设了必要的旅游休闲服务设施。施工中严格按照文物保护要求进行，较好地保护了成吉思汗庙的原来面貌，1986年竣工。

成吉思汗庙建筑风格独特，建筑工艺十分考究，整个建筑是内蒙

山门近景

古大艺术家耐勒尔设计的。他巧妙地将蒙、汉、藏三种建筑风格有机地融为一体，充分体现了设计者聪明的才智和各族人民团结的设计理念。主、侧殿为混凝土建筑，梁架结构的交齿咬合上科学运用建筑力学的原理，充分体现了设计与构筑者思想的先进性与科学性。经过半个多世纪的岁月沧桑和历史变革，成吉思汗庙完好如初。在施工方面，建设者在当时背景下，凭着智慧的双手精心雕琢，在建筑衔接檐角雕刻、梁柱绘画、色彩运用等方面，既秉承了蒙、汉、藏各民族建筑特点，又顺应了时代发展的要求。因此，成吉思汗庙本身就是集历史与现代建筑艺术于一身极其生动的活教材，对启迪教育后人树立民族自信心、增强富民强国责任感，对实现中华民族的伟大复兴必将发挥极其重要的作用。

全景

中国共产党内蒙古工作委员会办公旧址

Site of the Office of Inner Mongolia Working Committee of the Communist Party of China

撰稿：刘丽娜；摄影：高国庆　李岩　孟托

中国共产党内蒙古工作委员会办公旧址位于内蒙古自治区兴安盟乌兰浩特市兴安北路14号。始建于1934年，1945年以前一直为伪满洲国兴安南省、兴安总省办公楼。该建筑结构系砖瓦结构，为二层起脊楼房，坐北朝南，一层面积为965.39平方米，二层面积为915.69平方米，总体建筑面积共计1881.08平方米，高11.7米，占地面积2356平方米。1946年初，中国共产党派张策、胡昭衡、方知达等同志到王爷庙（现乌兰浩特市）工作，组织中共东蒙工作委员会，曾在此楼办公。

1947年5月1日，中国共产党领导下的全国第一个少数民族自治政权——内蒙古自治政府在王爷庙成立。1947年6月14日，党中央批准成立内蒙古共产党工作委员会，乌兰夫同志任书记，方知达任秘书长，奎璧、刘春、克力更、王逸伦、王再天、哈丰阿、王铎、特木尔巴根为委员。自此，以乌兰夫同志为书记的中国共产党内蒙古工作委员会在此办公，直到1949年11月中共内蒙古工委改建为中共中央内蒙古分局并西迁至张家口为止。在此期间，内蒙古共产党工作委员会领导内蒙古各族人民进行了土地改革、牧区民主改革、剿匪斗争、支援东北解放战争、恢复和发展生产等工作。1949年12月，根据中共中央决定，撤销内蒙古共产党工作委员会，成立中共中央

旧址俯拍全景

旧址东侧全景

内蒙古分局，隶属中共中央华北局领导，乌兰夫任分局书记，机关驻地迁往张家口。1950年至1969年10月，内蒙古东部区党委和科尔沁右翼前旗党委先后在此楼办公。1969年10月，中国人民解放军第352医院使用此楼，1993年12月撤出。后交由兴安盟文物管理站使用和管理。

以乌兰夫同志为书记的中国共产党内蒙古工作委员会在此领导了内蒙古自治区的政权建设，军队建设、党组织建设和经济文化建设，完成了农村土地改革任务，对牧区的土地改革提出了符合牧区特点的政策，广泛地团结了各民族和蒙古族各阶层，为内蒙古自治区的繁荣发展奠定了坚实的基础。内蒙古中国共产党工作委员会办公旧址首先是中国共产党实行民族区域自治成功解决国内民族问题的历史见证。中国共产党在马克思列宁主义关于民族学说的指导下，结合中国革命斗争的实践，创造性地提出了一系列解决国内民族问题的理论。用实践证明了这一系列理论的正确性和可行性，同时，也为其他少数民族地区的解放斗争积累了成功经验。其次，它也是内蒙古团结发展的见证。内蒙古自治区的成立，结束了内蒙古东西分裂近三百年的历史，1949年后的内蒙古各族人民在内蒙古党工委的带领下积极发展生产，在农区进行了土地改革，在牧区实行了"三不两利"（即不分、不斗、不划阶级、牧工牧主两利）政策，积极参加和支援全国解放战争，有效地维护了社会的稳定，促进了生产和建设的发展。最后，这座办公楼也是中国共产党在内蒙古发展壮大、领导内蒙古革命和建设事业的重要见证。在中国共产党的正确领导下，内蒙古工委带领各族人民建立了内蒙古自治政府，内蒙古的历史翻开了崭新的一页。当时的内蒙古地区，百废待兴，工作千头万绪，内蒙古党委办公楼成了制定重大方针政策的中心。自治政府的主要领导人乌兰夫、奎璧、刘春、克力更、王逸伦、王再天、哈丰阿、特木尔巴根等在这里呕心沥血、夜以继日地工作。乌兰夫同志在这里提出的"三不两利"政策非常切合内蒙古的实际，成为牧区工作的指导方针，使畜牧业生产迅速发展，广大牧民生活得到极大改善。

旧址西侧全景

旧址室内设施

内蒙古政治、经济、社会事业发展的大政方针，都在这里决策并组织实施，办公楼成为当时内蒙古民族解放和经济建设的神经中枢。

中国共产党内蒙古工作委员会办公旧址是内蒙古自治区重要的革命遗址，2006年9月该旧址被内蒙古自治区人民政府公布为内蒙古自治区文物保护单位，成为内蒙古红色文化旧址的重要组成部分。2009年5月该遗址被中央宣传部公布为全国爱国主义教育示范基地，并于2013年5月3日被国务院公布为第七批全国重点文物保护单位。

内蒙古自治区政府成立大会会址

Site of General Membership Meeting of Inner Mongolia Autonomous Region

撰稿：马晓丽；摄影：马晓丽

内蒙古自治政府成立大会会址位于内蒙古自治区兴安盟乌兰浩特市五一北路东侧，二层青砖起脊建筑，始建于1935年，抗战胜利后是东蒙军政干部学校礼堂。因1947年5月1日，内蒙古自治政府在这里宣告成立，又称"五一会址"。旧址保护范围2625.09平方米，建设控制带39690平方米，建筑面积1221平方米。1995年7月，内蒙古自治政府成立大会会址被列为内蒙古自治区文物保护单位；2006年5月25日，被国务院公布为第六批全国重点文物保护单位、全国民族团结进步教育基地，2009年5月，被命名为全国爱国主义教育基地。

1947年4月23日至5月1日，内蒙古人民代表会议（又称五一大会）在这里召开，参加会议代表393名，列席代表199名。会议根据内蒙古自治运动联合会提出的临时参议会议员候选名单，经过三天三夜讨论，于4月30日以无记名方式，选出121名议员。5月1日，由临时参议会选举产生了内蒙古自治政府组成人员：委员21名、乌兰夫当选为主席、哈丰阿当选为副主席。选举产生内蒙古临时参议会组成人员：议长博彦满都、副议长吉雅泰，驻会参议员9名。通过了《内蒙古自治政府施政纲领》、《内蒙古自治政府暂行组织大纲》。内蒙古自治政府的成立，实现了内蒙古人民数百年梦寐以求的心愿，标志着内蒙古人民的民族解放事业和中国共产党民族区域自治政策的

会场内景

伟大胜利。它的成立不仅开创了内蒙古发展的新纪元，也为国内各少数民族地区实行民族区域自治提供了成功的范例，树立了良好榜样。

内蒙古自治政府成立大会会址主体建筑分三部分，分别是牌楼、前后院落和二层会场小楼。牌楼是由仿古青砖砌成的梯形牌楼，中间是方形大木门，两侧分别是弧形小门。推开会址古朴、沉重的大门，走进这座庄严、宁静的庭院，两侧树木郁郁葱葱、花团锦簇，扑面而来的青草与泥土混杂的芬芳散发着一股历史味道。迎

会场外景

面有两面内蒙古自治政府旗随风飘扬，下方用蒙文书写着"会场"两个字。走进会场，序厅右侧悬挂着1947年5月19日毛泽东主席、朱德总司令为庆祝大会召开而发来的贺电。

主会场中央整齐摆放了11排桌子和板凳，是当年代表们就座的地方。主席台上方悬挂着蒙文横幅：内蒙古人民代表会议。主席台的墙上悬挂着内蒙古自治政府旗和中华民国的国旗，旗的下方是斯大林、毛泽东、乔巴山和乌兰夫四位领袖的画像。主席台正中央陈列着乌兰夫蜡像，是乌兰夫在内蒙古自治政府成立大会上作政治报告时的场景复原。他在报告中回顾了内蒙古民族解放的历史，总结了内蒙古民族解放的基本经验，

会址外景

乌兰夫作政治报告时的场景

陈列馆

提出了内蒙古民族解放和区域自治的主要任务。会场四周悬挂着陕甘宁边区政府、晋冀鲁豫边区政府、东北行政委员会、辽北省、黑嫩省等为大会赠送的贺幛，整个展厅庄严、肃穆，具有厚重的历史感。

为了更好地发挥其社会教育功能，内蒙古自治政府成立大会会址先后历经1987年、1997年、2007年三次改造，2017年为庆祝内蒙古自治区成立70周年，进行了一次充实完善提升，按照修旧如旧、不破坏历史风貌、不损毁改变主体结构及其附属设施的原则，充实了文物和史料，目前设立8个文物柜，展出文物和文献资料60余件、增设多媒体互动设备两台，修缮了内外环境、提升了陈展内涵。

内蒙古自治政府成立大会会址是中国共产党领导的民族区域自治在内蒙古伟大实践的重要历史见证，是展示红色文化，宣扬红色精神的重要基地，对有效利用红色文化资源、振奋民族精神、进行爱国主义教育具有十分重要的意义。

附表 内蒙古自治区全国重点文物保护单位统计表（第一至七批）

表一 内蒙古自治区第一批全国重点文物保护单位统计表（2处，1961年3月4日国务院公布）

总序号	原序号	原编号	现编号	类别	文物名称	年代	简要地址	备注
一 古遗址（2处）								
1	24	15024	151100001	古遗址	辽上京遗址	辽代	赤峰市巴林左旗	
2	25	15025	151100002	古遗址	辽中京遗址	辽代	赤峰市宁城县	

表二 内蒙古自治区第二批全国重点文物保护单位统计表（2处，1982年2月23日国务院公布）

总序号	原序号	原编号	现编号	类别	文物名称	年代	简要地址	备注
二 古墓葬（1处）								
3	7	26007	151200001	古墓葬	成吉思汗陵	1954年迁建	鄂尔多斯市伊金霍洛旗	
三 古建筑（1处）								
4	3	23003	151300001	古建筑	万部华严经塔	辽、金、元	呼和浩特市新城区	

表三 内蒙古自治区第三批全国重点文物保护单位统计表（6处，1988年1月13日国务院公布）

总序号	原序号	原编号	现编号	类别	文物名称	年代	简要地址	备注
一 古遗址（4处）								
5	7	35007	151100003	古遗址	大窑遗址	旧石器时代	呼和浩特市新城区	
6	29	35029	991100001	古遗址	居延遗址	汉代	阿拉善盟额济纳旗	跨省（内蒙古自治区、甘肃省）。黑城遗址（西夏至元），国务院第五批公布，归入居延遗址
7	34	35034	151100004	古遗址	嘎仙洞遗址	北魏	呼伦贝尔市鄂伦春族自治旗	
8	40	35040	151100005	古遗址	元上都遗址	元代	锡林郭勒盟正蓝旗	

总序号	原序号	原编号	现编号	类别	文物名称	年代	简要地址	备注
二　古墓葬（1处）								
9	18	36018	151200002	古墓葬	辽陵及奉陵邑（包括祖陵及奉陵邑、怀陵及奉陵邑、庆陵及奉陵邑三处）	辽代	赤峰市巴林左旗、巴林右旗	怀陵及奉陵邑，国务院第五批公布，归入辽陵及奉陵邑第三批国保单位（祖陵及奉陵邑、庆陵及奉陵邑）
三　古建筑（1处）								
10	106	33106	151300002	古建筑	金刚座舍利宝塔	清代	呼和浩特市玉泉区	

表四　内蒙古自治区第四批全国重点文物保护单位统计表（共计7处，包含长城1项合并项，1996年11月20日国务院公布）

总序号	原序号	原编号	现编号	类别	文物名称	年代	简要地址	备注
一　古遗址（6处）								
11	6	41006	151100006	古遗址	兴隆洼遗址	新石器时代	赤峰市敖汉旗	
12	22	41022	151100007	古遗址	大甸子遗址	青铜时代	赤峰市敖汉旗	
13	34	41034	151100008	古遗址	固阳县、巴彦淖尔市秦长城遗址	秦代	包头市固阳县、巴彦淖尔市	第五批固阳秦长城，第六批45项合并项巴彦淖尔市秦长城遗址合并到第五批秦长城
14	54	41054	151100009	古遗址	缸瓦窑遗址	辽代	赤峰市松山区	
15	56	41056	151100010	古遗址	敖伦苏木古城	元代	包头市达尔罕茂明安联合旗	
三　古建筑（2处）								
16	57	43057	151300003	古建筑	美岱召	明代	包头市土右旗	
17	91	43091	151300004	古建筑	五当召	清代	包头市石拐区	

表五　内蒙古自治区第五批全国重点文物保护单位统计表（19处，不包含2处合并处，2001年6月25日国务院公布）

总序号	原序号	原编号	现编号	类别	文物名称	年代	简要地址	备注
一　古遗址（12处）								
18	13	51013	151100011	古遗址	萨拉乌苏遗址	旧石器时代	鄂尔多斯市乌审旗	

总序号	原序号	原编号	现编号	类别	文物名称	年代	简要地址	备注
19	14	51014	151100012	古遗址	岱海遗址群	新石器时代	乌兰察布市凉城县	
20	15	51015	151100013	古遗址	庙子沟遗址	新石器时代	乌兰察布市察哈尔右翼前旗	
21	16	51016	151100014	古遗址	架子山遗址群	青铜时代	赤峰市喀喇沁旗	
22	17	51017	151100015	古遗址	大井古铜矿遗址	青铜时代	赤峰市林西县	
23	18	51018	151100016	古遗址	城子山遗址	青铜时代	赤峰市敖汉旗	
24	248（2）	53248	991300002	古遗址	伊金霍洛旗秦长城遗址	战国	南部由陕西省进入鄂尔多斯市伊金霍洛旗，向北经过准格尔旗、东胜市，到达拉特旗	
25	19	51019	151100017	古遗址	和林格尔土城子遗址	汉－唐	呼和浩特市和林格尔县	
26	20	51020	151100018	古遗址	黑山头城址	金、元	呼伦贝尔市额尔古纳市	
27	21	51021	991100003	古遗址	金界壕遗址	金代	呼伦贝尔市莫力达瓦达斡尔族自治旗、陈巴尔虎旗、阿荣旗、扎兰屯市，兴安盟科尔沁右翼前旗、突泉县、科尔沁右翼中旗，通辽市、霍林郭勒市、赤峰市巴林左旗、巴林右旗、克什克腾旗、翁牛特旗、乌兰察布市商都县，包头市九原区，锡林郭勒盟阿巴嘎旗、太仆寺旗、镶黄旗、正蓝旗，呼和浩特市武川县。	阿荣旗、扎兰屯市因与黑龙江省齐齐哈尔市甘南县、龙江县、碾子山区以金界壕为界，而甘南县、龙江县、碾子山区的界壕在第五批国保公布的名单中，故阿荣旗、扎兰屯市的界壕也应在公布名单中。
28	22	51022	151100014	古遗址	应昌路故城遗址	元代	赤峰市克什克腾旗	
29	248（7）	53248	991300002	古遗址	清水河段明长城	明代	东部由河北省进入乌兰察布市凉城县，经呼和浩特市清水河县，向西进入鄂尔多斯市准格尔旗，内蒙古自治区与山西以明长城为界	
二　古墓葬（1处）								
30	10	52010	151200003	古墓葬	宝山、罕苏木墓群	辽代	位于赤峰市阿鲁科尔沁旗。	
三　古建筑（5处）								
31	87	53087	151300009	古建筑	开鲁县佛塔	元代	通辽市开鲁县	
32	83	53083	151300005	古建筑	汇宗寺	清代	锡林郭勒盟多伦县	

内蒙古自治区全国重点文物保护单位（第一至七批）

总序号	原序号	原编号	现编号	类别	文物名称	年代	简要地址	备注
33	84	53084	151300006	古建筑	福会寺	清代	赤峰市喀喇沁旗	
34	85	53085	151300007	古建筑	喀喇沁亲王府及家庙	清代	赤峰市喀喇沁旗	
35	86	53086	151300008	古建筑	和硕恪靖公主府	清代	呼和浩特市回民区	
四　石窟寺及石刻（1处）								
36			151400001	石窟寺及石刻	阿尔寨石窟	西夏—明	鄂尔多斯市鄂托克旗阿尔巴斯苏木苏亥图嘎查	国务院于2003年3月2日补充公布（国〔2003〕29号）
合并项目								
				古遗址	黑城遗址	西夏—元	阿拉善盟额济纳旗	归入第三批居延遗址
				古墓葬	怀陵及奉陵邑	辽	赤峰市巴林右旗	归入第三批辽陵及奉陵邑

表六　内蒙古自治区第六批全国重点文物保护单位统计表（43处，2006年5月25日国务院公布）

总序号	原序号	原编号	现编号	类别	文物名称	年代	简要地址	备注
一　古遗址（20处）								
37	27	6-0027-1-027	151100020	古遗址	阿善遗址	新石器时代	包头市东河区	
38	28	6-0028-1-028	151100021	古遗址	赵宝沟遗址	新石器时代	赤峰市敖汉旗	
39	29	6-0029-1-029	151100023	古遗址	红山遗址群	新石器至青铜时代	赤峰市红山区	
40	30	6-0030-1-030	151100024	古遗址	夏家店遗址群	新石器时代至战国	赤峰市松山区	
41	31	6-0031-1-031	151100022	古遗址	朱开沟遗址	新石器时代至商	鄂尔多斯市伊金霍洛旗	
42	32	6-0032-1-032	991100004	古遗址	秦直道遗址	秦代	鄂尔多斯市达拉特旗、东胜区、伊金霍洛旗	
43	33	6-0033-1-033	151100027	古遗址	麻池城址和召湾墓群	汉代	包头市九原区	
44	34	6-0034-1-034	151100025	古遗址	黑城城址	汉代	赤峰市宁城县宁城县	
45	35	6-0035-1-035	151100028	古遗址	朔方郡故城	汉代	巴彦淖尔市磴口县	
46	36	6-0036-1-036	151100026	古遗址	霍洛柴登城址	汉代	鄂尔多斯市杭锦旗	
47	37	6-0037-1-037	151100029	古遗址	克里孟城址	汉至南北朝	乌兰察布市察哈尔右翼后旗	
48	38	6-0038-1-038	151100030	古遗址	沃野镇故城	汉至南北朝	巴彦淖尔市乌拉特前旗	
49	39	6-0039-1-039	151100031	古遗址	白灵淖尔城址	南北朝	包头市固阳县	

总序号	原序号	原编号	现编号	类别	文物名称	年代	简要地址	备注
50	40	6-0040-1-040	151100032	古遗址	十二连城城址	隋至唐	鄂尔多斯市准格尔旗	
51	41	6-0041-1-041	151100033	古遗址	城川城址	唐代	鄂尔多斯市鄂托克前旗	
52	42	6-0042-1-042	151100034	古遗址	查干浩特城址	辽至明	赤峰市阿鲁科尔沁旗	
53	43	6-0043-1-043	151100035	古遗址	安答堡子城址	金至元	包头市达尔罕茂明安联合旗	
54	44	6-0044-1-044	151100036	古遗址	净州路故城	金至元	乌兰察布市四子王旗	
55	45	6-0045-1-045	151100038	古遗址	砂井路总管府故城	元代	乌兰察布市四子王旗	
56	46	6-0046-1-046	151100037	古遗址	巴彦乌拉城址	元代	呼伦贝尔市鄂温克族自治旗	
二　古墓葬（6处）								
57	236	6-0236-2-016	151200005	古墓葬	扎赉诺尔墓群	汉代	满洲里市扎赉诺尔矿区	
58	237	6-0237-2-017	151200004	古墓葬	王昭君墓	汉代	内蒙古自治区呼和浩特市	
59	238	6-0238-2-018	151200006	古墓葬	韩匡嗣家族墓地	辽代	赤峰市巴林左旗	
60	239	6-0239-2-019	151200007	古墓葬	吐尔基山墓	辽代	通辽市科尔沁左翼后旗	
61	240	6-0240-2-020	151200008	古墓葬	萧氏家族墓	辽代	通辽市奈曼旗	
62	241	6-0241-2-021	151200009	古墓葬	张应瑞家族墓地	元代	赤峰市翁牛特旗	
三　古建筑（10处）								
63	487	6-0487-3-190	151300010	古建筑	锦山龙泉寺	元—民国	赤峰市喀喇沁旗	
64	488	6-0488-3-191	151300011	古建筑	大召	明、清	呼和浩特市玉泉区	
65	489	6-0489-3-192	151300019	古建筑	绥远城墙和将军衙署	清代	呼和浩特市新城区	
66	490	6-0490-3-193	151300013	古建筑	贝子庙	清代	锡林郭勒盟锡林浩特市	
67	491	6-0491-3-194	151300014	古建筑	定远营	清代	阿拉善盟阿拉善左旗	
68	492	6-0492-3-195	151300016	古建筑	灵悦寺	清代	赤峰市喀喇沁旗	
69	493	6-0493-3-196	151300017	古建筑	诺尔古建筑群	清代	锡林郭勒盟多伦县	
70	494	6-0494-3-197	151300015	古建筑	库伦三大寺	清代	通辽市库伦旗	
71	495	6-0495-3-198	151300018	古建筑	僧格林沁王府	清代	通辽市科尔沁左翼后旗	
72	496	6-0496-3-199	151300012	古建筑	宝善寺	清代	赤峰市阿鲁科尔沁旗	
四　石窟寺及石刻（2处）								
73	818	6-0818-4-008	151400002	石窟寺及石刻	阴山岩画	新石器至青铜时代	巴彦淖尔市乌拉特前旗、乌拉特后旗、乌拉特中旗、磴口县	

总序号	原序号	原编号	现编号	类别	文物名称	年代	简要地址	备注
74	819	6-0819-4-009	151400003	石窟寺及石刻	真寂之寺石窟	辽代	赤峰市巴林左旗	
				五　近现代重要史迹及代表性建筑（5处）				
75	909	6-0909-5-036	151500001	近现代	乌兰夫故居	清至民国	呼和浩特市土默特左旗	
76	910	6-0910-5-037	151500002	近现代	成吉思汗庙	民国	兴安盟乌兰浩特市	
77	911	6-0911-5-038	151500003	近现代	"独贵龙"运动旧址	1919~1921年	鄂尔多斯市乌审旗	
78	912	6-0912-5-039	151500004	近现代	百灵庙起义旧址	1936年	包头市达尔罕茂明安联合旗	
79	913	6-0913-5-040	151500005	近现代	内蒙古自治政府成立大会会址	1947年	兴安盟乌兰浩特市	
		6-0000-3-045			巴彦淖尔市秦长城	秦	因公布时巴彦淖尔市秦长城归入第五批国保中，而第五批国保中内蒙古没有秦长城，因此归入第四批固阳段秦长城中	

表七　内蒙古自治区第七批全国重点文物保护单位统计表（63处，不包含合并项目1处，2013年5月3日国务院公布）

总序号	原序号	原编号	现编号	类别	文物名称	年代	简要地址	备注
					一　古遗址（29处）			
80	51	7-0051-1-051		古遗址	蘑菇山北遗址	旧石器时代	呼伦贝尔市满洲里市	
81	52	7-0052-1-052		古遗址	金斯太洞穴遗址	旧石器时代、商	锡林郭勒盟东乌珠穆沁旗	
82	53	7-0053-1-053		古遗址	辉河水坝遗址	新石器时代	呼伦贝尔市鄂温克族自治旗	
83	54	7-0054-1-054		古遗址	哈克遗址	新石器时代	呼伦贝尔市海拉尔区	
84	55	7-0055-1-055		古遗址	白音长汗遗址	新石器时代	赤峰市林西县	
85	56	7-0056-1-056		古遗址	兴隆沟遗址	新石器时代	赤峰市敖汉旗	
86	57	7-0057-1-057		古遗址	魏家窝铺遗址	新石器时代	赤峰市红山区	
87	58	7-0058-1-058		古遗址	富河沟门遗址	新石器时代	赤峰市巴林左旗	
88	59	7-0059-1-059		古遗址	寨子圪旦遗址	新石器时代	鄂尔多斯市准格尔旗	
89	60	7-0060-1-060		古遗址	草帽山遗址	新石器时代	赤峰市敖汉旗	

总序号	原序号	原编号	现编号	类别	文物名称	年代	简要地址	备注
90	61	7-0061-1-061		古遗址	马架子遗址	新石器时代、夏、商、周	赤峰市喀喇沁旗	
91	62	7-0062-1-062		古遗址	三座店石城遗址	夏至商	赤峰市松山区	
92	63	7-0063-1-063		古遗址	二道井子遗址	夏至商	赤峰市红山区	
93	64	7-0064-1-064		古遗址	太平庄遗址群	夏至商	赤峰市松山区	
94	65	7-0065-1-065		古遗址	尹家店山城遗址	夏至商	赤峰市松山区	
95	66	7-0066-1-066		古遗址	南山根遗址	周代	赤峰市宁城县	
96	67	7-0067-1-067		古遗址	奈曼土城子城址	战国至秦汉	通辽市奈曼旗	
97	68	7-0068-1-068		古遗址	云中郡故城	战国-隋唐	呼和浩特市托克托县	
98	69	7-0069-1-069		古遗址	浩特陶海城址	辽代	呼伦贝尔市陈巴尔虎旗	
99	70	7-0070-1-070		古遗址	灵安州遗址	辽代	区通辽市库伦旗	
100	71	7-0071-1-071		古遗址	豫州城遗址及墓地	辽代	通辽市扎鲁特旗	
101	72	7-0072-1-072		古遗址	韩州城遗址	辽代	通辽市科尔沁左翼后旗	
102	73	7-0073-1-073		古遗址	饶州故城址	辽代	赤峰市林西县	
103	74	7-0074-1-074		古遗址	武安州遗址	辽、金、元	赤峰市敖汉旗	
104	75	7-0075-1-075		古遗址	宁昌路遗址	辽、金、元	赤峰市敖汉旗	
105	76	7-0076-1-076		古遗址	吐列毛杜古城遗址	金代	兴安盟科尔沁右翼中旗	
106	77	7-0077-1-077		古遗址	四郎城古城	金、元、明	锡林郭勒盟正蓝旗	
107	78	7-0078-1-078		古遗址	燕家梁遗址	元代	包头市九原区	
108	79	7-0079-1-079		古遗址	新忽热古城址	元、明	巴彦淖尔市乌拉特中旗	
				二 古墓葬（12处）				
109	531	7-0531-2-015		古墓葬	南宝力皋吐古墓地	新石器时代	通辽市扎鲁特旗	
110	532	7-0532-2-016		古墓葬	小黑石沟墓群	西周至战国	赤峰市宁城县	
111	533	7-0533-2-017		古墓葬	团结墓地	东汉	呼伦贝尔市海拉尔区	
112	534	7-0534-2-018		古墓葬	和林格尔东汉壁画墓	东汉	呼和浩特市和林格尔县	

内蒙古自治区全国重点文物保护单位（第一至七批）

800

总序号	原序号	原编号	现编号	类别	文物名称	年代	简要地址	备注
113	535	7-0535-2-019		古墓葬	谢尔塔拉墓地	唐至五代	内蒙古自治区呼伦贝尔市海拉尔区	
114	536	7-0536-2-020		古墓葬	奈林稿辽墓群	辽代	通辽市库伦旗	
115	537	7-0537-2-021		古墓葬	耶律祺家族墓	辽代	赤峰市阿鲁科尔沁旗	
116	538	7-0538-2-022		古墓葬	耶律琮墓	辽代	赤峰市喀喇沁旗	
117	539	7-0539-2-023		古墓葬	沙日宝特墓群	辽代	赤峰市阿鲁科尔沁旗	
118	540	7-0540-2-024		古墓葬	砧子山古墓群	元代	锡林郭勒盟多伦县	
119	541	7-0541-2-025		古墓葬	恩格尔河墓群	元代	锡林郭勒盟苏尼特左旗	
120	542	7-0542-2-026		古墓葬	和硕端静公主墓	清代	赤峰市喀喇沁旗	
三 古建筑（13处）								
121	910	7-0910-3-208		古建筑	准格尔召	明代	鄂尔多斯市准格尔旗	
122	911	7-0911-3-209		古建筑	乌素图召	清代	呼和浩特市回民区	
123	912	7-0912-3-210		古建筑	席力图召及家庙	清代	呼和浩特市玉泉区	
124	913	7-0913-3-211		古建筑	奈曼蒙古王府	清代	通辽市奈曼旗	
125	914	7-0914-3-212		古建筑	寿因寺大殿	清代	通辽市库伦旗	
126	915	7-0915-3-213		古建筑	梵宗寺	清代	赤峰市翁牛特旗	
127	916	7-0916-3-214		古建筑	荟福寺	清代	赤峰市巴林右旗	
128	917	7-0917-3-215		古建筑	法轮寺	清代	赤峰市宁城县	
129	918	7-0918-3-216		古建筑	赤峰清真北大寺	清代	赤峰市红山区	
130	919	7-0919-3-217		古建筑	四子王旗王府	清代	乌兰察布市四子王旗	
131	920	7-0920-3-218		古建筑	巴丹吉林庙	清代	阿拉善盟阿拉善右旗	
132	921	7-0921-3-219		古建筑	沙日特莫图庙	清代	鄂尔多斯市杭锦旗	
133	922	7-0922-3-220		古建筑	呼和浩特清真大寺	清至民国	呼和浩特市回民区	
四 石窟寺及石刻（4处）								
134	1511	7-1511-4-014		石窟寺及石刻	桌子山岩画群	新石器时代	鄂尔多斯市鄂托克旗，乌海市海勃湾区、海南区	
135	1512	7-1512-4-015		石窟寺及石刻	克什克腾岩画群	新石器时代至南北朝	赤峰市克什克腾旗	
136	1513	7-1513-4-016		石窟寺及石刻	曼德拉山岩画群	新石器时代至清	阿拉善盟阿拉善右旗	

总序号	原序号	原编号	现编号	类别	文物名称	年代	简要地址	备注
137	1514	7-1514-4-017		石窟寺及石刻	广化寺造像	明至清	呼和浩特市土默特左旗	
五　近现代重要史迹及代表性建筑（5处）								
138	1990	7-1990-5-014		近现代	中东铁路建筑群（呼伦贝尔中东铁路沿线历史建筑——满洲里俄式建筑群、博克图段工业建筑群、扎兰屯近现代建筑群、扎兰屯吊桥）	清至民国	呼伦贝尔市满洲里市、牙克石市、扎兰屯市	归入第六批全国重点文物保护单位中东铁路沿线建筑群。中东铁路跨内蒙古自治区、黑龙江省、吉林省、辽宁省
139	1654	7-1654-5-047		近现代	呼和浩特天主教堂	1924年	呼和浩特市回民区	
140	1655	7-1655-5-048		近现代	侵华日军阿尔山要塞遗址	1935～1944年	兴安盟阿尔山市	
141	1656	7-1656-5-049		近现代	巴彦汗日军毒气实验场遗址	1940年	呼伦贝尔市鄂温克族自治旗	
142	1657	7-1657-5-050		近现代	中国共产党内蒙古工作委员会办公旧址	1947年	兴安盟乌兰浩特市	
合并项（1项）								
	1950	7-1950-1-007		古遗址	元上都遗址（羊群庙祭祀遗址及寺庙）	元代	锡林郭勒盟正蓝旗	归入第三批全国重点文物保护单位元上都遗址

后　记

内蒙古历史悠久，文化遗产丰富，现查明不可移动文物21099处，其中国家重点文物保护单位142处，自治区文物保护单位511处，市县文物保护单位2364处。国有可移动文物1125464件(套)，共计1506421件，珍贵文物15653件（套），其中一级文物有1979件(套)，二级文物有4703件(套)，三级文物有8971件(套)。我区在遗址数量、馆藏文物数量均居全国前列，是名副其实的文物大区（省）。

2015年，为向内蒙古自治区成立七十周年献礼，内蒙古自治区文物局局长安泳锝委派内蒙古自治区文物保护中心白丽民研究员、内蒙古自治区文物考古研究所索秀芬研究员、张文平研究员和内蒙古博物院郑承燕研究员承担编写《内蒙古自治区全国重点文物保护单位》（第一至七批）一书的任务。经研究决定，安泳锝局长负责审定全书，白丽民研究员负责全书统稿，索秀芬研究员负责第一批至第五批，以及第六批、第七批战国以前国保单位统稿，张文平研究员负责第六批战国以后国保单位、阿拉善盟国保单位、长城国保单位统稿，郑承燕研究员负责第七批战国以后国保单位、辽陵及奉陵邑国保单位统稿，索秀芬研究员负责《内蒙古自治区全国重点文物保护单位分布示意图》《内蒙古自治区长城和秦直道分布示意图》和《内蒙古自治区全国重点文物保护单位统计表》统稿。2015年1～8月，各统稿人根据编写内容，确定编写人员，进行撰稿。2015年9月，索秀芬、张文平、郑承燕完成各自的统稿任务。2015年10月，白丽民完成了全书统稿。2015年11月，安泳锝局长审阅了全书。2015年12月，书稿交文物出版社。

参与编写《内蒙古自治区全国重点文物保护单位》（第一至七批）一书的人数众多，本着文责自负的原则，他们的名字均署在各篇文章中。《内蒙古自治区全国重点文物保护单位分布示意图》由索秀芬、李少兵、白云峰、李婉琪、杨锐、张煜鹏、王楠绘制。张文平提供了内蒙古自治区长城分布图，索秀芬、李婉琪、杨锐、张煜鹏、王楠将《中国文物地图集·内蒙古自治区分册》上的秦直道分布图与内蒙古自治区长城分布图合为一张，并增加了最新长城研究成果，编制成了《内蒙古自治区长城和秦直道分布示意图》。《内蒙古自治区全国重点文物保护单位统计表》由索秀芬、李丽雅、肖勇、李婉琪、杨锐、张煜鹏、王楠制作，墨线图由李婉琪、马婧绘制。封面摄影张海斌，封底摄影塔拉，封面和封底设计施慧超。参加本书编辑、校对工作的还有李婉琪、杨锐、魏孔、张煜鹏、马晓丽、王楠等。

在编辑《内蒙古自治区全国重点文物保护单位》（第一至七批）过程中，得到了内蒙古自治区文化厅、文物局领导的大力支持，也得到了内蒙古自治区文物保护中心和内蒙古博物院文物保护研究信息中心和内蒙古自治区文物考古研究所等相关工作人员的协助，在此表示特别感谢。

本书在编辑过程中，难免有疏漏和不尽完善之处，敬请相关专家学者批评指正。

编者

2015年12月